식민권력과 조선인 지역유력자

식민권력과 조선인 지역유력자 – 道評議會 · 道會議員을 중심으로 –

초판 1쇄 발행 2011년 8월 25일

저 자 | 동선희
발행인 | 윤관백
발행처 | 선인

편 집 | 이경남 · 김민희 · 하초롱 · 소성순
표 지 | 김현진
제 작 | 김지학
영 업 | 이주하

인 쇄 | 한성인쇄
제 본 | 광신제책

등록 | 제5-77호(1998.11.4)
주소 | 서울시 마포구 마포동 324-1 곶마루 B/D 1층
전화 | 02)718-6252 / 6257 팩스 | 02)718-6253
E-mail | sunin72@chol.com
Homepage | www.suninbook.com

정가 29,000원
ISBN 978-89-5933-478-0 93900

식민권력과 조선인 지역유력자

道評議會 · 道會議員을 중심으로

동 선 희

선인

책머리에

이 책은 '일제하 조선인 도평의회 · 도회의원 연구'(2006년)라는 필자의 박사학위논문을 수정, 보완한 것이다. 서론에도 썼듯이 식민지기 도평의회 · 도회의원 약 1,395명을 대상으로 연구하여 식민지기 지방 유력자의 존재 양태를 부각시키고자 했다. 이 1,395명은 박사학위논문 당시 1,370여명보다 다소 늘어난 숫자이다. 박사학위 논문 때는 사람 이름은 알지만 활동(당선) 지역을 알 수 없거나 창씨명만 아는 경우를 제외했었다. 그러나 이번에는 최대한 통계숫자에 맞춰 창씨명인 경우에도 명단에 넣어 부록에 수록했다. 박사 논문 쓸 때도 연구 대상을 확정하는 데 분명히 노력을 쏟았는데, 이번에 이런 저런 사항과 통계를 다시 점검하고 확인, 수정하는 작업은 한마디로 지난했다.

A라는 인물이 도평의원이나 도회의원을 했는지 안했는지, 언제 누가 어느 지역에서 당선되었는지 하는 기본적인 조사조차 그리 쉬운 일은 아니다. 생각해 보라. 1941년 5월 어느 날짜의 매일신보에 도회의원 당선자 명단이 나온다. 도별로 거의 일본식 이름(창씨명)이 나열되고 나이와 지

역, 직업 정도가 병기되어 있다. 다른 자료를 통해 본명과 창씨명을 아는 경우라면 누가 누구라고 확정할 수 있지만, 본명을 모르는 경우 이 사람이 일본인인지 조선인인지부터 알아봐야 한다. 다행히 조선인인 것을 확인하거나 90% 정도의 확률로 추정했다면, 과연 그 사람이 무슨 활동을 했는지를 최대한 '뒤져야' 한다... 신문 영인본의 흐릿하고 작은 글씨와 정체를 알 수 없는 인물들... 이 책의 출판을 앞두고 가장 먼저 떠오르는 것은 그러한 이미지이다.

논문 준비를 위한 자료 수집에 착수하면서, 돌아가신 임종국 선생님으로부터 헤아릴 수 없는 도움을 받았다. 그 분이 관보와 매일신보 등을 샅샅이 훑으며 일일이 펜으로 작성하신 엄청난 양의 작은 카드들... 필자가 민족문제연구소에 근무하면서 '임종국 카드' 데이터베이스를 사용할 수 있었던 것은 행운이었다. 그러니까 약 1,400명에 이르는 인물 조사는 '임종국 카드'에서 시작되었다고 해도 과언이 아니다. 그 후에도 많은 자료를 참고했다. 국가기록원의 지방의회 회의록을 참고하려고 대전과 광화문을 다닌 일도 떠오른다. 자료라는 것이 모두 사람이 기록한 것일진대, 특히 사람에 관한 데이터에는 오류가 없을 수 없다. 복수의 자료를 교차점검하며 '사실'을 점검하려고 많은 시간을 보내야 했다. 필자가 논문을 쓴다고 민족문제연구소 일을 게을리 했을 때 논문 쓰는 시간을 최대한 허락해 주신 연구소의 모든 분들에게 감사드린다. 연구 진행을 위해 기본 자료가 된 문서 자료들의 상당 부분을 연구소에서 구할 수 있었다. 연구소에서 구축한 방대한 인명데이터베이스 역시 이번 수정 작업에서 큰 도움이 되었다.

논문이 틀을 갖추기까지 여러 선생님들의 도움이 컸다. 지도교수이신 심사위원장 권희영 선생님, 심사위원 유병용 선생님, 박병련 선생님(이상 한국학중앙연구원), 김동명 선생님(국민대학교)께 감사드린다. 논문 주제 선정부터 전체적인 틀 잡기, 세부 사항에 이르기까지 이 분들의 귀중한 조언이 없었다면 논문은 완성되지 못했을 것이다. 한국학대학원의 은사이신 최진옥 선생님과 허흥식 선생님도 논문 작성 초기부터 연구 방향에 대한 조언과 격려를 아끼지 않으셨다. 그밖에도 실질적으로나 마음으로 도와주신 분들이 많지만 한상구 선생님은 특별히 언급하고 싶다. 한상구 선생님은 논문 시작 단계에서 '지방의원' 연구를 위해 부회의원, 부협의회 의원까지 다 조사하려고 생각하던 필자에게, '도평 · 도회의원'으로 좁히도록 조언해 주신 분이다.

2002년 오사카에서 7개월간 연구한 적이 있다. 그때 만난 조선사, 재일조선인사연구자들이 지금까지도 필자에게 연구나 활동면에서 큰 힘이 되고 있다. 자주 뵙지는 못해도 일본에 계신 여러 분들이 필자의 연구를 격려해 주시고 완성된 박사학위논문에 대해서도 귀중한 의견을 말씀해 주셨다. 특히 고인이 되신 오사카의 정조묘 선생님, 고베의 김경해 선생님의 명복을 빌며 깊이깊이 감사드린다.

논문을 쓸 때도 그렇고 지금까지도 이 연구가 '친일파 연구'가 아니냐는 말을 많이 듣는다. 필자가 민족문제연구소에서 '친일인명사전'을 만드는 과정에 미력을 보탠 것은 사실이다. 하지만 도평 · 도회의원 연구가 곧 친일파 연구는 아니라고 생각한다. 1,400명의 도평 · 도회의원 가운데 친일인명사전에 수록된 인물들도 있다. 그러나 도평 · 도회의원을 했다는 이유로 친일로 간주될 수는 없다고 생각한다. 필자는 논문을 시작할 때나 지금이나 한국 근대 유력자들의 생성과 발전을 규명하고자 했고, 이 연구를 통해 도평 · 도회의원이라는 다양하고 복합적인 집단의 실체에 대해 개략적으로 접근했다고 생각한다. 평가는 독자 여러분의 몫이며 겸

허하게 질정을 바란다.

논문이 완성되고 나서 '과거사 진상 규명'을 하시는 분들이 이 논문을 참고했다고 들었다. 지금의 시기와 비교적 가까운 시대에 활동한 사람들이기 때문에 독립운동, 친일문제 등 '정리'와 '포폄' 차원에서 규명해야 할 것들이 있을 것이다. 논란의 여지도 있을 수 있다. 그 과정에서 이 작은 연구가 참고가 된다면 그것도 감사한 일이다.

그러나 필자로서의 바람을 말하자면, A나 B라는 인물들을 포폄하기 위해서가 아니라 식민지기 '지역유력자' 중에 큰 부분을 차지했던 이 집단이 역사적으로 어떤 존재인지를 생각하며 이 책을 읽었으면 좋겠다. 지금 여기 사는 사람이 '지금'의 눈으로 자기와는 관련 없는 어떤 인물을 '평가', '심판'하기 위해서가 아니라, 엄혹하고 고통스러운 식민지시대를 살아간 사람들을 통해 '우리' 자신을 더 잘 아는 계기가 되었으면 좋겠다. 우리 자신도 '식민지 근대'의 산물이며 여전히 '식민지 근대'를 살아가고 있듯이, 식민지기 지역 유력자들은 그들의 방식으로 식민지 근대를 살고 또한 그 시대를 만들어갔기 때문이다.

책을 편집하다보니 논문을 쓰면서 사실 파악에 우선 주력했다는 점을 새삼 느끼게 된다. 개별 사실들을 더 큰 눈으로 분석하는 것이 다소 미흡한 점도 눈에 띈다. 최대한 사실에 다가서려고 노력했지만 사실 관계와 해석에서 혹시 오류가 있다면 모든 책임은 필자에게 있다. 사람(들)에 관한 연구이니만큼 조심스러운 것이 사실이다. 다만 큰 맥락에서는 필자의 학문적 양심으로 객관적이고 공정한 연구를 진행하고자 했음을 밝힌다.

앞으로 지역별 사례 연구가 많이 나와서 근대 지역사에서 지역유력자들이 어떻게 형성되고 활동했는지를 더 생생하게 파악할 수 있기를 기대한다. 생각해 보면 1920년부터 1945년이라는 이 연구의 대상 시기는 '도시'의 형성 · 발전사라는 측면에서도 중요한 시기가 아닌가 한다. 지역유력자들은 대부분 경제적 기반을 토지에 두었지만 상공활동을 병행하며 도시를 중심으로 네트워크를 형성했다. 일본인들이 도시에 몰리는 경향이 있었으므로 식민지기의 도시는 민족 관계가 착종하는 공간이기도 했다. 민족적, 계층적 이해관계가 교차하고 지역적 이해관계가 '지역운동(민원)'의 형태로 나타나는 시기였다. '도시', '거주', '네트워크', '공간과 민족 관계' 차원에서 거시적인 지역유력자 연구가 발전하기를 기대한다.

책을 쓴다고 소홀했던 사랑하는 가족들에게 고맙고 미안한 마음을 전한다. 미안한 마음이 더 크지만 감사하고 또 감사한다. 하늘나라의 우리 아버지에게 이 책을 바친다. 우리 아버지는 필자가 한 번도 가지 못했고, 곧 갈 수 있을 것 같지도 않은 함경북도 회령 출신이다. 이 책의 연구 대상이 전국 13도에 걸쳐 있어서 '함경'이란 단어를 쓸 때마다 아버지 얼굴이 눈앞에 어른거렸다. 함경도 연구를 언젠가는 꼭 해야지 한 지가 벌써 오래 되었다.

부족한 원고의 출판을 결정해 주신 선인출판사의 윤관백 사장님을 비롯한 편집진에게 감사드린다. 김지학 팀장님, 이경남 편집과장님의 노고에 경의를 보낸다. 특히 난삽한 원고를 정리하고 수정하느라고 매일 밤 늦게까지 애써 준 김민희 선생님에 대해서는 뭐라고 감사를 표할지 모르겠다.

2011년 8월

동선희

차례

제 I 장 도평의회 · 도회제도의 성립과 변천

제II장 도평의회 · 도회의원의 출신 배경 및 주요 경력

제Ⅲ장 지역유력자로서의 도평의회 · 도회의원

제IV장 도평의회 · 도회의원의 정치적 활동의 전개

표차례

서론

1. 문제제기

1920년 이후 식민지 조선의 지방행정기관인 도, 부, 읍, 면에는 '지방자치' 명목으로 도평의회 · 도회, 부협의회 · 부회, 읍회, 면협의회 등이 설치되었다. 이 가운데 1920년에 설치된 도평의회, 부협의회, 면협의회는 지방행정자문기관이고 1930년대 이후의 도회, 부회, 읍회는 지방행정의결기관이다. 국정에 관한 자문, 의결이 아니라 어디까지나 지방행정과 관련한 자문, 의결기관이기는 하지만 아직 합의된 명칭이 없기 때문에 이 책에서는 이들 기관을 통칭하여 '지방의회'[1])로 부르고자 한다.

1920년에 설치된 도평의회와 1933년 이후의 도회는 지방행정의 최상급 기관인 도에 설치되었다. 이 책은 바로 도평의회와 도회에 참여한 조선

---

1) '지방의회'와 '지방선거'는 당시 일본에서 도회(都會), 현회(縣會), 부회(府會) 등의 지방자치기구와 그 선거를 지칭하는 용어로 많이 쓰였다. 식민지 조선에서도 특히 1930년대부터는 지방의회, 지방선거라는 말이 사용되었다. 또한 지방의회의 의원들을 '지방의원'이라 부르고자 한다.

인 의원들에 관한 연구이다. 그들이 어떤 사람들이며 왜 거기에 참여했고 무슨 활동을 했는가.

원래 필자가 가졌던 문제의식은 국정참정권[2]이 봉쇄된 식민지 조선인들의 '정치적 활동'이 가능했는가, 인간이 정치적 동물이라면 식민지 치하에서의 정치적 행동양식은 어떠했는가 하는 데서 비롯되었다. 조선인들의 정치적 욕구는 어떻게 충족되었을까. 독립운동 이외에 정치적 권리를 찾을 길이 있었을까.

일제시기, 특히 1920년대와 1930년대에는 '참정권', '조선 자치' 논의가 활발했다. 참정권은 일본 중의원선거에 참여할 선거 · 피선거권을 조선인에게도 주어야 한다는 것이고, '조선 자치'는 '조선의회' 등의 방식으로 조선 내에 독립된 입법기관을 설치하는 것이었다.[3] 즉시 독립이냐, 참정권이냐 조선 자치냐 하는 논의는 일종의 뜨거운 감자였다. 일제는 참정 · 자치문제를 조선인과 민족운동을 분열시키는 수단으로 이용했고, 조선인 일부('친일파'로 여겨지기도 했다)은 즉시 독립보다는 참정권이나 '자치'가 현실적이라고 생각했지만, 이는 곧 독립의 포기라고 보고 절대 배격한 사람들도 많았다.

일제는 일제통치가 끝날 때까지 국정참정권과 조선 자치를 둘 다 허용하지 않았다. 지방의회는 제한 선거와 지방행정의 책임자의 임명으로 의원(이하 지방의원)을 선출하기 때문에 일본의 '지방자치'와도 차이가 있었다. 그럼에도 불구하고 조선총독부는 지방의회의 목적이 '민도 향상과 자치 훈련'이며, 그것이 '참정권의 전제'라고 호도했다. 1920년대까지는

2) 일제시대에 '참정권'이라는 용어는 '중의원 의원 선거권'이라는 제한적 의미로 쓰이는 경우가 많았지만, 1920년대 이후 문자 그대로 '정치 참여'의 폭과 방법을 둘러싼 논의가 진행되었다. 일제는 2차 세계대전 막바지에 조선인에 대한 '참정권 부여'를 발표했지만 결국 실현되지 않았다.

3) 조선 자치는 조선에 대한 간접 통치로의 전환을 의미하며 조선에 독자적인 의회 설치나 자치령(內政 독립) 등을 뜻하기도 했다.

'지방자치'는 아니지만 '완전한 지방자치를 위한 훈련'이라고 했고, 일부 지방의회의 의결기관화가 이루어진 1930년대 이후에는 마치 일본과 거의 같은 수준으로 조선에서도 지방자치를 시행하고 있는 듯이 선전했다.

식민지기 지방의회는 조선인의 '국정 참여'의 기회도 아니고 지방자치가 실현된 것도 아니며 단순히 일제의 회유책에 불과했다고 할 수도 있다. 그러나 분명한 것은 지방의회의 의원(지방의원)들이 상부의 명령과 지시를 그대로 집행하는 식민통치기관의 관료와 분명히 다른 존재였다는 점이다. 조선인 지방의원 가운데 부협의회 의원('부협'), 부회 의원('부의'), 읍회의원('읍의'), 민선 도평의회 의원('도평'), 민선 도회 의원('도의'), 1931년 이후의 면협의회 의원('면협')은 비록 제한적이지만 선출직이었다. 이들은 지역의 '민의를 대표'한다는 명목으로 지방의회에 참가했다.

이 연구는 총인원 1,400여 명 정도의 도평 · 도의를 연구대상으로 의원 개개인의 데이터에 기초한 실증적인 연구를 지향한다.[4] 도평 · 도의는 25년간에 걸쳐 전국적으로 존재하고, 대체로 부 · 군 단위 지역을 기반으로 한 유력자가 많기 때문에 일제하 지역유력자를 탐구하는 데 유효한 실마리를 제공한다. 도평 · 도의 가운데에는 다른 지방의원을 겸한 사례도 많고 지역사 차원에서도 그들의 역할을 규명할 필요가 있으므로 이들에 대한 연구는 지역별 사례 연구를 촉진하는 의미도 있을 것이다.

지금까지 도평 · 도회의원에 대한 연구는 많지 않다. 식민지기 역사 연구에서 일제 통치에 참가한 조선인들에 대한 부정적인 인식이 이들에 대한 연구 발전을 가로막은 측면이 있다. 도평 · 도의를 비롯한 지방의원과

4) 일제하의 지방의원은 면협의회원까지 포함할 경우, 최소 16만 명이 넘는다. 전국적인 지방의회 선거가 총 8회 실시되었는데, 다선의원 등을 고려하여 1회당 약 2만 명으로 계산한 수치이다. 도평 · 도의는 7차례의 개선(1920, 1924, 1927, 1930, 1933, 1937, 1941)에서 선출 · 임명된 연인원이 약 2천명, 2회 이상의 다선의원을 제외하고 실제 인원은 약 1,400명이다.

지방의회에 관한 선행 연구는 크게 세 부분으로 나눌 수 있다. 첫째, 제도사·지배정책사 측면의 연구, 둘째, 참정·자치문제를 포함한 정치운동 관점의 연구, 셋째, 지역(운동)사·경제사 속에서 이루어진 개별 지방의회와 지방의원들에 대한 실증적 연구 등이다.

먼저 제도사·지배정책사 연구는 일제하 지방제도의 역사적 변천과 성격을 밝히고, 지배정책사의 일환으로 지방의회와 지방의원에 대해 접근했다.[5] 특히 손정목은 지방(자치)제도의 변천을 통시적으로 개괄하고 지방의회의 설치 목적과 특징, 지방선거의 실태를 분석하여 '지방자치제도'의 허구성을 규명했다. 또한 경성부협의회와 경성부회 의원들의 인적사항을 분석하여 친일성과 자산가로서의 측면을 부각시켰다. 구영희와 임대식의 연구에서도 역시 지방의원의 지주·자본가로서의 존재기반에 초점을 맞추었다.[6] 특히 임대식은 경성·경기도의 대토지소유자들의 공직 진출 양상을 밝혔다. 제도사적 연구는 일제하 지방자치제도의 본질적 한계를 밝히고 있지만 포괄적인 지방의원 연구는 아직 미흡하고, 참정·자치문제와 지방제도의 관련성을 해명하지 못했다.

둘째, 정치 과정(정치운동)의 관점에서 지방의회(의원)의 활동을 다룬

---

5) 강동진, 『일제의 한국침략정책사』, 한길사. 1980 ; 孫禎睦, 『韓國地方制度·自治史硏究』(上), 一志社, 1992 ; 손정목, 「이른바 '文化政治' 下에서의 都市·地方制度 硏究: 京城府協議會를 중심으로」, 『鄕土서울』 50, 1991.2 ; 박찬승, 「일제하 '지방자치제도'의 실상」, 『역사비평』 13, 1991 ; 윤해동, 「일제의 면제 실시와 촌락재편정책」, 서울대 박사학위논문, 2004 ; 姜再鎬, 『植民地朝鮮の地方制度』, 동경대출판회, 2001 ; 大和和明, 「植民地期朝鮮地方行政に關する一試論」, 『歷史評論』 458, 1988.

6) 구영희, 「1920·30년대 일제의 지방통치정책-'지방자치제' 시행을 중심으로-」, 연세대 사학과 석사학위논문, 1986 ; 임대식, 「일제하 京城府 '有志' 집단의 존재형태」, 『서울학연구』, 1997 ; 林大植, 「1930년대 말 경기지역 조선인 大地主의 農外投資와 地方議會 參與」, 『韓國史論』, 1995.

연구도 있다. 김동명은 경성부와 충청남도의 사례를 통해 지방의회 선거 과정과 의정활동을 분석하고, 식민지적 '지방자치' 상황에서 조선인 지방의원들과 일본 제국주의의 상호관계를 밝히고자 했다.[7] 일본인 · 조선인 공직자들의 정치운동을 조명한 홍순권과 이승엽의 연구 역시 비슷한 맥락이다.[8] 김동명은 조선인들의 정치운동을 동화형 협력(참정권론), 분리형 협력(자치론), 저항운동으로 나누고, 조선인들과 식민당국이 각각의 정치적 의도를 관철시키기 위해 바겐(bargain)을 했으며 이들 세 가지 운동 상호간에도 '대립 · 분열 · 충돌 · 통합' 과정을 거쳤다고 했다.[9] 강동진의 연구에서 지배정책의 주체는 어디까지나 일제이고 조선인들의 '정치적 활동'이라는 시각은 배제되지만, 김동명의 연구는 식민지기 정치활동의 중층성과 복합성, 조선인들의 자발성이라는 문제의식을 바탕으로 친일 · 반일, 저항 · 협력의 이분법을 극복하려 했다.

그러나 정치과정 중심의 연구는 문제 제기의 시사성에 비해 연구 대상이 주로 경성을 비롯한 대도시에 집중되었고, 지방의원의 공직자로서의 활동이나 의정활동에 치중한 분석이 이루어졌다. 의정활동의 규명도 중요하지만, 그들이 '의원'으로서 가진 권한이 매우 제한적이었으므로 의정활동 이외에도 그들의 사회적 위치와 여러 활동을 종합적으로 파악할 필요가 있다.

---

7) 김동명, 「일본제국주의와 식민지 조선의 지방 '자치'－충청남도 도(평의)회의 정치적 분석」, 『韓國政治外交史論叢』, 2000 ; 김동명, 「식민지 시대의 지방 '자치'－부(협의)회의 정치적 전개－」, 『韓日關係史研究』, 2002.10 ; 김동명, 「1931년 경성부회 선거연구」, 『韓國政治外交史論叢』, 2005.2.

8) 홍순권, 「일제시기 '府制'의 실시와 지방제도 개정의 추이－부산부 일본인사회의 자치제 실시 논의를 중심으로－」, 『지역과 역사』, 2004 ; 李昇燁, 「全鮮公職者大會: 1924~1930」, 『二十世紀研究』, 2003.

9) 김동명, 「지배와 저항, 그리고 협력」, 경인문화사, 2006.

다음으로 지역(운동)사, 경제사 측면에서 지방의원과 관련된 연구 성과를 살펴보자. 지수걸은 '관료-유지지배체제'의 관점에서 일련의 사례연구[10]를 통해 일제하의 지방유지층의 형성과 역할을 밝히고, '지방유지 대부분이 면협의회에 진출'한 것에 주목했다. 총독부 권력은 조선의 유력자 집단을 지배체제 내로 포섭하고자 조선인들의 지방의회 참여를 허용했고, 조선인 유력자 입장에서는 지방의회 진출이야말로 '자신의 경제적 지위에 걸맞는 정치적 지위의 확보'였다는 것이다.[11]

박찬승, 정연태 등의 연구 역시 지역 유지자들의 정치 · 경제적 동향에 주목했다.[12] 김성보, 홍성찬, 허수열의 경제사 연구[13]는 지방의원들의 '경제적 입지'와 '정치적 입지'의 관련성을 해명하고자 했다. 지역운동사 연구[14]에서는 구체적인 사례를 통해 지방의원들이 지역에서 민족 · 사회운동에 어떻게 관계했는지를 밝혔다. 이러한 연구들은 조선인 지방의원

10) 지수걸, 「일제하 충남 서산군의 '관료-유지 지배체제' 서산군지에 대한 분석을 중심으로-」, 『역사문제연구』, 1999년 4월 ; 지수걸, 「日帝下 公州地域 有志集團 硏究-사례3: 池憲正(1890~1950)의 '有志基盤'과 '有志政治'-」, 『역사와 역사교육』 2, 1997 등.

11) 『瑞山市誌』 제2권, 서산의 역사, 제5절 근현대사와 서산지역(지수걸 집필), 1998, 243쪽.

12) 박찬승, 「근현대 당진지방의 정치사회적 동향과 지역엘리트」, 『지방사와 지방문화』 제7권 2호, 학연문화사, 2004 ; 정연태, 「조선말 일제하 유지층의 성장 추구와 이해관계의 중층성-포구상업도시 강경지역의 사례-」, 『1910년대 식민통치정책과 한국사회』 Ⅲ, 서울대학교 한국문화연구소, 2003.

13) 김성보, 「일제하 예산 성씨가의 자본축적과정과 정치활동」, 연세대 사학과 석사, 1986 ; 洪性讚, 「日帝下 企業家的 農場型 地主制의 存在形態-同福 吳氏家의 東皐農場 經營構造 分析-」, 『經濟史學』 10, 1986 ; 허수열, 「호서은행과 일제하 조선인 금융업」, 『지방사와 지방문화』 제8권 1호, 학연문화사, 2005.

14) 강만길 편, 『밀양의 독립운동사』, 밀양문화사, 2003 ; 김희곤, 『안동의 독립운동사』, 안동시, 1999 ; 역사문제연구소, 『한국근현대 지역운동사』 Ⅰ 영남편, 여강, 1993 ; 역사문제연구소, 『한국근현대 지역운동사』 Ⅱ 호남편, 여강, 1993 ; 金勝, 「한말 · 일제하 동래지역 민족운동과 사회운동」, 『지역과 역사』 6, 2000.

들의 개별 인물 사례나 활동 사례로서 의미가 있지만 도평 · 도의 전반, 혹은 지방의원에 대한 본격적인 연구라고 볼 수는 없다. 또한 지수걸의 '지방유지', '유지 정치' 개념은 조선인 유지들의 지배체제 내의 '위치(지위)'를 강조함으로써[15] 이들 집단과 지역민들의 '상호관계'를 충분히 반영하지 못한다고 생각된다.

지금까지 지방의원에 대한 기존의 연구 성과를 살펴보았다. 지방의원들의 성향과 역할을 파악하려면 먼저 그들의 경력과 활동에 대해 실상에 근거한 파악이 이루어져야 할 것이다. 여기서는 도평 · 도의를 비롯한 조선인 지방의원들이 일제당국과의 관계를 중시했을 뿐만 아니라 지역민(조선인)들의 기대와 압력을 받고 그들의 신망을 얻기 위해 노력했다는 점을 실체적으로 규명하고자 한다. 이들의 활동을 객관적으로 분석하기 위해서는 친일 · 반일의 이분법보다는 저항과 협력의 '중층성'이라는 관점이 더 유용할 것이다.

2. 연구의 시각과 방법

이 연구는 다음과 같은 방향으로 이루어질 것이다. 첫째, 도평 · 도회 의원들을 전국적 범위에서 망라하고 구체적인 데이터에 기초한 실증적인 연구를 지향한다. 가능한 범위에서 통계적 분석을 시도하려 한다. 선입관이나 도덕적 잣대보다는 실체적인 분석을 중심에 놓는다.

15) '관료－유지 지배체제'는 일제가 '조선인 유력자와 일본인 이주자를 매개로 국가 헤게모니를 지역사회 내부에 관철시킨 지배체제'를 지칭하며 '지방유지'란 '재산, 학력, 당국 신용, 사회 인망을 고루 갖춘 재지 유력자'를 의미한다.

둘째, 저항과 협력의 복합성과 중층성을 기본 시각으로 삼는다.[16] 지방제도 개정과 지방의회의 설립은 식민지기 조선인의 모든 일상을 규정한 '식민지적 근대'의 한 단면이었다. 전 민족이 일제의 직접 통치하에 놓이게 된 압도적인 민족모순 속에서 차별적인 식민지 현실을 타개하려는 노력은 일제 권력과 충돌할 수밖에 없었고, 한편으로는 근대문명과 일제 통치에 편승하고자 하는 욕망 역시 거대한 것이었다. 도평 · 도의의 각종 활동 양상을 포괄적으로 파악함으로써 도평 · 도의들이 어떠한 목적과 의도를 갖고 그 시대를 살았는가 하는 점에 접근할 수 있을 것이다.

셋째, 지방제도 개정문제와 참정 · 자치문제의 관련성을 해명하고, 이에 대한 도평 · 도의의 대응을 구체적으로 밝히려 한다. 일제의 입장에서 지방제도 문제는 더 큰 차원에서 통치체제 개편의 한 부분이었고, 조선인의 입장에서도 '지방자치'는 참정 · 자치논의의 일부이며 나아가 민족독립의 실현을 위한 정치적 훈련의 의미를 가질 수 있었다.

넷째, 도평 · 도의가 지역유력자로서 일제당국 및 지역민과 어떠한 상호작용을 했는가를 규명하려 한다. 도평 · 도의들은 대부분 일제가 지방 차원까지 지배구조를 확립하는 과정에서 지역유력자층으로 형성되고, 그중 일부는 전국적 명망성을 지닌 유력자로 성장했다. 그들이 지역에서 일제당국의 하위동맹으로 지배체제 내에 포섭된 양상과, 지역민과 함께 지역 생활의 향상과 민족 차별의 시정을 위해 활동한 점을 밝힐 필요가 있다.

이 연구의 실질적인 분석대상은 1920년부터 1945년까지 도평 · 도의로 선출된 것으로 확인되는 1,395명이다. 이 1,395명 가운데 도평의원(1920~

16) 윤해동, 「식민지인식의 회색지대 – 일제하 공공성과 규율권력」, 『식민지의 회색지대』, 역사비평사, 2003.

1933년)을 역임한 사람이 815명이며 도회의원(1933년 이후)을 역임한 사람은 722명이다. 도평의원만 역임한 자는 673명, 도회의원만 역임한 자는 563명, 도평과 도의를 모두 역임한 적이 있는 사람은 142명이다. 이들의 비율을 계산하여 표로 나타내면 다음과 같다.

〈표 1〉 분석대상이 되는 도평 · 도의 인원수

분류	도평만 역임한 자(A)	도평과 도의를 모두 역임한 자(B)	도의만 역임한 자(C)	합계(A+B+C)
인원수	673명	142명	580명	1,395명
비율	48%	10%	42%	100%
계	도평 전체(A+B) 815명		도의 전체(B+C) 722명	

1,395명을 최초에 당선(임명)된 시기별로 분류하면 다음과 같다. 일곱 차례의 總改選(1920, 1924, 1927, 1930, 1933, 1937, 1941년) 이외에, 임기 중 결원이 생겼을 경우, 지역별로 차점자 승계, 보궐선거 등으로 인원을 보충했다.

〈표 2〉 분석대상이 되는 도평 · 도의의 임명시기별 인원수

임기(년)	1920~1924	1924~1927	1927~1930	1930~1933	1933~1937	1937~1941	1941~1945
인원(명)	262	188	192	172	208	196	175

이 책의 연구는 도평 · 도의 개개인의 신상과 경력, 활동내용에 관한 데이터베이스에 바탕을 두고 있다. 자료의 한계로 인해 개인에 따라 불완전한 데이터도 많지만, 데이터 내용에는 도평 · 도회의원 역임 연도, 지

역, 기타 지방의원(부협 · 부의 · 면협) 당선 여부, 창씨명, 생몰년도, 가족 관계, 출신학교, '병합' 이전의 관료 경력과 '병합' 이후의 관료 경력, 중추원 의관 여부, 기업 활동 등 경제활동, 의정활동, 민족 · 사회운동 참여, 일제에 대한 협력활동, 재산 정도, 발언이나 논설, 해방 후 경력 등이 포함된다.

연구 자료는 일제시기의 각종 인명록과 地方誌, 일제의 정책 문서, 도회회의록, 신문 · 잡지 등을 사용했다. 도평 · 도의의 인적 사항에 관해서는 인명록과 지방지 이외에도 『官報』, 『年鑑』, 『總督府及所屬官署職員錄』, 『朝鮮銀行會社組合要錄』, 金融組合 자료 등을 참조했고, 활동과 관련해서는 국립문서보관소의 지방의회(지방의원) 관련 자료, 공직자대회기록, 府會 · 道會會議錄, 각종 독립운동자료(독립운동관련 재판기록 등), 국사편찬위원회의 검찰기록자료, 일본외무성 자료인 『조선참정권실시청원의 건』, 일본 국회도서관의 齋藤實文書 등을 활용했다. 개별 도평 · 도회의원에 관한 전기물이나 회고록,[17] 이들이 언급된 경제사, 운동사, 지역사 연구들도 참조했다. 해방 후 자료로는 『反民特委裁判記錄』과 신문 · 잡지, 각종 지방사 편찬물(市史, 郡史, 道史 등)들을 기본 자료로 사용했다.

이 책은 4장으로 구성되었다. 제Ⅰ장은 도평 · 도회제도, 제Ⅱ장은 도평 · 도의의 출신 배경과 활동 경력, 제Ⅲ장은 지역유력자 · 유지로서의 성격과 활동, 제Ⅳ장은 정치적 활동에 관한 것이다.

제Ⅰ장에서는 도평의회와 도회 제도를 포함한 지방제도의 변천과 지방선거의 시행을 살펴볼 것이다. 지방제도에 관한 선행 연구 성과에 바탕을 두되, 기존의 연구에서 충분히 다루지 못한 이전 시기의 지방(자문)

---

22) 李敬南, 『抱宇金鴻亮傳』, 圖書出版 알파, 2000 ; 『財界回顧』, 한국일보출판국, 1984 ; 박영철, 『五十年の回顧』, 大阪屋號書店, 1929.

제도와 지방의회제도의 계승성, 지방제도 개정과 참정·자치문제의 관련성 등에 초점을 맞추고 이를 해명하고자 한다. '병합' 이전에 만들어진 지방위원회와, '병합' 후의 부협의회·참사제도는 일제가 지방지배에 조선인의 협조를 필요로 하여 '자문' 명목으로 설치되었다는 점에서 주목을 요한다. 조선인들의 지방제도에 대한 인식, 전시체제기 이후 '지방 자치' 운영의 변질과 1945년 '정치 처우 개선' 조치의 의미도 추적하고자 한다. 지방 선거에 관해서는 선거의 실질적 운용 상황과 민족 차별 문제를 중심으로 살펴보겠다.

제Ⅱ장에서는 도평·도회의원들의 출신배경과 주요 경력을 규명하고자 한다. 사회·경제적 배경에서는 학력, 직업, 재산 등을 보고, 경력에서는 관직 경력 및 1910년대까지의 공직, 민족운동, 협력활동을 중심으로 살펴볼 것이다. 여기에서는 도평·도의들의 객관적 배경과 사회적 위치를 규명하고, 1920년 이전까지 이들이 어떠한 사회적 활동 경력을 전개했는지를 살펴보는 것이 목표이다.

제Ⅲ장은 도평·도의들이 지역유력자로서 갖는 성격과 지역에서 벌인 활동 내용에 관한 것이다. 먼저 지역유력자의 개념과 조건을 검토할 것이다. 지역유력자로 성장하기 위해서는 당국의 신용과 지역민의 신망이 필요했는데, 이를 충족시키기 위해 도평·도의들은 무엇을 했으며 일제는 이에 대해 어떻게 보상했는가, 지역민들의 요구에 부응하기 위해 이들이 수행한 지역활동에는 어떠한 것이 있는가를 살펴보고자 한다.

제Ⅳ장에서는 도평·도회의원의 정치적 활동의 양상을 살펴본다. 여기서 정치적 활동은 민족·사회운동, 일제에 대한 협력 활동, 의정활동, 참정·자치문제에 대한 대응 등 주로 일제당국과의 관계에서 저항, 경쟁, 협력이 이루어진 활동을 말한다.

보론으로는 지방의원에 대한 지역 사례로서 경남지역의 조선인 읍회 의원들에 관해 분석했다.

부록에서는 각도의 도평·도회의원 명단을 제시했다.

도평·도의는 단일한 정치집단이 아니었고, 정치세력화를 실현할 수도 없었다. 그들의 활동은 일제에 대한 저항과 협력을 포함하여 다기한 방향으로 이루어졌고 의도했든 아니든 그 활동은 매우 정치적인 의미를 지녔다. 이 책에서는 일제와 협력하여 '근대성'을 추동한 주체의 다양성과 모순성을 그대로 드러내면서도 그들이 가진 일반성을 발견하고자 했다. 해방 후 한국을 주도한 세력은 태생적으로 식민성과 근대성을 안고 있었다. 따라서 도평·도의를 집단적으로 분석하는 작업은 해방 후 한국사회를 이해하기 위해서도 필요한 일이다.

제 I 장 도평의회 · 도회제도의 성립과 변천

1. 지방제도 변천 및 도평의회 · 도회제도

1) 도평의회 설치 이전의 지방제도

(1) 개관

도평의회는 1920년의 지방제도 개정으로 창설되었고, 도회는 1931년의 制令 발표와 1933년의 道制 시행으로 설치되었다. 지방제도를 역사적으로 보면, 1920년 이후의 지방의회는 통감부 시기의 '지방위원회' 제도, '병합' 후의 '참사제도', '府協議會'의 연장선상에 있었다. 도평의회 · 도회의 설치는 일제가 각 지방에서 협력자를 양성하여 지방행정을 원활히 함과 동시에 조선인들에게 정치 참여에 대한 기대감을 주어 전반적인 식민 통치의 안정을 기하려는 것이 목적이었다.

일제는 통감부시기부터 도, 부, 군뿐 아니라 면 단위까지 지방행정의 정비를 시도했으나 아직 지방행정을 일목요연하게 장악하지는 못했다.

조선거주 일본인들에 대한 별도의 자치행정기관으로 居留民團이 있고, 구한말의 영사관 업무를 계승한 이사청(理事廳)[1]이 주요 대도시에 설치되어 있었다. 조선인과 일본인에 대한 이원적 지방행정이 불가피했다. 지방행정 정비는 치안과 조세 체제의 확립, 식민지적 관료제 구축이 목적이었다. 이는 종래의 신분적 특권을 매개로 한 전통적인 촌락 '자치' 및 전근대적 질서를 해체함과 동시에 조선인 개화파들이 의도한 '민권'적 자치를 억누르는 과정이었다.[2]

각지에서 의병투쟁이 계속될 때 '치안' 확보는 최우선의 과제였다. 지방에서는 각급 행정관할기관이 아니라 곳곳에 진주한 헌병대가 치안을 맡았다. 군사적 강점의 첨병인 각도 헌병대장은 道경찰부장의 명함을 갖고 道가 아닌 중앙의 경무총장에 직속되었다. 일본인의 안전 확보와 관련하여 이사청 理事官은 '안녕질서를 유지하기 위해 긴급 필요시에는 통감의 명령 없이도 당해지방 주재 제국 군대 사령관에게 移牒하여 출병을 요청'[3]할 수 있었고, 일본인들은 각지에서 자위대를 조직했다. 이러한 상황에서 통감부는 조세체제 확보와 지방행정 정비를 위해 1907년 면장제와 '지방위원회' 제도를 실시했다.

1910년 8월의 '병합' 이후 일제는 9월에 조선총독부 '地方官官制'를 발령했다. 경성부를 일반적인 府로 격하하여 경기도에 속하도록 하고, 13

1) 경성에는 통감부를 두고, 평양, 인천, 부산, 원산, 진남포, 목포, 마산, 성진, 대구, 신의주, 청진에는 이사청을 두어 조선거류 일본인에 관한 사무를 맡았다. 이사청은 '병합'과 함께 폐지되었으나 일본인 거류민단은 1914년까지 존속했다.

2) 조선인 개화파들은 한말 이래 면이나 郡, 혹은 도시지역을 단위로 鄕會, 面會, 民會(民議所) 등 '자치'적 기구를 설치하고자 했다. 이에 관해서는 이상찬, 「1906~1910년의 지방행정제도 변화와 지방자치논의」, 『韓國學報』 42, 1986 ; 大和和明, 「植民地期朝鮮地方行政に關する一試論」 ; 金翼漢, 「植民地期朝鮮における地方支配體制の構築過程と農村社會變動」, 東京大 博士學位論文, 1996 등을 참조하라.

3) 『仁川府史』 中, 1932, 景仁文化社, 1989(韓國地利風俗誌叢書에 소수), 545~546쪽.

도, 1首府(한성), 11부, 317군이었던 행정구역을 13도 12부 317郡으로 변경했다. 이제 지방행정은 총독부의 직접적인 지배하에 놓이게 되었다.[4] '그때까지 일반 행정에서 분립되었던 재무감독국(경성, 대구, 평양, 전주, 원산)과 재무서는 폐지되고, 재무감독국은 도의 재무부, 재무서 사무는 부와 군에 각각 인계되었다. 도(道)의 수장은 도장관으로 道令을 발할 수 있는 권한을 가졌다. 도장관 밑에는 장관관방, 내무부, 재무부를 두었다. 부 · 군 · 도의 책임자인 부윤, 군수, 島司는 도지사의 지휘감독을 받는 위치에 있었다. 面은 지방행정의 최말단기구로 317개 군 아래 4,322개의 면이 있었다. 면장은 도장관이 임명했다. 일제는 1913년에서 1914년에 걸쳐 지방제도를 크게 바꾸었는데 그 내용은 첫째, 府制 실시,[5] 둘째, 군과 면의 통폐합이었다.

1913년 일본인들이 비교적 많이 거주하는 도시지역에 府制가 실시되었다. 기존의 府 영역에서 농촌지역을 분리시켜 郡에 포함시키고 市街지역만으로 새로 부를 창설하여 이를 公法人으로 만든 것이었다. 부제를 실시하면서 일본인들의 반발에도 불구하고 거류민단과 한성위생회[6] 등을 폐지하고 府행정으로 일원화시켰다. 거류민단의 공공사무는 모두 府에 인계되고 일본인 자녀들의 교육 사무를 담당하는 학교조합만 그대로 존속했다.[7] 府制 실시에 따라 부윤의 자문 명목으로 조선인 · 일본인 민

4) 식민통치가 진행되면서 도를 제외한 다른 행정구역의 수는 계속 달라지며 구역 변경도 빈번히 이루어졌다.

5) 1914년 당시 부는 경성, 인천, 군산, 목포, 대구, 부산, 마산, 평양, 진남포, 신의주, 원산, 청진 등 12개로 숫자의 변화는 없었으나 면적은 기존의 부보다 크게 줄었다.

6) 1907년 12월에 콜레라 방역 등 한성 지역의 위생상태 개선을 위해 만든 특수 행정조직이었다.

7) 조선인의 교육 사무는 學校費가 담당했다.

간인들을 임명하여 구성한 것이 바로 '부협의회'이다.

다음으로 郡과 面 數의 감축을 보자. 1914년 317개 군에서 220개 군으로, 4,322개 면에서 2,521개 면으로 수가 줄었다. '시정상의 편의와 경비의 절약을 도모하고 한편으로 인민의 부담을 균형 있게' 하기 위한 통폐합의 결과 군과 면 구역은 종래보다 훨씬 넓어졌다. 이미 1907년경부터 面長制가 실시되어 면장이 세금을 부과 · 징수하는 역할을 맡고 있었는데 면 구역이 확대되면서 자연스럽게 면장 역할이 강화되었다.

면의 지위 또한 격상되었다. 1912년, 面은 스스로 '면경비'를 징수하여 면사무에 필요한 경비를 조달하는 권한을 갖게 되고, 1917년 面制가 실시되면서, 면의 사업은 도로와 교량 등의 토목 사업, 농림 개량사업, 위생 · 소방 등으로 확대되었다. 면 가운데에서도 인구가 많고 일본인 거주자의 비율이 높아 도시지역과 유사한 면은 '지정면'이 되었다.[8] 지정면 면장은 일본인으로 임명할 수 있었고 면장의 자문기관으로 도장관이 임명하는 '상담역'을 두었다.

도에 대해서는 1915년과 1919년의 지방관관제 개정으로 도장관이 도지사로 개칭되고 도지사는 도의 경찰권을 행사했으며, 도지사 산하에 장관관방과 제1부(내무부), 제2부(재무부), 제3부(지방경찰 위생사무 담당)를 두었다. 각 도에는 자문 명목으로 참여관 1명과 道參事 3명을 조선인으로 임명했다. 도참사, 군참사, 府참사 등의 참사제도는 1920년의 지방제도 개정 때까지 존속한다.

1920년의 지방제도 개정의 골자는 부협의회 · 지정면 협의회의 선거 실시, 참사제도의 폐지, 도의 행정자문기관인 도평의회 설치였다. 그러나

8) 1917년 당시 전체 2,512개 면 가운데 1%도 안 되는 23개 면(수원, 송도, 영등포, 청주, 공주, 대전 등)이 지정면이 되었다.

그보다 먼저 일제의 지방행정자문기관의 원형이라 할 수 있는 지방위원회 제도와 부협의회, 참사제도를 살펴볼 필요가 있다.

(2) 지방위원회

지방위원회는 1907년 6월부터 1911년 3월까지 시행된 제도이다.[9] 여기서 지방위원회를 주목하는 것은 그것이 일제 주도로 만든 과도적인 지방자문기관의 성격을 가졌기 때문이다.

일제는 원래 吏胥들이 갖고 있던 조세에 관한 권한을 박탈하고 새로 징수기관을 만들어[10] 지방행정 장악과 함께 본격적인 식민지 경영에 들어가고자 했다. 그러나 의병활동의 전개와 지방 吏胥·鄕任層의 반발로 인해 조세 징수는 곤란에 부딪혔다. 지방위원회 설치는 '각 지역의 유지들로 하여금 지방행정에 대한 자문에 응하게 하여 관민의 의사소통'을 꾀한다는 취지였으나[11] 일차적으로는 식민지화를 위한 원활한 재정 확

9) 윤해동, 「일제의 면제 실시와 촌락재편정책」, 서울대 박사학위논문, 2004, 34~39쪽 참조.

10) 1906년부터 지방행정기관에서 조세업무가 완전히 분리되었다. 10월 16일 勅令 제60호, 조세징수규정에 따르면, 면장이 면내의 納稅多額者들과 함께 임원을 구성하여 납세금액을 정하고 公錢領收員이 이를 징수하도록 되었다. 탁지부에서 조세를 총관장하고 지방에서는 세무관의 지휘에 따라 면장, 다액 납세자, 공전영수원이 이를 실행했다고 볼 수 있다. 공전영수원은 면장이 겸임하는 경우가 많았다. 가령 1907년 2월, 전남 능주군과 동복군의 20개면에서 19개 면의 면장과 공전영수원이 동일인이다. 『各司謄錄』 1907년 2월 1일, 綾州派駐稅務第二所主事, 柳河一이 탁지부대신에게 보고한 내용 참조.

11) 1907년 5월 4일, 伊藤博文는 대신회의에서 지방위원회제도를 제안하며, 이것이 "명실 공히 인민으로 하여금 정치에 참여시키는 단서"라면서 지방자치를 촉진하는 듯한 언사를 사용했다. 그는 위원 수를 지방위원회별로 5명 내지 10명으로 하자고 했고 지방위원회를 기초로 지방의회로 발전시킬 것이라는 주장을 했다고 한다. 또한 지방위원은 기존의 鄕員이 아니라 '자산이 있고 民情에 통하는 자'를 선임하도록 했다. 안용식, 『한국관료연구』, 대영문화사, 2001, 181~182쪽.

보가 목적이었다.

지방위원회의 임무는 '지방의 민정과 조세부담상황 보고, 조세체납자에 대한 납세 독려와 납세의무에 대한 선전, 농공은행이나 금융조합 이용 독려' 등이었다. 회장인 세무관의 자문 요청에 따라 회의를 개최하는데, 실제로 한 번도 회의를 열지 않은 지방위원회도 있었다. 회의 운영은 일본인 세리들의 훈시와 지시가 대부분이고, '도로의 개간·보수, 식림장려, 금융조합, 수리조합, 위생조합의 설치여부' 등을 '자문'했다. 말하자면 지방위원회는 조세, 금융 부문의 식민지화를 진행하면서 조선인 유력자들의 협조를 구하려고 만든 자문기관이었다.

지방위원회 위원 선정은 1907년 5월 24일자 '地方委員會 設立 注意' 등 탁지부훈령에 따라 이루어졌다. 재무관보와 세무관이 1907년 5월 30일부터 6월 9일까지 28개 군을 순회하면서 각지에서 위원을 선발하고 군수 등과 협의하여 위원을 임명했다. 지방위원회 개회식에는 '관찰사, 경무부, 기타 지방관이 참석'했고, 대구, 수원, 평양에서는 '탁지부대신과 재정고문이 임석'한 것으로 미루어 일제가 지방위원회 개설을 매우 중시한 것을 알 수 있다.

지방위원회는 전국 53개소에 설치되었다. 1907년 6월 8일 평양지방위원회를 최초로 1907년까지 전국 50개의 지방위원회(지방위원 387명)가 설치되었다. 지방위원회 회장은 일본인 세무관이며 탁지부 대신이 지방위원을 위촉했다. 1911년 폐지 당시 지방위원회는 53개였고, 지방위원은 436명이었다.[12] 1907년부터 1911년까지 지방위원 역임자 659명 가운데 1

12) 인원수는 지역에 따라 편차가 있었다. 1907년으로 한정해 보면 한성지방위원이 17명, 평양과 진주지방위원이 각각 14명 등이고 황주 지방의원은 2명, 영동 지방의원은 3명이 임명되었다. 폐지 시에는 대부분 지역당 5명에서 16명 정도였으나 정주 2명, 덕천 3명인 경우도 있었다. 안용식, 『한국관료연구』, 193쪽의 표

년 미만 재임자가 139명, 1~2년간 재임자가 174명, 2~3년간 재임자가 119명, 3~4년간 재임자가 29명, 설립 때부터 폐지 때까지 재임한 자가 198명(30%)으로 대체로 재임 기간이 짧았다.

지방위원 가운데에는 면장이 많았다. 면장은 징세사무를 담당하고 일제의 정책을 전달하는 역할을 했다. 지방위원이 직접 징세를 담당하는 '公錢領收員'을 겸하기도 했다.[13] 지방위원은 군 단위로 1~2명에 불과했기 때문에 지방위원회의 보조기구로 면장협의회가 설치되었다.[14] 일제는 지방위원 임명시 이전부터 징세업무를 담당했던 守令이나 吏胥層을 가급적 배제하고, '재지양반층'이나 '鄕任層'보다는 '상당한 자산이 있고 신용 · 지식을 가졌으며 民情에 통하는 자'[15]들을 선호했다. 여전히 신분제적 권위를 갖고 있던 재지양반층은 예전부터 面任을 심부름꾼으로 여겼고, 면장에 대한 실질적 대우도 높지 않았으므로 인해 면장 맡기를 꺼렸다.[16] 따라서 양반층보다는 향리층(의 자제)과 일부 지방 재력가들이 지방위원이 되었을 가능성이 많다.

참조.

13) 공전영수원은 '병합' 직후에도 일정기간 존재한 듯하다. 車鍾瓘(함북27, 41)은 1912년 경성군 西面의 공전영수원이었고, 1913에는 같은 면의 면서기, 1917년부터 1940년까지 명천군 서면 면장을 역임했다. 『施政25週年記念表彰者名鑑』, 887쪽.

14) 면장협의회에 대해서는 윤해동, 「일제의 면제 실시와 촌락재편정책」, 2004, 48~49쪽 참조. 면장협의회는 1909년 8월 지방위원회 보조기관으로 공식화되었고, 재무서가 설치된 226개소에 같은 수만큼 설치되었다. 지방위원, 면장, 공전영수원이 면장협의회에 참가했다.

15) 위원회 규칙 原案에는 '각 군에서 덕망이 있는 자'로 되어 있었는데, 伊藤博文는 '학자들이 事理에 통하지 않고 世事에 무능하다'는 한국 측 대신들의 주장에 따라 '자산'을 중시하는 방향으로 기준을 바꾸었다.

16) 이상찬, 「1906~1910년의 지방행정제도 변화와 지방자치논의」, 『韓國學報』 42, 1986, 66~69쪽. 이 시기 면장들이 '2, 3류 인물'이었고, 지방위원회는 납세거부운동의 중심인 '民會'를 탄압한 '비자치적 조직'이라는 연구도 있다. 大和和明, 「植民地期朝鮮地方行政に關する一試論」, 50面.

지방위원회가 '금융' 체제 정비의 일환으로 설립되었다는 사실은 그러한 추측을 더욱 뒷받침한다. 1900년대 후반부터 일제는 농공은행의 보조기관으로 각지에 금융조합을 설립하고자 했고 지방위원회는 금융조합 설립의 견인차였다. 지방위원 가운데 금융조합설립위원으로 피선되는 사람도 상당수였다.[17] 일제는 지방위원회 소재지에 우선적으로 금융조합을 설립할 계획이었으나 의병활동(지방소요)으로 인해 순조롭게 진행되지 못했다.

> 금융조합은 지방위원 현재지 30개소에 설립하야 정부에서 자금 1만원씩을 각 조합소에 대부하야 농공은행의 보조기관으로 오로지 농업가 재정의 융통을 하는 것이나 지방소요로 인하야 설립이 未全ᄒᆞ고 업무를 개시한 것은 唯一個所라.[18]

금융조합 설립에는 일정한 패턴이 있었다. 먼저 지방의 재력가들을 지방위원회에 끌어들이고, 지방위원회 개회식과 금융조합위원총회를 동시에 개최하거나[19] 지방위원회 정기회의에서 금융조합 설립을 결의하기도 했다. 그러나 의병투쟁은 금융조합의 설립을 지연시키고, 지방위원회의 징세보조업무 수행에 큰 차질을 주었다. 또한 지방위원이나 면장들 자신이 의병들의 표적이 되어 공격을 받았다. '지방위원(면장)들이 지방민들

17) 예를 들면 朴熙豊은 1907년 6월에 함흥군지방위원으로 피선되고 8월에는 함경남도 지방위원 摠代를 겸임했으며 같은 해 12월에는 함흥지방금융조합설립위원이 되었다. 『大韓帝國官員履歷書』 참조. 금융조합의 설립과 운영에 참가한 조선인들은 근대적 상업활동이나 금융활동에 관심을 가졌을 가능성이 많다.

18) 「金融機關」, 『大韓協會會報』 제2호, 1908년 5월 25일, 18쪽.

19) 「報告書 第三十一號(全羅南道羅州稅務署地方委員開會諮問事項及應答書)」(나주의 세무관 洪鼎厚의 보고, 1907년 11월 30일).

에게 출장 등으로 세금 독려를 하고, 무장 폭도들이 이들을 습격하여 중상을 입히거나 금품을 빼앗아 도주'한 기록은 많이 있다. 지방위원이나 면장 등을 습격한 '폭도'들은 스스로 '의병'이나 '討倭軍憲兵' 등으로 칭했다. 의병들은 '납세의무의 훈시'를 하는 것은 '韓民을 苦境에 陷케 하는 것'이므로 '일반인민을 대신하여 너를 砲殺'[20]한다고 했고, '너희는 항상 우리를 포박하고자 수시로 주재소에 밀고함은 부당'[21]하다고 주장했다. 이처럼 지방위원들은 징세 독려나 밀고로 의병에 대해 적대했고 의병들은 이를 응징했다.

일부 지방위원은 伊藤博文 암살시 일본에 사죄하기 위해 국민사죄단을 조직하는 등의 친일 행태를 보였다.[22] 국민사죄단은 일부 지방위원과 일진회원들의 발기로 '전라 충청 강원 황해 평안 각도의 紳士, 지방위원, 鄕校員 등'으로 구성되었다. 목적은 '伊藤公의 조난사건에 대해 대일본천황에게 伏奏'하여 양국의 친목을 도모함이었다. 경상북도 新寧郡 지방위원 黃應斗 등은 '지방 각부의 지방위원 및 유지'에게 일본정부에게 사죄하고자 본인 부담으로 동경에 가서 사죄하자는 취지의 '主旨書'를 보냈다.[23] 이에 따라 '국내 324군 지방위원'과 각 군의 '신사'들은 일제히 '본인부담'으로 동경에 갈 계획을 세웠다. 그러나 실제로는 지방별로 경비를 할당하여 받는 방식으로 일이 추진되면서 '지방에서 큰 소란'이 일어났다.[24] 1909년 12월 15일, 국민사죄단은 일진회의 한일합병성명을 지지했다.[25]

20) 「江警秘收 第三三二號」(강원도경찰부장의 보고, 1909년 5월 20일).

21) 1910년 2월 9일, 李亨植 등이 부하 7명(권총과 도검 휴대)과 같이 고양군 기포면 대화리의 지방위원, 慶勳重의 자택과 同里 面長 曺錫弼의 자택에 들어가 말한 내용. 「高警秘收 第三六九號의 一」(경기경찰부장의 보고, 1910년 2월 21일).

22) 一進會 慶北支部 總務員인 대구 거주 尹大燮 등이 주동이 되었다.

23) 「黃警高發 第二號(伊藤公 遭難事件에 關한 韓國人의 動靜)」(1909년 12월).

24) 『梅泉野錄』 제6권, 1909년 '黃應斗의 謝罪團 派日' 부분 참조.

지방위원회는 통감부시기에서 총독부시기로 넘어가는 과도기에 기존의 징세체계를 부정하고 지방차원에서 식민지적 징세체계를 구축하는 과정에서 지방자문의 명목으로 지방의 유력자들을 끌어들인 기구였다. 지방위원회 활동은 의병활동의 대척점에 있었으며 이들의 공격을 받았다. 아직 신분적 질서 속에 있던 지방 명망가들에게 지방위원이라는 직위는 꼭 달가운 것이 아니었지만, 일제 입장에서는 지방통치와 금융·조세체제 확립을 위해 지방위원들의 협조가 필요했다. 1907~1911년의 지방위원 출신으로 1920년 이후 도평·도의가 된 사람은 3명 확인된다.[26] 지방위원 전력자들은 1910년대에 걸쳐 각종 참사, 부협의회원, 지방토지조사위원 등으로 변신한 경우가 많았다. 따라서 지방위원회 제도는 '병합' 이후 참사, 부협의회 제도로 계승되고 이는 다시 1920년 이후의 지방의회제도에 계승된다고 본다.

(3) 참사제도 및 부협의회

1914년 부제가 실시되면서 일본인 자치행정기관인 거류민단이 폐지되었다. 이후 조선인과 조선 거주 일본인이 참가하는 지방통치자문기구로 설립된 것이 참사제도와 '부협의회제도'[27]이다.

참사제도는 道에 2~3명, 府郡島에 조선인 참사를 2명씩 임명하여 도장관(도지사)이나 부윤, 군수, 島司의 자문에 응하도록 하는 제도였다. 참

25) 「機密統發 第2081號」(1909년 12월 16일).

26) 金衡玉(전남20/24), 金泳澤(황해20/24/27/30), 柳世鐸(평북27/30). 제Ⅱ장에서 살펴보겠지만 이들은 일본 유학을 하거나 지방에서 은행 설립 등을 주도한 사람들로 일제의 의도에 부합하는 '신흥 유력자'의 면모를 갖추고 있었다.

27) 1920년 지방제도 개정 이후에도 '부협의회'라는 명칭은 그대로였다. 다만 1914~1920년의 부협의회는 전원 관선이었으나, 1920년 이후에는 민선의원으로 구성되었다.

사의 자문 범위는 매우 제한되어, 가령 도(道)참사의 자문 내용은 도의 재정과 관계가 없는 일반 행정에 국한되었다. 참사는 매년 1회 參事會를 개최하고 행정방침에 관한 사항을 의결했지만 의결사항에는 아무런 법적 구속력이 없었다. 3·1운동 이후에는 참사제도의 운영이 약간 변화되었다. 1920년에는 도 단위로 郡참사회의를 열기도 했고,[28] 6월 17일과 18일에는 각도 참사회의를 열었다.[29] 정무총감 주재로 열린 '사상 초유'의 각도 참사회의는 지방제도의 개정을 앞두고 도참사들의 협조를 구하는 자리였다.

참사는 도나 군의 일반 행정에 관해 아무런 법적 구속력이 없는 자문을 했다. 군참사나 도참사는 대체로 지역 유력자들로, 이윤용과 같은 귀족[30]이 포함되기도 하고, 도참사 신분으로 독립운동에 관계한 사람도 있었다.[31] 지방유력자에게 지방행정의 자문을 맡겨 지방통치의 보조적 역할을 하도록 한 점에서 참사제도는 도평의회를 예비한 것이었다. 실제로 1920년 이후의 도평·도회의원 가운데 道·郡·府의 참사 경력자는 모두 160명이나 되는데, 이에 관해서는 제Ⅱ장에서 살펴보기로 한다.

다음으로 1914년부터 구성된 부협의회에 대해 살펴보자. 부협의회는 경성, 인천, 부산, 평양 등의 府행정자문기관으로, 조선인과 일본인 동수로 구성되었다. 부협의회원은 '총독의 인가를 받아 도장관이 임명'하는 임기 2년의 명예직이었다.

28) 『東亞日報』 1920년 4월 21일.

29) 『東亞日報』 1920년 6월 15일.

30) 이윤용은 남작으로 1918년 2월 7일 경기도참사관에 임명되었다. 『官報』 1918년 2월 18일.

31) 평안남도참사 安奭은 共成團의 독립자금모집활동과 관련하여 체포되었다. 그는 공성단 단장을 맡아달라는 요청에 대해서는 거절한 듯하다. 『東亞日報』 1920년 5월 13일자 참조. 참고로 안석은 도평·도의를 역임하지 않았다.

부협의회는 첫째, 조선 거주 일본인들의 '자치권' 요구를 일정하게 수용하고, 둘째, 일본인들이 조선인 유력자들을 지도하여 '내선융화'를 실질적으로 진전시킬 것을 기대하며 만들어졌다. 조선 거주 일본인들은 거류민단 폐지와 본국(일본) 참정권 박탈에 심하게 반발하면서 자신들의 '자치권' 내지 정치적 권리를 주장하고 있었다.[32] 일부 일본인은 부제 실시로 인한 '내선인의 합동'이 '지방 발전을 저애'한다는 생각을 표명했지만, 대체로 지방행정의 일원화라는 일제당국의 정책에 부응하여 府政 자문기관인 부협의회에서 자신들의 권리를 주장하고자 했다.

일제는 부협의회가 '내선융화'와 '자치능력의 향상'을 위한 것이라고 호도하며, '조선인이 부협의회에서 내지인과 완전히 동일한 권리를 향유하고, 府政에 참여할 수 있게 되어 稅負擔의 증가를 달게 받고…하등 이의를 제기하는 자가 없었다'[33]는 자체 평가에도 보이듯이, 부협의회의 조선인 의원들이 일본인 위주의 부행정에서 들러리 역할을 하기를 기대했다.

조선인 독립운동세력이 참사제도와 부협의회제도를 어떻게 인식했는가는 대한민국임시정부 자료를 통해 유추할 수 있다. 임시정부에 따르면 참사의 역할이란 '오직 지방세의 독촉과 총독의 불법정치의 관철에 노력하는 보조' 역할이며, 부협의회 또한 '부내 명망가로 부윤이 찬임함으로 모두 일본인으로 임명하며 설혹 數人의 韓人 협의회원이 있다 할지라도 다수 일본인에 종속될 뿐이오 도저히 자기제의를 용인치 못하니 역시 形式議事員에 불과'[34]했다.

부제의 시행은 '日鮮人의 공통세제'를 통해 조선인의 세금을 포함한 세

32) 3·1운동 당시 조선거주일본인은 35만 명으로 '병합' 시의 약 2배였다. 内田じゅん, 「植民地朝鮮における同化政策と在朝日本人」, 174쪽.

33) 『仁川府史』 中, 1932(景仁文化社, 1989, 영인본), 577쪽.

34) 『韓國獨立運動史資料』 4, 史料集 第三의 參事會 及 協議會 참조.

원을 마련하는 의미도 있었다. 조선거류민단의 폐지 후 그 재산과 부채가 부에 인계되면서 거류민단의 부채까지 일본인과 조선인에게 공평하게 부담하게 한 것은 일본인 납세자의 부담을 경감시키고 조선인의 부담을 가중시켰다. 반면에 그 세금의 혜택은 주로 府의 일본인 거주지역을 위한 시설에 집중되었다.

부협의회 정원은 짝수로 하고 조선인과 일본인을 동수로 한다고 규정되었으나 부산, 경성 등 일본인 세력이 강한 곳에서는 동수 원칙이 지켜지지 않았다. 1920년 이전의 부협의회 의원 중에는 1920년 이후 도평 · 도의 등 지방의원이 되기도 했다.

이상에서 살펴보았듯이 일제 침략이 본격화한 1907년 이후, 지방위원회, 군 · 도참사 · 부협의회제도가 지방행정 자문기관으로 존재했다. 모두 지방행정 자문에 조선인을 참가시키는 제도이며 1920년 이후의 지방제도에 계승되는 측면이 있었다.[35] 다만 1920년 이후 지방의회의 가장 큰 차이점은 '선거'가 도입되었다는 것이며 역할과 기능도 약간 변화했다.

2) 1920년대의 지방제도와 도평의회

(1) 지방제도 개정의 배경과 내용

1920년의 제도 개정의 골자는 지방의회(부 · 면협의회와 도평의회)와 학교평의회의 설치, 그리고 지방선거의 실시였다. 그러나 새로 설치된 기관들은 의결 권한이 없는 자문기관이었고, 숱한 제약성을 갖고 있었으므로 일제 당국도 이를 '지방자치'라고 부르지 못하고 다만 '완전한 지방

35) 부협의회나 도평의회가 '종래의 府協議員會 又는 道郡事事會와 별반 相異가 업섯다 함이 일반의 직감'임은 『開闢』에서도 지적했다. 『開闢』 1921년 1월.

자치를 위한 준비' 단계라고 했다. 여기서는 도평의회가 성립된 배경과 제도적 특징에 관해 살펴보자.

1920년의 지방행정제도 개정은 '문화정치'의 중요한 구성요소였다. 일제는 '민의를 창달하여 일반 민중을 양해하고 그들로 하여금 제도 및 시설의 정신을 양해'하도록 하는 것이 지방제도 개정의 목적이라고 설명했다.[36] 일제로서는 3·1운동 직후의 '험악'한 민심을 수습하고 치안을 회복하며 조선인의 독립 열망을 억누르는 것이 우선적인 과제였다. 原수상이 주창한 內地延長主義에 따르면 일본에서 실시되는 것과 비슷한 지방자치제 실시는 '장래 이루어야 할 목표'였다. 따라서 조선에서는 우선 '문화의 정도와 실정에 적합'한 제도로, '(지방선거) 시기상조론'과 '완전한 선거주의'라는 양극단을 배격하고 양자를 절충하는 방식으로 제도 개정이 이루어졌다.[37] 일제당국은 1919년 총독 주재로 도지사회의를 개최하여 각 도에서 10월 말까지 '道府郡島面 자문기관' 설치에 관한 의견을 제출하도록 했고[38], 총독부 내에서 지방제도에 관해 '조사연구'를 한 끝에 1920년 7월 29일, 관계법령을 발포했다. 이들 법령 가운데 부협의회와 면협의회에 관계된 것이 '府制시행규칙 중 개정'(制令 제12호)과 '면제 시행규칙 중 개정'(제령 제13호)이며, 도평의회의 성립과 관계된 것이 '朝鮮道地方費令'(이하 도지방비령, 제령15호)이었다.

일제는 지방제도를 개정한 목적이 '시세의 진전에 부응'하기 위해서라고 선전했다. 기존의 부협의회, 지정면의 상담역, 혹은 부, 군 참사 등이 '인원수도 적고 임명제'이므로 '민의를 반영하기에 유감스런 점이 적지

36) 斎藤実子爵記念委員會, 『子爵斎藤実傳』, 440쪽.

37) 「朝鮮統治秘話」(12), 『朝鮮地方行政』 1934년 4월호.

38) 『読売新聞』 1919년 11월 9일.

않아' 새로운 제도가 요망된다는 것이다. 당국이 도평의회를 통해 기대한 효과는 '첫째, 정치적 욕망을 만족시키고 도행정에 참여하는 명예와 책무를 지는 것, 둘째, 실제적인 민간의 의견을 듣고 지방비사업을 양해하는 것, 셋째, 지방비 부담에 대한 자각을 갖는 것, 넷째, 내선인 유력자가 한 자리에 모여 내선융화의 기회로 삼는 것'이었다.[39]

도평의회와 부협의회 설치는 헌병경찰제도의 폐지, 회사령 철폐 등과 함께 3·1운동 이후의 회유조치의 하나였다. 유권자들의 직접 선거, 과거의 부협의회나 참사보다 의원수를 늘린 것 등은 조선인들을 식민통치에 포섭하기 위한 '당근'의 의미를 갖고 있었다. 그러나 개정된 지방제도 안에는 숱한 한계와 독소조항이 있었다.

첫째, 지방의회가 극단적인 제한선거라는 점이었다. 부협의회와 지정면협의회의 유권자는 府稅 5원 혹은 면부과금 5원 이상 납부한 자[40]로 제한되었다. 이는 조선인과 일본인의 경제력 격차를 감안하면 주로 일본인을 겨냥하는 것이었다. 자산이 있는 소수의 조선인만 선거에 참여할 수 있었다. 1920년 선거가 실제로 시행된 12개 부와 24개 지정면에서 조선인 유권자는 총 6,100여 명이었다. 조선인 유권자는 일본인 유권자보다 숫적으로 적었을 뿐 아니라, 해당 부와 면에 거주하는 전체 조선인들의 약 2%에도 미치지 못했다.[41] 전국 면의 절대 다수를 차지하는 보통면에서는 선거 자체가 없었고, 군수 또는 島司가 임명한 자들로 면협의회를

39) 佐々木藤太郎(慶尙南道知事), 「道評議會の效果」, 『朝鮮』 1921년 10월.

40) 지정면 유권자의 요건은 '1년 이상 그 면에 주소를 가진 독립생계를 영위하는 남자로 면부과금 연 5원 이상을 납부한 자'였다.

41) 林大植, 「1930년대 말 경기지역 조선인 大地主의 農外投資와 地方議會 參與」, 179쪽. 임대식에 따르면 1920년 12개 부의 조선인 유권자 수는 4,714명으로 부 전체 조선인 인구의 1.17%, 24개 지정면의 조선인 유권자는 1,633명으로 지정면 전체 조선인 인구의 0.79%였다.

구성했으므로 전국에서 선거에 참여한 조선인은 1% 미만이었다.

둘째, 의결 권한이 없는 자문기관이라는 제한성이었다. 부협의회원과 면협의회원은 명예직으로 임기는 3년이었다. 부윤의 자문기관인 부협의회는 부행정에 관한 사항 중 '부 조례의 설정 또는 개폐', '세입·출 예산', '부채', '부 재산의 설치 및 처분' 등에 관한 사항, 면장 자문기관인 면협의회는 1917년부터 시행된 '面制'에 따라 '1) 도로, 교량, 관개 등, 2) 농업, 임업 등 산업 개량, 3) 위생관련 사업, 4) 消防, 水防 등' 면 사업에 관해 자문했다. 학교조합과 '學校費'가 따로 설치되었으므로 교육사업은 면 사업이 아니었다. 부협의회의 의장은 부윤, 면협의회 의장이었다.

도평의회 역시 자문기구이며 의장은 도지사였다. 또한 부협의회, 지정 면협의회와 달리 도평의회 의원(임기 3년) 선거는 유권자 직접 선거가 아니었다. 도평의원 정원 중 3분의 2는 부협의회 의원과 면협의회원이 2배수의 후보를 선거하여 그중 1명을 도지사가 임명하고(민선), 나머지 3분의 1은 '학식과 명망 있는 자'들 중에서 '도지사가 자유롭게 임명'(관선)했다. 말하자면 민선의원이라 해도 엄밀히 말해 완전한 선출직이 아니었고 도지사의 임명을 최종 절차로 남겨두는 불완전한 내용이었다. 민선의 경우 부협의회원들은 부를 대표하는 도평의원, 면협의회원들은 군을 대표하는 도평의원을 선출했다.

도평의회는 道地方費令에 따라 '도지방비의 사무에 관한 도지사의 자문'에 응하는 기관이었다.[42] 따라서 도지방비에 관해 보면, 원래 道는 1909년부터 시행한 지방비법에 따라 도민들에게 '부과금' 등을 부과하여

42) 종래의 도참사제도는 '도지사의 일반행정에 관한 자문기관이었고 지방비에 관한 기관은 아니었다.' 그러나 '도평의회를 설치한 이상 중복의 우려가 있으므로 폐지'되었다. 『中樞院 官制 改正에 관한 參考資料』, '병합' 후 지방제도의 추이, (一) 道地方費 참조.

이 세원으로 지방비를 운영했다.[43] 1920년 7월 도지방법은 도지방비령으로 대체되었다.[44] 도지방비령에 따르면 각 도의 지방비 예산은 '도의 지방세 기타 도지방비에 속하는 수입'으로 충당했다. 도의 지방세로는 국세 부가세와 특별세가 부과되었고, 1919년과 1920년 사이에 도민들이 공과금 부담액은 2배 이상으로 늘었다. 이제 도는 '사용료 및 수수료' 징수권한과 '起債'능력을 보유하고, 도지방비 사무를 위해 吏員을 두었다.

도지방비령에 따른 도평의회의 역할은 도지방비의 세입출예산, 지방세·사용료·수수료의 징수, 기채 등에 관한 자문이며, '도의 공익에 관한 사건에 대하야 의견서를 도지사에 제출'할 수 있었다. 의장인 도지사는 직무를 태만히 하며 또는 체면을 오손'한 도평의원을 해임할 수 있었다. 또한 도지방비령은 도평의회 설치로 인해 '비로소 일본인 주민이 공식적으로 도지사의 자문에 응할 수 있게 되었다'고 특별히 명시했다. 1910년대의 도참사에는 조선인들만 임명되었으므로 일본인들이 항의했는데, 도평의회의 설치는 그에 대한 일제당국의 응답이었다.

도지방비령 시행규칙(府令 제105호)은 도평의회의 조직·운영과 지방비의 재무 등을 규정했다. 도평의회원 후보자격은 '25세 이상의 남자로 독립된 생계를 영위하고, 1년 이상 도내에 거주하는 자'였고, '(준)금치산자, 징역 또는 금고 이하의 형에 처한 자, 파산 선고를 받은 자', '道府郡島의 관리, 검사 및 경찰관리, 神職·僧侶 등 종교가, 현역 육해군 군인' 등은

43) 이때의 도지방비는 재산수입, 사업수입, 부과금으로 충당하고 토목, 위생, 권업, 교육 등의 경비로 했다. 지방비법(隆熙 3년(1909) 법률 제12호). 부과금은 지세부가세, 시장세, 屠場稅 등으로 구성되었고, 1910년대의 도지방비 세입에서는 대체로 '부과금'과 '국고보조금', '臨時恩賜金'이 가장 많은 비율을 차지했다. 『總督府統計年報』 참조.

44) 朝鮮道地方費令(制令 제15호) 전문은 『官報』 1920년 7월 31일과 『東亞日報』 1920년 8월 3일자에 나와 있다.

도평의원이 될 수 없었다. 시행규칙은 또한 도평의회 의장이 도평의회원에 대해 '발언 금지와 취소', 혹은 '퇴거'를 명할 수 있다고 규정했다.

다음으로 학교평의회는 1920년, 朝鮮學校費令에 따라 '학교비'에 둔 조선인 교육과 관련된 세입 · 세출에 관한 자문기관이었다.[45] 조선인 교육을 담당하는 학교비는 일본인 교육을 위한 학교조합과 별도로 府 · 郡 · 島에 설치되었다. 지방제도 개정 후에도 조선인 교육과 일본인 교육 사무를 계속 분리시킨 것은 조선 거주 일본인들의 특권 유지와 조선인에 대한 교육 차별을 의미했다.[46]

학교평의회 의장은 '부윤, 군수' 등이 맡았고, 학교평의회원은 임기 3년의 명예직이었다. 부학교평의회 정원은 '6~20명'의 범위에서 조선총독이 정했고, 郡 · 島의 학교평의회는 해당 지역의 '面數와 동수'의 평의회원으로 구성했다.[47] 府 학교평의회원은 學校費賦課金에 따른 제한선거를 통해 선출되었고,[48] 郡 · 島에서는 면협의회원이 선거한 후보자 중에 군수가 임명했다.

45) 『官報』 1920년 7월 31일. 朝鮮學校費令(제령 제14호) 참조.

46) 학교조합과 학교비의 분립에 대해 일제는 '초등교육에서 內鮮共學의 불편', '동일 지역 내의 內鮮人 수와 부담력의 현격한 차이' 등으로 인한 불가피한 조치라고 했다. 학교조합과 학교비의 세출액을 보면 1924년 학교비 세출액이 학교조합 세출액의 1.9배에 불과하여 교육에 관한 차별이 드러난다. 「학교비세입출예산누년비교표」 및 「학교조합세입출예산누년비교표」, 『中樞院 官制 改正에 관한 참고자료』(연도 불명) 참조.

47) 1931년 6월 현재, 경상남도 학교평의회원은 252명으로 부산부와 마산부를 제외한 경상남도의 읍면수 252개와 동수였다. 慶尙南道, 『慶尙南道道勢概觀』, 1931, 233쪽.

48) 1924년 당시 학교평의회선거 유권자는 납세자의 약 1할 정도였다. 「全鮮公職者懇話會第二日の狀況」, 1924년 6월 16일.

(2) 조선인들의 반응

일제는 지방행정자문기관의 설치로 조선인 의원들을 지배체제 내에 포섭하고 조선인들의 '민심 완화'와 '조세부담에 대한 이해'를 기대했다.[49] 일제 당국은 '문화 정도, 民度의 차이, 사회 정세'로 인해 '내지와 같은 意思機關'이 아닌 자문기관을 설치했다고 변명했지만,[50] 3·1운동의 여진이 남아 있던 당시의 조선인들은 이를 비판했다. 동아일보는 이를 '관료주의의 지방제도이며 자문주의의 지방제도'라 하고 '형식적 민의 발양의 구실'이 될 뿐이라고 지적했고 『開闢』에서도 새로운 부협의회와 도평의회가 '종래의 부협의원회 또는 도군참사회와 별반 相異가 없었다'고 평가했다.[51]

동아일보는 1920년 8월 24일부터 일곱 차례의 연재를 통해 '신지방제도'의 문제점을 조목조목 지적하고 일본의 지방자치제도와 비교했다.[52] 첫째, 조선의 자문기관은 의결을 통해 '실행기관을 구속하는 권력'이 없으므로 '권력총독정치에 面從하는 若干 徒輩의 허영심이나 만족케' 하고, '조선의 민심에 橫流하는 불평을 완화'하려는 데 불과하다.

둘째, 일본의 지방자치제에서는 의사기관의 의장을 의원 중에서 선거하는 것이 원칙이고 최하급 자치기관인 町村會에서만 町村長이 의장이 된다. 그러나 일본의 町村長은 '선거에 기초'를 두고 임명하므로 전적으로 임명제인 조선의 군수나 면장과는 다르다. 조선의 협의회와 평의회에서는 실행기관의 책임자가 의장으로 '광범한 직권을 행사'하며 '독단으로

49) 「朝鮮統治秘話」(12), 『朝鮮地方行政』 1934년 4월호 참조.
50) 藤川利三郎, 「道治上に有益なる參考資料を穫た」, 『朝鮮』 1921년 10월.
51) 「庚申年의 거둠(下)」, 『開闢』 1921년 1월.
52) 이하는 『東亞日報』 1920년 8월 24~31일 참조.

횡포'할 수 있고, '의원 발언의 금지, 취소', 나아가 퇴장까지 명령할 수 있으니 '의원된 자의 면목이야 실로 可觀일 것'이다.

셋째, 선거권 자격에서 일본의 지방자치제에서는 府縣에서 5원, 郡市町村에서는 2원의 제한을 두었는데 조선에서 5원으로 책정한 것은 경제력이 앞선 일본인 의원으로 하여금 다수를 점하게 하고, '일본인 의원의 意思로써 기관의 의사를 作하랴 함'이고, 또한 '당국에 대해 반항적 기세를 보일 용기가 없는' 자본가계급으로 의원을 구성하려는 저의이다.

넷째, 조선의 제도에는 '선거의 부정수단을 방지할 하등의 벌칙이 無한' 것은 '의원 선거에서 반대파 후보자의 당선을 암중에 방해하고, 官派 후보자의 당선을 용이'하게 하며 선거 '취체감독을 행하는 관변의 자유'를 주기 위함이다.[53)]

다섯째, 일본의 제도에는 의원들에게 '의견서 제출 권한을 부여'하지만, 조선에서는 '관료의 전제적 색채가 가장 농후한 도평의회에 한하야 도지사에게 의견서를 제출할 권한이 有하고 그 외 부·면협의회와 학교평의회에는 의견 제출의 권한도 인정하지 않는다. 일본의 자치제에서 의결사항으로 지정된 범위보다 조선에서 자문을 행할 범위가 매우 협소하고 제한되어 있으며, '급무를 요할 시는 자문치 아니한다는 규정'까지 있다. 결론적으로 신지방제도는 '선거권만 극도로 국한된 사이비 자치제'로, '시대착오요 민의를 무시한 시설로 하등의 생명이 없다.'

그러나 이와 같은 동아일보의 비판은 지방의회나 지방선거를 전면적으로 거부한다기보다는 일본에서 시행되는 수준의 지방자치제가 실현되

53) 실제로 초기에는 선거 취체에 대한 정확한 규정이 없어서 취체가 자의적으로 이루어졌을 가능성이 있다. 다만 선거가 몇 차례 진행되면서 취체규칙도 정비되고 경찰을 중심으로 한 선거 감시도 엄격해졌다.

지 않은 데 대한 실망의 표현이었다.[54] 1922년, 동아일보는 '부철저 부합리한 지방제도도 데라우치 총독시대의 무단적 그것에 비하면 물론 일보 진보'이지만, '과거 압제에 대한 一轉回의 발단뿐이오 형식적 민의발양의 구실뿐 실질적 민의창달의 기회는 되지 못 한다'고 하고, '진실한 의미의 정치적 권리'를 위한 방안으로 면장, 부윤 등의 민선과 자문기관의 의결기관화를 제시했다.[55]

> 면과 부에 완전한 자치단체의 성질을 인정하되 면장과 부윤은 민선으로 하고 그 결의기관은 도회와 더불어 순연한 민선의 결의기관적 성질을 갖게 할지며 학교도 적어도 보통학교는 이를 자치단체에서 경영토록 하라.[56]

조선인 언론에서는 이후에도 도평의회 등 자문기관 운영에 관해 계속 비판적인 태도를 견지했고 지방선거에 대한 보도도 매일신보보다 소극적이었다. 다만 조선인 언론은 조선인 의원들이 의정단상에서 민의를 대변하는 것에 대해 비교적 호의적으로 보도했다. 조선인 일각에서는 여전히 지방의회를 꺼리는 분위기였지만, 1920년대 중반의 상황은 '각지의 부면협의원의 선거가 한층 활발히 되고, 각도 도평의회 기사가 유력하게 보도'[57]되고 있었다. 『개벽』지가 못마땅하게 인정했듯이 '印度의 국민의

54) 『동아일보』는 1920년 5월 16일자 사설에서 '철저한 民選'과 '자치제도 결정 방법을 민주적으로 공개'할 것을 주장했다.

55) 면장 직선에 관한 요구는 1923년에 열린 함경북도의 '도민대회'에서도 나왔다. 함북청년단연합회에서 주최한 이 대회에서 결의된 사항 가운데에는 '면장은 민선'으로 하고 '面協議員은 납세액에 의하야 選치 말 것'이 들어 있었다. 「北鮮靑年」, 『開闢』 1923년 12월.

56) 『東亞日報』 1922년 8월 5일자 사설.

57) 「漸漸漸 異常해가는 朝鮮의 文化運動」, 『開闢』 1924년 2월.

회(밧구아 말하면 조선의회), 필리핀의 독립청원문제 가튼 것'을 염두에 둔 '실력양성주의'가 '유산계급' 내에서 한 흐름을 형성하고 있었다. 1920년대 중반에는 지역유력자들 가운데 지방의회에 참여하거나 최소한 관심을 갖는 사람들이 점점 늘어났다.

그럼에도 불구하고 도평의원에 나서려는 사람들에 대해 따가운 눈총은 계속되었다. 전주의 부협의회원이었던 朴基順(1920, 1921년 사임)의 아들이자 전남참여관이었던 朴榮喆은 1924년 도평의회 선거를 앞두고 '有爲의 士'들이 '관공직에 취임하기를 꺼리'는 것은 유감이라고 했다.[58] 조선인 사이에는 '관공직' 기피뿐만 아니라 '입후보를 가리켜 自薦이라 칭하여 嫌忌'하는 현상도 있었는데, 이는 단순히 민족의식 때문만이 아니라 전통적 신분의식이 다소 작용한 결과라고 여겨진다. 동아일보계 등 '자치파' 대부분이 직접 도평의회에 참여하지 않은 것은 이러한 분위기가 영향을 미쳤기 때문일 것이다.

3) 1930년대의 지방제도와 도회

(1) 지방제도 개정의 배경과 내용

1929년 8월, 斎藤총독이 다시 부임하면서 가속화된 제2차 지방제도 개정은 1930년 11월 25일, 척식성 장관이 조선총독부측의 원안을 거의 그대로 통과시켜 천황 재가를 받음으로써 일단락되었다.[59] '자문기관을 설치

58) 朴榮喆, 「道評議會會員選擧に就ての所感」, 『朝鮮』 1924년 3월. 박영철은 '인격고상'하고 '지방행정을 이해하는 지식을 갖고', '우리의 생활상 필요한 교육·산업·토목·위생 등 제사업에 관한 시설에 대해 적당한 이해를 갖고', '인민의 부담력 여하를 고찰할 수 있는' 인물을 도평의원으로 뽑아야 하며, '유권자 매수'나 '중상'을 삼갈 것을 주장했다.

하여 민중으로 하여금 지방제도의 운용에 숙달'하도록 했고, '일반의 지방행정에 대한 이해 및 제도 운동의 성적이 대체로 양호'했으므로 '한층 민의의 창달을 도모하기' 위해 지방제도 재개정의 취지를 밝혔다.[60]

제2차 지방제도 개정의 배경은 첫째, 1차 지방제도개정에 대한 내외의 비판, 둘째, 각계에서 의결기관화 요청, 셋째, 도평의회·부협의회 운영에서 일제의 의도에 반하는 사례들이 나타나 자문제도를 그대로 두는 데 대해 부담을 가진 점이었다.[61] 또한 자문기관의 의결기관화를 요구하는 목소리도 영향을 미쳤을 것이다.

다만 제2차 지방제도의 개정은 단순히 지방제도 자체에 한정된 문제가 아니라 1920년대를 풍미한 조선인 참정·자치론[62]과 밀접한 관계가 있었다. 일제당국은 '지방자치제' 실시를 결정하기 이전에 조선의회 설치 혹은 제국의회 선거권 부여에 관해 검토했으나 이 두 가지 안이 모두 시기상조이거나 부적합하다고 판단했다. 김동명의 연구에 따르면 1920년대 말 일제가 더 적극적으로 검토한 방안은 조선의 독자적인 입법기관, 즉 조선의회의 설치였다.[63] 적어도 조선총독부는 '朝鮮地方議會設置案'[64]을

59) 척식성은 1929년 조선 등 식민지를 관장하기 위해 설치된 기관이다. 2차지방제도의 개정 과정에 대해서는 손정목, 「1930년대 개정지방제도하의 부와 읍에 관한 연구」, 8~9쪽 ; 金東明, 「支配と抵抗の狭間」, 東京大 博士學位論文, 1997, 235~237面 참조.

60) 조선총독부, 『總督府施政年報』, 1943, 435쪽.

61) 손정목, 앞의 논문, 10~12쪽.

62) 도평·도의들이 참정·자치문제에 어떻게 접근했는가에 관해서는 제5장에서 살펴볼 것이다.

63) 김동명, 「1920년대 조선에서의 일본제국주의의 지배체제의 동요」, 『일본역사연구』 8 ; 姜再鎬, 『植民地朝鮮の地方制度』. 이들 연구에서는 1929년경 작성된 '조선에서 참정에 관한 제도의 방책', '朝鮮議會(參議員)要領' 등의 자료가 근거가 되었다.

64) '조선지방의회'는 조선에 의회를 둔다는 의미이며, 이때의 '지방'은 '지방자치제'

마련하여 조선 독자의 의회 설치를 타진했으나 본국 정부는 이를 비토했다. 김동명은 이 시기 총독부의 전향적인 태도를 '동화주의 지배체제'와 대치되는 '자치주의 지배체제' 시도라고 했다.[65)]

조선지방의회안이 '도평의회(도회)'제도를 총독부 차원으로 격상한 형태라는 점에 대해서는 충분한 주의를 요한다. 斎藤시기의 총독부측이 조선에 독자적인 의회를 설치하는 문제를 연구한 것은 분명하다. 다만 총독부의 조선지방의회안의 내용은 사실상 '조선 자치'라고 부르기 어려운 수준이었다.[66)] 첫째, 조선지방의회의 의원 수는 100명이며 그중 3분의 1은 조선총독이 임명하고, 나머지 3분의 2는 선거로 선출한다. 둘째, 선거권자는 직접국세와 지방세를 합쳐 5원 이상을 납부하는 25세 이상 남자, 피선거권자는 직접국세와 지방세를 10원 이상 납부하는 30세 이상의 남자로 한다. 셋째, 직무권한은 토목비, 위생비, 교육비 등 조선지방비에 관한 사항에 한정하여 의결한다. 넷째, 총독은 의결 취소와 재심의 명령권을 준다. 다섯째, 이 제도의 실시는 10년 후로 한다.

이 안의 실질적인 시행을 10년 뒤로 미루는 것은 물론 이 '試案'의 의미를 크게 떨어뜨리는 것이었다. 그밖에도 조선지방의회에서 의결할 내용을 '지방비'에 한정하고 조선총독에게 의결취소권을 주는 것, 제한선거와 관선 방식 등은 이미 도평의회제도에서 시행하고 있는 것과 유사했다. 조선지방의회의 새로운 측면이라면 도 단위가 아니라 전국 단위의 기관이라는 점, 정원의 3분의 2를 조선 유권자들이 직접 선출하는 점, 의결권을 부여한다는 점, 그리고 식민지조선에 그러한 기관이 생겼다는 상징성

의 지방의 의미가 아니라 조선 전역을 의미한다.

65) 金東明, 「支配と抵抗の狹間」, 236面.

66) 金東明, 「支配と抵抗の狹間」, 233~234面 ; 姜再鎬, 『植民地朝鮮の地方制度』, 201~205面.

이었다. 그러나 조선인에게 제국의회 선거권을 부여(참정권 부여)하거나 독자적인 조선의회 설치는 모두 조선통치상의 엄청난 변화를 의미했다. 본국 정부를 이를 수용할 수 없었고, 총독부안 자체도 확고한 의지가 담겼다기보다는 그동안의 참정 · 자치논의에 대한 미봉적 해결책으로 마련된 측면이 크다.

일제의 참정 · 자치문제 검토는 1920년대부터 조선인과 민간 일본인 측에서 제기된 참정 · 자치 논의에 대응하는 것이었다. 그 과정에서 1920년대 말에 이르면 부협의회와 도평의회의 의결기관화는 움직일 수 없는 대세가 되었다. 조선의회와 참정권 부여는 일단 좌절되었으나 이 문제는 잠복했을 뿐 언제든 다시 표면 위에 떠오를 가능성이 있었다. 일제 당국의 입장에서 볼 때, 무엇보다 이러한 '안'을 가짐으로써 얻을 수 있는 유리한 점은 조선인 내부에 분열을 일으키고 몇몇 협조자를 만들어낼 수 있다는 점이었다. 1920년대 말에 이르러 국민협회의 참정권운동이 '세력을 떨치지 못하고', '최근 鮮內 사회운동의 소위 합법파에 속하는 자 가운데 종래의 비타협적 전술을 청산하고 당국이 용인하는 합법적 정치운동에 진출'[67]하려는 상황에서, 일제당국은 '합법파'를 끌어들이는 수단으로 '자치' 문제를 활용했다. 그 과정에서 지방제도 개정이 '지방자치'를 다소 진전시키는 방향으로 모습을 드러냈다.

제2차 지방제도 개정은 1930~1933년에 걸쳐 이루어졌다. 지방의회와 지방선거를 중심으로 내용을 개관하면 다음과 같다. 첫째, 1931년 부협의회는 의결기관인 부회로 개편되었다. 또한 면제를 邑面制(制令 제12호)로 개정함에 따라 종전의 지정면은 읍으로 바뀌었고, 지정면협의회는 읍회로 개편되었다. 둘째, 종래 임명제였던 면협의회 의원을 유권자의 선

67) 이상은, 『治安狀況』, 1934.

거로 선출하게 되었다. 셋째, 道制(制令 제15호)가 1933년부터 시행되어 도평의회는 의결기관인 道會로 개편되었다.

자문기관이 의결기관으로 바뀜으로서 부회, 읍회, 도회의 권한은 다소 확대되었다. 다만 면협의회는 종래와 마찬가지로 자문기관으로 규정되었다. 부회 · 읍회 · 면협의회 · 도평의회 의원의 임기는 모두 4년으로 연장되었다. 부 인구가 늘고 府域이 확대됨에 따라 부회의원 정원이 과거 12~30명 선에서 24~48명으로 늘었다.[68]

과거에 府지역에 따로 설치된 학교조합과 학교비는 1930년의 府制 개정으로 부의 재정에 통합되었다.[69] 조선인, 일본인 교육에 관한 사무가 완전히 통합된 것이 아니라 부회 내에 제1교육부회와 제2교육부회를 따로 두어, 제1교육부회에는 일본인 의원들이 일본인 교육에 관한 사항을 처리하고, 제2교육부회는 조선인 의원들이 조선인 교육에 관한 회계를 처리하도록 했다. 제1, 제2교육부회의 정원은 따로 정하지 않고 조선인, 일본인 의원들이 자동적으로 소속되었다. 이 경우 조선인과 일본인 당선자 비율이 극단적으로 치우치면 교육부회 운영이 파행을 겪을 수 있으므로 '일본인 의원 및 조선인 의원의 수는 각각 의원정수의 4분의 1 이하로 내려갈 수 없다'는 규정이 신설되었다. 이에 따라 부회 선거에서 조선인이나 일본인 가운데 어느 한쪽의 당선자 수가 4분의 3을 넘으면, 득표수가 더 적은 상대방 민족의 후보자가 당선되는 사례가 생겼다.

부회 · 읍회 · 면협의회 유권자의 자격은 기본적으로 '납세액 5원 이상'

68) 부회의원 정원은 인구에 따라 최소 24인, 최대 33인으로 하고 인구 10만을 넘는 부에서는 인구 5만을 넘을 때마다 의원 3명이 증가된다고 규정되었다. 경성부회 정원이 48명이 된 것은 부역이 확장된 이후의 일이다.

69) 과거에는 郡·島학교평의회의 평의원을 임명했으나 이제 조선인 읍회의원과 면협의회원들이 평의원을 선거하는 방식으로 바뀌었다.

인 자였다. 1920년대와 마찬가지로 여전히 특수층에만 선거권을 준다는 의미였으나, 면협의회 선거에서 '面稅 5원 이상'의 유권자수가 너무 적은 면의 경우, 면세 4원이나 3원 등으로 요건을 내릴 수 있게 했다.[70] 부의 유권자는 학교비, 학교조합비 납부액까지 합친 금액으로 5원 이상이면 유권자 요건을 충족시켰으므로 학교조합비만 평균 4원 이상을 내는 일본인 유권자들이 대거 유권자가 됨으로써 1930년대 초에는 오히려 조선인 유권자수와 일본인 유권자수의 불균형이 확대되었다.[71] 부회와 읍회는 부조례·읍규칙의 설치 및 개폐, 예·결산 심의, 부세 등의 부과 징수, 기채, 사무검열 등의 사항을 의결했다. 면협의회는 여전히 의결 권한 없이 면장의 자문 역할에 그쳤다.

1930년 12월 1일 공포되어 1933년 4월 1일부터 시행된 '道制'가 도회의 역할 등을 규정했다. 도제 시행으로 도지방비는 폐지되었다. 도회의원 정원의 3분의 2는 부·읍회, 면협의회 의원의 간접 선거로 선출하고, 3분의 1은 도지사가 임명했다.[72] 도평의회 때와 달리, 최소한 '민선'의원을 완전한 선출직으로 한 것이다. 도회의원 정수는 도별로 20인 이상 50인 이하의 범위에서 총독이 정했고, 총인원은 422명이었다. 그 가운데 3분의 1인 139명이 관선의원이었다.

도지사는 도회의 의장으로 도회에서 의결되는 사항을 '재의에 부치거

70) 1920년대의 부협의회나 지정면협의회에서도 지역에 따라 납세액을 4원, 3원 등으로 내리기도 했다.

71) 학교조합비 합산으로 인해 조선인이 유권자 비율에서 훨씬 불리하게 된 것에 대해서는 당시 조선의 거의 모든 언론이 지적했다. 주요한, 「內外大觀, 過去 一個月間 朝鮮과 世界의 政治的 經濟的 動向의 客觀的 記錄」, 『동광』 17, 1931년 1월.

72) 일본에서 1929년 개정된 '지방자치제'하에서는 府縣會 의원과 시·정·촌의 장을 유권자들이 직접 선거했다. 또한 市·町·村會에는 발안권이 있었고 선거권·피선거권에서도 납세자격 규정이 없었다.

나 재선거를 행'할 수 있었고, 의결된 사항의 '취소를 위해 정회를 명'할 수도 있었다. 또한 조선총독은 '도회의 해산을 명'할 수 있었다. 의결 취소, 정회, 해산 등은 도회제도에서 신설된 규정으로 도회의 기능을 극단적으로 제약하는 장치였다. 또 도회에는 부의장제가 새로 신설되어 도회의원 가운데 부의장을 선출하도록 했다.[73] 道의 역할은 '법인'으로 '법령의 범위 내에서 도의 공공사무를 처리하며 법률, 칙령 또는 제령에 따라 도에 속하는 사무를 처리'했다.[74] 도회는 '도에 속하는 사무' 가운데 다음의 사항에 대한 의결권이 있었다.

1. 세입출예산(도제 12조)
2. 세입출예산 추가 경정(시행규칙 71조)
3. 결산보고(도제 12조)
4. 법령에서 규정하는 것을 제외하고 도세, 赴役, 현품사용료 또는 수수료의 부과 징수에 관한 것(도제12조)
   (1) 道稅의 세목세율 및 부과방법 결정(시행규칙 48조)
   (2) 도세 또는 赴役, 현품 부과 세목에 관한 사항을 부읍면에서 정하도록 함(시행규칙 51조 및 55조)
   (3) 赴役, 현품 부과에 관한 것(시행규칙 55조)
   (4) 사용료 또는 수수료의 신설 또는 변경(시행규칙 56조)
5. 道債를 일으키는 것과 起債 방법, 이자율 및 상환 방법의 결정과 변경. 단 연내 일시 차입금은 제외함(도제 12조)
6. 기본재산 및 적립금 등의 설치, 관리 및 처분(상동)
7. 계속비의 결정과 변경(상동)
8. 특별회계 설치

73) 부회에도 마찬가지로 부의장과 위원 등을 부회 내에서 선거하는 제도가 신설되었다.

74) 도지방비는 費用支辨團體였으나 도는 관의 감독을 받아 제령의 범위 내에서 공공사무를 처리할 수 있었다. 『朝鮮年鑑』, 1942.

도회가 이상의 사항을 의결하면 그것이 道의 의사결정으로 되어 '집행력'을 갖게 되고, '도지사의 사무 집행에 관한 전제요건'이 되었다.[75] 또한 도회는 도의 공익에 관한 사항에 대해 의견서를 제출할 수 있고, 관청의 자문에 답신할 의무가 있었다.

도회는 발안권과 입법권이 인정되지 않았다. 발안권이 없는 것은 부·읍회와 차이가 없으나, 부읍회에는 부조례나 읍규칙 등의 자치입법권이 부여된 데 비해,[76] 도회에는 입법권이 없었다. 도의 사무에 관한 입법권은 '전적으로 도지사'에게만 있었다.[77] 따라서 도회는 법령의 규정에 따라 도지사의 입법 사항에 속하는 각각의 내용에 대해서는 의결할 수 있지만, 법규(道令) 그 자체에 대해서는 의결권이 없었다. 이렇듯 도회제도는 간접선거와 관선제도 이외에 부·읍회보다도 역할이 제한되어 '未成品'적이라는 비아냥을 받았다.[78]

도회에서 도지사가 행사하는 권한은 막강했다. 道令에 관해 도회의 구속을 받지 않을 뿐 아니라 의결이 필요한 안건을 발안하고, 이를 집행할 권한을 가졌다. 다시 말하면 도회는 의결사항의 실질적인 집행에는 아무런 권한을 갖지 못했다. 도지사는 '도회 권한에 속하는 의결권 일부를 전결처분'(도제 39조)할 수 있고, 도회를 '감독'했으며, '공익을 해치거나 道의 收支에 관해 부적당하다고 인정되는 경우' 총독의 지휘를 받아 도회

75) 이 점은 부회, 읍회도 마찬가지였다.

76) 부의 의결사항의 제1항은 '府條例의 설정 및 改廢'였다.

77) 이는 일본의 부현제 개정(1929년) 이전의 부현제도와 마찬가지라고 했다. 『朝鮮年鑑』, 80쪽.

78) 「道會議員選擧와 民衆, 選擧에 公正을 期하라」, 『東亞日報』 1933년 5월 4일. 경성부회의원과 경기도회의원을 겸한 조병상 역시 '그러나 道는…자치기관 보다가 官的시설이 대부분인 故로 언론에 한계가 있어서 府會같이 자유롭지는 못하다'고 했다. 조병상, 「회고」, 『反民特委裁判記錄』.

의결을 再議에 붙이거나 재선거를 실시할 수 있었다. 또한 도회 회의를 열 수 없을 때에는 도지사는 도회의 의결이 필요한 사항에 관해서도 의결 없이 사무를 처리할 수 있었다. 도회의 소집과 폐회, 도회 선거의 告示도 도지사의 권한이었으며 停會를 명할 수도 있었다. 이처럼 도지사와 총독이 도회에 행사하는 권한은 도회의 의결기관 권한을 유명무실화시키고 '지방자치'의 명분마저 퇴색시키는 수준이었다.

도회의원 피선거권자의 자격은 도평의회와 마찬가지로 '25세 이상의 남자로 독립된 생계를 영위하고, 1년 이상 도내에 거주하는 자'였다. 다만 '현역 군인, 도내 각 관리 및 유급 吏員으로 재직 중인 자, 도내 읍면장, 재직 판검사, 경찰관, 소학교·보통학교 교원을 제외'한다고 하여 결격자에 새로이 읍면장을 추가하여 명시했다.

(2) 조선인들의 반응

1930년대 초 개정된 지방제도는 기본적으로 1945년까지 이어졌다. 총독부측의 '지방자치' 선전에도 불구하고 조선인들은 개정된 제도에서도 세액에 따른 선거권 제한을 그대로 두는 등 실질적인 '자치'가 이루어지지 않았다고 비판했다.[79] 『별건곤』은 '지금 조선 사람의 형세로는 감옥에 가보지 못한 사람은 거의 병신 가튼 사람'인데, 새로운 지방제도에서도 '감옥에 가서 징역한 자'의 (피)선거권을 박탈하는 것은 '오늘의 조선 사람으로 하야금 지방자치제의 간여할 자격을 상실'시키는 일이라고 비판했다. 지금까지 도평이나 부협에 관계한 사람에 대해서는 '地主, 面長, 代書人, 退職官吏, 변호사, 都市의 資本家, 日本人農場의 農監'으로 '정치

79) 金世成, 「今日의 問題, 地方自治制 이야기」, 『별건곤』 1931년 5월.

도 모르고', '군수나 도지사 내무부장에게 아첨'하며 '이권운동에 눈이 어두운' 자들이라고 폄하했다. 그러나 별건곤은 지금의 '지방자치제'라는 것이 '노동자 농민에게는 아무 인연'이 없으나 '지주, 자본가, 중산계급에 소속'하여 '정치적 좌익전선에는 감히 나서지 못하고', '아직껏 다소 행동을 근신하고 있던 무리 중에서 점차로 그리 진출케 될 것도 명백한 사실'이라고 예상했다.

동아일보는 1930년대 이후에는 지방선거에 대해 더 높은 관심을 보였고, '우수한' 조선인 의원의 당선과 적극적인 선거 참여를 설득했다. 특히 1939년 부회 선거를 앞두고, 경성부의 조선인 입후보자들이 '아무 地盤과 승산 없이 막연히 해보겠다는 미지근한 생각'으로 난립하는 현상에 대해 이는 '공동 참패를 초래'할 것이라며 조선인들의 단합을 촉구했다.[80] 또한 지역에 따라서는 '定員도 안 되는 후보자가 질을 보아도 자미롭지 못한 현상'을 보이고 있으며, '지방의 대표자가 될 일류인들이 못 된다'고 지적했다.[81] 유권자에 대해서는 기권을 방지하고 1표의 권리를 행사해야 한다고 적극 촉구했다.

> 地方自治制는 假使 아조 정상치 못한 것이라고 하자. 그럴수록 우리는 그것에 간여해 볼 필요가 있는 것이다. 이상적 제도가 아니라고 해서 회피만 한다면 그것은 현명한 방법은 못된다.…한걸음 나아가 이상적 자치제를 가져오도록 투쟁하여야 한다.[82]

이처럼 조선인의 자각으로 '이상적 자치제'를 실현하자는 입장도 있었

80) 『東亞日報』 1939년 5월 4일.
81) 『東亞日報』 1939년 5월 10일.
82) 『東亞日報』 1939년 5월 20일.

지만, 이미 전시체제 하에서 도회나 부회는 총동원과 전쟁협력의 도구로 전락하고 있었다. 일제 당국은 선거에 더 많이 개입하여 '시국에 협력'적인 지방의원이 선출되도록 공작을 벌였다. 도회·부회의 운영 또한 파시즘적 분위기가 강화되는 가운데 '민의 창달'을 위한 활동은 위축되었다. 다음에서는 지방의회 운영의 변질에 관해 살펴보자.

(3) 전시체제기의 지방제도 운영

일제당국은 도평의회 시기부터 재력과 세력이 크고 일제당국에 더 협조적인 인물을 관선의원으로 임명했지만, 전시체제기에는 시국에 협력적인지 여부를 더 중시하게 되었다. 1937년 관선도회의원 임명 시에는 '종래처럼 閱歷, 재산, 연령 등에 의한 전형을 청산'하고, '순전히 현하 비상시에 있어서 시국의 정확한 파악과 상당한 식견을 가진 신진인사'를 임명한다고 밝혔다.[83] 1941년 제3차 도회의원 선거를 앞두고 大野 政務總監은 다음과 같이 훈시했다.[84]

> 긴박한 시국하에 있어서 總改選을 행할 所以는 첫째, 국가에 충성하고 민중에 대한 지도력 있는 신의원을 선출하려는 것을 기대하는데 依하는 것이다. 各位는 모름지기 선거인의 각성을 促하여 지방 제일류인물을 선출하게 하여 참으로 이상적 선거의 실을 擧하도록 적절한 지도를 바란다.

이 시기에 이르러 일제는 원활한 지방의회의 운영을 위해 전시체제에

83) 총독부의 이러한 방침은 '경북도회와 강원도회'에서 '관선 폐지론'이 나오는 상황에서 발표되었다. 『每日新報』 1937년 3월 17일.

84) 『每日新報』 1941년 4월 24일.

좀 더 순응할 수 있는 인물을 원했고, '국가에 충성'하고 '민중에 대한 지도력 있는 新議員'을 선출하기 위해 '선거를 지도'하고자 했다. '추천제' 지방선거를 실시한 것은 그 때문이었다. 이는 적어도 형식적으로 유지되던 지방선거의 '자유선거' 원칙이 무너지는 것을 의미했다.[85] 1942년 대구부회 보궐선거와 해주부회 총선거, 각지의 상공회의소의원 선거에 추천제가 처음 등장했고, 1943년의 부 · 읍회, 면협의회 총선거는 일제히 추천제로 실시되었다. 일제는 추천제의 취지가 '大東亞戰爭 하에서 시국이 요청하는 忠良有爲한 인재 선출'과 '지방의회의 쇄신강화', '민중이 선거운동에 지나치게 몰두하는 사태를 피하기 위함'이라고 했다. 추천제는 '행정지도'로 간주되어 부제나 읍면제의 제도적 개정은 수반되지 않았으나, 지방선거의 기능은 그야말로 허울만 남게 되었다.

추천제의 실질적인 목적은 첫째, 지방의회와 지방행정기관을 전시체제에 철저하게 순응시키고(翼贊議會體制), 둘째 시국인식이 불철저한 의원을 배제하기 위함이었다. 물자 부족 때문에 정상적인 선거를 시행할 수 없었던 것도 원인으로 작용했다.

추천제에서는 부윤, 읍면장 등이 '후보자추천회'를 구성하여 지방선거 후보자를 선정 · 추천했다. 후보자추천회는 문자 그대로 후보 추천 역할만 하고 후보자가 될 사람이 들어갈 수 없었다. '國體의 本義에 투철하여 인격과 식견이 고매'하고 '眞摯 純正하여 두터운 奉公心을 가진' 인물을 추천하는 것이 임무였다. 각급 행정관청, 경찰, 검찰은 추천제 선거에 긴밀히 협조했다.[86]

85) 渡部肆郎, 「推薦選擧の運用」, 『朝鮮行政』 1943년 3월 참조.

86) 추천제는 1942년의 일본의 翼讚選擧와 발상이 기본적으로 동일하다. 1940년 1당체제라 할 수 있는 大正翼讚會가 성립하면서 일본의 정당정치는 종말을 고했고, 1942년 익찬선거에서는 대정익찬회의 '추천후보'가 대거 등장했다.

일제는 이것이 선거간섭이 아니라 '소위 선거지도의 범위에 속하는 일종의 계몽운동'이라고 강변했다. 자유 입후보를 완전히 금지하지는 않았으나 가능하면 '自由 立候補者'를 全無하게 만들고, 추천된 후보자가 당선되도록 하며, 기권을 방지한다는 것이 '지도' 내용이었다. 그러나 1943년 경성부회 선거의 투표율은 52.1%에 불과했고, '입후보를 하지 않은 자들이 추천후보보다 득표가 높게 나오는 현상'도 나타나 유권자들이 '추천제'에 호응하지 않았음이 드러났다.[87)]

일제 말에는 지방의원선거도 제때에 실시되지 않았다. 1943년 총독부는 '府會議員·읍회의원 및 면협의회원의 임기연장에 관한 건'을 발포하여 부에 따라서는 선거를 시행하지 않은 곳도 있었다. 도회의원의 경우에도 1941년에 선출된 자들의 임기가 1945년 5월 9일 끝났지만 일제당국은 도회의원 임기를 1년 연장하여 선거 실시를 회피했다.[88)]

(4) 중의원선거법 시행 문제

일제는 태평양전쟁 막바지인 1945년 3월, 조선인에 대한 일본 참정권 부여를 발표했다. 시기를 못 박지 않은 '장래'에 조선인, 대만인의 중의원 의원 선거권을 인정하고, 조선과 대만에서 선거구별로 중의원을 선출하고, 별도로 조선인 7명, 대만인 3명을 귀족원 의원으로 임명한다는 것이었다. 일본의 패전으로 이 '약속'은 지켜지지 않았으나 일제가 조선인과 대만인에 대한 참정권 부여를 공식적으로 선언한 것은 이때가 처음이었다.[89)]

87) 손정목, 위의 책, 331~332쪽. 일제는 입후보자와 비추천 당선자에 대해 사퇴를 강요하기도 했다.

88) 『朝鮮總督府官報』 1945년 3월 9일, 『每日新報』 1945년 2월 8일.

89) 이에 관해서는 최유리, 『日帝末期 植民地支配政策研究』, 국학자료원, 1997, 215~251쪽 참조.

이 중의원 선거권 시행안이 조선의 도회제도와 대만의 州會제도를 면밀히 검토한 바탕 위에서 나왔다는 점은 주목할 만하다. 대만의 주회는 조선의 도회와 상당한 유사성이 있었다.[90] 도평의회가 도회로 바뀐 것은 933년, 대만의 州協議會(자문기관)가 州會(의결기관)로 바뀐 것은 1935년이었다. 州協議會의 경우 의원을 모두 대만총독이 임명하여 전원 관선인 점은 도평의회와 달랐다. 州會는 의원 정수의 반을 市會議員과 街庄협의회원의 선거로 선출하고(민선), 나머지 반은 대만총독이 임명(관선)했다. 조선의 道會·府會와 마찬가지로 대만의 州會議員들도 의안 발안권이 없었다. 市會, 街庄協議會는 조선의 부회, 면협의회에 해당하지만 의원 선출 방식에서 차이가 있었다. 자문기관인 市協議會는 1920년 市制에 따라 설치되었고, 의원은 주지사가 임명했다. 시협의회가 의결기관인 市會로 변모한 것은 1935년이었다. 시회 정수의 2분의 1은 유권자 선출, 2분의 1은 주지사 임명(관선)으로 하게 되었다. 街庄協議會는 1920년 자문기관으로 설치되었고, 주지사 또는 廳長이 의원 전원을 임명했으나 1935년 街庄협의회 의원 중 정수의 2분의 1은 선거하고 2분의 1은 주지사나 청장이 임명하는 방식으로 바뀌었다.

또한 대만에는 廳協議會가 1937년의 臺灣廳制에 따라 설치되었다. 이는 종래의 廳地方費를 3분한 花蓮港, 台東, 澎湖 3廳의 자문기관으로 둔 것이며 대만총독이 청협의회원을 임명했다.

90) 이하는 「朝鮮及臺灣における地方團體沿革及地方選擧實施狀況調」 참조.

〈표 Ⅰ-1〉 道會, 州會, 廳協議會 비교

분류	조선	대만	
	도회(1933)	주회(1935)	청협의회(1937)
의장	도지사	주지사	청장
부의장	의원 가운데서 선거	없음	없음
정원	20~50명	20~40명	10~20명
선거방법	3분의 2는 민선, 3분의 1은 관선	2분의 1은 선거, 2분의 1은 임명	전원 임명

출전: 「朝鮮, 臺灣地方議會, 協議會組織比較對照」.

도회와 주회는(〈표 Ⅰ-1〉 참조) 지방행정기관의 장이 의장이 되어 막대한 권한을 행사했고, 관선제와 의정활동의 제한 등 '식민지적 성격'이 농후했다. 다만 대만의 주회는 조선의 도회보다 성립시기가 다소 늦고, 관선비율이 더 높았다. 市會·街庄協議會에도 관선제도가 끝까지 존속했다.

조선인 참정권 문제는 중일전쟁기 조선인 병역문제가 제기되면서 조선군과 조선총독부 측에서 실질적으로 검토하기 시작했고, 戰局의 악화 속에서 '국내 태세를 강화'하고 '연합국이나 독립운동 측의 선전에 대응'하기 위해 일본 정부의 정책에 수렴되었다.[91] 조선, 대만에서 징병제가 실시되어 '총동원'을 하는 상황에서 참정권 실시를 더 미룰 수 없었던 것이다.[92] 일본 정부는 1944년 말, 이 문제를 검토하고자 정부 측 인사와 조선·대만에 관한 민간 측 '전문가'들로 '朝鮮及臺灣在住民 政治處遇調査會'를 구성했다. 여기서 조선과 대만의 상황과 양 지역에 중의원의원 선거법을 시행하는 문제를 집중적으로 검토한 결과 1945년 초, 조선, 대만에서 중의원 선거를 '확대 실시'하는 방침이 결정되었다.

91) 이하의 설명은 다음 논문 참조. 岡本眞希子, 「戰時下の朝鮮人·臺灣人參政權問題」, 『早稲田大學 大學院文學研究課紀要』 42, 1997.

92) 미야타 세쓰코 감수, 『식민통치의 허상과 실상』, 혜안, 2002 참조.

조선에서 시행될 예정이었던 중의원 선거의 내용을 살펴보면, 선거권자는 25세 이상의 독립 생계를 영위하는 남자로 1년 이상 해당 주소지의 거주자이고 '납세액이 15원 이상'이어야 했다. 납세액에 따라 예상되는 유권자 수는 58만 3천여 명 정도이며 전체 인구의 3% 미만이었다. 13개 도를 선거구로 하여 각각 1~3명씩, 총 23명을 선출할 예정이었다.[93] 대만의 州 역시 선거구로 설정되었고, 조선의 도회의원과 대만의 주회의원은 중의원의원을 겸할 수 없었다.[94] 다음은 조선의 선거구에 대한 중의원 배당과 예상 유권자 수이다.

〈표 Ⅰ-2〉 조선인 중의원 선거권 부여에 따른 선거구 배당

구분	A.인구	B.15원 이상	B/A(%)	의원배당
경기	3,092,234	103,472	3.3%	3명
충북	980,488	15,307	1.6%	1명
충남	1,675,479	25,311	1.5%	1명
전북	1,674,692	30,652	1.8%	1명
전남	2,749,969	40,390	1.5%	2명
경북	2,605,461	54,293	2.1%	2명
경남	2,417,384	67,518	2.8%	2명
황해	2,014,931	50,444	2.5%	2명
평남	1,826,441	52,587	2.9%	2명
평북	1,882,799	42,299	2.2%	2명
강원	1,858,230	21,996	1.2%	2명
함남	2,015,352	44,484	2.2%	2명
함북	1,124,421	34,719	3.1%	1명
계	25,917,881	583,472	2.3%	23명

출전: 選擧區別衆議院議員配當表, 『政治處遇調査會と議員選出法案』.
참고: 여기서 인구와 납세액은 1944년 5월 1일을 기준으로 했다.

93) 대만은 5개 선거구에서 5명의 중의원을 내는 것으로 예정되었다.
94) 「樞密院會議筆記」, 1945년 3월 17일.

일제는 이와 같이 중의원선거법을 개정하면서 조선인(외지 동포)들의 황국신민화 정도를 고려했다. 조선인들의 국어보급률이 낮고(22%) '불령사상'을 가진 자들의 존재는 우려 요소였으나, 이전부터 중의원선거법 시행을 요망하는 청원이 있었던 것은 고무적인 요소로 지적되었다. 일제는 조선의 지방제도가 '의원의 민선, 직접 선거, 의결기관화' 등 '점차 내지의 지방자치제에 근접'할 것을 전망하면서도,[95] 완전한 자치제도를 즉각 시행하지 않고 현지 실정에 맞게 '점차' 실현하겠다고[96] 천명했다.

종신의원인 귀족원 칙선의원은 '조선에 거주하는 남자로 30세 이상의 명망 있는 자'로 규정되었다. 여기서 '명망'은 종래 관선도회의원을 임명할 때 '학식명망'을 요건으로 한 것과 비슷한 것이었다.[97] '학식'을 문안에서 뺀 이유에 대해, 정부 측은 '국가 공훈과 학식이라는 표준에 적합한 사람은 내지에 많고, 조선 · 대만 재주민 중에는 희박'하지만 이들의 '처우개선 문제를 도외시할 수 없기 때문'[98]이라고 의회에 설명했다. 朴泳孝(후작)는 1932년 12월 조선인 최초로 일본 귀족원 칙선의원이 되었고, 1939년에 사망했다. 이후 尹德榮(자작, 1940년 사망), 李軫鎬가 귀족원 의원에 선임되었다. 1945년 3월의 '귀족원령' 개정에 따라 4월 3일, 朴重陽, 韓相龍, 尹致昊, 朴相駿, 金明濬, 宋鐘憲(백작), 李埼鎔(자작) 등 7명이 선임되었다.[99]

---

95) 内務省管理局, 「朝鮮及臺灣在住民政治處遇ニ関スル質疑應答」(1945년 3월 6일).

96) 『樞密院委員會錄』, 「審査委員會審議」(1945년 3월 12일).

97) 「樞密院會議筆記」(1945년 3월 17일).

98) 「法制局長官の提案理由說明」(1945년 3월 12일).

99) 조선인 귀족원 의원들은 해방 후에도 의원명부에 기재되어 있다가 1946년 7월에 이르러 의원자격이 소멸되었다. 미야타 세쓰코 감수, 『식민통치의 허상과 실상』, 혜안, 2002, 224쪽 ; 또한 허종(『反民特委의 조직과 활동』, 선인, 2003, 248쪽)에 따르면, 귀족원 후보로 거론된 사람은 金基台, 鄭然奎, 이성근, 계광

중의원 선거 유권자는 조선 58만여 명, 대만 32만여 명으로 추산되었다. 조선에 비해 대만의 의원 할당 수가 적다는 문제제기에 대해 당국자들은 의원 1명당 '조선 유권자 수는 2만 2천 명, 대만 6만 명, 일본 3만 1천 명의 비율'이지만 인구 비율상 조선 23명대 대만 5명 정도는 타당하다고 설명했다.[100)]

일제는 계속 '아직 시기상조'라던 참정권을 식민통치 막바지에 이르러 약속했다. 조선인의 일상생활에까지 내선일체를 강요하고 승산 없는 전쟁에서 조선인의 더 큰 '희생'을 요구하기 위한 제스처였다. 그런데 조선인들이 중의원에서 국정과 입법에 참여하게 되면 조선총독의 制令權과 제국의회 입법의 관계가 문제가 된다. 조선인 참정권은 단순히 조선인의 정치적 처우문제일 뿐 아니라 전쟁의 승리가 점차 멀어지는 상황에서 전쟁 이후를 바라보며 식민지를 포함한 '대일본제국'을 전반적으로 개편하려는 시도의 일환이었다.[101)] 일제 당국은 '참정권 부여'가 '총독정치의 폐지, 法域의 철폐, 총독을 행정장관으로 대체' 등을 초래할 것이라고 예상했다.[102)]

그럼에도 불구하고 조선에서 시행될 것으로 예정된 선거제도는 여전히 소수특권층만이 (피)선거권자가 되는 불완전한 수준이었다. 1942년경 조선총독부에서는 조선인의 중의원 선거권에 관해 '도시지역에서만' 직접선거를 실시하는 방식과, '각도의 자문 · 의결기관 의원에 의한 간접선

순, 權泰用, 李海龍, 엄창섭, 李圭漢, 南宮榮, 송문헌, 김동훈, 金甲淳, 정운용, 鮮于純, 권영주, 임문환 이었다.

100) 『樞密院委員會錄』, 「審査委員會審議」(1945년 3월 12일). 참고로 대만의 인구는 6,270,104명으로 조선 인구의 24% 정도였다.

101) 岡本真紀子, 「アジア · 太平洋戰爭末期における朝鮮人 · 臺灣人參政權問題」, 『日本史研究』 401, 1996.

102) 「朝鮮及臺灣人の政治的處遇に関する伊沢樞密顧問官口述要旨」(1944년 11월 28일).

거'를 검토한 바 있었다.[103] 하지만 1945년 결정된 중의원 선거법 시행안은 기존의 지방의회 선거제도를 바탕으로 하되 납세액 기준을 훨씬 높인 방식이었다. 일제는 조선인의 동화 정도를 여전히 의심했고, 일본에서 시행되는 성인남자의 '보통선거' 같은 방식은 전혀 고려 대상이 아니었다. 또한 일제 통치 막바지인 이 시기에도 '관선 도회의원 폐지'를 포함한 '완전한 지방자치제' 실시는 아직 시기상조로 규정되었다.

2. 지방의원 선거의 실제

1) 1920년대의 지방선거와 도평선거

(1) 부회·면협의원 선거

1920년 11월 20일 최초의 부·면협의회 선거가 12개 부, 24개 지정면에서 실시되었다.[104] 12월에는 최초의 도평의회가 부·면협의회원들의 선거(정원의 2/3)와 도지사의 임명(정원의 1/3)으로 구성되었다. 이후 3년의 임기가 끝나는 1923, 1926, 1929년에 각각 부·면협의회 선거가 실시되었다. 〈표 I-3〉는 1920년 부·면협의회 선거에 관한 통계이다.[105]

103) 岡本眞希子, 「戰時下の朝鮮人·臺灣人参政權問題」, 76쪽.

104) 실제의 선거에서는 (피)선거권의 요건인 5원의 납세액 제한이 그대로 지켜지지는 않았다. 1919년의 세액이 이전에 비해 少額이었고 선거권자와 후보자를 구하기 어렵다는 문제 때문에 지역에 따라 납세액을 저하시켰다. 유권자가 후보자의 약 10배 정도를 유지하는 정도를 기준으로 납세액을 1~3원 이상으로 저하시킨 경우가 많았다. 渡辺豊日子, 「實施の後に顧て」, 『朝鮮』 1921년 10월.

105) 12개 부는 경성부, 인천부, 군산부, 목포부, 대구부, 부산부, 마산부, 평양부, 진남포부, 신의주부, 원산부, 청진부 등 일본인들이 많이 진출한 도시 지역이고 24개 지정면은 전국의 총 2,512개 면(1917년 6월 9일 공표된 면제에 따름) 가운

〈표 Ⅰ-3〉 1920년 11월의 부협의회, 지정면협의회 선거

	유권자(명)		투표율(%)		당선자(명)의 민족비율(%)			
	조선인	일본인	조선인	일본인	조선인		일본인	
부(12개)	4,713	6,251	66	88	56	29.5%	134	70.5%
면(24개)	1,399	1,399	73	88	126	49.2%	130	50.8%
합계	6,112	7,650			182	40.8%	264	59.2%
총합계	13,762명				446명			

출전: 『朝鮮』 1921년 10월.

부협의회 유권자 수에서 조선인이 일본인보다 적은 것은 일본인과 조선인의 소득 격차 때문이었다. 또한 부협의회 당선자 190명 중 조선인은 56명(전체의 29.5%)으로 일본인 당선자의 반에도 미치지 못했다. 부협의회·지정면협의회의 조선인 당선자 총계(182명)는 전체 당선자의 40.8%였다.

'민중의 사상이 극도로 악화'되고 '내선인간의 감정이 첨예'한 시점에서 최초의 선거를 치렀으므로 일제당국은 조선인 투표율이 약 70%인 것에 안도했다. 일제는 특정지역에서 자칫 일본인만으로 부협의회가 구성될 수도 있는 상황에서 일본인들이 스스로 입후보를 제한하거나 양보하여 조선인이 당선된 것을 選擧美談으로 선전하며 '배일사상이 치열'한 가운데 '조선인 유권자가 내지인 후보자에게 투표한' 것이 고무적이라고 치켜세웠다. 그러나 이는 아전인수격 해석으로, 매우 협소한 지역에서 적은 수의 유권자만 참가한 최초의 지방선거에 관심을 가진 조선인은 많지 않았다고 생각된다. 또한 소수의 유권자 가운데에서도 약 30%의 조선인이 기권한 것 역시 당시의 사회 분위기의 일단을 보여준다고 할 것이다.

데 부와 가깝고 지방행정의 중심이 되는 수원, 송도, 영등포, 청주, 공주, 대전, 강경, 조치원, 전주, 익산, 광주, 김천, 포항, 진주, 진해, 통영, 해주, 겸이포, 의주, 춘천, 함흥, 나남, 성진, 회령을 말한다. 지정면 가운데 겸이포는 1920년 7월 29일에 새로 지정면이 되었고 나머지는 1917년에 지정되었다.

〈표 Ⅰ-4〉와 〈표 Ⅰ-5〉은 1920년의 선거 결과를 12개 부협의회와 24개 지정면협의회별로 나타낸 것이다. 府는 모두 일본인 의원이 60% 이상을 차지한 가운데 부산, 군산, 원산에서 특히 강세였고, 지정면에서는 대전, 겸이포, 나남에서 일본인 당선자의 비율이 80~90%에 달했다. 모두 일본인 거류자들을 중심으로 급조된 도시로 교통, 산업 중심지로 부상하고 있었으며 다른 도시보다 조선인 거주 인구가 상대적으로 적었다. 반대로 인구수로 볼 때 府의 자격이 충분히 있었던 개성이 '府'가 되지 못한 것은 일본인들이 개성에서 상권을 장악하지 못하고 조선인들에게 세력이 밀렸기 때문이었다.[106] 조선인 언론에서도 개성에서는 일본인 의원이 '조선인 의원보다 다수를 占키 難함으로 府가 아니라는 것'과 그러한 이유로 개성에는 '상업회의소를 認可치 아니했다'는 점을 지적했다.[107] 송도면협의회에서는 조선인 당선자가 유독 강세였다. 조선인이 강세인 부는 하나도 없고, 지정면 가운데에는 송도, 수원, 익산, 진주, 통영, 함흥 등에서 조선인 당선 비율이 높았다.[108]

106) 개성은 전통적으로 상업이 발달했고, 근대 이후에도 개성 상인들은 근대적 경영에 대한 적응이 빨랐다. 1910년대에 간행된 『半島時論』은 '내선융화'를 제창하면서도, 특히 개성의 발전상을 여러 차례 특집으로 다루는 등 조선인의 상공업 발전에 관심을 보였다. 초창기 조선인 부르주아들이 개성을 조선인 산업 발전의 전범으로 간주했다는 추측이 가능하다.

107) 『東亞日報』 1920년 8월 29일.

108) 1930년대에도 개성지역(개성부 승격)의 조선인 우위는 지속된다. 그러나 함흥(함흥부로 승격)의 경우 1930년대의 공업화와 함께 일본인 세력이 강화되면서 조선인 당선자의 비율은 매우 저하된다.

〈표 Ⅰ-4〉 1920년 부협의회 당선자 민족별 비율

민족 / 부	조선인		일본인		합계 (정원)	민족 / 부	조선인		일본인		합계 (정원)
	당선자 (명)	비율 (%)	당선자 (명)	비율 (%)			당선자 (명)	비율 (%)	당선자 (명)	비율 (%)	
경성	12	40.0	18	60.0	30(100%)	마산	4	33.3	8	66.7	12(100%)
인천	6	37.5	10	62.5	16(100%)	평양	7	35.0	13	65.0	20(100%)
군산	2	16.7	10	83.3	12(100%)	진남포	4	28.6	10	71.4	14(100%)
목포	3	25.0	9	75.0	12(100%)	신의주	3	25.0	9	75.0	12(100%)
대구	6	37.5	10	62.5	16(100%)	원산	2	14.3	12	85.7	14(100%)
부산	4	20.0	16	80.0	20(100%)	청진	4	33.3	8	66.7	12(100%)
계							57명	30%	133명	70%	190명

출전: 『改正地方制度實施概要』, 1922 ; 孫禎睦, 『韓國地方制度 · 自治史研究』(上), 207쪽.

〈표 Ⅰ-5〉 1920년 24개 지정면협의회 선거 결과

민족 / 면	조선인		일본인		합계 (명)	민족 / 면	조선인		일본인		합계 (명)
	당선자 (명)	비율 (%)	당선자 (명)	비율 (%)			당선자 (명)	비율 (%)	당선자 (명)	비율 (%)	
송도	11	78.6	3	21.4	14	포항	4	40.0	6	60.0	10
수원	8	80.0	2	20.0	10	진주	8	66.7	4	33.3	12
영등포	5	50.0	5	50.0	10	진해	6	50.0	6	50.0	12
청주	3	37.5	5	62.5	8	통영	8	66.7	4	33.3	12
공주	3	30.0	7	70.0	10	해주	6	50.0	6	50.0	12
조치원	2	25.0	6	75.0	8	겸이포	1	10.0	9	90.0	10
대전	2	20.0	8	80.0	10	의주	6	50.0	6	50.0	10
강경	4	40.0	6	60.0	10	춘천	4	50.0	4	50.0	8
전주	6	50.0	6	50.0	12	함흥	9	75.0	3	25.0	12
익산	7	70.0	3	30.0	10	나남	2	20.0	8	80.0	10
광주	5	41.7	7	58.3	12	회령	5	41.7	7	58.3	12
김천	4	40.0	6	60.0	10	성진	7	7.0	3	30.0	10
계	126명	49.2	130명	51.8	256	계	126명	49.2	130명	51.8	256

출전: 『改正地方制度實施概要』, 1922 ; 孫禎睦, 『韓國地方制度 · 自治史研究』(上), 208~209쪽.

1923, 1926, 1929년에 이루어진 부협의회 선거 결과를 1920년과 비교하고 다시 1931년의 부회선거와 비교한 것이 〈표 Ⅰ-6〉이다. 이를 보면 1920년대에 걸쳐 부협의회의 조선인 비율이 완만하게 증가하여 1920년의 30%에서 1929년에는 약 39%가 되었다. 그러나 정원이 늘어난 1931년의 부회선거에서는 다시 조선인 비율이 38% 정도로 약간 감소했다.

〈표 Ⅰ-6〉 1920~1931년 부협의회·부회선거 결과

연도	1920			1923			1926			1929			1931		
분류	정원	일	조	정원	일	조	정원	일	조	정원	일	조	정원	일	조
경성	30	18	12	30	15	15	30	18	12	30	18	12	48	30	18
인천	16	10	6	16	10	6	20	12	8	20	11	9	30	22	8
개성										16	4	12	27	7	20
군산	12	10	2	12	10	2	14	10	4	14	10	4	24	18	6
목포	12	9	3	14	9	5	14	9	5	14	9	5	27	19	8
대구	16	10	6	20	12	8	20	12	8	20	13	7	33	23	10
부산	20	16	4	20	17	3	30	27	3	30	28	2	33	24	9
마산	12	8	4	12	9	3	14	10	4	14	8	6	24	14	10
평양	20	13	7	20	10	10	30	11	19	30	13	17	33	19	14
진남포	14	10	4	14	8	6	14	8	6	16	9	7	27	15	12
신의주	12	9	3	12	8	4	14	9	5	16	11	5	27	16	11
원산	14	12	2	14	9	5	16	10	6	16	11	5	27	15	12
함흥										16	7	9	27	16	11
청진	12	8	4	12	9	3	14	10	4	14	11	3	27	19	8
계	190	133	57	196	126	70	230	146	84	266	163	103	414	257	157
비율	100	70.0	30.0	100	64.3	35.7	63.5	36.5	61.3	100	61.3	38.7	100	62.1	37.9

출전: 「地方團體選擧狀況調」, 『中樞院官制改正に関する參考資料』(연도불명), 부협의회원·부회의원 정원 및 당선자 內鮮人別 비교표 전재.

지정면 수는 1926년 선거에서는 42개, 1929년 선거에서는 43개로 늘어나 〈표 Ⅰ-7〉에 나타나듯이 지정면협의회 의원 정원 역시 증가했다. 1931

년 선거에서는 지정면협의회가 읍회가 되었는데 송도(개성)와 함흥이 1929년에 부로 승격했으므로 읍회 수는 41개로 줄었다. 1920년대 지정면협의회선거와 1931년 읍회선거를 보면 대체로 일본인과 조선인 당선자가 반반 정도의 비율을 보였다.

〈표 Ⅰ-7〉 1920년대의 지정면협의회와 1931년 읍회 당선자

연도	1920			1923			1926			1929			1931		
분류	정원	일	조	정원	일	조	정원	일	조	정원	일	조	정원	일	조
계	256	130	126	270	156	114	488	243	245	518	258	260	506	247	259
비율	100	50.8	49.2	100	57.8	42.2	100	49.8	50.2	100	49.8	50.2	100	48.8	51.2

출전: 「地方團體選擧狀況調」, 위의 표의 자료.

〈표 Ⅰ-8〉는 임명으로 선출된 면협의회 의원의 민족별 비율이다. 면 단위 지역에는 일본인 거주자가 매우 적었으므로 조선인 비율이 전체의 97% 이상이었다. 지금까지 살펴본 부협의회, 면협의회 당선자들이 도평의회 의원 정원의 3분의 2를 뽑는 유권자가 되었다.

〈표 Ⅰ-8〉 1920년대 면협의회 당선자

선거년도	면수(개)	일본인(비율)	조선인(비율)	계(명)
1920	2,483	526(2.2%)	23,380(97.8%)	23,906
1923	2,460	633(2.7%)	23,203(97.3%)	23,836
1926	2,457	727(3.0%)	23,444(97.0%)	24,171
1929	2,398	753(3.0%)	22,971(97.0%)	23,724

출전: 「地方團體選擧狀況調」, 위의 표의 자료.

(2) 도평의원 선거

1920년 12월 10일 제1회 도평의회 선거가 시행되어 총 362명의 도평의

원 가운데 3분의 2에 달하는 243명이 민선의원으로 선출되었다. 이듬해 인 1921년 3월에는 도별로 최초의 도평의회가 개최되었다. 임기 만료에 따라 1923년 12월에 두 번째 선거를 실시해야 했지만, 제1회 도평의원 당선자만은 임기를 연장하여 제2회 도평의원 선거가 1924년 4월 10일에 실시되었다. 제1회 도평의회 선거에서 조선인 민선의원 219명, 관선의원 56명이 당선되었고, 제2회 도평의회 선거에서는 민선의원 214명, 관선의원 53명으로 제1회에 비해 각각 5명, 3명이 줄었다.

도평 · 도회제도에서 관선의원의 일본인 우위는 끝까지 지속되었고, 민선의원은 조선인이 90% 가까이 차지했다. 민선 도평의원은 각 부에서 1~2명, 각 군에서 1명 정도 선출되었는데, 부지역은 주로 일본인이 선출되지만 군단위에서 대부분 조선인이 선출되었다. 군단위의 유권자인 면협의회원이 대부분 조선인이고 군단위에 거주하는 일본인이 적었던 것이 원인이었다. 또한 과거의 지방위원회나 참사제도에서 군 단위로 조선인 대표자를 상담역이나 지방행정의 보조자로 선정한 전통이 일정하게 계승되는 면이 있었다고 생각된다.

〈표 Ⅰ-9〉 1924년 관선, 민선 의원의 민족별 비율[109)]

도별	관선			민선			합계	
	조선인	일본인	관선정원	조선인	일본인	민선정원	의원총수	조선인비율
인원수	53명	64명	117명	214명	31명	245명	362명	73.8%
비율	45.3%	54.7%	100%	87.3%	12.7%	100%		

출전: 『朝鮮年鑑』, 1926에서 필자가 작성.

109) 이 표는 1926년도 『朝鮮年鑑』의 당선자명단을 참조하여 새로 작성한 것으로 원래 관선, 민선 정원은 119명, 245명인데 각각 2명이 부족하여 차이가 난다. 『朝鮮年鑑』에서 오류가 있었다고 보이며 이를 바로잡은 수치는 〈표 Ⅰ-24〉를

그러면 도평의회 선거는 실제로 어떻게 이루어졌는가? 총독부 측 문서[110]에 따르면, 1924년 강원도 도평의회 의원을 뽑기 위해 강원도 각군에서는 면별로 면협의회 의원의 투표가 이어졌다. 춘천군 13면 가운데 3월 22일 투표를 시행한 곳이 춘천면, 신북면, 동산면, 서상면, 북산면 등 6면이었는데, 투표시간대가 아닌 시간에 투표하거나 선거 날짜를 늦추어 투표한 자도 있었다. 다른 면들은 3월 23일과 3월 24일에 투표가 이루어졌으며, 사하면의 투표시간대는 오후 4시부터 8시까지였다. 인제군은 3월 22일에 투표할 예정이었으나 일부 면이 원격지여서 당일에 시행하는데 어려움이 있어 20일로 앞당겨 투표가 이루어졌다. 인제군 당국이 이러한 날짜 변경에 대해 아무 수속도 하지 않은 것은 문제점으로 지적을 받았다. 통천군에서는 3월 17일 투표를 했는데, 학삼면의 선거유권자 8명 중 이 날짜에 투표한 자가 6명이고, 2명이 기권했다. 학삼면장이자 도평의회 후보인 田夏富(강원37/41)[111]는 이를 기화로 면서기 박창호를 시켜 투표용지 2매에 '위조 투표'를 하게 했다. 이러한 사실이 발각되면서 결국 춘천군, 인제군에서 투표기일을 변경하여 실시한 투표와 통천군 학삼면의 위조투표는 모두 무효처리되었다. 학삼면장 전하부와 면서기는 사법처분을 받았다. 민간에서는 이러한 위법이 발생한 데 대해 관헌의 조치를 비난하는 목소리가 높았고, 인제군에서 낙선한 인제면장 엄정환 등은 선거 결과에 불복하여 재선거를 주장하며 총독에 청원서를 제출했다.

여기서 볼 수 있듯이 도평의회 선거는 선거구역(대부분 면 단위)별로 10명 이내, 군으로 볼 때는 약 100명 정도의 유권자들이 투표를 진행하여

참고하라.

110) 『大正13年 管內狀況』, 「地方問題와 部民의 動靜」, 1924.

111) 1924년 통천군에서 도평의원 당선자는 통천면장을 하던 石鍾夏(강원24/27)였다.

1~2명의 도평을 선출했으며, 도 전체로 볼 때는 약 2,000여 명의 유권자들이 12~27명의 도평의원을 선출했다.[112] 면협의회원들이 유권자인데 면장이 도평의원 후보자이거나 선거 자체에 영향력을 행사하는 경우가 많았으며 부정투표와 선거 불복 사례도 나타났다. 유권자 수가 워낙 적기 때문에 한두 표 차이가 당락을 좌우하기도 하고 동점일 때는 '양보'나 담합이 이루어졌다.[113]

도평의회 선거에 대해 조금씩 사회적인 관심이 높아지면서 관선 도평의원 임명을 둘러싼 문제, 후보자 간의 경쟁에 따른 잡음이 발생했다. 가령 1927년 인천부협의회 의원들은 경기도 지사가 '인천에서 관선 1명'을 줄이고 그 대신 '개성군에서 증원'한 것과 '인천부의 관·민선의원 2명을 모두 일본인으로 임명'한 데 대해 집단적으로 항의했다. 조선인 의원들은 장석우(경기24관, 인천20/23/26)를 중심으로 '총사퇴'를 불사하는 기세를 보였고 일본인 의원들도 초기에는 행동을 같이 했으나 일제당국과 접촉한 뒤 태도를 바꾸었다.[114] 1930년 평남도평의회 선거에서 金德翁(평남30)이 당선되었으나 도당국에서 엉뚱하게 '(납세액으로 인한)무자격자' 판정을 내리자 '그를 선거한 조선인 측 부협의원들'은 '총사직이라는 최후수단'까지 불사하여 결국 김덕옹에 대한 자격자 판정을 이끌어냈다.[115]

후보들의 경쟁 와중에서 사회운동세력이 연루되기도 했다. 1927년 도평의원 선거 과정에서 일어난 '金淇正(경남23/24/27관) 사건'이 대표적이

112) 이러한 상황은 도회의원 선거에서도 도회의원의 정원이 늘어난 것을 제외하면 큰 차이가 없었다.

113) 1927년 전북도평의원 선거에서 임실군을 대표하여 나온 최종렬과 엄인섭이 동점이었다. 최종렬이 연장인데도 양보했으므로 엄인섭이 당선되었다. 『每日申報』.

114) 『每日申報』 1927년 4월 16일.

115) 『東亞日報』 1930년 3월 28, 30일, 1931년 4월 1일.

다. 일제 기록에 따르면 도평의원 후보인 金炫國(경남27)은 '좌익분자 김원국' 등으로 하여금 김기정이 '도평의회 석상에서 조선인 교육이 불필요하고 조선어를 철폐해야 한다고 주장'한 것을 폭로하게 시켰다.[116] 이에 '좌익분자'들은 김기정을 찾아가 폭력을 가하고 '도회의록을 열람'했으며, '시민대회'를 열어 김기정이 '우리 조선인을 모욕한 데 대한 성토 연설'고 시위운동을 벌였다. 김기정 성토운동은 단순히 경쟁후보의 사주 때문이 아니라 도평의원의 잘못된 발언에 대해 경남지역 운동세력이 결집하여 시민운동 차원에서 일어났다. '김기정 응징'을 주장하는 인쇄물 배포, 구인된 시위자를 탈환하기 위한 절식동맹 등이 경남 각지에서 벌어졌으며 21명의 검거자를 내고 징역 1년 6개월부터 6개월의 판결이 나왔다.

이와 같이 도평의회 선거는 관권의 개입과 미숙한 행정으로 얼룩졌고, 지역에 따라 후보자들의 과당경쟁이 나타났으며, 사회운동세력은 도평의원의 발언과 행동을 감시하고 항의행동을 통해 그들을 규율하려는 의지를 보였다.

2) 1930년대 이후의 지방선거와 도회의원 선거

(1) 부 · 읍회 및 면협의회선거

1931, 1935, 1939, 1943년 전국적으로 부 · 읍회, 면협의회 선거를 실시했다. 총독부측은 1920년대부터 선거를 치른 부 · 읍 지역보다 최초로 선거가 실시되는 면지역의 선거를 성공적으로 치루는 데 관심을 보였다.

116) 『東亞日報』 1927년 3월 31일, 5월 16일, 9월 22일, 10월 5일, 11월 24일, 12월 9일. 김기정 성토를 위한 시민대회 주도자들은 '金淇正의 韓人모욕발언 사실조사회'를 구성했고, 시위 등을 일으켜 다수의 검거자가 나왔다.

일제 당국은 '부, 읍회는 선거민이 상당한 이해'를 갖고 있으므로 '선거취체규칙의 적용'을 받도록 하고, 면협의회의 경우에는 이를 적용하지 않는다는 방침을 정했다.[117] 또한 면에 따라서는 유권자의 납세액 기준을 저하시켜 유권자 수를 확보하도록 했다. 당국은 면협의회 유권자가 부·읍회 유권자보다 민도가 떨어지므로, '法令적으로 民度적으로 균형'을 맞추기 위해 '道의 지휘 하에 강습회, 강연회, 강화회를 개최하고 선전 포스터, 선전 비라를 배부'했다. 선거 계몽활동의 목표는 '1. 법규상의 수속에 누락 없도록, 2. 선거사상의 보급 철저, 3. 기권자 絕無' 등이었다.

부회선거에서는 부윤이 선거일 50일 전까지 선거인명부를 작성하고 선거일 30일 전에 해당하는 날로부터 7일간, 매일 오전 9시부터 오후 4시까지 府廳에서 선거인명부를 일반에게 縱覽하도록 했다. 유권자들은 이를 통해 유권자 여부를 확인하고 잘못된 경우에는 부윤에게 정정을 요구하여 선거일 3일 전에는 선거인명부가 확정되고 투표는 후보자 1명의 이름을 기재하는 방식으로 이루어졌다.[118]

후보 등록은 부윤과 읍장에게 신청하게 했다. 선거운동자도 소정의 신청이 필요했다. 경성, 인천, 개성에서는 선거운동자에 대한 음식물을 '一食 50전 이내', 하루에 '金 1원 50전 이내'에서 지급하고, '기타 지방은 一食 30전 이내, 하루 1원 이내'로 지급했다. 선거운동자와 후보자들은 유권자의 호별 방문을 할 수 있었는데, 방문시간은 '오전 8시부터 오후 8시'이며, 정견을 발표하는 연설회는 '경찰서에 신고'할 의무가 있었다.[119]

그러나 선거 실적은 일제의 입장에서 꼭 만족스럽지는 않았다. 1931년

117) 「京畿道における選擧前の準備狀況」, 『朝鮮地方行政』 1935년 4월.

118) 佐村信平, 『京城府民讀本』, 活文社, 1932.

119) 「府邑會議員選擧に關して」, 『朝鮮地方行政』 1935년 4월.

선거가 끝난 뒤, 총독은 도지사에 내린 지시 사항에서 '지방에 따라 매우 높은 기권율', '당선자의 득표가 과소', '無權者의 사기투표', '선거인명부 작성의 누락', '학교평의회 선거에서 선거법규위반 사실' 등을 지적했다.[120] 행정기관이 총동원되어 투표율을 올리려고 부심했으나 일부 지방에서 '선거사상'이 보급되지 못하여 투표 참가가 낮아졌다는 것이 총독부 측의 판단이었다. 1931년 경성부의 선거에서 유권자수는 22,756명인데 투표수는 18,497명으로 기권율이 18.7%였다.[121]

1931년 부회 선거에서 인구대비 유권자의 수와 인구대비 당선자수를 민족별로 대비해 보면(〈표 Ⅰ-10〉 참조), 학교조합비를 합산한 납세액으로 인해 일본인과 조선인 유권자수의 불균형이 심화된 것을 볼 수 있다.

〈표 Ⅰ-10〉 1931년 부회선거 인구대비 유권자수 · 당선자수

	일본인(명)					조선인(명)				
	인구	유권자수	유권자 1인 당 인구	당선자/입후보자	당선자 1인 당 인구	인구	유권자수	유권자 1인 당 인구	당선자/입후보자	당선자 1인 당 인구
경성	97,758	14,849	6.5	30/44	3,259	251,228	7,907	31.7	18/29	13,957
인천	11,238	1,904	5.9	22/22	511	49,960	809	61.7	8/14	6,246
개성	1,390	236	5.8	7/16	199	47,007	1,562	30.0	20/22	2,350
군산	8,781	1,177	7.4	18/19	488	16,541	327	50.5	6/11	2,757
목포	8,003	884	9.0	19/21	421	23,488	437	53.7	8/13	2,936
대구	19,633	2,853	10.3	23/23	1,288	70,820	1,629	43.4	10/20	7,082
부산	44,273	5,520	8.0	24/34	1,845	85,585	1,678	51.0	9/15	9,509
마산	5,559	798	6.9	14/14	397	20,149	710	28.3	10/13	2,015
평양	18,157	2,799	6.4	19/26	956	116,650	2,765	42.1	14/16	8,332

120) 「도지사에 대한 總督指示事項」, 『朝鮮地方行政』 1931년 10월, 149쪽.
121) 佐村信平, 『京城府民讀本』, 105쪽.

진남포	5,894	832	7.0	15/17	393	30,415	596	51.0	12/15	2,535
신의주	7,907	1,223	6.4	16/18	494	29,003	846	34.2	11/12	2,637
원산	9,334	1,398	6.6	15/16	622	32,503	899	36.1	12/12	2,709
함흥	7,096	957	7.4	16/18	444	32,523	786	41.3	11/13	2,957
청진	8,355	1,396	5.9	19/19	440	24,003	722	33.2	8/10	3,000
계	263,378	36,826	7.1	257/307	1,025	829,875	21,673	38.2	157/225	5,286

출전: 「地方團體選擧狀況調」, 『中樞院官制改正に関する參考資料』(연도불명), 부회의원 선거권자 및 人口 對 當選者 調標 전재.

경성 유권자 가운데 조선인은 일본인의 약 반 정도이며, 인천, 군산, 목포, 대구, 부산, 청진 등지에서도 조선인 유권자가 수적으로 극히 불리했다. 개성에서는 조선인 유권자가 훨씬 많고, 평양은 조선인, 일본인 유권자수가 비슷했다. 일본인이 인구 5~11명당 1명이 유권자인 데 비해, 조선인은 30~50명당 1명이었다. 부의 당선자는 일본인 257명(62%), 조선인 157명(38%)이었다.[122] 부회 선거 입후보와 당선자의 비율을 보면 일본인은 약 1.2대 1, 조선인은 약 1.4대 1이었다. 일본인과 조선인을 막론하고 선거 이전 입후보 시기부터 '사전 조율'이 일반화되어 선거 직전 후보 사퇴 등으로 경쟁률을 낮추는 경우가 많았다.

1930년대 부지역의 조선인 유권자수는 크게 증가했다. 1931, 1935, 1939년의 유권자수를 비교하면(〈표 I-11〉) 절대 수에서는 여전히 일본인 유권자들이 우위인 가운데 민족별 유권자수의 불균형이 완화되는 것을 볼 수 있다.

122) 앞의 표에서도 보았듯이 1930년 선거에 비해 1931년 선거에서 조선인, 일인 당선자의 불균형이 더 심화되었다.

〈표 Ⅰ-11〉 1930년대 부(府)지역 유권자수 추이

연도	조선인			일본인			유권자 합계(명)
	유권자 수(명)	증감률(%)	유권자 중 비율(%)	유권자 수(명)	증감률(%)	유권자 중 비율(%)	
1931	22,366	100.0	37.5	37,225	100.0	62.5	59,591
1935	23,270	104.0	40.2	34,652	93.1	59.8	57,922
1939	39,849	171.2	49.7	40,273	116.2	50.3	80,122

조선인 유권자 비율이 높아진 것은 첫째, 1930년대에 부 구역이 확장되면서 조선인 수가 자연스럽게 증가했고, 둘째, 일본인의 세 부담이 경감되었기 때문이었다. 교육에 대한 국고보조 증가와 학교조합비 인하로 일본인들은 교육세를 덜 내게 되었고, 이에 비해 조선인들은 '보통학교 학급부설'을 위한 '제2부 특별경제호별세'가 일률적으로 인상되어 세금이 증가한 것이다.123)

한편 1935년 선거에서 부, 읍, 면별 지역에서 유권자의 민족별 비율을 보면(〈표 Ⅰ-12〉 참조), 부에서는 일본인이 약 60%를 차지하지만 읍에서는 조선인 비율이 반수를 넘고, 면에서는 조선인 유권자가 대부분을 차지했다.

〈표 Ⅰ-12〉 1935년 부·읍·면 선거의 유권자수와 민족별 비율

행정단위	조선인		일본인		합계
	유권자(명)	비율(%)	유권자(명)	비율(%)	
부	23,270	40.2	34,652	59.8	57,922
읍	12,445	55.3	10,043	44.7	22,488
면	279,277	95.0	14,615	5.0	2,992
합계/비율	314,992명/84.2%		59,310명/15.8%		374,302명/100%

출전: 『每日申報』 1935년 5월 22일.

123) 『每日申報』 1935년 4월 20일, 4월 21일.

부회 당선자의 민족별 비율도 1930년대 이후 점차 불균형이 완화되었다(〈표 I-13〉 참조). 부역의 확장과 조선인 유권자의 증가가 원인이었다. 1939년에는 조선인 부회 당선자가 거의 50%에 육박했으나 1943년 조선인 비율이 약간 떨어진 것은 '추천선거'의 영향도 있을 것이다. 府는 14개에서 21개로 늘었으며 부회의원 정원도 432명, 480명, 670명으로 늘어났다.

〈표 I-13〉 1931~1943년 부회 당선자의 민족별 비율

연도	조선인 당선자		일본인 당선자		합계(명)
	인원수(명)	비율(%)	인원수(명)	비율(%)	
1931(14개 부)	157	37.9	257	62.1	414
1935(14개 부)	177	41.0	255	59.0	432
1939(14개 부)	234	48.8	246	51.2	480
1943(21개 부)	319	47.6	351	52.4	670

읍회 선거 역시 읍수와 읍회 정원, 조선인 유권자수가 모두 늘어남과 동시에 결과적으로 조선인 당선자도 증가했다.[124] 1931년 읍회선거의 조선인 당선자 비율은 약 51%였으나 1939, 1943년에는 약 63~65%를 차지했다.[125] 읍회의원 정원은 1939년 838명, 1943년 1,456명으로 늘어났으며 조선인 당선자는 1939년 540명(64.4%), 1943년 924명(63.5%)이었다. 면협의회의 의원 총수는 1920년대부터 1940년대까지 큰 변화가 없었다. 1943년 면협의회선거시 면협의회 의원 정원은 22,899명이었다.[126] 1920년대에 비해 약간 줄어든 수치이다. 이는 일부 면지역이 읍으로 바뀌었기 때문

124) 孫禎睦, 『韓國地方制度 · 自治史硏究』(上), 271~272쪽.

125) 『每日申報』 1939년 5월 22일 ; 「邑會議員數調」, 1943년 5월 21일.

126) 「面協議會員數調」, 1943년 5월 21일.

이었다. 조선인 당선자는 21,462명(93.7%)이었다.

(2) 도회의원선거

앞에서 살펴보았듯이 동아일보 등의 언론은 1920년대의 지방제도와 도평·도회, 부협·부회 제도와 운영에 대해 비판적이었으나 이들 기관에서 이루어지는 의정활동에 대해서는 비교적 상세하게 보도했다.

1933년 도회의원(도의) 선거를 앞두고 동아일보는 사설에서 '도회라는 것이 부읍회보다도 末性品적이어서…얼마나 민의를 대표하게 될는지 의문'이지만 '인민의 생활상 지대한 이해관계를 가진 기관'이라고 전제하고, 민중은 마땅히 '부읍회, 면협의회원'을 감시하고, '도지사의 인선'도 감시하며, '입후보자의 인물 평가를 바르게' 해야 한다고 주장했다.[127] 지방마다 민중이 여론을 일으켜 후보자 선정과 유권자의 투표에 영향을 줄 것도 촉구했다. 특히 도회의원 가운데 민선의원 283명을 어떤 사람으로 뽑는가 하는 것은 '민중의 자각과 노력에 달렸다'고 강조했다.

1933년에는 도회의원 선거가 후보자들의 난립으로 한때 경쟁률이 3.6대 1까지 오르는 '과열'을 보였다. 경기도의 선거 상황을 설명한 일제의 치안기록에서는 이 선거에 '유권자와 일반민중이 모두 큰 관심'을 보였으며 지방자치제의 실시를 '참정권 부여의 전제'로 받아들이는 분위기라고 파악했다.[128] 특히 郡 지역에서는 '新道制에 대한 기대'가 커서 경기도회의 정원은 22인에 불과했으나 107명이 입후보했다. 일제 측은 1933년의 경기도회 선거 결과를 분석하면서, '민선 정원 28명 가운데 19명이 신인'이며 '종래 문벌 재벌 등을 배경으로 당선한 사람은 거의 낙선'했다고 평

127) 「道會議員選擧와 民衆, 選擧에 公正을 期하라」, 『東亞日報』 1933년 5월 4일.
128) 『昭和9年 3月 治安情況』 참조.

가했다.[129] '경성 개성 인천 등 도시선거구에서는 유권자 98명 중 기권자 8명, 郡部에 있어서는 유권자 2,182명 중 기권자 54명'인 것을 볼 때 군 지역의 투표율이 부지역보다 높았다.

조선인 경성부회 의원들은 관선의원이 판명된 직후 경기도회의 민선 입후보자 선정을 협의했다. 조선인과 일본인들은 편을 갈라, 조선인은 '조선인 2명, 內地人 2명'을 주장하고 일본인은 '내지인 3명, 조선인 1명' 당선을 주장하는 등, '민족의식'에 따른 '미묘한 움직임'이 있었다. 결국 이에 대해 타협을 보지 못하고, 정원 4명에 '일본인 6명, 조선인 3명'으로 입후보가 난립했다. 이후 '당선 가능성이 적은 사람이 후보를 취소'하여 선거 전날에는 일본인 3명, 조선인 2명이 남았고, 선거 결과 양재창이 낙선하여 일본인 3명, 조선인 1명이 당선했다.

인천에서는 '조선인 관선의원을 1명 감원'한 데 항의하여 '부회의원이 총사직'하는 사태가 일어나 신청 마지막 날까지 입후보자 없었다. 그러나 '장래의 평화'를 위해 '이미 내지인 측 과반수의 의향이 결정'되어 있었다. 즉 일본인 의원을 중심으로 의원 선출 방침이 이루어져, '하등의 선거운동 없이' 金允福(경기30관/33/37관/41관)이 14표로 당선되었다. 일제당국은 1933년 경기도회 선거에서 전체 도에 '特要 1명, 要注意 2명이 입후보'한 것을 주목했고, 선거 취체를 위해 '고등계 이외에 일부 私服員을 특설'했다. 민족·사회운동으로 당국의 감시를 받는 인물이 지방의회 선거에 출마한 데 대한 경계였다.

129) 공안당국은 '종래 양반부호 지위 혹은 오로지 그들의 후원만으로 당선된 사람은 거의 대부분 참패하고 비교적 신진유위의 인물이 당선된 것이 주목할 만하다'고 했다. 나중에 보겠지만 1933년 도회선거에서 전국적인 신인 비율은 60% 이상이었다. 일제의 평가는 이 시점에서 일제가 전통적 지배층보다 근대교육을 받은 새로운 협력층을 선호했음을 보여 준다.

일제 당국은 선거가 과열양상을 보이는 것을 경계했으나 후보자가 없거나 선거 분위기가 지나치게 침체된 지역에서는 선거의 모양새를 위해 출마를 종용하거나 투표를 독려하는 등으로 선거에 개입했다. 1933년에도 선거법 위반으로 당선자의 의원직이 박탈된 예130)가 있지만, 이후 해를 거듭할수록 일제 당국은 선거 취체를 강화하고 선거운동에 대한 제한을 강화했다.131) 1941년 선거에서는 그때까지 허용되던 후보자의 유권자에 대한 戶別訪問을 금지하고,132) 선거운동원 수와 선거 경비를 엄격히 제한했다. 1941년 선거의 '犯罪調'에 따르면, '告示前 운동'이 5건, '無居 운동'이 7건, '금전 공여' 2건, 기타 2건으로 모두 16건, 관련인원 27명이었다. '향응 접대', '물품 공여', '金品利益供與 제안', '폭행 협박' 사례는 한 건도 나타나지 않았다.133)

1933, 1937, 1941년 도회 선거의 투표율이 97% 이상으로 매우 높은 것은(〈표 Ⅰ-14〉) 관권의 작용이 컸다는 반증이었다. 일제 당국은 각급 기

130) 1933년 평북도회의원 선거에서 당선된 金宣鎬는 선거법 위반으로 의원직이 박탈되었다. 그는 초산군의 도회의원 후보로 유권자들을 '연어와 돈 十원으로 매수'했다는 혐의로 '禁錮 6개월의 판결'을 받았다. 이에 따라 차점자인 金東屹이 의원직을 승계했다. 『東亞日報』 1933년 9월 20일, 11월 13일.

131) 1937년 선거에서 張世柱(황해도 장연군)는 지방선거위반으로 피검되어 '집행유예 3년'을 선고 받았고, 기타 운동자는 벌금형을 받았다. 『東亞日報』 1937년 7월 29일. 부회선거도 예외가 아니었다. 1939년의 경성부회 선거에서 任興淳은 '도지사 告示 전에 선거운동을 맹렬히' 했으며, '심지어 요리점 명월관으로 유권자를 초대하여 향응'했다는 혐의로 선거운동원과 함께 송치되었다. 『每日申報』 1939년 6월 6일.

132) 김철진은 1937년 전남도의선거에서 무안군에서 선거운동을 했는데, 20개면에 유권자는 200수명이며 11개면은 독립된 島嶼가 있어서 3주일동안 10명의 운동원으로 選擧戰의 고통을 필설로 표현할 수 없고 호별방문하려 해도 전 유권자를 一巡할 수 없다고 했다. 김철진, 「感想•希望等」, 『朝鮮行政』 1937년 7월.

133) 「朝鮮及臺灣の地方選擧における犯罪調」, 『日帝下戰時體制期政策史料叢書』 5, 166쪽.

관을 통해 유권자들의 투표 참가를 독려 내지 강요했다. 1941년 경기도회 선거에서 유권자 총 2,241명 가운데 기권자는 34명으로 98.4%가 투표에 참가했다.[134)]

〈표 Ⅰ-14〉 도회 선거 유권자와 투표율[135)]

연도	1933			1937			1941		
민족별	조선인	일본인	계	조선인	일본인	계	조선인	일본인	계
유권자(명)	21,953	1,508	23,461	21,974	1,636	23,610	21,942	1,553	23,495
기권자(명)			582			404			미상
투표율(%)			97.9			98.3			98
무효투표(표)			92			73			미상

출전: 『朝鮮年鑑』, 朝鮮地方議會議員選擧實施狀況(地方).

후보자 간의 담합으로 경쟁률을 낮추거나, 조선인과 일본인 의원들이 자기 민족 후보자를 당선시키기 위해 사전 조율하는 것,[136)] 경우에 따라 후보자수가 정원에 못 미쳐 무투표 당선되는 등의 관행은 1920년대의 도평의원 선거와 다름이 없었다. 〈표 Ⅰ-15〉는 3회에 걸친 도회의원 선거 결과와 경쟁률이다. 전국적인 경쟁률은 1933년에 가장 높았고, 1937년도와 1941년에는 조금씩 낮아졌다. 선거에 대한 감시와 취체의 강화는 경쟁률 저하에 영향을 미쳤을 것이다.

134) 「京畿道會議員選擧投票狀況調」, 1941.

135) 「第73回帝國議會說明資料」(1937)에서는 무효투표 수가 1933년의 경우 108표, 1937년 80표로 나와 있어 다소 차이가 있다.

136) 1933년 부산부회이 조선인 부회의원(부의)들은 睦順九(31/35/39부산부) 의원을 경남도의로 당선시키기 위해 단결하기로 결의했으나 金璋泰(경남33관)의 '배신'으로 목순구가 한 표 차이로 낙선했다. 조선인 의원들은 이에 대해 크게 분개하여 김장태를 공격했다. 朴元杓, 『鄉土釜山』, 大和, 1967, 287쪽.

〈표 Ⅰ-15〉 도회의원 선거 당선자와 경쟁률[137]

연도	조선인			일본인			후보 합계(명)	민선 정원(명)	민선경쟁률
	후보자 (명)	민선당선 (명)	관선당선 (명)	후보자 (명)	민선당선 (명)	관선당선 (명)			
1933	923	241	56	90	42	83	1,013	283	3.6:1
1937	752	246	56	98	37	83	850	283	3.0:1
1941	727	245	55	69	38	84	796	283	2.8:1

출전: 1933년과 1937년의 통계는 『朝鮮年鑑』, 1938, 56쪽 ; 1941년은 「朝鮮地方議會議員選擧實施狀況」 참조.

각급행정 · 경찰기관은 각 지역에서 후보자의 수와 선거운동의 수위를 조절하고, 선거운동이 과열되는 지역이나 요주의인물에 대해서는 취체에 유의했다. 1937년 선거에서 선거운동자는 조선인 6,249명(후보자 748명의 8.4배), 일본인 379명(후보자 73명의 5.2배)이었다. 1937년 선거위반 건수는 6월 30일 현재, 145건이었고, 위반자는 조선인 499명, 일본인 12명으로 조선인이 대부분을 차지했다. 위반자 총 511명 가운데 매수범이 323명(54건)이었다.[138] 손정목의 연구에서 밝혔듯이 일제의 선거 취체는 주로 조선인 후보자(당선자)에게 집중되었다.

도회시기에 들어와 신인 당선자의 비율이 증가했다. 1933년 도회의원이 된 조선인 의원 306명 가운데 도평의원 경력자가 111명(36.5%), 도평의원 경험이 없이 처음 도의가 된 사람이 195명(63.5%)이었다. 함남도회는 당선자 22명 중 도평 경력을 가진 당선자가 2명으로 의원 교체비율이 가장 높았다. 1937년 선거에서 매일신보의 신인 당선자 비율 조사에 따

137) 「第73回帝國議會說明資料」(1937)에는 최종후보자 수가 약간 다르다. 이에 따르면, 1933년의 최종후보자는 996명이었고, 1937년의 경우 821명(조선인 748명, 일본인 73명)이라 했다.

138) 「第73回帝國議會說明資料」(1937).

르면, 민선의원 당선자(282명) 가운데 216명(77%)으로 신인이 압도적이었고, 매일신보는 이를 고무적으로 평가했다.[139] 관 · 민선 의원 가운데 관선의원보다 민선의원에 신인이 더 많은 것을 보여준다. 1941년 도회선거에서는 283명의 민선 정원 가운데 신인이 193명, 전 · 현직 의원이 90명으로 역시 신인 의원이 68.2%였다.[140]

부, 읍, 군 단위별로 후보자간 경쟁률과 민족별 비율을 1937년의 사례에서 보면(아래 표 참조), 조선인 후보자들은 군 단위에서 가장 많이 나왔다. 부지역에서는 일본인에 비해 매우 열세, 읍 지역에서도 다소 열세였다. 입후보자 수도 부에서는 일본인의 반에도 못 미쳤다. 조선인들이 부지역에서 도의로 당선될 확률은 상대적으로 낮았고, 당국의 관권 행사도 조선인에게 불리하게 작용했다.[141]

〈표 Ⅰ-16〉 1937년 도회 선거에서 부읍군의 후보자 · 당선자의 민족별 비율

단위	선거구(개)	정원(명)	입후보(명)			당선자(명)		
			조선인	일본인	計	조선인	일본인	計(경쟁률)
부	18	25	14	31	45	6	19	25(1.8:1)
읍	13	13	10	15	25	5	8	13(1.9:)
군	218	243	723	51	774	233	9	242(3.1:1)
島	2	2	5	1	6	1	1	2(3.0:1)
계	251	283	752	98	850	245	37	282(3.0:1)
비율			88.5%	11.5%	100%	86.9%	13.1%	100%

출전: 『每日申報』 1937년 5월 13일.

139) 『每日申報』 1937년 5월 13일. 사설은 이들 당선자들 중 '30, 40대 청장년이 다수'이며, '신인 중에는 과거 현실 정치에 무관심하거나 정관적 태도였던 사람들'이 많았는데 '이번에 일반적으로 현실에 대한 각성이 깊어졌다'고 했다.

140) 『朝鮮年鑑』, 1943, 106쪽.

141) 손정목, 『한국지방자치제도 · 자치사연구』 上, 279~282쪽.

그렇다면 府 지역 도의선거에서 일본인의 압도적인 우위가 나타난 이유는 무엇인가. 먼저 1937년 도회선거에서 부지역만을 따로 떼어 후보자와 당선자 수를 비교 검토해 보자(〈표 Ⅰ-17〉).[142)]

〈표 Ⅰ-17〉 1937년 **도회선거의 부지역 당선자**

부이름	당선자		후보자		
	조선인 (명, 이름)	일본인 (명)	전체후보 (명)	조선인(명, 이름)	일본인(명)
경성	2(조병상, 홍필구)	3	7	5(조병상, 홍필구, 이홍종, 강창희, 유승복)	5명
인천	0	1	1	0	1(무투표당선)
개성	1(임한선)	0	1	1(임한선)	0
대전	1(김정환)	1	1	0	1(무투표당선)
군산	0	1	1	0	1(무투표당선)
전주	0	1	2	0	2(차점 일인)
광주	0	0	2	0	2(차점 일인)
목포	0	1	4	미상	2명 이상 (차점 일인)
대구	0	2	4	미상(차점 정운용)	2명 이상
부산	0	2	5	미상(차점 권인수)	2명 이상
마산	0	1	4	미상	2명 이상 (차점 일인)
평양	1(손수경)	1	5	2(손수경, 한근조)	3
진남포	1(이종섭)	0	1	1(이종섭)	0
신의주	0	1	1	0	1(무투표당선)
원산	0	1	3	1(차점 김경준)	2
함흥	0	1	4	미상	2명 이상 (차점 일인)

142) 이 표의 부는 모두 18개인데 1935년 부회 선거가 실시될 때보다 4개가 늘었다. 1935년 10월 1일 대전읍, 전주읍, 광주읍이 부로 승격되고 1936년 10월 1일 나진읍이 부로 승격되었기 때문이다. 孫禎睦, 『韓國地方制度 · 自治史硏究』(上), 257쪽.

청진	0	1	2	0	2(차점 일인)
나진	0	1	2	0	2(차점 일인)
합계	6	19	49		

출전: 『每日申報』 1937년 5월 3, 4, 5, 11일 참고하여 작성.
비고: '차점'이란 당선자 이외에 가장 득표수가 높은 것을 말한다.

1937년 전국 18개 부(정원 25명)에서 일본인 당선자는 19명이고 조선인 당선자는 6명이었다.[143] 조선인, 일본인 후보가 수는 정확하게 알 수는 없으나 최소한 8개 부에서 조선인 출마자가 없었다. 4개 부에서 일본인 후보자가 무투표로 당선되고, 대구, 부산에서는 일본인만 2명이 당선되었다. 1개 부에서 조선인이 무투표로 당선되었다.

특징적인 것은 부지역의 조선인 출마자가 모두 전·현직 부회의원이라는 점이다. 경성부 당선자인 曺秉相과 洪必求는 1920년대부터 10년 이상 경성부협·부의를 지냈고, 낙선자인 李弘鍾, 姜昌熙, 劉承復 역시 경성부의 다선자였다. 개성 당선자 林漢瑄(경기30/33/37)는 개성부의이며, 평양 당선자 孫壽卿과 평양 낙선자 韓根祖[144]도 모두 평양부의였다. 진남포 당선자 李鍾燮도 1920년대부터 진남포부협·부의를 지냈고, 원산 낙선자 金景俊도 원산부협·부의를 지냈다.

부회의원들은 도회로 진출하고자 하는 욕망을 가졌고, 반대로 도의 경력자가 나중에 부의에 출마하기도 했다. 도의를 노리는 부의들은 선거를 치루지 않아도 되는 관선의원 발표를 기다려 출마 여부를 결정했다. 그

143) 대전부에 기재된 金正煥은 1937년 선거 당시 대덕군에서 당선되었으나 대덕군이 대전부에 통합됨에 따라 결과적으로 부지역 당선자가 되었다. 선거 당시 대전부에서는 조선인 후보가 없었다.

144) 한근조는 1895년생으로 명치대를 나와 변호사를 했다. 해방 직후 조만식의 측근으로 평양시장을 역임하는 등 정계에서 활약했다. 조선민주당 부당수와 최고위원을 지냈고, 4대(조선민주당), 5대(민주당), 6대(민주당) 국회의원을 지냈다.

러나 개성 같은 곳을 제외하면 조선인들이 부지역에서 민선으로 출마하여 도의에 당선되기는 것은 매우 어려웠다. 인천부의였던 宋在鵬(경기37)이 부천군에서 당선된 사례에서 보듯이, 부 대신 군 지역에서 도의에 출마하기도 했다.

군 지역의 도의선거 경쟁률은 편차가 컸다. 1937년 경기도의 경우를 예로 들면, 일제당국자들은 선거 분위기가 너무 침체되고 무관심한 지역에서는 강제로 출마를 종용하거나 선거 강연 등으로 투표를 강요했다. 평균 1면당 9명 정도의 유권자(면협의원, 〈표 Ⅰ-23〉 참조)들이 1~8명의 후보자를 놓고 당선자를 가리는 선거였으므로 당국의 뜻대로 투표율을 올리는 것은 어렵지 않았다.

〈표 Ⅰ-18〉 1937년 경기도회 의원 선거현황

지역명(부·군)	정원/후보자수(명)	유권자수(명)	지역명(부·군)	정원/후보자수(명)	유권자수(명)
경성부	5/7	63	용인(12면)	1/6	107
인천부	1/1	30	안성(12면)	1/2	117
개성부	1/1	30	진위(10면)	1/3	95
고양(9면)	1/4	80	수원(20면)	2/3	195
광주(16면)	1/3	144	시흥(8면)	1/3	76
양주(16면)	1/7	151	부천(14면)	1/3	120
연천(12면)	1/4	105	김포(9면)	1/2	84
포천(12면)	1/5	108	강화(13면)	1/8	118
가평(6면)	1/2	55	파주(10면)	1/2	88
양평(12면)	1/6	108	장단(10면)	1/4	90
여주(10면)	1/6	94	개풍(15면)	1/2	142
이천(11면)	1/2	95	합계	28/86	2,295

출전: 『每日申報』 1937년 5월 4일.

다음 표는 1920년부터 1941년까지 도평·도회별로 조선인과 일본인 당선자 비율의 변천을 나타낸 것이다.[145)]

〈표 Ⅰ-19〉 도별 조선인 당선자와 조선인 비율(1920~1941)

연도	분류		경기	충북	충남	전북	전남	경북	경남	황해	평남	평북	강원	함남	함북	합계인원
1920	관선	당선	5	2	3	3	6	6	6	5	3	6	5	4	2	275명
		정원	12	6	8	8	11	12	11	9	8	10	10	8	6	
		비율	42	33	38	38	55	50	55	56	38	60	50	50	33	
	민선	당선	21	10	14	14	21	22	20	16	14	19	21	16	11	
		정원	25	12	16	16	23	25	22	18	16	20	21	17	12	
		비율	84	83	88	88	91	88	91	89	88	95	100	94	92	
1924	관선	당선	5	3	3	3	6	6	5	5	3	6	5	4	1	270명
		정원	12	6	8	8	11	12	11	9	8	10	10	8	6	
		비율	42	50	38	38	55	50	46	56	38	60	50	50	17	
	민선	당선	22	9	15	13	21	18	19	16	15	19	21	16	11	
		정원	25	12	16	16	23	25	22	18	16	20	21	17	12	
		비율	88	75	94	81	91	72	86	89	93	95	100	94	92	
1927	관선	당선	5	3	3	3	5	4	5	4	3	6	5	4	1	273명
		정원	12	6	8	8	11	12	11	9	8	10	10	8	6	
		비율	42	50	38	38	46	33	46	44	38	60	50	50	17	
	민선	당선	22	10	14	14	22	21	20	17	15	19	21	16	11	
		정원	25	12	16	16	23	25	22	18	16	20	21	17	12	
		비율	88	83	88	88	96	84	91	94	94	95	100	94	92	
1930	관선	당선	5	3	3	3	4	4	4	4	3	5	5	4	1	267명
		정원	12	6	8	8	11	12	11	9	8	10	10	8	6	
		비율	42	50	38	38	36	33	36	44	38	50	50	50	17	
	민선	당선	22	9	14	14	21	21	20	16	16	19	21	15	11	
		정원	25	12	16	16	23	25	22	18	16	20	21	17	12	
		비율	88	75	88	88	91	84	91	89	100	95	100	88	92	
1933	관선	당선	6	2	3	4	5	6	5	4	4	6	5	5	2	300명
		정원	14	7	8	10	14	15	14	10	9	12	10	10	7	

145) 1941년 선거의 경우, 당선자 이름이 대부분 창씨명으로 되어 있고 당선자 명단이 나온 『每日申報』의 인쇄상태가 열악하여 당선자의 본명을 확실히 알 수 없는 경우도 있다.

		비율	43	29	38	40	36	40	36	40	44	50	50	50	29	
	민선	당선	23	11	16	14	26	24	20	18	17	22	21	18	13	
		정원	28	14	17	20	29	30	29	20	18	23	21	20	14	
		비율	82	79	94	70	90	80	69	90	94	96	100	90	93	
1937	관선	당선	6	2	3	4	4	6	5	4	4	5	5	5	2	302명
		정원	14	7	8	10	14	15	14	10	9	11	10	10	7	
		비율	43	29	38	40	29	40	36	40	44	46	50	50	29	
	민선	당선	24	11	16	17	26	25	23	17	17	22	20	17	12	
		정원	28	14	17	20	29	30	29	20	18	23	21	20	14	
		비율	86	79	94	80	90	83	79	85	94	96	95	85	86	
1941	관선	당선	6	2	3	4	4	6	5	4	4	5	5	5	2	300명
		정원	14	7	8	10	14	15	14	10	9	11	10	10	7	
		비율	43	29	38	40	29	40	36	40	44	46	50	50	29	
	민선	당선	22	11	14	18	25	23	25	17	17	22	21	17	13	
		정원	28	14	17	20	29	30	29	20	18	23	21	20	14	
		비율	79	79	82	90	86	77	86	85	94	96	100	85	93	
도별 연인원			194	88	124	128	196	192	182	147	135	181	181	146	93	

출전: 「道評議會員任命狀況調」, 『中樞院官制改正に関する参考資料』(연도불명(1933년?)) ; 「內鮮人道會議員數調」(1941년 5월 21일 改選當時), 『處遇改善に關する基礎資料』 8 地方制度關係, 水野直樹 編, 『戰時期植民地統治資料』 5, 柏書房株式會社, 1998 ; 기타 신문 자료 참조.

비고: 1930년 함남도평의 정원이 17명이었으나 1개 군에서 선거가 이루어지지 않았으므로 당선자는 조선인 15명, 일본인 1명이었다. 이후 조선인 1명이 추가로 임명되었다.

도평의회 시기와 도회시기의 선거 결과를 비교하면 관선의원 가운데 조선인 비율은 도회시기에 더 낮아졌고, 민선의원 중의 조선인 비율은 다소 높아졌다. 1941년도의 전체 당선자 가운데 조선인은 관선의원의 32.4%(139명 중 45명), 민선의원의 78.8%(283명 중 223명)를 차지했다. 각 도별로 민족별 비율의 장기적 추세는 큰 변화가 없었다. 강원도에서는 수차례에 걸쳐 조선인이 민선의원의 100%를 차지했으며 조선인 관선의원의 비율도 계속 50%를 유지했다.

제Ⅱ장 도평의회·도회의원의 출신 배경 및 주요 경력

1. 사회·경제적 배경

1) 사회적 배경

(1) 연령 분포

총독부에서 단편적으로 낸 자료와 모든 선행 연구의 통계가 보여주듯이 도평·도의의 연령대는 40대가 가장 많았다. 또한 조선인 의원보다 일본인 의원이 다소 연령대가 높고 민선의원보다 관선의원의 연령이 높은 점도 공통적으로 볼 수 있다. 일제는 도평의회와 도회에서 일본인 의원들이 '지도적' 역할을 기대하고, 재력이나 세력이 거물급인 자들을 관선의원으로 임명하는 경우가 많았기 때문이다. 도의 당선자의 연령은 20대 후반에서 70대 초반까지 분포가 다양했다.

조선인 도평·도의 1,395명 가운데 연령(생년)이 확인되는 898명의 최초 도평·도의 임명(당선)시의 연령 평균은 42.8세이다. 또한 임기 중에 승계, 당선, 임명된 경우를 제외하고 일곱 차례의 總改選 시점의 당선자 1,320명 중 연령이 확인되는 871명의 최초 당선시의 연령 평균 역시 42.8세이다. 연도별로 이들 신인 당선자의 숫자와 평균 연령, 신인 가운데 최고령과 최연소 당선자를 표시하면 아래 표와 같다.

〈표 Ⅱ-1〉 신인당선자들의 연령 추이

선거연도	신인당선자(명)	연령확인자(명)	평균(세)	최고령자		최연소자	
				연령	도평//도의	연령	도평//도의
1920	257	136	44.9	66	玄基奉(전남20관) 金承源(경북20관)	27	裵相淵 (경북20/27)
1924	178	81	43.5	75	梁鳳濟(평북24관)	28	金相亨 (전남24/27/33)
1927	178	83	41.4	66	金相鎬 (전북27/30관/33)	28	尹燁(전남27) 金相瑄(충북27)
1930	165	82	42.0	68	李康元(전북30관)	28	康泳部(전북30)
1933	195	146	41.5	67	金達澧(평남33)	28	張俊英 (강원33/37/41관)
1937	180	176	42.3	59	金斗洪(평남37)	29	李興燁 (황해37/41)
1941	167	167	43.8	68	田德龍(평남41관)	27	鄭世煥(전북41)
총인원	1,320	871	전체 신인당선자 평균 42.8				

신인 당선자의 초임 연령 평균은 40대 초반이지만 2회 이상 다선자를 포함하면 전체 연령 평균은 이보다 올라간다. 다만 조선인 의원의 평균은 40대로 보아도 무방하며, 일본인 의원들은 약 10세 정도 연령이 높았다고 생각된다. 1941년의 도의 당선자의 연령대를 도별, 민족별로 비교하

면(다음 표 참조) 일본인 의원의 연령대가 조선인보다 훨씬 높은 것이 두드러진다.

〈표 II-2〉 도회의원 연령대의 민족별 비교(1941)

지역 / 연령	61세 이상 (명)		60세 이하 (명)		50세 이하 (명)		40세 이하 (명)		30세 이하 (명)		합계	
	일	조	일	조	일	조	일	조	일	조	일	조
경기	8	3	4	9	2	11		5			14	28
충북	5	1	1	5	1	5		1			7	12
충남	4	1	4	7		3		6			8	17
전북	5	2	1	5	1	5		6		1	7	19
전남	6		5	8	1	15	1	6			13	29
경북	6	2	5	12	5	10		5			16	29
경남	5	2	5	9	2	15		3			12	29
황해	1		7	10	1	7		4			9	21
평남	3	3	2	6	1	8		3			6	20
평북	5		2	7		12	1	6			9	25
강원	2		4	10		10		4			6	24
함남	2	1	5	7		11		2			7	21
함북	4	1		8	1	3		2			5	14
합계(명)	56	16	45	103	15	115	2	53		1	119	288
비율(%)	47.1	5.6	37.8	35.8	12.6	39.9	1.7	18.4		0.3	100%	100%

비고: 조는 조선인, 일은 일본인을 말함.
출전: 「道會議員內鮮人別年齡別調」(1944년 현재, 결원 16명).

관선의원이 민선의원보다 연령대가 높고 민선 도평·도의가 다른 지방의원에 비해서도 연령대가 다소 낮았다는 것은 1920년의 통계(아래 표 참조)에서도 방증된다. 이 통계는 조선인과 일본인이 모두 집계된 것으로 관선 도평의원과 부협의회원의 연령대가 높은 것은 일본인 비율이 높았기 때문이라고 생각된다. 특징적인 것은 이들 선출직 공직자들의 연령대가 50대 이상에 비해 50대 이하보다 많은 점이다.

〈표 Ⅱ-3〉 선출 공직자들의 연령(1920)

공직명		50세 이하		50세 이상		합계(100%)
		인원수(명)	비율(%)	인원수(명)	비율(%)	
도평의원	관선	67	56.3	51	43.7	119
	민선	171	70.4	72	29.6	243
府학교평의회원		71	74.7	24	25.3	95
부협의회원		118	62.1	72	37.9	190
면협의회원		14,928	64.0	8,383	36.0	23,311

출전: 『朝鮮』 1921년 10월, 140쪽.

출생연대별로 보면 1890년대 생이 가장 많고 1880년대와 1900년대생이 뒤를 이었다. 1890년대 이후 출생한 사람들은 그 이전 세대보다 대학 교육을 비롯하여 근대 교육의 혜택을 더 받았고, 전문직 진출이 많으며 1920년대 초의 청년회운동과 관련된 사람들이 많았다.

지금까지 살펴보았듯이 조선인 도평·도의는 연령분포가 넓어서 상당수의 젊은 의원이 50대, 60대 이상의 의원들과 함께 선출되는 양상을 보였다. 일제측은 도평의원 도입 초기에는 연령이 다소 높은 '일류 인물'들이 도평에 진출하여 도평의 운영을 순치시키는 것에 관심을 가졌으나 점차 중견·신진 인물들이 구시대 인물들을 대체하는 방향을 선호했다.

(2) 가족적·신분적 배경

도평·도의의 가족적 배경을 살펴보자. 우선 먼저 조선귀족 혹은 이른바 명문 巨族 출신으로 꼽을 수 있는 사람들을 보자.

〈표 Ⅱ-4〉 조선귀족·구한말의 거물 관료 출신

이름	생년	가족관계	한말의 관직	도평·도의
韓相龍	1880년생	이완용의 생질, 白完爀·韓昌洙와 친척, 한관수의 子	참봉, 외부참서관	경기20관/24관/27관/30관/33관/37관/41관
閔泳綺	1858~1927	민씨척족	육군부·탁지부·농산공부·법부대신, 도관찰사	경기20관
嚴柱益	1872~1931	엄비 弟	한성재판소 판사, 군부협판	경기23/24관/27관
閔大植	1896~1979	閔泳徽 子, 閔奎植 형	중추원의관, 육군참령,	경기30관
韓光鎬	1896년생	韓圭福의 양자[1]	군서기, 토지조사국기수	경기30
李寅鎔	1887년생	이재극의 子[2]로 상속남작		강원24/27/30관/33관
趙大河		趙鼎允의 손자, 李容翊의 친척[3]		함남33

이들의 면면을 보면 이인용을 제외하면 모두 경기도와 경성의 지방의원이 되었다. 閔大植은 조선갑부인 민영휘의 아들로 이재에 밝고 젊을 때부터 조선에서 손꼽히는 자산가였다.[4] 그는 한말 무관을 거쳐 통감부 시기부터 실업계에 들어가 활약했는데, '고리대로 유명한 京城廣業株式

1) 한광호는 한규복의 양자로 수원지역의 1천석 대지주이자 한성은행 지배인이었다.

2) 李載克은 을사조약 시 일제에 적극 협력했다고 알려졌으며 남작 작위를 받고, '병합' 후 이왕직장관이 되었다.

3) 趙大河는 군수와 중추원 의관을 지낸 趙鼎允의 장남이며, 조정윤은 '內藏院卿 李容翊'의 처제였다. 「普專, 延專, 世專에 義捐한 趙炳甲씨 인물, 교육봉사」, 『三千里』 1937년 5월. 이 기사의 주인공인 조병갑 역시 조정윤의 아들(당시 29세)로 6만 원을 연희전문, 보성전문, 세브란스전문에 기부한 실업가로 소개되었다. 조대하는 '함경남도 장진의 유명한 실업가'라고 언급되었다.

4) 「銀行頭取人物評 東銀頭取 閔大植氏」, 『三千里』 1936년 2월.

會社 專務取締役'으로 '토지와 가옥을 전당 잡고 고리로 이식하기 여념이 없고' 도박 사건에 연루되었다는[5] 기사에서도 볼 수 있듯이 금융·사채업과 토지를 기반으로 재산을 증식했다. 일제는 명문 집안의 대표적 자본가를 조선통치에 순치시키고자 민대식을 관선 도평의원에 임명했으나 본인이 고사했다.

이인용은 을사조약 당시 궁내부대신이었던 이재극의 상속 남작이었다. 이재극은 일제의 恩賜金 등으로 1920년대 중반까지 '서울의 10대 거부'에 들 정도였지만, 이인용은 이재극의 사망 후 물려받은 재산을 대부분 탕진하고, 현직 도회의원이던 1934년 6월 '元군수, 元총독부이사관, 면장, 신문기자, 농장주, 재판소, 등기소 서기' 등 강원도의 다수 유력자들이 연루된 '70만 원의 대사기사건'의 주모자로 검거되었다.[6] 이미 1920년대부터 상속과 관련된 재산분쟁을 일으켰고, 1930년경부터 국고보조금 등 '일확천금'을 노리고 공문서와 私印을 위조하여 각종 토지사기사건에 관련되었다. 그는 '도회의원이라는 지위를 이용'하여 유력자들을 사기사건에 끌어들였다고 한다. 일제는 이렇게 문제가 많은 인물을 두 번이나 관선 도평·도의에 임명했다. 참고로 경성부협·부회의원 가운데 조선귀족 출신으로는 한창수(남작)의 아들인 韓相億(36경성)과 이하영(자작)의 차남인 李圭復(29/31경성부협·부의) 등이 있었다.

귀족이나 거족 출신은 아니지만, 사회적으로 이름난 인물과 총독부 고위관료의 가족들을 정리하면 다음과 같다.

5) 一浪人, 「幸運兒探偵錄: 4500圓?리 自動車上에 5000圓짜리 美人을 태우고 運轉良人閔大植」, 『半島時論』 1927년 9월, 49~50쪽.

6) 『每日申報』 1934년 6월 30일.

〈표 Ⅱ-5〉 일제하의 고위관료·명망가 출신

이름	가족 배경	지방의회
白寅基	백남신의 자	경기27관, 경성16/18/20/26
孔聖學	공응규 차남, 공진항의 父[7]	경기29관, 송도20/23/26
韓光鎬	한규복(총독부 도지사)의 양자	경기30/37, 수원35/39
金季洙	김경중의 자, 김성수 제	경기30관
洪在興	홍종국(도참여관)의 부	충남27
尹吉重	윤여산(여산군수) 손자 윤경중(시사신문사장), 윤필중과 사촌	충남30
尹致晟	윤치호의 친척	충남22/24관
朴潤昌	박기순(지주)의 손자, 박영철(조선상업은행장, 도참여관, 도지사)의 자	전북41
張稷相	장승원의 자, 장길상의 弟, 장택상의 형, 신흥우와 사촌	경북20/24
金達澧	김태석(경북참여관)의 父	평남33
尹日重	윤시병(일진회·국민협회 회장)의 3남	함남37, 영고면협(시기불명)

여기서 백인기, 공성학, 김연수, 윤길중, 장직상은 자본가·지주이며 나머지는 고위 관료의 가족이거나 사회적 활동가(윤치호, 윤시병)들의 친척이다. 백인기의 부친인 白南信은 구한말 전북에서 관료 생활을 하며 巨富를 쌓았다.[8] 그는 1893년 무과급제 후 사헌부 감찰을 시작으로 1903년

7) 孔應奎 때부터 인삼업으로 거부를 쌓았으며 아들인 孔鎭恒(1900~1972)는 해방 후 농림부장관을 지냈다.

8) 원용찬, 『일제하 전북의 농업수탈사』, 신아출판사, 2004. 원용찬은 백남신을 '생산량 증가에도 불구하고 농민 부담을 경감하지 않는 전형적인 반봉건적 기생지주'로 분류했다.

전북시찰관 등을 지냈으며 1906년에는 전북에서 지방위원설립위원장을 맡은 바 있다. 백인기는 그러한 자산을 물려받아 1926년 현재, 전주, 임실, 부안, 옥구, 익산, 정읍 등에 약 1,250정보(답 1137, 전 100, 기타 13정보)를 소유한 전북 제1의 대지주였고 상공업 방면에서도 경영능력을 과시했다.[9)]

윤길중은 토지자본을 상업·금융자본으로 전화시킨 케이스였다. 윤길중은 조부인 윤여산(여산군수) 때부터 만석군이었고 윤길중의 친척인 윤치병, 윤경중, 윤필중 등은 1920년대 후반까지 '논산, 은진에서 전북 익산, 여산, 고산, 전주, 만경 일대까지 들판을 지배'하던 거부였다. 윤길중은 대지주였을 뿐 아니라 강경을 중심으로 '금융, 비료, 유가증권, 운수, 해륙산물 위탁판매까지 상업권'을 거머쥐었다. 장직상은 경북관찰사였던 張承遠의 아들로, 형인 장길상과 함께 대구의 실업계를 주도했다.[10)]

백인기, 윤길중, 장직상이 전근대시기의 관직 경력을 통한 재산·토지자본 축적을 기반으로 실업계에 손을 뻗친 경우라면 신흥부르주아로 분류될 수 있는 인물·집안도 있었다. 가령 공성학은 부친으로부터 '秘傳으로 물려받은' 인삼업과 상업 경영으로 큰 자산을 일으켰다.[11)] 박윤창은 조부인 朴基順부터 시작된 '신흥 부르주아'의 3대였다. 박기순은 극빈 가정 출신으로, 개항장을 무대로 곡물상으로 치부하여 대지주가 되었고, 삼남은행을 창립하여 아들인 朴榮喆에게 물려주었다.[12)] 박기순은 1910

9) 유승렬, 「한말·일제초기 상업변동과 객주」, 서울대학교 국사학과 박사학위논문, 1996, 179쪽.

10) 張承遠은 1917년 독립단원에게 피살되었으며 장승원의 장남인 張吉相은 은행자본가이자 대지주였다. 장길상과 장직상은 상해임정에 일만 원의 기금을 보냈다. 김도형 외, 『근대 대구·경북 49인』, 혜안, 1999.

11) 阿部薰, 『功勞者名鑑』, 民衆時論社, 1935, 553쪽.

12) 원용찬, 『일제하 전북의 농업수탈사』에 따르면 박기순은 다른 지주와 달리 근대적 금융업에 관심이 있었다. 朴基順, 「余의 全州今昔感」, 『半島時論』 1918년 6

년에는 군수, 1920년 전주부협의회원, 1924년에는 중추원 참의가 되었다. 박영철은 1929년 삼남은행을 조선상업은행에 합병시켰고 총독부 관료로서도 출세가도를 달렸으며 역시 중추원 참의를 했다.[13] 박윤창은 박영철의 유언에 따라 1939년 육영사업에 30만 원(다산육영회), 신사 도리이(鳥居) 설치, 공업학교 건설, 빈민구제에 1만 원씩 기부했다.[14] 김성수·김연수 형제의 조부는 빈한한 양반으로 대지주가의 딸과 결혼한 이후 경제적인 부를 이루어 나갔고, 군수 등의 관직에도 올랐다. 이 고창 김씨 집안은 상업적 토지경영뿐 아니라 산업자본가로 변신했다. 김연수가 사장으로 있던 경성방직회사는 식민지하 조선인이 세운 대기업 가운데 첫손가락에 꼽혔다.

〈표 II-6〉은 父子, 형제, 친척 간에 도평·도의를 역임한 경우이다. 출생연도가 이른 사람을 좌측, 늦은 사람을 우측에 기재했다. 성낙헌과 성원경은 성낙규, 성낙순, 성의경 등이 포함된 예산의 대표적인 기업가·자산가 가계인 成氏家의 일원이었다. 은성우·은성하, 최준·최윤 형제 역시 각각 정읍과 경주 지역에서 대표적인 양반 가문의 대지주였다.

월, 32~33쪽.

13) 박영철은 일본 육사를 졸업하고 1920년대에 도지사를 지내기도 했으며 1933년 시중회, 1938년 시국대응전선사상보국연맹에 간부로 참여했다.

14) 다산육영회는 학자금 지급을 목적으로 했으며 박윤창이 김연수(경기30관)와 방의석(함남30/33관/37관/41관), 桂光淵과 함께 조직했다. 『東亞日報』 1939년 6월 15일 ; 『每日新報』 1941년 1월 15일 ; 『官報』 1941년 3월 25일.

〈표 Ⅱ-6〉 가족끼리 도평 · 도회의원이 된 경우

이름	관계(생년)	지방의원	이름	관계(생년)	지방의원
成樂憲	장질(1881)	충남20/24	成元慶	삼촌(1894)	충남24/27/30/33
朴容萬	부(1879)	전북20	朴庚洙	자(1912)	전북41
文鍾龜	부(1878)	전북20	文袁泰	자(1905)	전북33/41, 39면협
殷成雨	형(1877)	전북20	殷成河	제(1888)	전북24/37, 정주31
玄基奉	부(1855)	전남20관	玄俊鎬	자(1889)	전남24/27/30, 23광주면협
丁奎泰	형(1887)	전남24/27, 곡성26	丁洙泰	제(1890)	전남20/24관/27관/33, 곡성20
金商燮	형(1876)	전남24관/27관/30, 목포20/23/26/29//31	金商瑾	제(1885)	전남24/30/41
崔浚	형(1884)	경북20	崔潤	제(1886)	경북27/30/33
秦喜葵	형(1878)	경북24관/27관	秦喜泰	제(1894)	경북34/37, 대구35/39
崔演國	형(1886)	경남20/30관, 사천33	崔演武	제(1890)	경남27/33
盧泳煥	매부(1895)	경남27/41관	河駿錫	처남(1898)	경남30/33관/37관
鄭健裕	형(1874)	황해20/24관/27관	鄭德裕	제(1893)	황해41, 재령39/43
金晋洙	부(1872)	평남24/30, 강서면협	金秉琓	자(1894)	평남33/37
吳崇殷	육촌(1888)	평남26/30, 평양26/29/31	吳佐殷	육촌(1891)	평북41관

玄俊鎬는 현기봉의 아들이며 元悳常(경기20/24관/27관/30관/33관/37관/41관)과 동서 사이였고, 金龍周(경북37/41)와 사돈간이었다.15) 혼맥 관계, 교우 관계까지 조사한다면 상당수의 도평 · 도의들이 여러 종류의 관계를 맺은 것이 확인될 것으로 생각된다. 가족 중 1명이 도평 · 도의를 하고 나머지 1명이 부 · 읍 · 면의 지방의원이 된 경우는 다음과 같다.

15) 홍성찬,「韓末 · 日帝下 全南 지역 한국인의 銀行 설립과 경영－光州農工銀行 · 湖南銀行의 사례를 중심으로－」,『省谷論叢』30집 제2권, 1999, 43쪽.

〈표 Ⅱ-7〉 가족 내에서 도평 · 도의원과 기타 지방의원이 나온 경우

이름	관계(생년)	지방의원	이름	관계(생년)	지방의원
張錫佑	부(1871)	경기24관, 인천20/23/26	張光淳	자(1907)	인천35/39/43
朴弼秉[16)]	형(1885)	경기27/30/33/41	朴周秉	제(1895?)	안성35/39
徐丙朝[17)]	부(1886)	경북20관/24관/27관/30관/33관/37관/41관, 대구14/16/18/20/23	徐廷浩	자(?)	대구39/43
秋秉和	형(1907)	경북33, 대구43	秋秉涉	제(1901)	대구35/39
鄭觀朝	부(1860)	평남20관/24관/27관/30관	鄭寅河	자(1882)	평양26/29/31
洪敏燮	부	수원20/23	洪思勛	자(1897)	경기27

유력한 집안 출신은 도평 · 도의가 되는 데 유리하게 작용했을 것으로 생각된다. 성낙헌과 성원경의 예산 성씨 집안은 대지주로 유수한 실업가를 배출했고, 박용만, 박경수 부자는 임실에서 만석 이상의 소작료 수입을 올리는 집안이었다. 가족 가운데 두 명 이상이 도평 · 도의로 나선다는 것은 개인과 가문의 세력을 과시하고 더 확장하기 위한 방편이었을 수도 있다.

형제나 부자 사이에도 반드시 정치적 의식 성향이 동일한 것은 아니었

16) 박필병은 승지 박승룡의 자로 밀양박씨 일문인 박혁병, 박승병, 박주병(안성유기회사 사장), 박형병, 박유병 등이 모두 안성 굴지의 지주, 자본가였다. 특히 박필병은 200석의 토지를 이어받아 당대에 만석꾼이 되었고 경기 제일의 주조왕으로 알려졌다.

17) 서병조는 徐相敦의 아들이다. 서상돈은 경북지방에서 관료 생활을 했으며 1907년경 경상도지역의 국채보상운동의 주역이었다. 서병조는 구한말부터 짧게 관료생활을 했으며 대구잠업견습소장을 거쳐 경북지방의 대표적인 지주, 자본가가 되었다. 일제하에서 중추원 참의를 비롯하여 거의 모든 공직에 이름을 올렸다. 김도형 외, 『근대 대구 · 경북 49인』, 혜안, 1999 참조.

다. 가족 구성원의 '배일'적 활동을 무마하기 위해 다른 가족이 일제 당국과 '원만한 관계'를 맺는 경우도 유력자 집안에서 흔히 볼 수 있는 일이었다. 경주의 누대 양반이자 재산가인 최씨 가문의 崔浚·崔潤 형제의 경우, 崔浚은 민족적 성향이 강하여 독립운동에 관여했고 동생인 崔潤은 매일신보지국장과 중추원 참의를 역임했다. 그러나 대부분의 경우에는 가족끼리 이념적 성향이 비슷했을 것이다. 문종구는 '南鮮功勞者'로 동경의 '궁중벚꽃모임'에 초대를 받을 정도로 일본 통치자들과 가까운 관계를 유지했다. 아들인 문원태는 '道會議員立候補宣言文'(1933)을 통해 '비상시 국난의 한가운데'에서 '우리는 우리 국가의 고뇌를 분담할 각오로 지방행정의 整濟'를 기할 것을 다짐하고, '道政道治를 위해 미약하나마 기여공헌'하겠다는 포부를 밝혔다.[18] 尹日重은 한일합방운동(일진회)과 참정권 청원활동(국민협회)의 중심인물인 윤시병의 아들이었다. 그는 흥남朝鮮窒素[19]에 근무하면서 水力電氣工事를 수행하는 데 공을 세웠다. 그는 1937년 도의 선거에서 의무교육, 농촌진흥 등의 공약과 함께 '國體觀念明確과 국민정신의 진흥'을 강조했다.[20]

도평·도의의 신분적 배경에 대해서는 양반이 아닌 경우가 상당수일 것으로 생각되지만 단편적인 자료만 있을 뿐이다. 金衡玉(전남20관/24관)은 中人 출신이며,[21] 丁洙泰는 향리 집안 출신[22]이고, 李泰根(황해33)이

18) 문원태, 「短篇論文集」, 發行者不明, 1935.

19) 野口계열의 日本窒素가 1927년 흥남에 설립한 최대의 비료회사. 일본질소는 흥남을 중심으로 수력전기를 바탕으로 한 전기화학콤비나트를 형성했고, 공장·발전소 설립 시 土地强買로 인한 주민과의 분쟁, 노동쟁의, 비료값 분쟁을 불러일으켰다.

20) 『每日申報』 1937년 5월 4일.

21) 홍성찬, 「한말·일제하 전남 지역 한국인의 은행 설립과 경영－光州農工銀行·湖南銀行의 사례를 중심으로－」, 6쪽. 김형옥에 대해서는 제Ⅱ장 제3절을 참조

독립운동으로 기소되었을 때 '常民'[23]으로 기재된 것 등이다.

면협의회 의원에 관해 양반 · 평민 여부를 조사한 1920년과 1929년의 자료를 보면, 양반 · 평민 비율이 1920년에는 60:40으로 양반이 더 많았으나, 1929년에는 47:53으로 평민이 더 많은 것으로 나타났다.[24] 면협의회 의원의 경우에도 해당 면의 유력가문 출신들이 대거 포함되는 것이 일반적이었지만, 도평 · 도의에 비해 양반 비율이 더 높은지 여부는 알 수 없다. 다만 나중 시기로 갈수록 신분적 요소보다는 재력 등이 요소가 유력자의 조건으로 더 중요성을 띠었으리라고 짐작할 수 있다. 흥미로운 것은 양반 비율이 특정 도에서 매우 낮게 나타난다는 점이다. 1920년의 경우 황해도평의원 가운데 양반은 48.4%, 평남 37.7%, 강원 45.5%, 함남 43.4%, 함북 29.3%였다. 이는 같은 해 충남도평의원 가운데 양반 비율이 81%, 전북의 경우 79.3%였던 것과 비교하여 큰 차이였다. 1929년에도 황해, 평남, 평북, 함남, 함북 도평의원 가운데 양반 비율은 평균에 미치지 못했다.[25]

(3) 학력 분포

도평 · 도의 가운데 학력을 알 수 있는 사람은 전체 1,395명 가운데 600

하라.

22) 洪性讚, 「19세기 · 20세기 초 鄕吏層의 사회경제 동향-谷城 丁氏家의 사례를 중심으로-」, 『經濟史學』 24, 1998 참조.

23) 『每日申報』 1920년 11월 4일.

24) 1920년의 통계는 金翼漢, 「植民地期朝鮮における地方支配體制の構築過程と農村社會變動」, 113쪽, 1929년의 통계는 「面(지정면 제외)協議會員年齡職業資産調」, 『朝鮮總督府調査月報』 1929, 53~54面 참조.

25) 1929년에도 경기, 충북, 충남, 경북에서는 도평의원 가운데 양반 비율이 높았고 전북, 전남, 경남에서는 양반과 평민의 수가 비슷했다.

명이다. 다음 표는 확인되는 학력을 11개로 분류하여 숫자와 비율을 제시했다.

〈표 Ⅱ-8〉 학력분류별 비율

학력분류	분류 기준	인수(명)	백분율(%)	소합계(%)
① 한문	주로 한문사숙을 다닌 경우로, 과거시험 폐지 이전의 과거 급제자나 성균관 생원·진사 포함	69	11.5	18.0(기타)
② 무과	무과시험에 급제	7	1.2	
③ 무관학교	鍊武公院 등 육군무관학교(대부분 1900년대), 일본육사 졸업	14	2.3	
④ 문관시험	학력은 불명이며, 일제하 보통문관시험이나 판임문관시험 등에 합격한 경우	6	1.0	
⑤ 강습소	탁지부세무강습소, 잠업강습소, 삼척측량강습소, 경성공업전습소, 토지조사국측량과강습소, 평양자혜의원부속의학강습소 등	12	2.0	
⑥ 보통학교졸		31	5.2	5.2(보통학교)
⑦ 중학졸	일본의 중학교와 조선 내 학교로 사립학교를 포함하여 중학 정도로 생각되는 학교	72	12.0	
⑧ 고등중퇴		5	0.8	35.7(중등교육)
⑨ 고등졸	'병합' 이전의 외국어학교와 전문학교, 일본과 조선의 고등학교 및 조선 내의 고등학교 정도로 생각되는 학교[26)]	137	22.8	
⑩ 대학중퇴		13	2.2	41.2(고등교육)
⑪ 대학졸	일본 등 외국 대학과 조선 내 대학 정도로 생각되는 학교[27)]	234	39.0	
계		600	100.0	100.0

학력 미상자는 한문 교육을 받았거나 보통학교 정도의 교육을 받은 사람이 대부분이라고 추측된다. 대학중퇴 이상자는 대부분 파악되었다고 생각되므로 대학 중퇴 이상의 학력을 가진 자는 학력 확인자 가운데 약 41%, 도평·도의 전체의 약 18%이다. 중등교육 이상 고등교육을 받은 사람들은 전체의 약 34%였고, 학력 확인자 가운데 약 77%이다. 도평·도의들은 일반 조선인에 비해 근대교육의 혜택을 받은 사람들이라고 할 수 있다.

도평의원보다 도회의원이 고등학력자의 비율이 높았다. 특히 1941년 도회의원의 약 3분의 1은 대학 중퇴 이상의 학력을 가졌다. 대졸자 233명을 도별로 보면 경기 29명, 충북 8명, 충남 13명, 전북 19명, 전남 26명, 경북 14명, 경남 24명, 황해 23명, 평남 20명, 평북 24명, 강원 10명, 함남 19명, 함북 4명으로 비교적 고른 분포를 보였다. 평남, 황해, 경기는 도평·도의 중 대졸자 비율이 높으며 충북, 강원, 함북은 대졸자 비율이 낮았다.

일제 측이 조사한 1941년도 도의의 학력을 보면 다음과 같다. 〈표 Ⅱ-8〉에서는 고등전문학교를 대학 정도의 학력에 포함시켰으나 여기서는 고등전문학교를 따로 분류했다. 일본인 의원의 경우 대졸과 고등전문졸을 합하면 32.8%가 되고 조선인 의원은 대졸과 고등전문졸을 합하면 29.4%로 민족간의 학력 차이는 그다지 크지 않았다.

26) 경성제일고보, 경성중앙고보, 경성고등상업학교, 휘문고보, 평양고보, 보성고보, 고등상업학교, 동래고보, 평양고보사범과, 부산제2공립상업학교, 수원농림학교, 북청실업학교, 고등倫英學校(황해도 곡산), 普成學校, 진주농업학교, 경성고보부설 임시교원양성소, 경성사범학교부속 교원양성소, 평양고보 임시교원속성과, 총독부 행정강습소, 호남측량학교, 평양사립측량학교, 사립일어학교, 대한의학교, 군립사범학교 등.

27) 법률강습소·법관양성소, 경성전수학교(경성법전), 대동법전, 한성사범학교, 춘천사범학교, 평양의학강습소, 총독부의학강습소(경성의전 전신), 평양 崇實專門學校 포함.

여기서 1941년도 도의에 대한 일제 측 기록을 참조하면 다음과 같다. 필자가 작성한 위의 표와 약간의 차이가 난다. 필자는 고등전문학교를 대학 정도의 학력에 포함시켰으나 여기서는 고등전문학교를 따로 분류했다. 일본인 의원의 경우 대졸과 고등전문졸을 합하면 32.8%가 되고 조선인 의원은 대졸과 고등전문졸을 합하면 29.4%로 민족간의 학력 차이는 그다지 크지 않았다.

〈표 Ⅱ-9〉 1941년도 당선자의 민족별 학력 분포

민족	분류	대학졸	고등전문졸	중등졸	국민학교 기타	계
일본인	(명)	25명	15명	34명	48명	122명
	(비율)	20.5%	12.3%	27.9%	39.3%	100%
조선인	(명)	28명	59명	90명	122명	299명
	(비율)	9.4%	19.7%	30.1%	40.8%	100%

비고: 「道會議員內鮮人別 學歷調」(1942년 5월 21일 改選 당시).[28]

일본 유학자는 대학뿐 아니라 중학교나 외국어학교만 다닌 경우를 포함하여 177명이 파악된다.[29] 구미유학자는 4명,[30] 중국유학자는 1명[31]이었다. 일본 대학에 유학한 경우, 명치대, 일본대, 와세다대 순으로 많이

28) 『處遇改善に関する基礎資料』, 地方制度關係.

29) 가령 吳建基(전남37)는 사립 名教중학, 李湜來(전남41)은 神戶高商, 李春雄(충북30/41)은 滋賀縣 膳所中學을 나왔고, 朴政植(전북37/41)은 正側영어학교, 張熙鳳(평북20)은 동경에 있는 사립 順天中學을 나왔다.

30) 閔大植(경기30관)은 오하이오 에리스대를 나왔고, 張大翼(경기20/24관/27/33관/37관)은 컬럼비아대학에서 철학박사 학위를 취득했다. 鄭尙好(전남41)는 독일에 유학한 적이 있다. 高一淸(평북33관)은 동경 법정대를 나온 뒤 독일 베를린대학 법문과와 미국 프린스턴대학에서 공부했다.

31) 金慶鎭(경남24/27관/30/33/37/41관)은 북경협화대를 중퇴했다.

다녔으며 조선 내의 대졸·대학중퇴자 가운데에는 경성의전, 경성법전, 보성전문 순으로 인원수가 많았다. 다음은 졸업생 2명 이상을 배출한 일본과 조선의 대학을 정리한 것이다.

〈표 Ⅱ-10〉 대학별로 본 출신자 순위

분류	대학명(출신자 수)
일본	明治大(52) 日本大(26) 早稲田大(30) 中央大(18) 京都大(6) 東京大(6) 同志社大(4) 法政大(3) 千葉醫專(2)
조선	京城醫專(23) 京城法專(경성전수학교, 21) 普成專門(16) 法官養成所(10) 漢城師範(7) 大東法專(3) 세브란스醫專(3) 延禧專門(2) 平壤醫專(3)

대학졸업자 가운데 전공이 확인되는 경우는 189명으로, 법 전공이 91명으로 가장 많고 다음이 의학·치의학으로 36명, 경제학(商學·理財學 포함)이 23명, 정치학·사회학이 23명, 문학·철학이 7명, 농학 6명, 공학·물리학 3명이었다.

위에서 고졸, 혹은 고중(고등학교 중퇴)로 분류한 사람 가운데 10명은 관립·사립일어학교를 나왔고, 3명은 관립영어학교 출신이었다. 한말 이래 외국어학교, 법관양성소(법률전문학교), 일본유학은 관계에 진출하기 위한 유력한 수단이었다.[32] 도회의원 가운데 법률 전공자는 52명, 의학 전공자는 31명이며 대체로 1890~1910년대 출생자들이었다. 특히 도회 시기에 전문의(의학 전공자)의 진출이 이전시기보다 훨씬 늘었다.

32) 일본어학교는 1891년, 영어학교는 1894년에 처음 설립되었다. 총독부는 각 관청에서 일본유학생, 총독이 정한 시험에 합격한 자, 경성전수학교, 관립고등학교를 졸업한 자를 판임문관에 임용하도록 했다.

2) 경제적 배경

(1) 직업 분포

도평·도의의 직업에 관해서는 당시 당선자들의 신상을 보도한 모든 매체에서 농업 종사자가 가장 많다고 보도했다. 당시의 신문이나 총독부 발간의 『朝鮮』 등에서 도평·도의의 직업은 농업, 상업, 광업, 회사원, 의사, 변호사, 사법서사, 무직 등으로 간단히 분류되어 있다. 1934년판 조선연감에서는 도의의 직업에 관해 좀 더 세부적인 분류를 사용했다. 조선연감은 위에서 예시한 직업 이외에도 지주(농업과 별도로), 도회의원 개인별로 은행원·은행업, 회사중역·實業, 魚肥 제조, 산업조합·수리조합·어업조합·주조조합의 간부, 목재, 정미, 인쇄, 인삼판매, 貸地業, 토지매매, 教諭, 운수업, 여관업, 우편소장 등의 직업을 기재했다.[33] 이 자료를 토대로 1934년 당시 도회의원의 직업을 살펴보면, '지주'를 포함한 농업이 약 52%로 가장 많았다. 다음으로 미곡상·상업·인삼판매·무역상 등을 모두 합치면 약 13%, 대서업 5.2%, 회사원 4.9%, 의사 3.5%, 변호사 2.8%, 양조업 2.8%, 회사중역 2.8%의 순이었다.

농업종사자가 반 이상을 차지하는 것은 식민지 조선이 여전히 농업중심의 사회구조인 것과 관계가 있다. 조선연감에서는 부재지주인지의 여부에 따라 '농업'과 '지주'를 분류했을 수도 있지만 꼭 정확한 기준에 따라 이를 기재했다기보다는 도회의원 스스로 밝힌 직업을 그대로 기재한 듯하다. 농업이나 지주로 분류된 경우, 토지소유 규모, 자소작 비율, 농외투

---

33) 『朝鮮年鑑』, 1934, 607~613쪽. 그러한 직업 분류는 현직 도회의원 스스로 밝힌 바에 따라 작성되었다고 생각되며 특정 도의 경우 직업이 기재되지 않았다. 직업이 나와 있는 경우도 한상룡의 직업이 '중추원참의'인 것 등 구분이 다소 편의적이다.

자 여부, 기업형 농장 경영 여부, 소작료 수취나 소작방식의 차이 등에 따라 그 성격은 천차만별로 나타날 수 있다. 따라서 단순히 '농업'으로 기재된 통계 자체는 의미가 크지 않다.

확실한 것은 농업·지주로 분류된 사람 가운데에도 농외투자를 한 사람이 많다는 점이다. 회사중역으로 있거나 주주로 있는 회사·기업·은행·상점의 상호가 확인되는 도평·도의는 약 600명으로 전체의 4할 이상이었다.[34) 『朝鮮銀行會社組合要錄』에 수록된 1921년부터 1942년까지의 회사, 은행의 중역, 주주 명단에서 도평·도의를 가려내고 그 밖의 자료에서 회사명이 분명히 나타난 경우를 포함한 숫자이다. 즉 전체 도평·도의 가운데 4할 이상이 공식적이고 근대적인 상업·산업·금융활동에 참가했다고 볼 수 있다. 이들은 가령 농업을 중심으로 하면서 기업·자영업에 손을 뻗쳤을 수도 있고 반대로 기업 활동을 위주로 하고 농업을 소규모로 경영했을 수도 있다.[35) 이들 중 80명 이상이 은행의 취체역, 주주, 지배인이었다.

'농업'이라고 분류된 사람들 주 다수가 농업 이외에 1개 이상의 기업·회사에 중역으로 이름을 올리거나 주주였으므로 조선연감 통계에서는 '회사중역'의 수가 실제보다 훨씬 저평가되었다고 생각된다. 다시 말하면 일제하 유력자들은 금융·상업·산업자본가로 변신하는 과정에도 여전히 토지자본을 통한 이윤추구를 함께 추구했다. 1941년 도의 당선자에

34) 주식회사, 합자회사, 합명회사, 자영업 등을 포함했으며, 금융조합, 수리조합장, 산업조합 간부만 역임한 경우는 제외한 숫자이다. 직책은 사장, 이사, 감사, 은행 지배인 등이다.

35) 고리대 등 사적 금융활동을 한 사람도 많을 것으로 추측되나 통계를 낼 정도로 구체적인 조사는 어렵다. 『朝鮮銀行會社組合要錄』에 기재된 많은 회사들이 '토지매매, 금융(사채), 곡물매매' 등을 병행한 데서 그 사정을 짐작할 수 있다.

대한 일제 측의 조사기록에도 농업에 편중된 직업 분포를 볼 수 있다.

〈표 Ⅱ-11〉 1941년 도회의원의 직업분포

민족	분류	농업	상업	공업	광업	변호사	사법서사	회사원	의사	어업	교통업	신문기자	주조업	기타	계
日	명	19	22	3	2	4		47	2	6			4	8	117명
	%	16	19	3	2	3		40	2	5			3	7	100%
朝	명	110	49		7	9	8	45	19	14	6	4	25	9	305명
	%	36	16		2	3	3	15	6	5	2	1	8	3	100%

비고: 「道會議員內鮮人別 職業別調」, 『處遇改善に関する基礎資料』 8, 地方制度關係.

위에서 보듯이 조선인 도의의 직업 중 가장 많은 비율을 차지하는 것은 농업(약 36%)이고 주조업, 상업, 회사원이 그 다음이며, 일본인 도의는 회사원(40%)이 가장 많고 이어서 상업, 농업 순이었다. 직업에서 농업이 차지하는 비중은 완만하게나마 1920년대부터 1940년대에 걸쳐 감소했고 지역에 따라 직업 분포의 차이가 있었다. 특히 대륙침략을 위한 북한지방 개발정책으로 특히 함경도나 평안도의는 1930년대 이후 상업이나 어업, 광업, 운수업으로 '몸을 일으킨' 사람들이 상대적으로 많았다.

의사, 변호사, 사법서사는 장기간 유지되는 전문직으로 다른 직업군에 비해 변별성이 높다.[36] 의사는 41명, 변호사 34명, 사법서사(대서업) 43명이 파악된다. 의사와 변호사는 대학 졸업 이상이 대부분이지만 사법서사는 학력이 확인되지 않거나 고보, 공보 출신도 상당수 된다.[37] 도평·도의 가운데 다시 도평의원(도의 경력을 가진 사람까지 포함) 그룹과 도회

36) 의사, 변호사, 사법서사 가운데도 농업(지주)을 병행하거나 영리적 회사기업의 중역 혹은 주주가 되는 경우는 흔히 있었다.

37) 사법서사는 법원이나 검찰청에 제출하는 서류 작성과 제출 대행, 법률상담 등을 했다. 1919년 4월, 조선총독부령 제48호로 인가제로 실시되었다. 羅州郡誌編纂委員會 編, 『羅州郡誌』, 1980, 292쪽.

의원만 역임한 그룹으로 나누어 전문직 종사자 수를 비교하면, 변호사는 도평 역임자나 도의 역임자에서 비율상의 차이가 별로 없었다. 그에 비해 의사는 의학 전공자의 증가를 반영하여, 도평 역임자 중에는 5명이었으나 도의 역임자 중에서는 37명을 차지했다. 사법서사 역시 도평 역임자 중 9명, 도의 역임자 중 36명으로 도회시기에 크게 증가했다. 이들 3개 직업군을 출신 도별로 보면 다음과 같다. 전통적 양반지주세력이 삼남지방에 비해 미약하고 상공업이 발달한 평안도의 도평·도의 가운데 변호사와 의사 출신이 많았다. 앞에서 보았듯이 평남 도평·도의 중 대졸자의 비율이 타도에 비해 높은 것도 원인일 것이다.

보통학교나 고등보통학교, 전문학교 등에서 훈도·교유 등의 경험이 있는 사람이 54명, 보통학교, 사립학교, 농업보습학교, 측량학교, 향교·명륜학교, 농촌실업학교 등에서 교장을 지낸 경우는 46명이 확인된다.

(2) 재산 규모

도평·도의의 평균적 재산 정도는 당시의 조선인 평균보다 훨씬 높았다. 도평·도의 가운데에는 조선 굴지, 혹은 도 굴지의 대자산가·대지주와 군 단위의 손꼽히는 재산가들이 많이 포함되었다. 가령 충북 굴지의 부호인 閔泳殷(충북20관/24관/27관/33관/37관/41관)과 龐寅赫(충북20관/24관/27관/30관/33관)은 충북 관선도평·도의를 여러 차례 역임했고, 강릉을 대표하는 재산가인 崔準集(강원33/37관/41관), 李根宇(강원20/27관/30관/33관)도 장기간 강원도평·도의로 있었다.[38]

38) 최준집은 농업, 양조, 운수(자동차), 상업 등 다각도의 경제 활동을 했고 특히 일제 말 동해상사(터미널) 주주로 해방 후에도 경영을 계속했다. 이근우는 거대한 토지를 소유하고 '만석 소출'을 올리는 인물이었다. 이들은 강릉 사람이라면 누구나 알아주는 부호였다. 최철, 『강릉, 그 아득한 시간』, 연세대출판부, 2005.

도평 · 도의의 재산 규모를 보여주는 지표로는 토지소유정도와[39] 납세액을 들 수 있다. 임대식의 분석에 따르면, 1937년 현재 경기도 내 전답 30정보 이상의 조선인 지주 726명 가운데 도평 · 도의 경력자는 16명, 부협 · 부의 경력자는 17명, 읍의 12명, 면협 72명이었다.[40] 이 가운데 도평 · 도의 16명의 토지 소유만 보면, 300정보 이상 1명, 100~300정보 2명, 50~100정보 9명, 30~50정보 4명이었다. 도의나 부의에 참여한 지주는 면협의원에 비해 평균적으로 전답소유규모가 컸다고 생각된다.

경기도 이외의 다른 지역에서는 대지주 중에서 지방의회에 진출하는 자의 비율이 더 높았다. 전남 · 북의 경우 1930년 현재 500정보 이상의 조선인 지주는 모두 10명인데, 그 가운데 도평 · 도의가 4명이었다.[41] 백인기(2,099정보), 김연수(690정보), 김충식(844정보), 현준호(673정보)가 그들이다.

『농지개혁시 피분배지주 및 일제하 대지주명부』에 나타난 대지주 명단과 토지소유규모를 근거로 도평 · 도의의 전답소유규모(소작인수, 피분배농지 면적)를 나타낸 것이 〈표 Ⅱ-12〉이다. 소작인 수가 확인되거나 해방 후 농지개혁시의 피분배토지 면적이 나타난 경우에도 역시 기재했다.

39) 경기, 충청, 전라, 경상도 출신 자산가들에게 토지자본 · 지주 수입은 여전히 가장 중요한 수입원이었다. 일부는 토지자본을 상업자본과 산업자본으로 변환시켜 성공을 거두기도 했으나 일반적으로 식민지하의 기업이나 은행의 안정성은 수익률 면에서 토지자본보다 열위에 있었다.

40) 林大植, 「1930년대 말 경기지역 조선인 大地主의 農外投資와 地方議會 參與」, 188쪽. 임대식은 30정보 대지주의 재산을 약 5만 원 이상으로 추정했다.

41) 한국농촌경제연구원, 『농지개혁시 피분배지주 및 일제하 대지주명부』, 1985, 179쪽 ; 강병식, 「일제하 전라남 · 북도의 道勢 비교」, 『동서사학』 8, 2001, 166~167쪽.

〈표 Ⅱ-12〉 토지소유정도가 확인되는 도평·도의[42)]

지역	이름(전답소유면적·소작인·농지개혁 시 피분배토지)
경기1	林宗相(681정보, 1,524명) 李載莘(243정보, 52명) 朴容均(92정 238명) 張錫佑(34정보, 20명) 洪思勛(549정보, 1,039명) 趙聖達(40정보, 35명) 金正浩(271정보, 437명) 孔聖學(71정보, 134명) 朴弼秉(559정보, 833명) 韓光鎬(95정보, 162명, 63정보 피분배) 姜錫祚(91정보, 123명) 朴元用(56정보, 50명) 李鳳烈(49정보, 186명) 金思演(74정보, 110명) 宋星鎭(48정보, 144명) 林漢瑄(59정보, 59명) 金炳哲(81정보, 119명) 金冑漢(104정보, 172명) 車濬潭(128정보, 134명)
경기2	金漢奎(75정보 피분배) 朴疇明(79정보 피분배)
경기3	金季洙(1,131정보, 249정보 피분배) 白寅基(1,236정보) 閔大植(총479정보, 241정보 피분배)
충북	龐寅赫(101정보) 孫在厦(269정보) 閔泳殷(723정보) 金元根(257정보)
충남1	成樂憲(128정보) 金炳鵷(133정보) 金甲淳(1,521정/총3,371정보) 韓昌東(158정보) 姜永植(97정보/총102정보) 金裕鉉(167정/총172정보, 85정보 피분배)
충남2	金鍾翕(21정보 피분배) 成元慶(27정보 피분배) 裵榮春(영춘농장 등 총51정보 피분배)
전북1	朴容萬(221정보/총262) 文鍾龜(189정보/총198, 55정보 피분배) 金英武(179정보, 79정보 피분배) 金箕東(102정보/총108) 朴禧沃(144정보/총249) 柳彰根(111정보/총115) 鄭炳璇(97정보/총102) 康泳部(104정보/총109, 31정보 피분배) 洪鍾轍(410정보/총475, 44정보 피분배) 鄭準謨(97정보/총100) 朴明奎(89정보 피분배)
전북2	金演植(39정보 피분배) 申文休(136정보 피분배) 朴庚洙(22정보 피분배)
경북	徐丙朝(84정보 피분배) 崔浚(37정보 피분배) 張稷相(110정보 피분배) 秋秉和(134정보 피분배) 秦喜葵(66정보 피분배)
경남	金慶鎭(총839정보 피분배) 辛容文(34정보 피분배)
평북	車弘均(101정보) 吳弼殷(221정보) 崔昌學(339정보)
전남1	尹定鉉(83정보/총829) 禹夏吉(79정보/총80) 丁洙泰(105정보/총121) 金漢昇(130정보/총133) 李元鎔(200정보/총393) 文在喆(608정/총883정보 피분배) 金商燮(91정보/총92) 金相亨(63정보/총632) 玄俊鎬(713정보) 鄭湧寅

	(62정보/총121) 丁奎泰(359정보/총361) 金炳斗(58정보/총94) 金商瑾(82정보/총413) 金相弼(65정보/총83) 金玹載(81정보/총252) 申常休(226정보/총242) 金忠植(902정보/총1,215) 車南鎭(97정보/총106, 60정보 피분배) 曹秉洙(193정보/총222) 吳建基(293정보/총893)
전남2	崔鑾澔(35정보 피분배) 池正宣(34정보 피분배) 金哲鎭(51정보 피분배)

조사시기와 기준이 도별로 다소 차이가 있지만 토지소유면적이 클수록 조선인 지주 중에서 도평·도의들이 차지하는 비중이 높았다. 林宗相(경기20), 洪思勛(경기27), 朴弼秉(경기27/30/33/41), 白寅基(경기27관), 金甲淳(충남20관/24관/30/33), 金忠植(전남30/41관)의 토지소유규모는 가히 전국 굴지라고 할만하다. 대지주들이 거느린 다수의 소작인과 친인척 등의 인적 관계망은 이들의 '정치적 자원'이 되었을 가능성이 있다.[43]

'南鮮 일대'에서 땅 투기로 거부가 된 대표적인 인물로 김갑순을 들 수 있다. 한미한 출신으로 한말－일제초기에 군수로 있는 동안 재산을 급속히 축적하여 대토지소유자가 되었고, 특히 대전 지역에 토지 투기를 하여 거부가 되었다. 또한 김충식은 당진, 보성, 장흥, 무안, 함평, 영암, 화순, 광주, 해남 등지에 토지를 가진 대지주였다. 그는 부친으로부터 2천

42) '경기1'은 1938년 현재 경기도 내 30정보 이상을 가진 도평·도의 6명, '경기2'는 농지개혁 시 경기도내 피분배면적이 확인되는 경우, '경기3'은 경기도평·도의로서 1926년 당시 전북지방에 소유한 전답규모, '충남1'은 1930년 당시 충남 내 100정보 이상을 가진 도평·도의 4명, 도평·도의 6명, '충남2'는 농지개혁 시 충남지역 피분배면적이 확인되는 경우이다. '전북1'은 1926년 당시 전북 내 100정보 이상을 가진 도평·도의 11명, '전북2'는 농지개혁시 전북 내 피분배면적이 확인되는 경우이다. 경남·북의 도평·도의는 농지개혁시 피분배면적만 확인되며, '평북'은 1930년 당시 평북 내 100정보 이상을 소유한 도평·도의 3명이다. '전남1'은 1930년 당시 전북 내 50정보 이상을 가진 도평·도의 20명이고, '전남2'는 농지개혁 시 전남 내 피분배면적이 확인되는 경우이다.

43) 지수걸, 「일제하 충남 서산군의 '관료－유지 지배체제'」, 『역사문제연구』 3, 1999, 43쪽.

석의 재산을 물려받아 당대에 상업, 토지수입, 각종 사업으로 4만석으로 늘렸다.[44] 또한 東皐농장을 경영한 오건기(전남37)는 1935년 전답 274.3정(임야 714정을 포함하여 총 991.1정)을 상속 받았고, 기타 증여부동산과 1924년 이후 일제 말까지 매수한 부동산을 매수한 부동산을 합하면 일제말 당시 전답 427.6정(총 1,355정)을 소유했다.[45]

위의 표에서는 1930년 이후의 통계가 제외되어 있지만, 1936년 전북 지역 자료를 통해 비교해 보도록 하자.[46] 1936년 전북 내에서 100정보 이상을 소유한 조선인 지주는 총 64명(농장 9개)이며, 일본인 지주는 13명(농장 29개)이었다. 그 가운데 도평·도의는 14명이다.(아래 표 참조)

〈표 Ⅱ-13〉 1936년 당시 전북 내 100정보 이상 지주

도평·도의	이름(농장)	소유전답/소작인	도평·도의	이름(농장)	소유전답/소작인
경기30관	金季洙(삼양사농장)	538정/1,500명	전북37/41	朴政植	193정/850명
전북24/27관/30관/33관/37관	洪鍾轍(흥해농장)	346정/500명	전북41	李東器	464정/1,181명
전북20	文鍾龜(문현농장)	277정/714명	전북20/24/33관/37관/41관	金英武	362정/966명
경기27관	白寅基(화성농장)	3,686정/4,685명	전북37	申文休	176정/489명

44) 梁川覺太郎, 『全南事情誌』, 全羅南道事情誌刊行會, 1930.

45) 洪性讚, 「日帝下 企業家的 農場型 地主制의 存在形態-同福 吳氏家의 東皐農場 經營構造 分析-」, 64~67쪽. 오건기의 토지소유는 전라도지방에서 흔히 그렇듯이 전답비율이 9:1 정도로 畓 중심이었다.

46) 姜吉遠, 「日帝下 韓國農村의 失態-所謂 農村振興運動期의 全羅北道 地方을 中心으로」, 『全羅文化論叢』 第1輯, 1986. 강길원은 『全羅北道 農業事情』(전북 소작관 山田龍雄 작성, 1936)이라는 자료를 활용했다.

전북27	柳彰根	187정/597명	전북33/37/41	朴明奎	483정/893명
전북20	朴容萬	430정/1,426명	전북33	金相訓	207정/500명
전북24/27관	朴禧沃	382정/1,067명	전북30	康泳部	229정/580명

출전: 『농지개혁시 피분배지주 및 일제하 대지주명부』.

이들의 면면을 보면 1926년 당시부터 대지주였던 사람이 10명이고(〈표 Ⅱ-16〉 참조), 새로 등장한 사람이 박정식, 이동기, 박명규, 김상훈 등 4명이다. 1926년에 대지주였으나 1936년에 이름이 사라진 경우는 金箕東(전북24), 鄭炳璇(전북21/27), 鄭準謨(전북33) 등 3명이었다. 경지 100정보 이상의 지주는 그 이하의 지주에 비해서는 안정성이 높았겠지만, 사망 등의 자연적 원인이나 경기 변화로 인한 재산 변동도 있었을 것이다.[47]

위의 통계에 나타난 대지주 혹은 거대지주는 전체 도평·도의 중에서는 소수이다. 대부분의 도평·도의는 중소규모 지주(3~30정보)였다고 판단된다. 다만 본인이 대지주 명단에 포함되지 않더라도 대지주와 가족이나 친척 관계인 경우도 있었다. 가령 李基祥(충남20)은 1910년대 초에 서산과 해미에서 군수를 역임한 사람으로 1930년 말 현재 서산군 내 100정보 이상 지주에는 포함되지 않으나, 그의 형제인 이기석(845정보), 이기승(1,296정보), 이성진(120정보)은 서산의 대표적인 지주가를 이루고 있었다.[48]

1930년대 이후에도 道 굴지나 전국 굴지로 꼽히는 자산가 가운데에는 도평·도의들이 다수 포함되어 있었다. 다음 표는 1933년 『三千里』가 전국 24개 도시를 대상으로 조사한 150여 명의 대표적인 '자산가' 가운데 도평·도의를 표시한 것이다.[49] 경성, 평양, 대구, 개성을 제외하면 조사지

47) 松本武祝에 따르면 1926년의 100정보 이상의 조선인 지주 가운데 1930년에도 100정보 이상의 지주였던 비율은 72%, 1938년까지 존속한 비율은 26%라고 했다. 松本武祝, 『植民地權力と朝鮮農民』, 社會評論社, 1998, 110~111쪽.

48) 지수걸, 「일제하 충남 서산군의 '관료-유지 지배체제'」, 44~45쪽.

역이 함경도와 황해도에 한정되어 삼남지방의 재산가들이 많이 누락되었다는 한계가 있다.[50] 또한 여기에 기재된 자산규모는 어디까지나 추정치로 보인다. 그러나 도평·도의 중 굴지의 자산가들을 개략적으로 살펴볼 수 있으므로 제시한다.

〈표 Ⅱ-14〉 1933년 당시의 자산가(괄호 안은 기재된 자산가 중 도평·도의의 수)

	300만 원 이상	100만 원 이상	50만 원 이상	30만 원 이상	10만 원 이상
경성	민대식	임종상, 최창학 (10명 중 2명)	김한규 (11명 중 1명)	백완혁 (35명 중 1명)	
평양		(2명 중 없음)	정관조, 박경석, 김능원 (5명 중 3명)		손수경, 이기찬
대구		추병화 (5명 중 1명)	서병조, 정해붕 (3명 중 2명)	서창규 (4명 중 1명)	서병주
개성		김정호	공성학, 박봉진 (12명 중 2명)		임한선
웅기	김기덕				
함흥					홍성연, 김하섭 (3명 중 2명)
나남	홍종화				
단천			염경훈		
북청			방의석		
해주		김영택			

49) 다만 이 표는 158명을 모두 기재한 것은 아니다. 경성과 평양, 대구, 개성의 10만 원 이상자와(원문에도 일부가 누락되어 있다), 원산, 영흥, 이원, 재령, 서흥, 연안, 봉산, 신천의 자산가 명단은 생략했다. 생략된 사람 가운데 도평·도의(출신자)는 없다. 『三千里』 1933년 2월호 부록, 『朝鮮思想家總觀·半島財産家總覽』.

50) 『三千里』의 조사에는 경기 안성의 박필병, 충북의 민영은, 방인혁, 충남의 김갑순, 윤길중, 전북의 문종구, 전남의 김상섭, 김충식 등 주로 경기도 이하 남부지방의 재산가들이 빠져 있다.

안악		원효섭, 김홍량 (3명 중 2명)			
황주		이종섭			

지방 도시에 거주하는 자산가들은 대부분 1회 이상 도평·도의를 역임했다고 해도 과언이 아니었다. 황해도와 함경도의 자산가들은 선대로부터 물려받은 재산보다는 황무지 개발, 상공업 경영 등으로 부를 일군 경우가 많았다. 삼천리는 조선의 대자산가들에게 관심을 갖고 이후에도 그들의 자산 동향을 추적했다. 1940년, 삼천리에서는 '서울 재산가'들의 1년 소득을 조사했는데, 崔昌學(평북37관)은 24만 원으로 종래 1위였던 민대식을 능가했다.[51] 기사에 나타난 경성의 고액소득자 가운데 1, 2, 3, 6위가 도평·도의였다.[52]

> (1위) 최창학(평북37관) – 24만 원, '세칭 그 재산을 혹은 1천만 원 이상이라고도 하고, 혹은 500만 원이라고도, 또는 300만 원 이상이라고도 云云…現在大昌産業會社長'
>
> (2위) 민대식(경기30관) – 23만 원, '閔泳徽氏의 맏아드님으로 전선유수의 지주며, 전 동일은행두취'
>
> (3위) 김연수(경기30관) – 20만 원, '경성방적주식회사장으로 근래에 新京, 北支…등지에 방적과, 만주 각지에 토지, 삼림사업에까지 널리 진출 중'
>
> (6위) 임종상(경기20) – 18만 원, '시외 동대문에 굉장한 주택이 있으며 유명한 대지주'

51) 「機密室, 우리社會의 諸內幕」, 『三千里』 1940년 9월.

52) 4위는 박홍식, 5위는 李錫九(대지주, 동덕여고 설립주)였다. 그러나 조선의 재산가들은 서울에 있는 '내지인측 재산가' 특히 '東京, 大阪 등 內地의 큰 재산가'의 소득과 비교하면 '朝鮮 부호층들은 비교도 안 되게 雲泥의 差'가 있었다. 서울 거주 일본인 자산가 중 小林采男(광업)은 연소득 120만 원이었고, '내지'에는 '年收 400만 원 이상 7명, 同 300만 원 이상 15명, 同 200만 원 이상 48명'이 있었다. 위의 기사 참조.

(10위) 송성진(경기33/37/41)－12만 원, '큰 지주로 유명한 이'

(24위) 김한규(경기20/24)－8만 원, '전 한일은행 전무취체역으로 지주'

(91위) 한상룡(20관/24관/27관/30관/33관/37관/41관)－3만4천 원, '조선생명보험회사장이며 중추원 참의'

지금까지 대자산가들을 중심으로 살펴보았지만, 조선인 도평 · 도의 내에서도 자산 규모의 차이는 컸다. 1926년 당시 인천부협의회원에 당선된 張錫佑(경기24관)과 金允福(경기30관/33/37관/41관)의 부세납부액을 보면, 장석우가 91.34원인데 반해 김윤복은 7.01원에 불과했다.[53] 5원 정도의 지방세를 납부할 수 있는 사람은 '대체로 1.5~2정보의 자작지'를 소유한 정도의 재산규모였을 것으로 추정한다면,[54] 그 시점에서 김윤복은 토지가 없거나 2~3정보 정도의 토지소유자였을 가능성이 있다.

지정면협의회 의원의 자산규모를 보면(〈표 Ⅱ-14〉) 의외로 조선인 의원 가운데 대자산가도 있음을 볼 수 있다. 지정면협의회 의원은 보통면 면협의회원보다 자산 규모가 크고,[55] 도평의회원과 거의 비슷한 수준으로 추측된다. 즉 1만 원에서 5만 원 사이의 자산규모가 대체로 평균에 가까웠을 것이다.[56]

---

53) 구영희, 「1920 · 30년대 일제의 지방통치정책」(1986)의 〈표 6〉 참조. 원래의 자료는 『府條例綴』, 「1926년 仁川府協議會員當選者表」. 조선인 부협의회원이 7~91원인 데 반해 일본인 부협의회원 가운데에는 천 원 이상 납부자가 2명, 500원 이상자가 2명이었고, 최저납부액은 13.6원이었다.

54) 林大植, 「1930년대 말 경기지역 조선인 大地主의 農外投資와 地方議會 參與」, 184쪽, 주 69) 참조.

55) 金翼漢, 「植民地期朝鮮における地方支配體制の構築過程と農村社會變動」, 155面에는 1931년의 충청북도 조선인 면협의회원의 자산조사표가 나오는데 5천 원 이하가 75.7%, 5천 원 이상 1만 원 이하가 16.8%를 차지하여 위의 표와 대조를 이룬다.

56) 1920년 부회의원 당선자의 재산규모는 일본인, 조선인을 합쳐서 1만 원 이하 43명, 1만 원 이상 139명, 10만 원 이상 49명, 50만 원 이상 17명이었다. 姜東鎭,

〈표 Ⅱ-15〉 지정면협의회 의원의 자산 규모

		5천 미만	5천 이상	1만 이상	5만 이상	10만 이상	20만 이상	50만 이상	100만 이상	계(명)
1920	조선인	10	16	54	20	14	6	3	3	126
	일본인	8	16	73	18	13	2	0	0	130
1929	조선인	27	19	51	8	10	6	0	1	122
	일본인	16	23	78	22	9	5	0	0	153

출전: 1920년 통계는 金翼漢, 「植民地期朝鮮における地方支配體制の構築過程と農村社會變動」, 111쪽 참조. 1929년은 「指定面協議會員年齡職業資産調」, 『朝鮮總督府調査月報』 1929, 51~52쪽 참조.[57)]

일본인 의원과 조선인 의원의 구별 없이 도회의원의 납세액을 기록한 1944년의 통계(〈표 Ⅱ-16〉)을 보면 도회의원 간의 소득 격차를 짐작할 수 있다.

〈표 Ⅱ-16〉 1944년 당시 도회의원의 3종소득세 납부액

도	최고액(원)	최저액(원)	평균액(원)	최고액/평균액(배)
경기	42,055	18.8	4,780	8.8
충북	8,785	6.0	1,743	5.0
충남	34,066	14.0	3,352	10.2
전북	131,334	86.7	11,269	11.7
전남[58)]	775,232	7.9		
경북	67,258	29.0	5,505	12.2
경남	159,297	3.7	9,134	17.4
황해	45,465	66.9	4,505	10.1
평남	21,000	21.3	2,281	9.2

『日帝の朝鮮侵略政策史硏究』, 東京大學出版會, 1979, 356面.

57) 『朝鮮總督府調査月報』에는 평남이 제외되어 있고, 전체 의원 수에서 선거 통계와 차이가 나므로 불완전한 조사이다.

평북	103,504		6,122	16.9
강원	22,234	41.8	2,356	9.4
함남	108,433		9,223	11.8
함북	4,379	19.5	842	5.2

출전: 「道會議員の第三種所得稅納額調」(1944).

최고액 납부자가 일본인 의원이고 최저액 납부자가 조선인 의원인 것은 거의 틀림없다. 소득세의 최저액과 최고액의 차이가 수백 배에서 무려 수만 배에 이르고 최고액 납부액이 대부분 평균액의 10배를 넘는 것을 볼 수 있다. 조선인 도회의원 가운데 중소규모의 지주뿐 아니라 재산규모가 매우 적은 사람이 포함된 것은 확실하다. 도평 · 도의 중에서도 계층 분화가 점차 심화되었음을 보여주는 사례이기도 하다.

2. 관직 경력

1) '병합' 이전의 관직

(1) 고위관료 및 군수

도평 · 도의의 관료 경력은 '병합' 이전과 이후로 나눌 수 있다. '병합' 이전의 경력이 확인되는 경우, 다시 한말 고위관료, 판 · 검사, 경찰관계자, 군수, 면장, 기타 하급관료로 분류할 수 있다.

한말의 고위관료 출신으로는 閔泳綺(육군부 · 농산공부 · 법부대신, 경기도 · 황해도관찰사),[59] 金漢奎(정3품 학부서기관), 嚴柱益(軍部協辦) 등

58) 원문 그대로 기재했으나 오류 가능성도 있다.

이 있다. 한말에 군수를 역임한 사람은 군수서리까지 포함하여 40명이고 그 가운데 1910년 이후에도 군수를 역임한 사람은 24명이었다.[60] '병합' 이후 군수에서 물러난 사람보다 계속에서 재직한 사람이 더 많았다. 참고로 한말의 군수 역임자 가운데 일제하에서도 군수를 역임한 조선인 총수는 293명이었다.[61]

다음 표는 도평·도의 가운데 한말부터 '병합' 이후까지 군수를 역임한 24명의 관직 경력이다.[62] 굵은 글씨는 '병합' 이후 10년(햇수로) 이상 군수로 재직한 경우이며 모두 9명이다.[63]

〈표 Ⅱ-17〉 '병합' 전의 군수 중 '병합' 이후 군수 역임자

도평·도 의임기	이름	'병합' 전 군수경력	'병합' 후의 경력 중 군수 등 관직 경력
경기20관/24/27관	朴宇鉉	개성군수	개성군수, 경기토조위
경기24	**徐相準**	강동/화천/과천 군수	과천/파주/포천/안성/여주 군수, 경기토조위, 안성읍장

59) 민영기는 '병합' 후 작위를 받았고, 이왕직장관이 되었다.

60) 참고로 한말에서 일제 초에 걸쳐 관료로 재직한 한국인은 총 3,366명이며, 그 가운데 약 45%가 일제 초기에 스스로 관직에서 물러났고 37%가 계속적으로 관료로 재직했다. 안용식, 『한국관료연구』, 242쪽.

61) 일제하의 조선인 군수는 총 1,207명이었다. 안용식, 위의 책, 277쪽.

62) 나머지 16명은 朴宇鉉(경기20관/24/27관), 金重驥(경기20), 李載益(충북20), 閔泳殷(충북20관/24관/27관/33관/37관/41관), 金炳鵷(충남20/24/27관/30관/33관), 金甲淳(충남20관/24관/30/33), 李元和(전북20), 金漢昇(전남20/24/27/37), 金商燮(전남4관/27관/30), 林祐敦(평남20관/24관/27관), 鄭觀朝(평남20관/24관/27관/30관), 李曝浩(평북24), 高運河(강원20/24/27관/30관), 咸有度(강원20), 李東根(강원20/27관), 金容秀(함남20)이다.

63) 이 표와 이하 다른 표에서 인물의 경력과 연도를 표시할 때 편의상 연도표기를 단순화했다. 가령 '04'는 1904년, '38'은 1938년을 말한다.

경기24/27	李載莘	장흥군수	장흥/흥원/덕원 군수
경기30	李潤永	죽산군수	죽산/가평 군수, 용인군 내사면장
충북20/24	申泰完	보은군수	보은/청산 군수
충북24관/30관	申昌休	청주군수	청주/충주 군수, 충북토조위
충남20	李基祥	서산군수	서산/해미 군수
충남24/27/33관	**金昌洙**	선산군수	기장/희덕/대전/부여/서산 군수, 충남토조위, 중추원 참의
전남20	**蔡洙康**	강진군수	강진/함평/영광 군수, 토조위
전남20관/24관	金衡玉	창평군수	창평군수
경북20관	金承源	초계군수	연일/청송 군수, 산양/문경면장
경북23/24	**金翰殷**	의흥군수	영천/연일/고령/내곡/경주 군수, 경북토조위
경북20/24	張稷相	신녕군수	신녕/비안/하양/선산 군수, 경북토조위
경북27	**權泰泳**	인동군수	인동/청송/흥해/청송/봉화/성주 군수, 경북토조위
경남20	孫之鉉	밀양군수	밀양/울산/창원/경산군수, 경남도 참사
경남20	姜元魯	비인/회덕 군수	회덕/온양 군수, 경남토조위, 진주면장, 진주군참사
평남41	**田德龍**	용강군수	용강/영원/맹산 군수, 평남토조위, 충주원참의
평북24관	梁鳳濟	영변군수	영변/박천 군수
강원20	**宋宅英**	회양군수	회양군수, 강원토조위
강원20	安植	이천군수	이천/양구 군수, 양구군 참사, 양구군 남면장
강원24	**沈相憙**	평해군수	평해/영월/인제/홍천 군수, 고양군 신도/연희 면장
함남24	李鍾璿	장진군수	장진군수
함북24	梁在鴻	무산군수	산군수, 길주군 참사
함북27/30/33관	**李興載**	09경원군수	10경원/11명천/20길주/21온성/23-24부령군수, 27중추원 참의

이들은 '병합' 이후에도 1910년 당시와 같은 군에서 군수직을 유지했고, 군수를 퇴관한 뒤에는 각 도의 토지조사위원회(임시)위원으로 임명

되거나 참사, 면장 · 읍장으로 임명되기도 했다. 이들이 도평 · 도의를 역임하는 것은 군수직을 사직한 이후이거나, 군 · 도참사 등을 거친 이후인 경우가 많았다. 그리고 이윤영, 김승원의 예에서 보듯이 군수를 역임한 뒤 면장을 거쳐 도평 · 도의가 된 경우도 있고, 안식, 심상희의 예에서 보듯이 도평 · 도의 임기를 마친 뒤 면장에 임명되기도 했다. '병합' 전 군수로서 '병합' 이후 면장이 된 사람은 申昌休(충북), 金昌洙(충남), 蔡洙康(전남), 金翰殷, 張稷相, 權泰泳(이상 경북), 姜元魯(경남), 田德龍(평남), 宋宅英(강원), 金容秀(함남) 등 9명이다.

(2) 사법 · 경찰 및 기타

한말의 판 · 검사 출신은 14명이 확인된다(〈표 Ⅱ-17〉 참조). 사법권이 박탈된 통감부 시기에는 3심4급제의 재판소(고등법원, 항소원, 지방재판소, 구재판소)와 검사국이 있었고, 조선총독부 설립 이후에는 3급제 재판소(고등법원, 복심법원, 지방법원)를 두고,[64] 필요한 곳에 지방법원지청을 설치했다. 1900년 전후까지도 행정권과 사법권의 분리가 아주 뚜렷하지는 않았지만,[65] 통감부시기에 이르면 실제로 사법관시험을 거쳐 판 · 검사에 임용되는 사례가 많아진 것으로 보인다.

통감부시기의 판 · 검사 이력자를 보면, 대체로 근대적인 법률 교육을 이수한 뒤 판 · 검사에 임용되었으며 재임 기간은 매우 짧았다. 3명은 '병합' 이전에 이미 판 · 검사를 그만 두었고 '병합' 이후 판사 등을 계속한 경

64) 고등법원은 경성, 복심법원은 경성, 평양, 대구, 지방법원은 경성 · 대전 · 함흥 · 청진 · 평양 · 신의주 · 해주 · 대구 · 부산 · 광주 · 전주에 두었다.

65) 관찰사, 목사, 감사, 부윤, 심지어 중추원 의관이나 군수까지 재판소 판사로 임명하거나 각부 참사관을 재판소 검사로 겸임 발령했다.

우는 6명이지만 1915년 이전에 모두 사직했다. 판·검사 사직 후에 변호사로 활동한 사람은 14명 가운데 11명이었다. 이들 14명 이외에 군법회의 판사를 역임한 鄭雨興(경기20), 鄭錫溶(충북24/27/30/33), 申昌休(충북24관/30)은 모두 육군무관학교 출신자로 육군 참위 등 무관을 역임한 바 있다.

〈표 II-18〉 한말 판·검사 경력자

도평·도의	이름 (생년)	학력 한말 판·검사 경력	'병합' 후 주요 경력
경기20관/ 24관	張燾 (1876)	· 경응의숙, 동경법학원 · 한성재판소판사, 법관양성소장, 검사	변호사 중추원참의
경기20	李胤鍾 (1865)	· 문과(진사) · 한성재판소검사	
경기23/24 관/27관	嚴柱益 (1871)	· 한문사숙 · 한성재판소 首班판사	교장, 은행
충북20/24	李源國 (1861)	· 무과 급제, 법관양성소 · 공주판사	판사 변호사
충북20	李載益 (1877)	· 창원재판소판사	
충남24	李豊求 (1887)	· 법관양성소 · 통감부판사	대구재판소 판사 변호사
전남24관/ 27관/30	金商燮 (1876)	· 검사, 부산재판소 판사, · 광주지방재판국 검사	목포부 참사, 중추원 참의 변호사, 미곡상, 은행
전남24관/ 27관	盧載昇 (1882)	· 법관양성소 · 통감부판사	순천재판소 판사 변호사(광주)
전남27/30	崔元淳 (1876)	· 검사, 제주구재판소 판사	희천/창성 군수 변호사(제주도)
경남23/24/ 27관	金淇正 (1884)	· 법관양성소 · 경성재판소 서기, 통감부 판사(밀양구재판소)	부산재판소 판사 변호사

황해30/34	金鍾濩 (1875)	· 법관양성소, 사법관시험합격 · 판사, 해주 변호사	변호사
평남33관	李基燦 (1886)	· 법관양성소 · 평양지방재판소판사	평양지법, 경성복심법원 판사 변호사
함남20관/ 30관	洪聖淵 (1881)	· 명치대 법과. · 통감부판사. 울산구재판소	변호사(함흥), 중추원 참의
함남27	申錫定 (1883)	· 법관양성소(경성법전). · 판사(강릉/북청)	판사 변호사, 은행

경무청 등에서 경시, 경부, 일반 경찰관으로 근무한 경찰계 경력자는 12명이 확인된다(아래 표 참조). 이들 중 4명을 제외한 8명은 '병합' 후에도 경찰을 계속하여 경부나 경시로 승진했고 일부는 고위직 지방관료가 되었다.

〈표 Ⅱ-19〉 한말 경찰 경력자

도평·도의	이름	한말 경찰 경력	'병합' 후의 경찰 경력
경기24	尹秉禧	경무청 총순, 경무국보안과 주사	경무총감부고등경찰과속, 경기/전북 경시, 금산군수, 김포군 군내면장
경기30/33/37/41	金允福	인천서 경부	인천서/영등포서 경부, 경시
충남29/30	權益采	공주경찰서	공주서 경부, 보령/홍성군수
경북20/24	金龜鉉	경시	성주/고령 군수, 고령군 참사, 고령군 쌍동면장
경남41, 진주39/43	崔志煥	진주 순검, 목포 경부	삼랑진/동래/진주경찰서, 평남 경부, 도경시, 충북제3위생과장/도순사교습소장, 충북보안과장, 음성/충주 군수, 평북/충남참여관
경남37, 밀양31/35/39	吳仁德	경찰관	김해서/남해서 경부보

강원27	李喜永	강원도금성경찰분서 경부	청진서 경부, 김화군 금성면장
강원33	林敬弼	경찰관	
강원33	申台鉉	경무청 순검	광주서/춘천서/통천서/울진서 경부
함남27	元炳喜	경찰청 총순	
함북27/30/33	金大元	경무청비간도총순	웅기서 경부, 성진서/명천서/회령서/웅기서 경부, 도경시
함북27/30/33	李興載	경무서 총순, 함북도 경부	길주/온성/부령 군수

한말에 무관을 역임하거나 군관계 경력이 있는 사람은 24명이 확인된다. 陸軍步兵參尉·參尉補·參領·中尉, 육군기병중대장, 헌병부위, 鎭衛隊參領·진위보병중대장, 육군기병중대장, 육군무관학교교관 등이 포함되며, 武官學校 출신(11명)이거나 무과급제자(4명)가 포함되었다. 李承七(황해24)은 원주진위대참령으로 원주에서 의병토벌에 참가했다.[66)]

그밖에도 한말 관료 경력으로 참봉(18명), 주사(110명), 技手(9명), 서기, 촉탁, 통역 등이 발견된다. 주사 가운데에는 1909년경 탁지부 재무감독국 주사를 한 사람들도 다수 있었다. 각 지역의 재무감독국이 나중에 살펴보는 지방위원회와 함께 초기 식민지화 과정에서 조세 징수 체계 확립을 위한 주요 담당기관이었다는 점은 시사적이다.

2) '병합' 이후의 관직

(1) 군수 이상의 고위 행정관료

'병합' 이후 조선총독부 군수를 역임한 사람은 67명이었다. 이들의 경

66) 이승칠은 1906년 6월 2일, '嶺東義擾被命指揮官'이 되었다. 『大韓帝國官員履歷書』 참조.

력을 보면, '병합' 전에 군수를 하다가 그대로 군수직을 유지한 사람이 24명, '병합' 이후 처음 군수가 된 사람이 43명(아래 표 참조)이었다. 후자의 경우, '병합' 직후(1910~1911년) 군수로 임명된 경우가 11명, 총독부 치하에서 군·부서기나 군속 등을 거쳐 군수로 승진한 경우가 20명, 경찰 고위직에 있다가 군수가 된 사람이 7명이었다. 기타로 분류된 5명은 군수 이전에 면장 경력이 있거나 관직 경력이 확인되지 않는 경우이다.

〈표 Ⅱ-20〉 식민지기 군수 역임자의 주요 경력[67)]

군수 이전 경력		군수 및 관직 경력
경찰 관계 7명		尹秉禧(전북/경기도경시, 금산군수, 경기24) 權益采(공주서 경부, 서천/논산/보령/홍성군수, 경기29/30관) 成禎洙(전남도경부, 강진/진도/보성/창성 군수, 전남33/37관/41) 崔志煥(평남/충북도 경시, 음성/영동/충주 군수, 경남41) **南基允**(경기도경부, 장연/안악/송화/신천/신천 군수, 황해33관) 金鍾奭(경북도경부, 봉산/서흥/재령 군수, 황해33관) 姜鳳瑞(평북도경부, 위원/용천군수, 평북30/37/41)
군/도서기 등 하급 관료 20명	경기	張然哲(군서기, 고창군수, 경기20) **劉泓鍾**(총독부속, 간성/철원/평강/양구 군수, 경기33) **申鉉泰**(군서기, 고흥/장단/여주/안성/이천 군수, 경기33) 朴利淳(군서기/전매국속, 금천군수, 경기41)
	충남·북	李世永(도서기, 진천/단양 군수, 충북30관) **元勛常**(도서기, 창녕/밀양/동래/해주/담양/무안 군수, 충남37관)
	전남·북	金相鎬(군서기, 고창/ 김제 군수, 전북27/30관/33) **柳鎭爀**(도서기, 강동/맹산/영원/고창/ 무주군수, 전북30/33/37/41) 金商翊(군서기, 구례/담양 군수, 전남30)
	경남·북	朴贊東(군서기, 성주군수, 경북24) **金在煥**(도서기, 선천/의성/안동/달성 군수, 경북27관/30관/33관/37관/41관) 權賢燮(토조국서기, 곡성/진도/해남 군수, 경북30) 吳國泳(군서기, 이원군수, 경북30/33관/37관) **申鉉求**(군서기, 운산/의성/상주/달성 군수, 경북41관) **李章喜**(도서기, 곤양/하동/합천/김해/창녕 군수, 경남27/30/33/41관)

	황해	**李承九**(군서기, 장연/봉산/신천/당진/예산 군수, 황해33/37/41관)
	평북	**孫應麟**(도서기, 운산//구성/정주군수, 평북41)
	함남	**姜弼成**(도서기, 14풍산/정평/안변 군수, 함남30) **申熙璉**(군서기, 경원/단천 군수, 함남33관) 康世鎭(군서기, 고원/풍산 군수, 함남41)
'병합' 직후 임명 11명	경기	金漢奎(합천군수, 경기20/24) **尹成熙**(안산/양평군수, 경기30)
	충남	池喜烈(직산/공주/서산/부여군수, 충남27/30/33관/37관)
	경남 · 북	金龜鉉(성주/하양/고령군수, 경북20/24관) 錢澤洙(청송/인동/예안군수, 경북20) **李宣鎬**(함창/신녕/봉화/안동 군수, 경북24/27/30관/33관) **金東準**(광양/무안/진주/동래/구례 군수, 경남40관/41관)
	황해	**李承七**(재령/재령/곡산 군수, 황해24)
	평북	姜尙渭(희천/영변 군수, 평북20/27)
	강원	**沈宜昇**(삼척/희양군수, 강원30) 崔養浩(영월군수, 강원31/33관/37관)
기타 5명	충북	李源國(공주지법 판사, 비인군수, 충북20/24)
	전남	**崔元淳**(판사, 희천/창성 군수, 전남27/30)
	평북	崔景植(면장, 평북24/27, 창성군수)
	황해	**劉壎燮**(황해20관, 옹진/평산/금천 군수) 全錫泳(면장, 황해20관/24, 중추원참의, 괴산/영동/충주 군수)

도평 · 도의와 관료직의 선후관계를 보면 대체로 군수를 퇴관한 뒤 도평 · 도의가 되었고 도평 · 도의를 한 뒤 면장에 임명되기도 했다. 군수와 면장을 모두 재임한 경우 도평 · 도의 임기와 순서를 보면 군수→도평 · 도의→면장 · 읍장이 8명, 군수→면장(읍장)→도평 · 도의가 3명이었다.

도평의원 역임 시기가 군수보다 먼저인 경우도 있었다. 全錫泳(황해20관/24)은 은율군에서 면장을 하던 중 관선 도평이 되고 임기 중인 1925년 괴산군수로 임명되었다. 崔景植(평북24/27)은 선천면장 재임 중 도평이 되고 1929년 5월 창성군수에 임명되어 도평을 사임했다. 劉壎燮(황해20관) 역시 도평 재임 중인 1921년 옹진군수로 임명되었다.

67) 군수경력 10년(햇수로) 이상자는 굵은 글씨로 표시했으며 42명 가운데 22명이다.

위의 43명 가운데 1910년대 초 짧은 기간에 군수에 재직한 경우는 한문을 수학했거나 학력 미상자가 많으나 10년 이상 군수에 재직한 자들(굵은 글씨, 22명) 중에는 근대교육 이수자나 일본 유학자가 높은 비중을 차지했다. 판임문관시험 합격자도 3명(최경식, 이세영, 오국영)이 확인된다.[68]

이들을 군수 입관 시기별로 나눠 보면, 1910년대에 군수로 처음 입관한 사람이 28명, 1920년대 14명, 1930년대 1명 순이다. 이는 1910년대에 군수에 입관한 전체 조선인이 124명이라는 통계[69]에 비추어 보면, 결코 적은 숫자가 아니다. 도평·도의 중에는 군수가 되기 위해 '賣官운동'을 벌이는 자들도 있었다.[70]

식민지기 조선인으로서 군수는 승진의 최고 정점이자 종국적 지위였다. 일제는 전근대시기보다 군수의 권한과 지위를 현저히 약화시킨 상태에서 조선 지배층을 회유하고 지방통치의 효율성을 꾀하려고 군수를 주로 조선인들로 임명했다.[71] 조선인 군수 가운데 극소수가 도 참여관이 되고, 또 그 가운데 극소수가 도지사로 승진했다.[72] 도평·도의 중 군수

68) 홍순권의 연구에 따르면 일제하의 군수는 서기를 거쳐 승진하는 경우가 가장 많고, 시기가 내려갈수록 신식교육(일본 유학)과 친일 정도, '고등(판임)문관시험' 합격이 임용에 영향을 주었다. 홍순권, 「일제시기의 지방통치와 조선인관리에 관한 일고찰－일제시기의 군 행정과 조선인 군수를 중심으로」, 『國史館論叢』 64, 1995.

69) 김운태, 『일본제국주의의 한국통치』, 618~619쪽.

70) 황해도 안악군에서 면장으로 재직하던 元孝燮(황해27/30/37)은 군수 청탁을 위해 3만 원을 약속하고 1만원을 선불한 사실이 발각되었다. 『每日申報』 1930년 9월 16일.

71) 홍순권, 「일제시기의 지방통치와 조선인관리에 관한 일고찰－일제시기의 군 행정과 조선인 군수를 중심으로」, 46~48쪽.

72) 안용식, 『한국관료연구』, 216쪽. 안용식은 '군수, 도참여관 등으로 복무'하여 '총독부정치에 공헌'하고 '사회적 경륜'이 쌓인 사람들이 중추원 참의 등 '최종 영예직'으로 추대되었다고 했다. 그러나 도평·도의의 경우를 볼 때, 지방참의의 경우는 군수 등 관료직을 거치지 않고 중추원 참의가 되는 사례가 많다.

경력자로서 도이사관이나 참여관으로 승진한 경우는 다음 표에서 보듯이 5명이다. 강필성은 함남 도평 재임중에 함남 참여관이 되어 도평을 사직했고, 이후 도지사 재임중이던 1939년에 사망했다. 최지환은 도참여관을 퇴임한 뒤 경남도의가 되었다.

〈표 II-21〉 고위직 관료가 된 도평·도의 출신자

도평·도의	이름	군수 이전과 이후의 관직	
전남30	金商翊	군수 이전	10담양군 서기
		군수	16구례군수/20담양 군수
		군수 이후	21전남도 이사관, 25전남 내무부 산업과장
경남40관/41관	金東準	군수	12광양/20무안군수
		군수 이후	21전남이사관, 22중추원 서무과장, 25경남도이사관, 25경남도 내무부 학무과장, 25경남 視學官, 27경남도 내무부 산업과장
		군수	27진주/28동래/29구례 군수
경남41	崔志煥	군수 이전	경부, 도경시, 21충북 보안과장
		군수	21음성/23영동/27충주 군수
		군수 이후	32평북/35충남 참여관, 35-42중추원참의
황해33관	金鍾奭	군수 이전	18의성서/20왜관서/21대구서 도경부
		군수	21봉산/23서흥/25재령 군수
		군수 이후	27-32황해도 이사관(내무부 산업과장)
함남30(임관으로 사직)	姜弼成	군수 이전	10함남도 서기
		군수	14풍산/17정평/22안변 군수
		군수 이후	30-32중추원 참의, 32-33함남참여관, 33전남참여관 겸 사무관(산업부장), 37황해도 지사(39사망)

(2) 면장·읍장 및 하급 행정관료

도평·도의의 경력 가운데 군수, 도·군참사, 판·검사, 경찰보다 훨씬 수적으로 많은 것이 면장이다. 도평·도의 가운데 면장 경력자는 모두

400여 명이 확인된다.[73] 도평의원의 경우 임기를 마친 뒤나 면장 재직 중에 도평의원이 되는 경우가 많지만, 도회의원의 경우는 면장을 사임한 뒤 도의에 당선·임명된 경우가 많았다.

제 I 장에서 보았듯이 '관리'는 도평의원 후보자가 될 수 없었고, 도회의원 후보자의 결격 사유에는 '면장'이 명시되었다. 면장도 관리로 간주되었으므로 도평·도의가 되기 위해서는 면장을 사임하고, 반대로 면장에 임명되면 도평·도의를 사임하는 것이 원칙이었다. 그러나 기록상으로 도평·도의에 선출된 뒤에도 면장직을 유지한 사례들이 나타난다.[74] 특히 도평 시기에는 현직 면장이 도평을 겸한 경우가 꽤 많은데, 이는 도평의회 선거면에서도 매우 불합리한 것이었다. 면협의회 의장인 면장이 도평의회 후보로 면서기나 면협의회 의원들에게 영향력을 행사하는 상황이 발생할 수 있는 것이다.

도회 시기가 되면 상황이 달라지는데, 가령 申基準(전북33)은 도의 임기 중인 1935년 10월 23일, 고창면장에 취임하면서 도의를 사임했다. 1917년부터 16년간 음성군 음성면장을 지내고 1924년부터 도평을 겸직한 趙東煥(충북24/27/30/33)은 면장을 사임한 뒤 1933년 음성 선거구에서 충북도의로 당선되었다. 1923년부터 구례군 토지면장을 한 千斗湜은 면장을 사임하고 1930년 전남도평, 1933년 전남도의에 당선되었다. 천두식은 1934년 도의직을 사직한 뒤 1938년 다시 토지면장으로 복귀했다.

통감부 시기에 마련된 면장제는 도-군-면으로 이어지는 상명하달의 관

73) 1919~1940년의 면장 경력은 職員錄 참조. 1919년 이전과 1940년 이후의 면장 경력은 신문, 인명록 등 다른 자료에서 확인한 경우만 집계했으므로 누락 가능성이 있다. 면장 경험이 있는 도평·도의는 400명보다 더 많을 것이다.

74) 예를 들면 崔欽玉(충남20)은 1919년부터 1926년까지 청양군 대치면장이었고, 李大奎(전북33)은 1919년부터 1940년까지 전주의 이동면, 세지면, 지대면에서 면장을 지냈다.

료제 구축,[75] 식민지화를 위한 징세업무의 원활과 치안 유지를 기본적인 목표로 했다. 면장은 의병 등 식민지화에 저항하는 세력과 직접 대면하는 위치에 있었다. 琴書淵(경북24)은 통감부시기부터 1919년경까지 봉화군 내성면장으로 있었다. 1908년 10월, 같은 면의 의병('폭도') '歸順'을 '懇諭'하고, 당사자와 함께 봉화주재소에 가서 보증해 주었다는 기록이 있다.[76]

면장은 군수가 면내 조선인(유력자)들의 추천을 받아 임명했다. 1910년의 관제에 따라 판임관 '대우'로 규정되고 面費에서 보수를 받았지만, 특히 일제 초기에는 보수도 적고 '군청, 헌병대, 경찰의 무시를 당하는 경우'[77]가 적지 않았다. 3·1운동 때 독립만세운동에 가담한 면장들도 있지만 도평·도의 중에서는 사례를 발견할 수 없다.

지방행정이 정비되어 면의 수가 대폭 감축되고, 면의 위상과 면장 지위가 개선되면서 유력자로 부상하고자 하는 사람들이 면장에 취임하는 경우가 많아졌다.[78] 면장은 관료의 성격을 띠면서도 면의 '대표'라는 비공식적 지위를 겸하면서 장기 재직자들도 많이 생겼다. 장기 재직의 공로를 인정받거나 보통면이 지정면으로 바뀐 경우,[79] 주임관 대우를 받는 면장도 나타났다. 주임관 대우를 받은 면장 경력자는 다음 표와 같다.

75) 洞里 단위에서는 기존의 자치적 유습을 대체로 인정했다.

76) 「慶北秘收 第三五八號」(慶尙北道警察部長에게 警視 湯淺秀富 보고, 1908년 10월 3일).

77) 『每日申報』 1916년 5월 4일 ; 大和和明, 「植民地期朝鮮地方行政に關する一試論」, 52面에서 재인용.

78) 1920년에서 1935년까지 조선의 면장 총수는 2,300명에서 2,500명 정도였다. 권호준, 「1930년대 일제의 조선인 下級行政官僚에 대한 정책」, 고려대 석사학위 논문, 1995, 38쪽의 표 참조.

79) 한준석은 주익면이 지정면이 됨에 따라 1923년부터 주임관 대우를 받았다. 畑本逸平, 『咸鏡南道事業人物名鑑』, 咸南申報社, 1927 ; 『施政25週年記念表彰者名鑑』, 120쪽.

〈표 Ⅱ-22〉 주임관 대우를 받은 면장[80)]

도평·도의 시기	이름 생년	지역	학력 주요 관력(면장을 중심으로)	면장재임시기 주임관대우시기
경기27	曺錫永	여주	· 여주군 북내면장	1920~40, 1939
충북30	李景魯	영동	· 영동군 황금/매곡/영동/황간 면장	?~1935, 1934
충북41	韓定錫	청주	· 경성일어학당 · 경부, 충북경시, 충북 보안과장, · 청주군 사천면장, 중추원참의	1934~41
충남20	李翊鎬	보령	· 충남토조위, 웅천/주산 면장	?~1931, 1923
충남24	權五泳	연기	· 연기군 전동면장	1914~39, 1932
전북24/30	辛聲錫	부안	· 한문수학 · 부안군참사, 부안군 면장	1923~31
전북30	朴碩奎	정읍	· 일본대 · 읍면장	1928~32, 1931
전남24	金昌準	강진	· 강진군 군동면장	?~1932, 1932
경북24	金振玉	달성	· 대구사범학교 · 달성군 옥포면장	?~1928, 1923
경남27/30	李鎔年	고성	· 고성군 상리면장	?~1939, 1934
황해22/24관/27관	尹景赫	황주	· 황주군참사, 황주면장	1910~36, 1923
평북24관/27	張龍官	구성	· 대동학원 · 구성군 방현면장	1922~38, 1931
평북25	李奭榮	박천	· 경성교원양성소 · 박천군 동면장	1923~34, 1931
평북27	金澤俊	강계	· 강계 협신중학교 · 면서기, 강계군 고산면장	1918~39, 1936
강원30	方範疇	인제	· 인주면장	1917~43, 1937
함남20관/24관	韓準錫	홍원	· 함흥군 면장/홍원군 서퇴조/주익 면장	1913~36
함남27	李達鉉	영흥	영흥군 인흥면장	?~1932, 1931
함남24/30	崔鍾律	신흥	신흥군 동상면장	?~1935, 1935

80) 職員錄 참조. 면장 최초 임명시기가 1919년으로 되어 있는 경우는 실제로 1910년

윤경혁이 현직 도평이던 1925년 '면장 재직 15년의 공로'로 주임관 대우를 받은[81] 것처럼, 면장 장기근속자들은 대부분 면장과 도평의회 의원을 시기적으로 겸직했다. 한정석의 경우는 면장을 그만 둔 뒤 도회의원이 되었다. 이들이 면장으로 장기 재직한 지역과 도평·도의 선출 지역은 거의 동일한 것으로 보아 자신이 거주하는 군과 면에서 유지, 유력자로 행세했음을 추측할 수 있다. 꼭 주임관대우를 받은 면장이 아니라 해도 면장→도평·도의, 혹은 도평·도의→면장이 되는 경로는 매우 자연스런 현상이었다.

1930년대에 들어와 지정면이 읍으로 승격되었으므로 읍장이라는 직위가 생겨났다. 도평·도의 가운데 읍장 경력자는 6명이 파악된다(〈아래 표 참조). 읍장 역임지역과 도평·도의로 선출된 지역이 동일한 것을 알 수 있다.

〈표 Ⅱ-23〉 읍장 명단

도평·도의 시기	이름 생년	지역	학력 면장·읍장 이전의 경력	면장·읍장 경력
경기24	徐相準 1875~	안성	한성사범학교. 화천/파주/포천/21안성/여주군수, 경기토조위 임시위원	36안성면/37안성읍장
충북24	洪明憙 1881~	영동	경성 필동의숙. 10청주군/19영동군서기, 20 사직	42당시 영동읍장
전남30/41관	金忠植 1889~	강진		33강진면장/37강진읍장
황해33관	南基允 1878~	장연	1909년 경찰학교 졸. 11~19전남도경부, 19경찰관강습소교수, 21경기도경부, 19장연/23안악/26송화/29신천/30	38~43장연읍장

대부터 면장에 재직했을 가능성이 많다.

81) 「車相瓚, 朴達成 黃海道踏査記」, 『開闢』 1925년 6월.

			신천군수, 31 면직	
평북41	孫應麟 1886~	강계	11~19평북도서기, 20운산/21구성/24~29정주군수	31강계읍장
강원30	崔燉興	강릉	12강릉군서기/21군속	26강릉면/31강릉읍장(주임관), 34읍장면직

앞에서 살펴본 군수 경력자 76명 가운데 군수 퇴직 후 면장에 취임한 경우는 12명이었다.[82] 가령 安植(강원20)은 1910년에서 1914년까지 이천과 양구에서 군수를 했고, 강원도평을 지낸 뒤 1925년부터 1927년까지 양구군 남면장을 지냈다. 반대로 면장 경력자가 군수가 된 경우는 한 명뿐이다. 崔景植(평북24/27)은 1925년부터 1929년까지 선천면장을 하다가 1929년 5월 8일, 평북 창성군수에 임명되면서 도평의원을 그만두었다.

안용식은 『朝鮮紳士寶鑑』(1913)에 나온 면장 534명을 분석하여, 그들 중 95%가 한문을 수학했고, 전직은 지방향교(39.4%), 사립학교 교원(16.6%), 중앙이나 지방의 관직에 있던 사람(29.2%)들로서 '지방의 양반층이나 하위직 관리, 소위 지방유지'라고 했다. 안용식의 연구는 주로 '병합' 이전의 면장들을 분석 대상으로 했지만 도평·도의들의 경우 면장을 역임한 시기가 주로 '병합' 이후이므로 어떤 차이가 있는지를 볼 필요가 있다.

일제하에서 면장의 직위는 '병합' 이전보다 권한과 위상이 계속 확장되었다. 일제는 초기부터 면행정 강화정책을 폈고, 1930년대 초의 面制 개정으로 면이 법인격으로 규정되면서 면장은 '면을 통괄하고 면을 대표'하는 위치로 격상되었다. 이 시기가 되면 종래 군수가 갖고 있던 面吏員 임

82) 일제하 조선인 군수 재직자 총 868명 중 149명이 군수 이후에도 관직에 있었다. 이들 중 도/부 이사관 임용이 60명, 도참여관 38명, 중추원참의 25명, 총독부 사무관 13명, 도경시 6명, 부윤 3명 순이다. 일본인 군수는 퇴임 후 관직을 가진 비율이 조선인 군수보다 높았다. 안용식, 『한국관료연구』, 286~287쪽.

명권을 면장이 가졌다.[83] 면장은 1920년대와 1930년대를 거치면서 행정 관료나 지역유력자로 정치적 상승을 꾀하는 발판이자 군수 등 관료 경력자들이 '안착'하는 직위가 되었다.

도평·도의로서 면장 역임자의 학력 수준을 보면, 한문만 수학한 사람이나 학력 불명인 사람이 다수이지만, 보통학교 졸업 이상의 학력자가 약 3분의 1 수준이며 대학중퇴·대졸 정도의 학력자도 포함되었다. 면장 이전의 관력을 보면, '병합' 이전에는 주사·참사, 공전영수원, 군수, 면장 등이고, '병합' 이후에는 군수, 면·군·도서기, 군·도참사, 토지조사위원 등이 다수였다. 경부·경시 등 경찰 관계자도 있었다. 금융조합, 수리조합, 산업조합 등의 간부, 농회 간부 등을 겸한 사람도 다수여서 이러한 직위가 지역 유지로 행세할 수 있는 공직의 하나였음을 보여준다.[84]

(3) 사법·경찰 관료 및 기타

사법계 경력자를 보면, '병합' 이후의 판사 출신은 9명, 검사 출신은 6명이 확인된다. 일제는 제국대학, 관립전문학교 등에서 법률을 배운 자로서 고등고시를 거친 조선인을 조선총독부 판검사에 임용했다.[85] 다음은 '병합' 후의 후 판사·검사 경력자의 명단이다. 이 가운데 '병합' 전의 판사 역임자는 생략했다.

판사(9명): 朴春緖(충남), 孫英(전남24/27), 梁洪基(전남33), 尹同植, 崔昌朝(평북30관), 李熙迪(평북33관), 高運河(강원20/24/27관/30관), 蔡

83) 金翼漢, 「植民地期朝鮮における地方支配體制の構築過程と農村社會變動」, 158面.
84) 금융조합, 농회를 비롯한 각종 공직 참가에 대해서는 다음 장에서 후술한다.
85) 안용식, 『한국관료연구』, 226쪽.

容黙(함남27/37), 劉泰卨(함남33관)

검사(6명): 姜完善(24/33관/37관), 元炳喜(전북37), 姜炳駿(평남27), 吳崇殷(평남30), 崔鼎默(평남33관), 卓昌河(평북33관/37관)

검사대리(1명): 韓格晩(함남33/41)

재판소 검사시보(1명): 金根蓍(전남20/24)

판사 출신자들은 대부분 퇴임 뒤 변호사를 개업하고 있던 상황에서 도평 · 도의가 되었다. 경성법전(경성전수학교)이나 일본의 대학에서 등에서 법률을 공부하고 법원지청의 서기 · 통역, 검사시보를 거쳐 승진한 이들이 대부분이었다. 원병희는 다소 특이한 경우로 군산경찰서 등에서 경부를 역임한 뒤 광주지법 서기를 거쳐 검사가 되었다. 고윤하는 한말에 군수 경력이 있고 이후 동경 유학 후 1910년 총독부 판사로 임명되어 1918년까지 마산과 개성에서 법원판사를 역임했다.

판 · 검사 출신 중 5명(원병희, 최정묵, 최창조, 이희적, 유태설)이 중추원 참의가 되었다. 판 · 검사 출신자 6명(원병희, 이기찬, 최정묵, 이희적, 유태설, 한격만)과 변호사 시험 합격 후 변호사를 개업한 2명(林昌洙(충남24/27/33/37/41관), 金弼應(평남41))[86]은 1941년 7월 국방보안법 · 치안유지법 지정변호사로 선임되었다.

경찰계 경력자는 순사, 순사보,[87] 헌병보조원[88] 등 총 33명이 확인된다. 헌병보조원이나 순사로 경력을 시작하여 경부보, 경부, 경시[89] 등으로

86) 임창수는 중앙대 법과에 재학 중이던 1922년, 공주 최초로 변호사시험에 합격했고, 김필응은 1930년 변호사시험에 합격했다. 『東亞日報』 1922년 4월 17일 ; 『官報』 1930년 9월 10일.

87) 1910년대에는 조선인만 임명된 순사보라는 직급이 있었으나 1920년대 제도 개정으로 폐지되었고, '경부보'가 신설되었다.

88) 姜鳳瑞(평북30/37/41)과 車斗煥(평북37/41)은 1910년대에 헌병보조원이었다.

89) 경시는 주임관이며 경부 이하는 판임관 대우였다. 김정은, 「일제하 경찰조직과

승진한 경우가 대부분이다. 순사(보)나 헌병보조원 경력만 있는 경우를 포함하면 실제로 경찰 경력자는 더 많았을 것이다. 경찰로서 고위직까지 승진한 사람은 21명으로, 경시 4명, 경부 13명, 경부보 4명이다. 이들 21명 가운데 경찰서 퇴직 후 군수가 된 사람은 7명, 중추원참의가 된 사람은 5명이 있었다. 참고로 조선인 경시는 식민지기를 통틀어 45명이었다.[90)]

경시: 尹秉禧, 金允福, 韓定錫, 崔志煥
경부: 權益采, 元炳喜, 成禎洙, 余璟燁, 俞鎭厚, 南基允, 金鍾奭, 孫鎭彦, 姜利璜, 姜鳳瑞, 李喜永, 申台鉉, 金大元
경부보: 吳仁德, 崔龍富, 金孝澤, 金萬熙

일반 순사나 헌병보조원으로 의병운동이나 독립운동 탄압에 가담한 사례도 있다. 車斗煥(평북37)은 1910년부터 1916년까지 헌병보조원으로 있으면서 '인심이 동요할 무렵의 평북 지방 치안유지에 진력하여 많은 공로'를 남겼다.[91)] 반민특위 재판을 받은 許基燁(경남37)[92)]은 3·1운동 당시 독립운동자들을 체포, 고문했다는 혐의를 받았다.[93)] 宋致晥(평북37)은 1909년경 헌병보조원이 되었고, 이후 도순사로 '치안유지의 제일선'[94)]

조선인통제정책」, 숙명여대 한국사학과 석사, 1998 ; 김민철, 「식민지조선의 경찰과 주민」, 『일제 식민지지배의 구조와 성격』, 景仁文化社, 2005.

90) 박은경, 『일제하 朝鮮人 관료 연구』, 학민, 1999, 122쪽.

91) 梁村奇智城, 『平安北道大觀』, 朝鮮研究社, 1940.

92) 『경향신문』 1949년 8월 27일자에 俞廷植(충남37)이 고등계형사라고 나오고, 이강수 책 『반민특위연구』(나남, 2003), 417쪽에 許智(경남41)가 고등계형사로 기재되었으나 이를 입증할 다른 1차 자료는 아직 발견하지 못했다.

93) 『재판기록』 참조. 허기엽은 3·1운동 시 8명의 독립운동자를 체포했다는 증언을 부인했다. 허기엽은 경찰 퇴직 후 고리대업을 했으며, 1937년 도의에 당선되었으나 선거법 위반으로 금고 4개월을 언도 받고 도의를 사임했다.

94) 梁村奇智城, 『平安北道大觀』.

에서 약 20여 년을 근속하고 1930년 면장에 취임했다.

조선인의 관직 진출의 일반적인 양상으로 총독부 하급 행정 관리로 출발한 사람들 가운데 소수만이 군수로 승진한 것과 마찬가지로, 순사(보), 헌병보조원 등 말단 경찰에서 시작한 사람들 가운데 소수가 경부(보)와 경시로 승진했다.

3. 주요 사회적 활동 경력

지금까지 관직을 중심으로 도평·도의의 경력을 살펴보았다. 이들 관직 경력은 대부분 도평·도의가 되기 이전의 경력이지만, 서술의 편의상 도평·도의직과 관직을 동시에 수행하거나(면장), 도평·도의 이후에 관직을 역임한 경우까지 함께 살펴보았다. 이를 통해 도평·도의 가운데 관직 경력자, 특히 면장 역임자가 많은 것을 확인할 수 있었다.

이제 관직 이외의 다른 사회적 활동 경력을 살펴보겠지만 역시 기술의 편의상 1920년 이전의 사회적 경력으로 한정할 수밖에 없다. 물론 1930년대나 1940년대에 처음 도회의원이 된 경우는 1920년 이후의 활동도 '경력'이 된다. 그러나 1920년대 이후의 '활동'에는 '전·현직 도평·도의'들이 포함되므로 여기서는 1920년 이전으로 제한하기로 한다.

1) 1920년 이전의 공직 활동

(1) 지방행정자문기관

1907~1911년의 지방위원 중 도평·도의가 된 경우는 최소 3명이 확인

된다.[95] 이 가운데 유세탁은 불과 22세 때인 1907년 지방위원으로 선정되었고, 이후 와세다대 유학을 거쳐 군참사를 역임했다.[96] 김형옥은 전라남도 관찰부 摠巡을 거쳐 1906년 광주농공은행을 설립했고, 41세 때인 1907년에 지방위원이 되었다.[97] 김영택은 1906년부터 해주농공은행 이사에 피선되었으며 38세 때인 1907년 지방위원이 되었다.[98] 이들의 면면을 볼 때 일제의 의도에 부합한 '신흥 유력자'였다고 생각된다.

〈표 Ⅱ-24〉 지방위원 출신자

지방위원회명	이름	지방의원 역임연도		주요경력
		도평·도의	면협	
광주지방위원회(1907)	金衡玉 1867년생	전남20/24	20광주면	창평군수, 조선농회, 광주농공은행장
해주지방위원회(1907)	金泳澤	황해20/24/27/30	23해주면	해주군참사, 해주전기(주)사장, 중추원참의
영변지방위원회(1907)	柳世鐸 1885년생	평북27/30		박천군참사, 박천수조장

1910년대의 도·군·부참사와 부협의회의원을 역임한 사람 가운데 1920년 이후 도평·도의가 된 사람은 160명이었다. 그 가운데 충남의 閔載祺와 함남의 吳錫祐 등 2명만이 1933년에 도회의원으로 처음 선출되어 도평의원 경력이 없고, 나머지 150명은 모두 도평의회 경력자였다. 도평·도의뿐만 아니라 1920년 이후 부협의회나 면협의회에 진출한 사람

95) 각 지방위원회의 위원 명단을 모두 확보하지 못했다.
96) 阿部薰, 『朝鮮功勞者名鑑』. 民衆時論社, 1935, 141쪽.
97) 『大韓帝國官員履歷書』, 733쪽.
98) 위의 책, 735쪽.

가운데에도 물론 참사를 역임한 사람이 상당수 있었다.[99)]

참사 역임경력을 도·군·부참사로 나누어 살펴보면, 160명 중 도참사가 16명, 군참사가 139명, 부참사가 8명이었다. 군참사와 도참사 경력이 모두 있는 사람은 5명이었다. 그 가운데 도참사 역임자 16명의 도평·도의 당선 연도와 관·민선 여부, 중추원 참의 여부를 보면(〈아래 표 참조), 도참사 역임자들은 대부분 '관선'으로 임명되고, 중추원 참의가 된 사람이 11명이었다.

〈표 Ⅱ-25〉 도참사를 역임한 도평·도의[100)]

이름	도·군참사(취임연도)	도평·도의	중추원
閔泳殷	충북도참사(1919)	충북20관/24관/27관/33관/37관/41관	○
金甲淳	충남도참사(1913)	충남20/24/30관/30/33	○
鄭碩謨	전주군참사(1913~1917), 전북도참사(1917)	전북20	○
李康元	전주군참사(1912), 전북도참사(1912~1914)	전북30관	○
尹定鉉	해남군참사(1919), 전남도참사(1919)	전남20관/30관/33관	○
玄基奉	목포부참사(1911), 전남도참사(1920 현재)	전남20관	○
秦喜葵	경북도참사(1911)	경북24관/27관	○
鄭淳賢	경남도참사	경남20관/24	○
孫之鉉	경남도참사(1919)	경남20	
鄭禧協	경남도참사(1919)	경남20관	
李台健	봉산군참사(1912), 황해도참사(1917)	황해20관	
林祐敦	평남도참사(1911~1920)	평남20관/24관/27관	
金濟河	곽산군참사(1911), 정주군참사(1914),	평북20/24	○

99) 예를 들면 1919년 경기도참사였던 金謹鏞은 1920년과 1923년에 송도면협의회원에 선출된다.

	평남도참사(1916)		
李鏡麟	평북도참사(1916)	평북20	
崔錫夏	평북도참사(1912)	평북20관/24관/27관	○
姜錫圭	강원도참사(1919)	강원20관	
李根宇	강원도참사(1911)	강원20관/27관/30관/33관	○

그리고 군참사의 경우 참사로서 활동한 군과 도평·도회의원로 당선된 군이 거의 일치했다. 군참사 139명 가운데, 참사로 활동했던 군명(郡名)과 도평·도의로 대표한 군명이 다른 경우는 7명뿐이었는데, 대부분 지역적으로 인접한 군이거나 행정구역 조정으로 郡名이 바뀐 경우였다. 예를 들면 蘇鎭文(전북27/37/41)은 부안군 참사였는데 1927년 익산에서 도평의원으로 당선되었다. 1919년 내곡군 참사였던 金思一(경북20)은 1920년 칠곡에서 도평에 당선되었고, 1914년 함안군 참사였던 林碩鐘(경남27)은 1927년 거창에서, 영월군 참사였던 嚴達煥(강원20/24/27)은 1920년 춘천에서, 풍산군 참사였던 吳錫祜는 1933년 고원에서 도의로 당선되었다.

이상과 같이 볼 때 1920년 지방제도 개정 이후의 지방의회는 인적 측면에서도 1920년 이전의 참사제도와 부협의회제도를 상당부분 계승했다. 또한 그들의 지역적 기반도 참사나 부협의회원으로 활동한 지역과 일치한다.

다음으로 1920년의 지방개정 이전의 부협의회 의원과 부참사를 보자.

현재 입수할 수 있는 자료로 경성부, 대구부, 평양부의 조선인 부협의회원 명단을 제시하면 다음과 같다. 다소 누락이 있으나 4회에 걸친 인원 변동을 볼 수 있다.[101]

100) 참사임명연도는 최대한 정확을 기하려 했으나 『職員錄』에 의거한 경우는 재직연도임은 확실하나 임명년도에서 다소 실제와 다를 수 있다.

101) 대구의 1916, 1918년 명단이 불완전하고, 1920년의 명단은 확인되지 않는다.

경성(13명)

1914년 4월 7일 俞吉濬 韓相龍 趙鎭泰 嚴達煥 芮宗錫 安商浩 金容濟 朴齊斌

1916년 4월 趙鎭泰 安商浩 朴齊斌 韓相龍 白完爀 閔裕植 白寅基 金漢奎

1918년 4월 趙鎭泰 安商浩 朴齊斌 韓相龍 白完爀 白寅基 金漢奎 鄭求昌

1920년 5월 3일 韓相龍 趙鎭泰 安商浩 朴齊斌 白完爀 鄭求昌 白寅基 金漢奎

대구(5명)

1914년 4월 7일 李一雨 鄭海鵬 徐丙奎 徐丙朝 崔萬達

1916년 4월 李一雨 徐丙朝 鄭海鵬

1918년 4월 徐丙朝 鄭海鵬

평양(10명)

1914년 4월 7일 鄭仁叔 朴經錫 鄭在命 黃錫煥 金能元 金鎭根

1916년 4월 朴鳳輔 林錫奎 鄭在命 黃錫煥 金能元 金鎭根

1918년 4월 金南鎬 李春燮 鄭在命 黃錫煥 金能元 金鎭根

1920년 4월 21일 金南鎬 李春燮 鄭在命 黃錫煥 金能元 金鎭根

중복되는 인물을 제외하면 경성 13명, 대구 5명, 평양 10명이 부협의회원 출신이다. 한상룡, 조진태, 정재명, 김능원, 김진근 등은 4회 연속하여 부협의회원으로 임명되었다.

이들 1914년부터 1920년까지의 부협의회원 역임자 가운데 일부는 지방제도 개정 후에도 지방의원으로 선출되었다. 자료 부족으로 전모를 파악할 수는 없지만, 현재 명단을 알 수 있는 경성, 대구, 평양의 경우만 보면 舊 부협의회원 가운데 약 3분의 1 정도가 1920년 이후에도 지방의원이 되었다.(표 참조) 경성부협의회의원이었던 한상룡은 1920년 이후 1945년에 이르기까지 관선 경기도평·도의를 한 번도 빼놓지 않고 역임했다. 경성부의 백인기, 김한규 등은 1920년 이후에도 경성부협의회원이 되었을 뿐 아니라 경기도평의회원을 한 차례 이상 역임했다. 부협의회원 출신자들은 지방제도가 개정된 후 주로 관선으로 도평의원에 임명되었다.

〈표 II-26〉 1914~1920년 부협의회원 출신

1920년 이전의 부협의회	이름(1920년 이전 부협임기회수)	도평·도의 (1920년 이후)	관·민선 여부[102]	부협·면협 (1920년 이후)
경성부협 (5명)	韓相龍(4회)	경기도평·도의	관선	
	嚴達煥(1회)	강원도평	민선	
	芮宗錫(1회)			경성부협·부의
	金漢奎(3회)	경기도평	민선	
	白寅基(3회)	경기도평	관선	경성부협
대구부협 (3명)	鄭海鵬(3회)	경북도평	관선	
	李一雨(2회?)			포항면협
	徐丙朝(3회)	경북도평·도의	관선	대구부협
평양부협 (4명)	黃錫煥(4회)			평양부협
	金能元(4회)	평남도평·도의	관선	
	李春燮(4회)			평양부협(2회)
	朴經錫(1회)	평남도평	관선	

부참사 출신임이 확인되는 도평·도의는 다음 표에서 보듯이 8명이다.

102) 여러 차례 도평·도의를 역임한 경우 관선 경력이 1회 이상이면 관선으로 표기했다.

〈표 Ⅱ-27〉 부참사 출신의 도평·도의

이름	부참사(취임연도)	도평·도의	중추원
丁致國	19/20인천부참사	경기20관	
張錫佑	19/20인천부참사	경기24관	
玄基奉	11목포부참사, 19/20전남도참사	전남20관	○
金商燮	20목포부참사	전남24관/27관/30	○
文尙宇	20부산부참사	경남20관/24/27관	
金秉先	20마산부참사	경남20관	
朴經錫	19/20평양부참사	평남24관/27관/33관/37	○
李澤鉉	20원산부참사	함남20관/24관	○

이들 역시 관선으로 도평·도의에 임명되었고, 중추원 의관이 된 사람이 다수를 차지했다. 3·1운동 당시 전남도참사였던 현기봉은 일제의 요청에 따라 나주, 무안, 제주 등지를 돌며 총독부의 시정방침에 관해 강연하여 운동을 진정시키고자 했다.[103)]

도참사나 군참사에 임명되는 데에는 신분보다는 재산이 큰 작용을 했다. 세간에서는 '總督政治가 始作되며 爾來 十年間에 學識도 門閥도 思想도 人格도 다 쓸 데가 업고 오즉 돈만 잇스면 身分 조흔 사람 축에 들어 道郡參事나 面役員 한자리라도 얻어 하게 되는 판'이라고 평했다.[104)]

103) 현기봉이 1921년 조선산업조사위원회의 위원에 임명된 것은 도참사 활동과 무관하지 않을 것이다. 홍성찬, 「한말·일제하 전남 지역 한국인의 은행 설립과 경영－光州農工銀行·湖南銀行의 사례를 중심으로－」, 17쪽.

104) 「우리의 社會的 性格의 一部를 考察하야 써 同胞兄弟의 自由處斷을 促함」, 『開闢』 1921년 10월, 12쪽.

(2) 총독부 보조기구

① 토지조사위원

도평·도의들이 참가한 허다한 '공직'에 대해서는 제Ⅲ장에서 살펴볼 것이다. 여기서는 그총독부의 공식 보조기구인 토지조사위원회와 보통학교 학무위원에 관해서만 살펴보기로 한다.

1910년대의 공직 중 두드러지게 많은 것이 각도 토지조사위원회(임시토지조사국)[105] 위원이었다. 도평·도의 중 각 도의 토지조사위원회(임시) 위원을 역임한 사람은 109명,[106] 토지조사국에서 서기나 기수를 한 사람까지 포함하면 136명이 확인된다. 이들 토지조사위원 역임자 중 군서기 역임자가 90명, 군속 역임자가 47명이다. 토지조사사업은 일제가 조선을 경제적으로 식민지화하기 위해 가장 먼저 착수한 작업으로[107] 1912년 8월, 토지조사위원회 관제와 토지조사령 공포로 각도에 위원회가 설치되었다.

일제당국은 지방의 토지조사국 위원으로 전·현직 군수, 지주 등 지역에서 유력한 기반을 가진 조선인들을 임명했다. 토지조사위원들은 1910년대 말까지 '도시가지의 토지疆界 및 소유자 등에 관한 사정'을 했다.[108] 전근대적 토지소유관계를 식민지적으로 재편하는 거대한 프로젝트의 한 부분이었다.

105) '임시토지조사국' 임시위원은 1915년에 2,542명으로 가장 많았으나 이후 급감하여 1918년 '고등토지조사위원회사무국'으로 개편된 뒤 18명만 남았다. 권호준, 「1930년대 일제의 조선인 下級行政官僚에 대한 정책」, 7쪽. 토지조사위원회 관제는 1925년에 폐지되었다.

106) 1919년 이전의 토지조사위원 가운데에는 일부 누락이 있을 것으로 생각된다. 1919년 이전의 경우는 『官報』 등 다른 자료를 통해 확인되는 경우이며, 1919~1920년의 토지조사위원은 『職員錄』에서 확인했다.

107) 임시토지조사국은 1908년에 설치되었고, 1909년 6월 驛屯土實地調査를 시작했다.

108) 『每日申報』 1913년 11월 15일.

② 공립보통학교 학무위원

통감부시기부터 일제가 토지조사사업과 함께 힘을 기울인 것이 교육의 식민지화였다. 전통적 교육체계는 이미 과거제도의 폐지로 인해 상당한 타격을 입었고, 유학은 더이상 관료 임용이나 승진의 평가 기준이 아니었다. 외국어학교와 한성사범학교의 설립 이후 '근대적' 교육 기관이 증가하고 있었지만, 일제는 조선인의 민족의식 향상에 기여하는 사립학교를 탄압하고 식민지 교육과 하급관료 양성을 위해 교육제도를 정비했다. 공립보통학교 설립은 그 일환이었다.

1908년부터 설치된 학무위원회는 공립보통학교 소재지의 민간유지들을 구성원으로 했다. 학무위원회의 목적은 공립보통학교의 개설, 유지, 증설에 민간인의 협조를 구하는 것이었다. 이를 위해 예외 없이 헌병·경찰·지방행정관료가 총동원되어 그 지역 민간 유지들에게 '협조'를 구하는 캠페인이 벌어졌고, 이 과정에서 민간 유지들을 임기 2년의 학무위원으로 임명했다.[109]

도평·도의 가운데 학무위원 경력이 확인되는 사람은 84명인데, 실제로는 더 많았을 것으로 추측된다. 학무위원들은 기부금 모집 등 학교를 위해 일정한 부담을 지는 대신 학교문제를 통해 공직 사회에 발언권을 행사하기도 했다.[110] 그러나 그러한 권리 행사는 학무위원이 어디까지나 군수가 임명하는 명예직이라는 점 때문에 지극히 제한되었다. 공립보통학교 학무위원은 조선인 교육 확충이라는 명목하에 식민지 교육체계의

109) 1926년 현재 서산의 공립보통학교는 12개교로 학교별로 6~7명이 학무위원으로 위촉되었다. 지수걸, 「일제하 충남 서산군의 '관료-유지 지배체제'」, 『역사문제연구』 3, 1999, 32쪽.

110) 가령 '三千浦公立普通學校 확장문제'에 대해 '泗川郡守 洪性郁'의 '처리의 不善을 힐책'하야 '그곳의 학부형과 學務委員이 연합하야 洪군수에 대한 學務不信任을 결의'한 일도 있었다. 「11月 中의 世界와 朝鮮」, 『開闢』 30, 1922년 12월.

확립에 협조하는 자리였다. 이는 '조선인 본위의 교육'과는 거리가 먼 것이며 조선인을 위한 '교육 기회' 주장이 '식민지 동화 교육'에 대한 협조로 이어지는 모순을 안고 있었다.

2) 1920년 이전의 민족운동 및 '협력' 활동

(1) 계몽·자강운동

도평·도의 가운데에는 한말의 애국계몽·自强운동에 관여한 사람이 많았다. 이러한 운동의 중심에 선 것이 대한협회, 헌정연구회, 대한자강회,[111] 서북학회, 태극학회,[112] 관동학회, 기호흥학회 등의 단체들이었다. 이들 단체에 참여한 도평·도의는 어림잡아 40명 정도가 확인된다. 이들은 대체로 조선의 자주독립,[113] 문명개화, 식산흥업, 부국강병의 입장에서 교육 활동과 산업 활동에 힘썼다.

문명개화와 식산흥업론, 나아가 부국강병과 근대화론은 '병합' 이후의 도평·도의의 행보에도 많은 영향을 주는 논리라고 생각되므로 좀 더 살펴보기로 하자. 서북학회 총무였던 李達元(황해20/24)은 산업을 통해 강국을 만들어 외국과 경쟁해야 한다고 했다.

---

111) 헌정연구회와 대한자강회는 입헌군주제를 주장했으며 沈宜昇(강원30)은 1906년경 이 두 단체에 참여했다.

112) 1905년부터 1909년경, 동경에서 활동한 관서지방 출신 중심의 유학생단체로 계몽과 애국고취를 위해 태극학보를 발간했다. 이 단체의 중심인물인 崔錫夏(부회장)는 1920년대에 관선평북도평을 3차례 역임한 최석하와 동명이인이다.

113) 金熙綽(평북20/24)은 대한협회 宣川지부장으로 1909년 12월, 일진회의 합방성명에 반대하여 선천회관에서 연설회를 열고 '逆賊一進會'를 성토했다. 「一進會의 合邦聲明後 宣川地方 民心動向에 대한 現地分遣所長의 報告書內容 移牒件, 憲機 第二四八○號」, 1909년 12월 17일.

> 지구 각국이 혹은 學으로 싸우며 혹은 兵으로 싸우며 혹은 工으로 싸우지만 한층 商戰을 중시하나니 商戰의 우승자는 其國이 必富하고 富則必强이라. 商戰의 세력은 商會 결합에 있나니 반드시 大信을 相守하야 단체를 完固히 하되 단지 개인의 利로써 利를 삼지 말고 通國의 利로써 利를 삼아 外人으로 더부러 利를 爭할지니라.[114](강조는 필자)

함경도 출신의 金源極(함남20)은 전통적인 한문교육을 받은 지식인으로 서북학회 부총무와 太極學報 주필을 지냈다.[115] 그는 '西勢東漸에 약육강식하는 시대'에는 '신진교육', 즉 '세계문명 풍조에 觸感하고 국가회복사상에 분발'하는 교육이 필요하다고 역설했다.[116]

1920년도 후반, 각지에 사립학교가 활발하게 설립된 것은 국권 회복을 위한 계몽운동 차원이었다. 도평·도의 가운데 '병합' 이전에 사립학교를 설립하거나 학교 교장으로 있었던 사람은 모두 20명이 확인된다.

金鴻亮(황해33/41)은 1906~1909년 민족의식을 고취하기 위해 황해도에 陽山학교(이후 陽山중학)를 설립하여 교장을 맡았다. 이 양산학교에서 교사로 활동한 사람이 金九이며 김홍량과 김구는 안악사건[117]으로 함께 옥고를 치렀다. 김홍량 집안뿐 아니라 元孝燮(황해27/30/37)의 조부, 崔昌林(황해41)의 부친 등 안악에서 손꼽히는 재력가들이 양산학교 건립에

114) 李達元, 「商戰說」, 『서우』 1907년 2월 1일.

115) 역시 도평의원을 지낸 李達鉉(함남27)은 김원극을 '愛國의 義血과 愛族의 慈悲'를 가진 사람으로 칭송(이달현 등, 「恭呈于太極學報 主筆 金源極 閣下」, 『태극학보』 1908년 11월)했으며, 김원극의 사후 함남의 유지들은 기념비와 유고 발행을 추진했다(『東亞日報』 1934년 11월 29일).

116) 金源極, 「教育方法必隨 其國程度」, 『西北學會月報』 1908년 6월.

117) 안명근·안악사건이라고도 하며, 안명근(안중근의 종형제)이 독립투쟁(寺内총독 암살 모의 포함)을 계획하고 1910년 김홍량 등과 함께 자금조달 등을 한 것이 발각되어 일어난 사건이다.

거액을 내놓은 점도 주목을 요한다.

1908년, 韓日東(충남20)은 '지역민의 성원' 속에 연기향청의 거출금을 재원으로 배달학교를 건립했으며 학교의 '勸學歌'에는 근대문물 수용과 애국심 고취의 내용이 포함되어 있었다.[118] 1908년 김제의 지역유지인 김장호와 그 아들인 김연식(전북24/37/41)은 신명학교를 설립·운영했다. 일제의 사립학교 탄압에 따라 신명학교는 '병합' 후 휴교했다가 1911년 다시 개교했고, 3·1운동 시 만세운동으로 인해 폐교를 당했다.[119]

'병합' 이후인 1910년대에도 학교를 설립하고자 하는 시도는 계속되었다.[120] 그러나 일제가 사립학교를 탄압하고 공립학교를 충량한 신민을 양성하기 위한 수단으로 삼으려 함에 따라 '교육을 통한 근대화' 활동은 굴절을 겪게 되었다. 기존의 사립학교가 공립학교로 바뀐 경우도 있었다.[121] 張鷹相(경남24/37관)이 1905년 설립한 일어학교는 1908년, '私立普興學校'로 개칭되었는데, 장직상은 1917년 '삼천포공립보통학교 설립에 즈음하여 (보흥)학교 전체를 郡에 기부'했다.[122]

식산을 통한 부국강병론 역시 식민통치의 논리와 부딪히면서 변용을

118) 김진호, 「연기지역의 3·1운동」, 호서사학회 편, 『호서지방사연구』, 景仁文化社, 2003.

119) 이후 이 학교는 1929년 사립 신명학교로 인가를 얻어 학교를 운영하다가 致文보통학교로 개명했다. 재단법인 치문학원의 이사장은 김연식이었다. 치문보통학교는 1944년 반일사상을 가르쳤다는 이유로 강제 폐쇄되었다. 『독립운동사전』, 신명학교 항목 참조.

120) 韓準錫(함남20관/24관)의 경우, 1913년 함흥군 西退潮面長에 임명되었는데, 곧이어 1914년 사립 西退潮학교를 설립하고 교장이 되었다. 일제는 한준석에 대해 '地方功勞者, 施政方針 宣傳'으로 표창했다. 『朝鮮人事興信錄』, 120쪽.

121) 洪性肅(황해20)이 설립한 '殷栗郡內의 최초의' 殷明學校는 '병합' 후 공립보통학교로 바뀌었다. 阿部薰, 『朝鮮功勞者名鑑』, 759쪽.

122) 『朝鮮總督府施政25周年記念表彰者名鑑』, 1034쪽.

겪었다. 文尙宇(경남20/24/27관)는 일본 유학 당시 유학생회 활동에 적극적이었고, 1908년 조선독립을 열렬히 호소하는 글을 쓴 바 있었다.[123] 1910년대에 경남은행의 지배인이자 대주주로[124] 활발하게 산업 활동을 벌이던 문상우는 다음과 같은 희망을 피력했다.

> 5, 6년 전 조선인의 금융기관이 없어 상업상 세력이 극히 미약하고 금융은 전혀 내지 상업가에 의뢰하더니 경남은행 설립(1912년) 이후 선인측 금융이 유통하여 금일의 상업은 매우 유력하며, 현금의 활동하는 상업가는 내지 유학한 청년이 많아 장래 선인의 상업세력이 내지인보다 優勝할는지도 不知하노라.[125]

경남은행(1912년 설립, 1928년 경상합동은행으로 인계)은 대구은행(1913년 설립), 호서은행(1913~1929), 동래은행(1918년 설립, 1933년 호남은행에 합병), 호남은행(1920~1942) 등과 함께 이른바 '민족계 은행', 즉 조선인들이 설립 주역이 된 은행이었다.[126] 통감부시기에 설립된 농공은행에 주도적으로 참여하거나 한일은행 등 기존의 은행에서 경력을 쌓은 사람들이 일반은행 설립에 참여했다.[127] 이 은행들은 지역의 조선인 산업 활

---

123) 문상우, 「有所感」, 『太極學報』 1908년 9월 24일.

124) 문상우는 부산 최대의 부자인 迫間房太郎과의 친분을 바탕으로 경제계에서 성장했다.

125) 釜山慶南銀行 支配人 文尙宇氏 談, 「朝鮮人側金錢流通은 全여 慶南銀行」, 『半島時論』 1917년 12월.

126) 이들 은행에 간부나 주주로 관여한 도평·도의는 매우 많다. 이하는 은행 설립에 관여하거나 설립 초기에 간부를 맡은 도평·도의이다. 경남은행: 金弘祚(경남20), 文尙宇(경남20관/24/27관), 대구은행: 張稷相(경북20/24), 秦喜葵(경북24/27), 호서은행: 成樂憲(충남20/24), 白寅基(경기27관), 동래은행: 金秉圭(경남27/33관/37관), 호남은행: 金商燮(전남24관/27관/30), 金衡玉(전남20관/24관), 玄基奉(전남20관), 玄俊鎬(전남24/27), 丁洙泰(전남20/24관/27관/33), 車南鎭(전남33관/37관), 文在喆(전남24/27/30/33).

동과 연계하여 영업을 했고 은행에 참여하여 활동한 조선인들은 '산업을 통한 조선 근대화'에 사명감을 가졌던 것으로 보인다.[128)]

일제 당국의 조선인 산업 활동에 대한 탄압과 일본인에 대한 일방적인 지원은 조선인 자본가들의 반감을 샀을 것이다. 그들이 1920년 이후 '조선인 본위의 산업'이라는 구호를 들고 나온 것은 매우 자연스럽다. 그러나 조선인 자본가들 사이에서는 일제당국이나 일본인과의 협조를 통해 산업 발전을 꾀하고자 하는 경향도 강력하게 존재했다. 가령 상인 출신인 林祐敦(평남20관/24관/27관)의 '진남포는 내지인 내주자가 많고, 기업상 日鮮人이 제휴하여 경영하므로 일선동화의 모범지'[129)]라는 발언에는 일제의 자본에 편승하고자 하는 기대가 드러난다.

문명개화와 식산흥업론의 영향력은 매우 컸으며 일제하의 실력양성운동으로 연결되었다. 실력양성론에 동조적인 도평·도의들은 식민 정책에 대한 견제와 협력 사이에서 동요했다.

(2) 1910년대의 민족운동

① 3·1운동 이전

1910년대의 민족운동 참가자로는 서북지역의 안명근사건·105인사건 관련자들과 영남지역의 조선국권회복단 관련자들이 있다. 이 두 사건의 관련자들과 내용을 정리하면 다음과 같다.

---

127) 광주농공은행: 김형옥, 김상섭, 현기봉, 경상농공은행: 徐丙朝(경북20관/24관/27관/30관/33관/37관/41관) 등. 이영훈 등 공저, 『한국의 은행 100년사』, 산하, 2004, 147~168쪽.

128) 홍성찬, 「한말·일제하 전남 지역 한국인의 은행 설립과 경영－光州農工銀行·湖南銀行의 사례를 중심으로－」, 『省谷論叢』 30집 제2권, 1999 참조.

129) 임우돈, 「진남포의 今日」, 『半島時論』 1917년 8월.

〈표 Ⅱ-28〉 조선국권회복단과 안악 · 105인사건 관련자

분류	이름(생년)	운동 관련 사항	지방의원	기타 경력
조선국권회복단 · 백산상회	崔浚(1876~1936)	15조선국권회복단 중앙총부단원, 대한광복회[130] 재무담당 · 옥고, 19 백산무역㈜ 사장	경북20	금융 · 농업 동아일보창립발기인
	裵相淵	15조선국권회복단원, 21성주청년회 총무, 백산상회관련	경북20/27	상공인 · 금융
	韓翼東(1888~1957)	조선국권회복단 관련, 20대구청년회장, 21대구청년구락부 회장, 21조선인산업대회	경북20관/20/23/26/29대구	상공인
	徐炳柱(1885~1965)	조선국권회복단 관련	경북33관/37관/23대구부	금융 39~40중추원 참의
	尹炳浩(1888년생)	백산상회 재판증인, 백산상회 지배인, 21부산기미육영회 간사	경남24/33	상공업
	文尙宇(1880년생)	조선유학생회, 19부산예월회, 19기미육영회, 부산청년회 초대간사장, 22민립대기성준비위발기인, 백산상회 감사	경남20/24/27/30/23부산	금융 · 상공업 동아일보지국장
안악사건 · 신민회	金鴻亮(1885~1950)	11안악(안명근)사건으로 15까지 투옥, 25동아안악지국장	황해33/41(관, 부의장)	농업 · 상공업
	李根宅[131](1884년생)	10년 105인사건 피체 · 무죄, 20상해임정(독립신문 영업부장)	평북33	광업
	趙尙鈺(1896년생)	12총독암살모의, 신민회	평북41관/35/39/43신의주부	상공업 42~45중추원 참의

출전: 『韓民族獨立運動史資料集』, 각종 인명록을 근거로 필자가 작성.

130) 1915년 7월, 대구를 중심으로 풍기광복단과 조선국권회복단원들이 결성한 단체. 중심인물은 姜順弼, 朴尙鎭, 禹在龍이었다.

131) 이근택은 郭山에서 사립 開進學校의 교장을 지냈다. 상해에서 독립신문 영업부장을 하다가 1922년에 조선에 돌아와 광산업에 종사했다. 『倭政時代人物史

조선국권회복단은 1915년 음력 1월, 경북 달성군에서 尹相泰, 徐相日을 중심으로 '한국 주권 회복'을 목적으로 결성된 독립운동단체였다. 경주 부호로 유명한 崔浚은 중앙총무단원으로 이에 적극 참여했다. 배상연은 서상일과의 친분관계로 국권회복단 단원이 된 것으로 보이며 동 단체를 위해 자금을 융통해 준 혐의로 재판을 받았다.[132] 서병주와 한익동은 경북지방의 부호·유력자로 이 단체로부터 독립자금 요청을 받았다. 적극적인 독립운동 참여 여부는 불분명하지만 독립운동가들과 친분 관계를 갖고 있었다.[133]

삼척의 金東鎬(강원20)는 국권회복단과 직접 관계가 없지만 禹利見이나 朴尙鎭(국권회복단)과 함께 1917년 광복회의 독립운동자금 모집에 관여했다.[134] 김동호는 '조선13도의 부호들을 협박하여 자금'을 구할 계획으로[135] 강원도 삼척군 방면의 '부호 인명부'를 박상진에게 주었다.

料』(1927년 추정) 참조.

132) 배상연은 재판에서 서상일이 백산상회의 주식 인수를 요청했지만 현금 불입을 보류했다고 진술했다. 그리고 재판장이 '피고는 조선의 독립을 희망하는가' 하고 묻자, '희망하지 않는다. 나는 구한국시대는 악정인 것을 들어 알고 있으며 오늘날의 총독정치는 우리의 생명·재산을 안전하게 보호하고 있으므로 나는 오늘의 정치에 만족하고 있다'고 대답했다. 「裵相淵 訊問調書」(1919년 7월 12일).

133) 1939년에 대구부의가 된 徐昌圭는 1915년 당시 국권회복단의 독립자금 요청을 거절했다고 한다. 그밖에 영남지방의 지방의원으로서 鄭龍基(대구23, 1919년 조선국권회복단 관련 재판 받음), 孫永卨(밀양31), 李祖遠(부산23/26, 조선국권회복단원) 등이 있다.

134) 김동호는 박상진과 함께 대구감옥에 수감된 적이 있었다. 그는 광복회 가입 권유를 받은 듯 하지만 실제 가입 여부는 알 수 없다. 「禹利見 訊問調書」, 1921년 11월 2일.

135) 우이견 자신은 김동호와 면회한 사실과, '출금에 응하지 않는 자를 살해'하려 했다는 혐의를 부인했다. 경찰 측은 張承遠(장직상의 부친)과 아산군 道高面長인 朴容夏 살해에 이들이 관계했다고 의심했다. 우이견은 아래에 기술하는 충남도평의원, 김유현의 협박사건에도 연루되었다.

白山상회는 부산의 安熙濟 등이 설립한 회사로 독립운동자금을 조달하여 상해임정에 전달하는 역할을 했다. 조선국권회복단의 尹相泰가 백산상회 주식의 발기인으로 되어 있는 등 두 단체의 주도인물은 상당부분 겹쳐 있었다. 대구를 중심으로 상당한 영향력을 갖고 있던 서상일은 조선국권회복단원인 배상연과 서창규 등에게 백산상회 주식의 引受를 요청하기도 했다.

최준은 1919년경 사실상의 백산상회 최고 경영자였으며 상당한 재산을 독립운동자금으로 제공한 것으로 알려졌다. 윤병호는 백산상회의 지배인이었다. 그는 안희제와 함께 상해나 구미의 독립운동자들과 연락을 취했으며[136] 張德秀와는 와세다대 동기생이었다. 윤병호는 '조선의 독립을 희망하지 않는가' 하는 질문에 '조선이 독립할 수 있다면 조선인으로서 독립을 희망하지만 오늘날의 정세상 도저히 독립할 수 없는 것으로 믿고 있으므로 독립 등을 기도한 일은 없다'고 대답했다.[137]

문상우, 윤병호 등은 부산기미육영회(1919년 11월)와 부산예월회(1919년 12월)[138] 등 부산 자본가들의 실력양성운동단체에서 간부로 활약했다. 부산기미육영회는 조선교육개선기성회와 마찬가지로 교육 개선을 목적으로 조직되었고, 안희제를 포함하여 회사 중역 38명이 참여한 부산예월회는 실력양성론자뿐 아니라 사회주의 사상의 수용자까지 포괄했다. 이들 단체는 그리 활발한 활동을 벌이지는 못했고, 문상우는 독립운동 지원보다는 상공업 활동에 더욱 힘쓴 것으로 보인다.[139]

---

136) 「不穩新聞 配付에 관한 건, 문서번호 高警 제26588호」, 1921년 8월 25일.

137) 「증인 尹炳浩 訊問調書」, 1919년 9월 9일.

138) 부산의 실력양성운동과 문상우에 대해서는 이귀원, 「1920년대 전반기 부산지역 민족해방운동의 전개와 노동자 계급의 항쟁」, 『한국근현대지역운동사』 I, 역사문제연구소, 1993 참조.

안악사건과 신민회(105인) 사건은 1910년대 초반에 테라우치 총독 암살을 기도했다는 혐의를 공통적으로 받은 점을 제외하고는 조직과 인적 구성 면에서 별개의 사건이었다. 안악사건의 중심인물인 김홍량은 '병합' 이전부터 황해도에서 민족운동을 전개한 인물로, 1911년 안명근 안악사건[140]으로 체포되어 4년간 옥고를 치렀다.[141]

이근택은 신민회사건으로 검거되어 무죄 판결을 받은 뒤,[142] 상해에 가서 독립운동에 참여하다가 1922년 국내로 돌아온 이후에는 광산업에 종사했다. 1920년대 일제 공안당국의 조사기록에 따르면, 이근택은 '1911년 테라우치(寺內) 총독 암살 사건에 관계'했고 '불온한 언동을 할 우려가 있는' '배일사상'의 소지자였다.[143]

조상옥은 안악사건과 직접적인 관련이 없으나 역시 테라우치 암살 모의 혐의로 체포되었다. 그는 모의 당시(1910년 가을) 선천 信聖中學의 학생으로 나이가 15세에 불과하여 교사의 권유로 회합에 참가한 정도였다.[144]

139) 「釜山慶南銀行 支配人 文尙宇氏 談, 朝鮮人側金錢流通은 全여 慶南銀行」, 『半島時論』 1917년 12월호.

140) 주모자인 안명근이 김구 등과 함께 무관학교 설립을 목적으로 기부금을 모집하려다 1911년 검거된 사건으로 김홍량은 징역 15년 언도를 받았으나 1915년 석방되었다.

141) 석방 이후 동아일보지국장을 지낸 것 이외에는 두드러지게 민족·사회운동에 참여한 흔적이 없다. 1920년대 말, 총독부 지원을 받아 거대한 개간사업을 일으켜 경제적으로 큰 성공을 거두었다. 그는 일제의 집중적인 회유대상이었던 것으로 보인다.

142) 총독 암살 혐의를 날조한 일제당국은 1911년부터 600여 명을 체포하고 이 중, 123명을 재판에 회부, 1912년의 1심공판에서 105명에게 유죄판결을 내렸다. 『平安北道誌』(平安北道誌編纂委員會, 1973)에 따르면 105명 가운데 평북 출신이 71명이며 이근택(28세, 정주)은 징역 6년의 선고를 받았으나 2심에서 풀려났다. 『平安北道誌』, 822쪽.

143) 『왜정인물사료』.

144) 「趙尙鈺 訊問調書」, 1912년 3월 27일, 『韓民族獨立運動史資料集』, 국사편찬위

② 3 · 1운동

3 · 1운동 관련자는 16명이 확인된다. 이 가운데 9명은 당시 학생이었고 나머지는 생업에 종사하거나 미상이었으며 3~12개월의 징역형을 받거나 3 · 1운동과 관련하여 조사를 받았다.

먼저 학생신분으로 시위에 참여한 사람들을 보자. 최준용은 16세의 경성고등보통학교 학생으로 경성 안국동에서 시위에 참가했다. 강선필과 조남천은 둘 다 경성고보 학생으로 만세시위에 가담했으며,[145] 강학룡과 이형원은 경성의전 학생[146]으로 시위에 참가하여 징역형을 받았다.

다음은 만세시위운동에서 어느 정도 주도성이 인정되는데 명치대 법과생이었던 김안식은 조선인유학생학우회 소속으로 2 · 8독립선언에 적극적인 역할을 했고, 강진에서 독립시위를 주도했다.[147] 동경 城星中學에 다니던 오명진은 동경 조선YMCA에서 선언서 낭독에 참석한 뒤, 선언서 원본 1통을 휴대하고 산청에 와서 선언서를 인쇄 반포하고 시위운동을 하다가 山淸憲兵隊에 체포되었다.[148] 황순주는 16세의 학생으로 진주의 3 · 1운동 소식을 접하고 동지들과 함께 진주에 가서 강달영을 만나

원회, 1987.

145) 조남천은 재판에서 시위 사실을 시인하고 조선 독립에 대한 희망을 밝혔으나(「趙南天 訊問調書」, 1919년 3월 6일), 강선필은 시위 참가를 부인하고 조선의 상태에 '불평이 없다'고 말했다. 「姜善弼 訊問調書」(1919년 6월 6일).

146) 1919년 11월 현재 3 · 1운동으로 판결을 받은 학생 가운데 경성의전 학생이 32명으로 가장 많고, 경성고보 학생이 29명으로 뒤를 이었다. 보성고보, 중앙학교, 공업전문학교 학생은 13명이었다.

147) 김안식은 1918년에도 유학생학우회가 주최한 웅변대회에서 민족의식을 고취하는 연설을 했고(『독립운동사』 9, 1918년 11월 22일), 당시 일제의 공안기록(『朝鮮人概況』(1920년 추정)에서는 김안식을 '硬派 요시찰인(甲號)' 가운데서도 급진파로 분류했다.

148) 『反民特委裁判記錄』, 오명진 편.

독립선언서를 받고 3월 21일 만세시위를 계획했다. 황순주는 실제로 시위를 주도하지 못하고 도피했으나 검거되어 진주에서 3개월 옥고를 치렀다. 설관수는 사천읍에서 만세시위를 주도했다.

학생이 아닌 신분으로 3·1운동에 참가한 경우를 보면, 이상직[149]은 과거 대한협회에 참가했으며 상산소학교를 세워 민족사상을 고취하던 중 만세운동을 계획했으나 사전 검거되었다. 박성행은 1914년 경성의전을 졸업했으며 해주에서 의사를 하던 중 만세운동에 참가하여 보안법 위반으로 징역 6개월 언도를 받았다.

이태윤은 천도교도로 교구장 활동을 하면서 천도교 신도들에게 '獨立宣言書 수백장'을 春川, 伊川, 金化, 善天 등지에 배포하도록 하여 독립운동 시위를 일으키도록 했다.[150] 1920년대에 平康금융조합장과 時代日報 平康지국장 등을 역임했다. 일제는 그가 '표면적으로는 親日을 포장하고 있지만 농후한 배일사상'을 갖고 있다고 보고 있었다.[151] 이태윤은 1919년 5월 22일 保安法 制令 위반으로 고등법원에서 징역 1년에 처해졌는데, 1920년에 도평의원이 되었으므로 곧 풀려난 듯하다. 그는 1932년에도 독립운동자금 모집사건에 연루되었다.[152]

김익제는 3·1운동 시 '군민을 비밀리에 선동하여 불온한 행동에 나오게' 했다.[153] 그러나 그 직후인 1919년 4월 통천군 참사로 임명되었다. 충

149) 이상직은 헤이그 특사로 파견된 이상설의 종형제이다. 그의 대한협회회보 기고문은 '국가의 성쇠'가 '國民의 權利思想의 强弱'에 달렸다고 역설했다. 李相稷, 「權利는 國民의 當行할 義務」, 『大韓協會會報』 1908년 7월.

150) 『三一 獨立宣言 關聯者 公判始末書』.

151) 『倭政時代人物史料』.

152) 「姜鎭三 군자금 모집사건 증인 李泰潤 訊問調書」, 1932년 2월 16일. 이태윤은 독립운동가와 접촉한 것을 시인했으나 구체적인 협의를 부인했다.

153) 『倭政時代人物史料』 3권.

북 일대의 대지주인 김규응은 괴산에서 洪命憙 등과 함께 3·1운동을 공모한 혐의로 체포되었다.[154] 황찬영은 1914년 평양 숭실중학교를 졸업하고 교사로 재직하고 있던 중 기독교인, 학생들과 3·1운동을 준비했다. 권영례는 당시 청년 상인으로 목포 3·1운동에 참가했고, 박성행은 의사로 해주 3·1운동에 참가했다. 이들은 3·1운동 당시 지역사회에서 상당한 사회적 위치에 있는 사람들이었다. 서병하는 고원에서 朴憲永 등과 함께 만세 선동을 모의한 것으로 미루어[155] 일찍부터 사회주의에 관계했을 가능성이 있다.

〈표 Ⅱ-29〉 3·1운동 관련자[156]

	이름	3·1운동 이전의 주요 경력 및 3·1운동	1920년대 이후	도평·도의
학생	崔駿鏞(양구, 1903년생)	3·1운동 시 조사받음	신간회	강원33/37/41
	趙南天(서천, 1899년생)	경성고보, 3·1운동 징역 6월		충남33/37/41
단순 가담 (5명)	姜善弼(당진, 1898년생)	당진 굴지의 자산가인 강인기의 子. 보성고보. 3·1운동 관련 공판·징역 6월	민립대 청년회 신간회	충남41
	李亨垣(북청, 1899년생)	보성고보, 경성의전, 3·1운동 시 징역 6개월		함남37
	姜學龍(정주, 1893년생)	경성의전, 3·1운동 관련 징역 6개월		평북37
	金安植(강진, 1896년생)	지주 출신, 명치대 법과, 유학생학우회 소속, 강진3·1운동 주도·체포(6개월 투옥)	청년회	전남33
학생 주도적	薛瀧銖(창원, 1899년생)	와세다대 정치과, 3·1운동 관여로 징역 6월	청년회 신간회	경남37/41

154) 『每日申報』 1919년 3월 25일.

155) 『每日申報』 1919년 3월 28일.

(4명)	吳明鎭(산청, 1900년생)	양정고보 졸업하고 와세다대 유학 중 2·8선언 낭독 참가, 산청에서 만세운동, 징역 8월	청년회	경남33/41
	黃順柱(사천, 1903년생)	대구의전, 3·1시위 계획·징역 3개월		경남37/41
	李相稷(진천, 1878년생)	1905년 문명학교 창설, 대한협회(1907), 1912~1913년 진천금조장, 1919~1920년 진천군 참사, 상산소학교 설립, 3.1만세운동 계획했으나 사전검거로 옥고를 치름	민립대	충북24
	金奎應(괴산, 1889년생)	대지주, 3·1공모혐의 피체[157]		충북33
기타 (7명)	權寧禮(목포, 1897년생)	상인, 3·1운동 참가·무죄 방면	청년회 민립대	전남33
	李泰潤(평강, 1879년생)	1912년 시천교에서 천도교로 개종하여 교구장이 됨, 18평강군 참사, 3·1시 독립선언서 배포·징역 1년	청년회 민립대	강원20/30/33
	金翼濟(통천, 1879년생)	1905년 전남관찰부 주사, 1919년 통천군 참사, 3·1운동 시 군민 선동		강원20
	徐炳河(고원, 1902년생)	3·1운동 시 독립선언문 인쇄 배부, 만세선동 모의 혐의로 기소	신간회 조선농총	함남37
	朴聲行(해주, 1892년생)	경성의전, 3·1운동 시 보안법 위반 징역 6개월	청년회	황해44관

위의 표에서 3·1운동 관련자들의 이후 행적을 보면, 민족·사회운동과 관련하여 별다른 활동이 없는 경우와 청년회나 신간회 활동으로 이어진 경우가 있다. 후자의 대표적인 경우는 강선필, 설관수, 서병하 등이며,

156) 『韓民族獨立運動史資料集』, 『反民特委裁判記錄』, 각종 인명록을 근거로 필자가 작성했다. 여기서 '민립대'는 1923~1924년의 민립대학설립운동을 말한다.

157) 김규응은 洪命熹·李載誠·洪用植·尹命求·沈亨澤 등과 공모 혐의를 받았다. 『每日申報』 1919년 3월 25일.

1920년대 이후 이들의 활동에 대해서는 제Ⅳ장에서 살펴보기로 한다. 이들이 도평 · 도의가 된 시점은 이태윤과 같은 예외를 제외하면 대부분 민족 · 사회운동의 일선에서 물러난 이후로 생각된다.

(3) 1920년 이전의 '협력' 활동

'협력'은 '일본제국주의의 식민지 통치와 침략전쟁에 협력한 활동'을 말한다. 서론에서도 언급했지만 일본제국주의의 뜻과 명령에 그대로 추종하는 것이라면 '정치적 활동'으로서의 의미는 없고 단순히 하수인이 될 뿐이다. 그러나 여기서 '협력'은 의도와 결과의 불일치, 협력 대상과 협력 주체의 불일치, 행동의 비일관성을 포함하고 적어도 협력의 '행위'를 통해 스스로 무엇인가를 추구했다는 측면을 조명하고자 한다.

1920년 이전의 '협력' 활동에는 '합방청원', '독립운동, 특히 3 · 1운동에 대한 반대', '일제 당국자와의 친목을 중심으로 한 내선융화활동' 등이 포함된다. 다음 표에서 보듯이 일진회, 자제단, 명치신궁봉찬회와 대정실업친목회 활동이 이에 해당한다.

일진회 관련자로는 두 명이 있으나 '합방청원'과 관련한 이들의 활동을 잘 알 수 없으므로 일진회 참여만으로 '협력' 여부를 규정하기는 곤란하다. 李東根(강원20/27)은 무과에 급제한 뒤 강원도관찰부 주사를 거쳐 통천군수가 되었으며 1908년에는 동양척식회사 설립위원이 되었다. 이동근은 일진회 회원으로 1909년 보부상들의 상업단체이자 일진회의 하부조직인 진흥회사의 춘천지사 사장이 되었다. 그는 1917년 테라우치 총독에게 선물을 기증한 17명 가운데 1명이었다.[158] 元炳喜(함남27)는 함경도에

158) 그 17명 가운데 나중에 도평 · 도의가 되는 인물은 金甲順(충남20관/24관/30/33), 李康元(전북30관), 金能元(평남29/30관), 姜錫圭(강원20관), 李東根, 李澤鉉

서 경찰청 總巡을 했고, 1908년 경무국장의 명령으로 북간도에 파견되었는데, 이는 일진회 측에서 '북간도를 개척'하기 위해 회원 20인을 추천한 데 따른 것이었다.

〈표 Ⅱ-30〉 1920년 이전에 결성된 일제협력단체

시기 구분	성격	단체명	존립기간	도평·도의로서 단체 임원
'병합' 이전	시천교, 합방청원	一進會	1904.08 ~1910.09.	李東根 元炳喜
10년대	신도	명치신궁봉찬회 조선지부	1916.03.~?	吳炳肅 李相稷 玄基奉 徐丙朝 金弘祚 金仁梧
	친목, 내선융화	大正實業親睦會	1916.12.~?	민영기 한상룡 김한규 유병필 엄주익 권병하
	3·1운동 반대	自制團	1919.04~?	閔泳殷 元光漢 徐丙朝 韓翼東 金振玉 鄭海鵬 李章雨

명치신궁봉찬회 조선지부는 일제의 神社 정책에 협조했다고 생각되지만 구체적인 활동 내용은 잘 알 수 없다. 대정실업친목회는 경성 중심의 유력 자본가들이 포함된 친목적 단체였다. 이 단체는 1910년대에 조선인의 결사가 거의 불가능했음에도 불구하고 趙重應을 중심으로 전직 관료, 귀족, 대지주, 실업가(금융가)들의 친목과 '내선융화'를 도모하기 위해 만들어졌다. 위의 표에 나타난 1921년 당시의 대정친목회 간부들은 대부분 1910년대부터 회원이었다. 굵은 글씨는 도평·도의(5명)이며 대부분 금융계 인물이었다.

(함남20관/24관) 등 7명이다. 『每日申報』 1917년 1월 24일.

〈표 Ⅱ-31〉 대정실업친목회의 간부(도평 · 도의 · 경성부협을 중심으로)[159]

단체간부	간부취임년도	이름	10년대 · 20년대 경제활동	지방의회
會長[160]	1921	**閔泳綺**	경성상업회의소특별의원, 천일은행주주	경기20관
副會長	1916	趙鎭泰	조선상업은행장, 경성상업회의소부회두	경성14/16/18/20
評議長	1921	**韓相龍**	동척고문, 조선생명보험사장, 식산은행설립위원, 경성상업회의소간부, 한성은행 전무	경기20관/24관/27관/30관/33관/37관/41관, 경성14/16/18/20
理事(15명)	1921	芮宗錫	경성상업회의소부회두, 경성금은세공조합장, 권업신탁회사	경성20/23/26/31
評議員(30명)	1921	白完爀	식산은행설립위원, 상업은행취체역	경성16/18/20
	1916	**金漢奎**	조선상업은행, 조선미술품제작소취체역, 경성상공회의소두회두, 한일은행전무	경기20/24, 경성16/18/20
	1916	**劉秉珌**	보생의원장	경기24/27, 경성20
	1916	**嚴柱益**	한일은행취체역	경기24관/27관
	1916	安商浩	종로금조장	경성14/16/18/20
	1916	李康赫	동대문금조장	경성20/23
顧問(7명)	1921	李完用 閔泳徽 李允用, 일인 4명		없음
相談役(3명)	1921	白完爀 齋藤禮三 釘本藤次郎		없음, 경성16/18/20

출전: 『每日申報』 1921년 1월 14, 15일.

159) 산업부장, 조사부장 등 일부 간부는 생략했다.

160) 1916년 발기 당시에는 조중응이 회장이었다.

1921년에 이르러 대정실업친목회는 일본인들을 회원으로 받아들이기 시작했고, '실력양성을 주창하고 韓日人의 융화를 計하여 동양 전민족의 繁榮康寧을 기'하기 위해 '韓日人의 호상 친목', '산업의 발달증식에 노력', '문화향상에 공헌함'을 강령으로 내걸었다. 이 단체는 1920년대에도 활동을 계속한 듯 보이며, 한말 이래의 유력층들이 일제 당국과 협조를 통해 산업 발달을 꾀한 사례이다. 이들이 내건 '내선융화'는 일제의 정책에 호응하면서 조선인의 산업적 발전을 보호·육성해 줄 것을 당국에 촉구하려는 의도에서 나왔다고 볼 수 있다.

다음으로 자제단 등 독립운동을 반대한 활동에 관해 살펴보자. 3·1운동을 반대하거나 비난하고 일제의 뜻에 따라 민중 '선도'에 나선 경우로는 경성의 협성구락부(국민협회의 전신), 지방의 자제단과 지방순회강연 등이 있었다. 閔泳殷(충북20관/24관/27관/33관/37관/41관)과 元光漢(충북27) 등은 청주에서 '3·1獨立運動을 抑制하고 韓日 兩國民의 相互融和를 目的으로 하는' 자제회를 조직했다.[161] 대구에서는 한규복의 주도로 자제단을 결성했는데, 그 가운데 徐丙朝(경북20관/24관/27관/30관/33관/37관(부의장)/41관), 韓翼東(경북20관), 金振玉(경북24), 鄭海鵬(경북24관), 李章雨(경북26) 등 다섯 명의 도평·도의가 포함되었다.

鄭觀朝(평남20관/24관/27관/30관) 또한 '만세운동 때, 세계의 대세 및 동양평화를 들어서 민중을 잘 선도'했다고 한다.[162] 정관조는 한말 '군부의 요직'에서 '군대 해산병의 폭도화를 막는 데 노력'했고 한일합방 시에도 민중 선도에 힘쓴 바 있었다. 그 밖에도 3·1운동 시 지방순회강연을 벌인 도평·도의로는 전남도참사였던 玄基奉(전남20관), 정태균(경남20/

161) 『每日申報』 1919년 4월 15일.

162) 『朝鮮人事興信錄』, 121쪽.

30관/33관), 韓準錫(함남20관/24관) 등이 있었다. 3 · 1운동의 진정에 힘쓴 이들이 모두 1920년에 도평의원에 당선 · 임명되는 것은 의미심장하다.

자제단에 포함된 韓翼東은 독립운동에 대한 이중적인 의식을 드러내었다.[163] 그는 1919년 4월 7일 대구자제단의 발기인에 포함되었는데 곧이어 6월 26일, 제령7호 위반사건의 증인으로 신문을 받았다. 그는 서상일과 친밀한 관계로 1910년대에는 서상일이 주도한 조선국권회복단에도 관여한 바 있었고 독립에 대한 기대를 갖고 있었다.[164] 그는 독립운동자금에 대한 검사의 질문에, 대구 '만세소동' 당시 南亨祐, 洪宙一 등 검거자를 위해 위문금 100원을 내려 했었다고 진술했다. 남형우는 경상북도 청년들이 숭배하고 자신도 존경하는 사람인데 '잘 생각해 보니 독립만세 소요로 잡혀간 사람에 대하여 그처럼 (많은) 돈을 내는' 것에 대해 망설였다고 했다.[165] 그는 독립운동 혐의를 부인하면서 서상일이 자신에게 말한 '(민족)自決'은 '독립이 절대 가능하다는 뜻'은 아니며, 다만 '시세의 변화로 독립이 될지도 모른다는 희망을 가졌다'고 진술했다.

한익동은 3 · 1운동 직후에도 서상일이나 윤상태, 홍주일 등과 계속 교류했으므로 일종의 보신책으로 대구자제단의 발기에 참여했을 수도 있다. 다시 말해 3 · 1운동을 전후한 시기의 한익동은 일제와 독립운동 어느 쪽에 자신의 입장을 두기보다는 친일과 반일의 경계에 서 있었다고 생각된다. 조선인 자산가들에게 보이는 그러한 이중성은 3 · 1운동 이후

163) 그는 와세다대 정치경제과를 졸업한 뒤, 1914년 대구로 돌아와 곡물상을 차리고 유력한 자본가로 성장했다.

164) 서상일은 1920년대에 대구의 부르주아 운동과 자치운동의 중심이었다. 서상일은 지방의회에 참여하지 않았는데, 이에 대해서는 서상일이 '타협적이면서도 동화주의를 거부'하고, '민족경제권과 자치권 보장'을 주장했기 때문이라는 주장이 있다. 오미일, 『한국근대자본가연구』, 340쪽.

165) 「證人 韓翼東 訊問調書」(1919년 6월 26일), 『韓民族獨立運動史資料集』 7.

세계열강이 조선독립을 지원하지 않는 것이 분명해지고 민족·사회운동의 분화가 일어나는 시점에서 식민통치에 대한 타협에 무게중심을 두게 된다. 1926년 매일신보는 경북 도평 후보인 한익동을 '대구에서 유명한 활동가'라고 소개하고, '초기의 한군은 이상적이었고, 중기의 한군은 사업적, 현금의 한군은 보수적, 영리적'이라고 평가했다.[166] 혹시 독립이 될지도 모른다는 희망이 현실의 벽에 부딪히자 일제의 통치를 인정하고 내선융화의 틀 내에서 조선인의 권익 증진을 목표로 하게 된 것이다.

도평·도의들의 1920년 이전 경력으로서 민족운동 및 협력 활동의 내용을 살펴보면 애국계몽기에는 대부분 '문명개화'와 '식산흥업'에 공감했고, '병합' 이후에는 '실력양성'과 '내선융화'라는 두 가지 흐름으로 이어졌다고 생각된다. 실력양성운동과 내선융화활동이 본격적으로 전개되는 것은 1920년대 이후이며, 이에 관해서는 제Ⅳ장에서 살펴보기로 한다. 대정실업친목회 활동이나 심지어 자제단 활동은 분명히 '협력'이었지만 그 안에는 개인적 보신주의와 함께 조선인의 권익과 실력 양성이라는 목표가 자리 잡고 있었다.

166) 『每日申報』 1926년 11월 14일.

제Ⅲ장 지역유력자로서의 도평의회·도회의원

1. 지역유력자의 성격 및 형성과정

1) 지역유력자의 개념

도평·도의들은 다양한 배경과 경력에도 불구하고 대부분 지역유력자의 범주에 속한다. 따라서 먼저 '지역유력자'의 개념을 분명히 할 필요가 있다. 지역유력자는 '재산정도와 인적 연결망, 지식과 경험 등을 통해 대체로 郡 단위에서 상당한 사회적 영향력을 가진 사람'을 말한다. 이와 관련하여 지수걸은 지배체제의 구성 요소로서 '지방유지'[1)]라는 용어를 사용했고, 한상구는 총독부 권력과 함께 지역에 대한 이중권위구조를 형성하는 '지역유지'[2)]라는 개념을 사용했다.

1) 지수걸, 「일제하 충남 서산군의 '관료－유지 지배체제'」, 14쪽. 지수걸은 '재산, 학력, 당국 신용, 사회적 인망을 고루 갖춘 재지 유력자'가 '지방유지'이며 이들이 '관료－유지지배체제'를 구성한다고 했다.

이 책에서 '지방유력자'는 지역에 대한 영향력과 공공에 대한 헌신성을 가진 사람이라는 의미로 사용한다. 일제 당시에는 '지방유지'란 말이 빈번히 쓰였는데, 대체로 '지역에서 활동하는 유력하고 뜻있는 사람'을 의미했다.

1920년대 이후 지방의회와 각종 공직(관변기구, 경제단체 등의 간부)에 참여하는 조선인이 양산된 것은 기본적으로 물리적인 억압과 병행하여 헤게모니적 지배[3)]를 꾀한 일제 당국의 정책 변화에 기인했다. 지역유력자들은 일제의 헤게모니적 지배에 참여함으로써 일제의 신용을 얻고, 동시에 지역민, 나아가 조선인의 이해를 대변함으로써 지역민들의 신망과 지지를 추구했다. 일제당국과 도평 · 도의(지역유력자), 지역민의 관계를 도표화하면 다음과 같다.[4)]

2) 한상구, 「일제시기 지역사회의 '二重權威構造'에 대한 연구시론」. 한상구는 '뜻이 있기 때문에 영향력을 갖는 사람', '사회적 공공성에 대한 의도적 실천을 하는 존재'로 지역유지를 규정하면서 논의를 전개하고 있다. 이 '지역유지'와 총독부권력이 지역 주민에 대해 상호 접합의 관계를 형성한 것이 '이중권위구조'이다. 지역유지는 지역주민을 사이에 두고 총독부와 협조 및 길항의 관계를 갖는다는 것이다. 지수걸이 '사회 인망'이라는 요소를 포함시키면서도 지역 유지들이 지배체제의 한 축이었음을 강조한 데 비해, 한상구는 지역사회 내의 인망과 지도력의 측면을 중시했다.

3) "설득과 동의의 기반 위에서 장기적 식민 지배를 정착"시키려는 것으로 "한국 엘리트층의 포섭"이 필수적이었다. 박섭 등, 『식민지근대화론의 이해와 비판』, 백산서당, 2004, 153쪽.

4) 도평 · 도의가 일제당국과 지역민의 이중의 요구를 받으면서 당국의 신용과 지역민의 신망을 추구한다는 기본 생각은 지수걸의 '지방유지' 개념, 한상구의 '二重權威構造' 개념(「일제시기 지역사회의 '二重權威構造'에 대한 연구시론」, 미발표 정고), 김동명의 '조선인 정치운동세력'에 대한 분석 틀(「1920년대 식민지 조선에서의 정치운동 연구」, 『한국정치학회보』, 1998)에서 많은 시사를 받았다.

〈그림 Ⅲ-1〉 도평 · 도의, 일제당국, 지역민의 상호관계

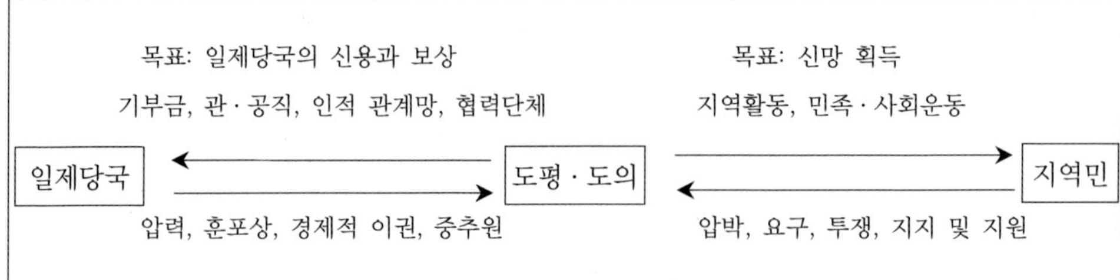

'지역유력자'는 한말 이래 재지양반층이나 향리층의 자제로 재력과 신식 교육, 관료 경험을 바탕으로 성장했다.[5] 근대적 지식과 시대적 적응력을 발판으로 유력자로 부상했고 제Ⅱ장에서 보았듯이 문명개화와 식산흥업에 공감했다. 그들은 '근대적 계몽 · 개발의 주체'로 일제로서는 효율적인 식민지 지배를 위해 이들의 '협력'을 필요로 했다. '병합' 이후 지방 행정 전반에 걸친 관료적 지배체제의 강화와 면 행정의 강화, 1920년대부터 1930년대 전반에 걸친 '공직'의 서열화 경향, 조선인 자본가의 성장은 지역유력자들의 부상과 궤를 같이 했다.

지역민의 신망과 일제당국의 신용은 교육, 재력, 사회적 위치 등의 요소와 복합적으로 작용하는 지역유력자의 조건이었다. 그들은 분명히 지배체제의 한 축(하위적 동맹)을 이루면서 유력자(도평 · 도의)는 관공직 참여나 기부금 등으로 일제 통치에 협조하여 당국의 신용을 얻고, 일제는 이들에게 경제적 특혜, 훈포상, 중추원 참의 등의 명예직으로 보상을 제공했다. 또한 지역유력자들은 조선인들의 이해를 대변하는 데 대한 기

5) 신분적 지배질서가 '신흥유력자층'의 관료적 지배로 대체되는 과정에 대해서는 金翼漢, 「植民地期朝鮮における地方支配體制の構築過程と農村社會變動」, 1996, 제5장 참조. 지수걸도 1920년대를 거치면서 관료－유지지배체제가 형성되어 1930년대에 그 위치가 공고해졌다고 했다. 지수걸, 「일제하 충남 서산군의 '관료－유지 지배체제'」, 14쪽.

대와 압박을 받았다. 그들은 지역민을 '근대적 계몽'으로 이끌었지만 동시에 지역민들의 요구와 지향이 그들의 활동을 추동했다. 지역민들은 시민(면민)대회,[6] 청원 등의 온건한 방식으로 이들을 압박 또는 성원하거나, 혹은 농민 · 노동운동투쟁을 통해 이들과 대립했다. 도평 · 도의들의 의정활동은 신문지상에 보도되어 다수 조선인들의 지지를 받기도 하고, 활동부진 또는 주민의 기대에 어긋나는 언행에 대한 질타를 받기도 했다.

도평 · 도의들의 활동에는 지역활동, 의정활동, 민족 · 사회운동, 협력활동이 포함된다. 조선인 지방의원들과 지역민(조선인)의 관계를 고려할 때, 그들을 단순히 '친일파'로 보는 시각[7]은 다소 일면적이라고 생각된다. '타협적 민족주의'[8] 내지 일제당국과의 '접근전'[9]으로 보는 시각 역시 그러한 활동의 다면성을 포괄하기에는 부족함이 있다. 그들은 일제당국에 협력했지만 전적으로 일제의 의도에 부합하여 활동한 것이 아니며, 일제 당국과의 관계에서 분명히 종속적이었지만 지역민과 조선인의 이익을 관철시키는 방향으로 정책 변화를 이끌고자 했다.

6) 한상구, 「일제시기 '시민대회'의 전개양상과 성격」, 미발표 정고.

7) 정태헌은 '조선인의 지방의회 진출의 급증'에 대해 '유산층들이 친일의 차원을 넘어 동화의 수준으로 전락'한 것으로 보았다. 정태헌, 「1930년대 조선의 유산층의 친일논리와 배경」, 『친일파란 무엇인가』, 아세아문화사, 1997, 97쪽.

8) 김성보, 「일제하 예산 성씨가의 자본축적과정과 정치활동」, 43쪽.

9) 並木眞人, 「植民地期朝鮮人の政治參加について」, 『朝鮮史研究會論文集』 31, 1993. 나미키는 식민지 체제 내에서 개량을 추구하는 것이 동시에 식민지체제에 포섭되는 결과를 빚는다는 점도 지적했다. 일본 연구자들은 식민통치기관이나 심지어 '내선융화단체'에 참여한 조선인들이 '민족적' 태도나 요구를 했음을 강조하는 경향이 있다. 內田じゅん, 「植民地朝鮮における同化政策と在朝日本人」, 『朝鮮史研究會論文集』 41, 2003.10.

2) 지역민의 신망 획득

지역민의 신망을 얻는 일에는 자신의 재력이나 사회적 위치를 활용하여 공공의 이익에 봉사하는 활동이 포함된다. 민족·사회운동 참여는 지역사회에서의 영향력을 높이는 데 기여했을 것이다. 다음의 다섯 가지 사례를 통해 지역 활동기반을 위해 교육 정도, 재력, 사회적 위치, 민족·사회운동 참가, 민원 해결 활동 등의 요소가 어떻게 작용하는지를 살펴보자.

〈사례 1〉 金秉圭(경남27/33관/37관, 동래읍31/35/39)[10)]

동래의 사립 개명학교 출신인 김병규는 1906년 대한자강회의 지회 설립에 중요한 역할을 했다.[11)] 동명학교 교사로 재직(1907부터)하던 1916년, 몰래 국사·지리를 가르쳤고, 교육문제와 산업문제에 지속적인 관심을 보였다. 1921년 조선교육개선회 조직을 주도했고,[12)] 1920년대 초에는 독립운동가 안희제, 진주 부호 金琪邰(경남20관/24관), 마산 부호 李佑植(경남20) 등과 교남민립제일고등보통학교 설립을 추진했으나 당국의 방해로 실패했다.[13)] 1924년 지역민들이 그를 동래면장으로 추대하려는 운동을 벌였다. 1927년 동래에서 '농촌청년회'를 발기했다.[14)]

10) 도평·도의 가운데 김병규라는 이름은 세 명이 있다. 경남도평·도의인 金秉圭 외에 金炳奎(함북24), 金秉圭(경북27)이다.

11) 김동철, 「동래은행의 설립과 경영」, 『지역과 역사』 9, 2001, 65쪽.

12) 『東亞日報』 1921년 4월 9일.

13) 한선애, 「일제시기 충남 홍성군의 고등보통학교 설립운동」, 공주대 사학과 석사학위논문, 1999, 11쪽.

14) 이 회는 농촌진흥을 위해 실천한다는 강령을 채택하고, '경작개량, 소작제개선, 부업'등을 연구할 것을 결의했다. 『日帝侵略下韓國36年史』 8, 386~387쪽.

그는 제Ⅳ장에서 언급하는 경남도평의회 '예산안 반상 사건'의 주역으로 지사의 해임 조치를 받고 조선인 의원으로서 적극 입장을 개진했다. 같은 해 9월의 보결선거에서 고득점으로 당선되었으나 도지사의 임명에서 제외되었다. 의정 단상에서 농촌문제나 교육 문제 등을 제기할 때 실질적인 자료에 기초하여 '질문전'을 펼쳤고, 도회의원으로 재직 중이던 1936년, 협동조합 취지서가 불온하다는 이유로 체포되었으나 무죄 판결을 받았다.[15)]

동래은행 설립부터 호남은행에 합병될 때까지 지배인으로 있었고, 1933년 합병 뒤에는 1942년까지 호남은행의 취체역과 동래지점장을 지냈다.[16)] 1940년 구산학원(동래일신여학교(사립)의 경영권을 인수하여 설립)에 전답 25만 7천 평을 내놓았고, 해방 후에는 구산학원재단 이사를 맡았다.

1930년 '읍내 중년층과 청년층 연락'과 '지방 발전'을 취지로 庚午俱樂部를 조직하여 1931년 읍회 선거에 동회 명의로 '공인후보'를 내어 회원 7명을 당선시켰다.[17)] 해방 직후 경남 내무부장(1945년 10월)과 초대 경남도지사(1946년)에 임명되었고 2대 국회의원 선거에 출마했으나 낙선했다.

〈사례 2〉 林世熙(충남27)

임세희는 와세다대 정경과 출신으로 1920년경 일제의 공안기록에는 유학생 가운데 軟派의 중심인물로 분류되었다. 일제당국은 조선인 유학생의 '사상경향'에 따라 경파, 연파, 중립파로 나누고 경파를 다시 급진파

15) 『東亞日報』 1936년 5월 2일 ; 阿部薫, 『朝鮮都邑大觀』 참조.

16) 김동철, 「동래은행의 설립과 경영」.

17) 金勝, 「한말 · 일제하 동래지역 민족운동과 사회운동」, 111~115쪽. 김병규가 활동한 동래기영회, 월일회에서는 1926년에도 동래면협의회 선거에 공인후보를 냈다.

와 점진파로 나누어 중심인물을 명시했는데,[18] 임세희는 요시찰 인물 '乙號'였다. 그는 다른 유학생들과 함께 조선유학생학우회에 가입하여 활동했으나 2·8독립선언서 및 3·1운동에 참여한 흔적은 확인되지 않는다. 1919년 10월 학우회 임시총회에서 임세희는 李揆元과 함께 동회 간부진의 '전단횡포'에 불만을 표출하고 '학우회의 개조'를 목적으로 10월 17일, '학우회혁신동맹회 연설회'를 개최했다. 이에 간부측은 이들에 대해 '일본정부의 개'라고 비난하며 개조운동을 저지하려 했고, 1920년에는 일시적으로 양자간에 소강상태를 이루다가 다시 6월 임시총회에서 '임세희 일파'는 김준연 회장, 변희용 총무 등 '간부를 탄핵'하려고 시도했다.[19]

임세희는 1920년 6월, 동아일보 주최의 전국순회강연대회에서 연사 가운데 1명이었다. 1921년 7~8월에는 '同友會 巡回演劇團'을 인솔하여 전국 각지에서 '趙明熙作 「金英一의 死」와 「찬란한 門」, 「最後의 握手」 등의 作品'을 공연했다.[20] 1921년 9월에는 고향인 연기에서 '노동'이라는 연제로 '장시간의 열변'을 토하여 '200여 명 노동자 제군에게 다대한 각성'을 주고 '조치원노동조합' 발기를 지원했다.[21]

---

18) 『朝鮮人概況』에 따르면, 경파는 '조선 독립을 유일한 사상으로 하고 동화정책 절대반대를 공언'하는 자들이며, 그중 급진파는 '세계의 대세를 돌아보지 않고 독립에 매진하는 자', 점진파는 '갑자기 독립할 수는 없으므로 내외에 선전을 시도하여 장래 발생할 시국 변동에 따라 목적을 달성하려는 자'라고 했다. 연파는 '배일사상을 갖고 한때 운동에 열중하여 과격한 언동을 했으나 이후 조선에서 독립소요의 진정에 따라 점차 독립 불능을 자각하여 열광적 태도에서 벗어난 자'들이며, 중립파는 '스스로 배일운동에 투신하기를 꺼리면서도 일본에 친해지지 않고 학업에 힘쓰지도 않는 불철저한 방관자'라 했다. 당시의 조선 유학생 828명 중 요시찰인이 151명(이 가운데 141명이 동경 在住)이었다.

19) 간부불신임은 한때 표결이 성공하여 일단 간부들이 사직했으나 이후 격론을 거쳐 간부 유임이 결정되었다. 『朝鮮人概況』 참조.

20) 『東亞日報』 1921년 7월 9일.

21) 『東亞日報』 1921년 9월 3일. 이 강연회는 鳥致院燕岐青年會가 주최했다.

그는 1920년경 일본 사회주의자들[22]을 통해 사회주의 사상을 접한 것으로 보인다. 1923년 와세다대를 '우량한 성적'으로 졸업하고 귀향[23]한 뒤 1924년 朝鮮饑饉救濟會에서 활동하는 한편[24] 북풍회 등 '主義' 단체에서 간부로 활동했다.[25] 그는 북풍회 창립시 김약수 등과 함께 집행위원에 선출되었고 집행위원회에서는 '勞農, 靑年, 女子, 衡平運動' 에서 '階級的 訓練'과 '모든 現象 打破의 運動'의 지지, '과학사상의 보급', '사회운동과 민족운동의 병행'을 명시한 강령을 발표했다.[26]

1926년 동아일보 '연기지국이 조치원지국'으로 변경되면서 임세희가 지국장이 되었고,[27] 1927년에는 연기청년회 회장이 되었다. 1927년 3월 22일의 충남도평의원 선거에서 임세희는 45표를 얻어, 권오영(26표), 韓日東(21표), 洪一善(15표)을 물리치고 당선되었다.[28] 권오영은 1924년 충남도평 당선자이며 1914년부터 연기군 전동면장으로 재직 중이었고, 한일동 역시 연기군에서 1920년 충남도평에 당선된 사람이었다. 한일동은 연기군 참사를 지낸 적이 있고 '병합' 이전에 배달학교를 건립했다.[29] 연기청

22) 『朝鮮獨立運動』 3, 民族主義運動篇에는 1920년경, 임세희 등이 "堺利彦의 코스모俱樂部" 등에 가맹했다는 기록이 있다.

23) 『東亞日報』 1923년 5월 1일.

24) 조선기근구제회는 1924년 9월 30일, '罹災지방에 긴급 구호', '(지역에 따라 소작료 면제', '朝鮮地主가 먹고 남은 穀物은 罹災民에게 無利貸付' 등을 결의했고, 임세희는 서무부에서 활동했다. 『東亞日報』 1924년 10월 2일 ; 「京鍾警高秘 제12179호」(朝鮮饑饉對策講究會創立總會の件).

25) 「京鍾警高秘 제14546호의 2」(北風會創立總會に関する件, 1924년 11월 26일) ; 「京鍾警高秘 제45호」(在京社會運動者 新年懇親會の件, 1925년 1월 4일).

26) 『東亞日報』 1924년 11월 29일.

27) 『東亞日報』 1926년 12월 15일.

28) 『東亞日報』 1927년 3월 23일.

29) 배달학교는 1912년까지 50여 명의 학생을 배출했고, 졸업생들은 연기지방 3·1운동의 주역이 되었다. 김진호, 「연기지역의 3·1운동」, 호서사학회 편, 『호서

년회관 건축 의연금으로 100원을 기부한 것으로 보아 상당한 재력가로 생각된다.[30] 임세희는 도평의원을 1기만 역임했고, 회사 · 조합 · 은행 간부도 맡지 않았으며 이후에 행적에 대해서는 밝혀지지 않았다.

〈사례 3〉 鄭世胤(평남27)

정세윤은 東京慈惠의전을 나온 의사로[31] 동경에서는 김병로, 김성수, 안재홍, 송진우, 朴珥圭(전남27), 한익동(경북) 등과 교우를 맺고 '學知光' 등에 관여했다. 1910년대에 평양에 병원을 설립한 그는 '평양굴지의 醫學家'로 이름을 날리면서 1920년대 초, 노동공제회 평양지회 회장으로 활동했다.[32] 1922년 정세윤은 朴經錫(평남), 康秉鈺(평남), 韓充燦 등과 함께 평양에서 대동강 철교 지점이 조선인 시가를 멀리 벗어나서 세워지는 데 대해 '市民大會發起會'의 대표자로 '舊市街의 이익'을 지키기 위해 당국과 교섭했다.

1927년의 제3회 도평선거에서 정세윤은 19표를 얻어 '맹렬한 계속운동'을 한 전의원 康秉鈺을 다섯 표 차이로 물리치고 당선되었다.[33] 뒤이어 1927년 12월 16일 평양의 단체들이 모여 在滿同胞擁護同盟이 결성되었을 때, 정세윤, 조만식, 吳崇殷(평남) 등은 '在滿同胞 驅逐' 문제를 해결하기 위한 실행위원으로 선임되었다.[34]

지방사연구』, 519쪽.

30) 『東亞日報』 1926년 12월 23일. 한일동은 1920년대 초부터 중반까지 연기청년회 간부를 지냈고, 민립대학기성운동에 참가했다.

31) 『半島時論』 1917년 7월.

32) 『東亞日報』 1920년 6월 1일.

33) 『東亞日報』 1927년 3월 22일.

34) 『東亞日報』 1927년 12월 16일.

그의 의원으로서의 역량이 '만점'이라든가, 특히 위생문제에 대한 상세한 논의는 '경청할 가치가 있다'는 평가를 받았다.[35] 1928년 도평의회에서 정세윤은 蠶繭特定販賣로 인한 잠균생산자들의 고통에 관해 논박하며 특정판매의 철폐를 요구했고[36] 평양부회의원이던 1931년에는 '平壤寺洞線電車' 운전 중지에 따라 '예산 삭감'을 주장했다.[37] 그는 특히 지역의 산업 · 금융 발전에 관심에 가진 듯하다. 1930년 평양유지들의 좌담회에서 그는 '상공도시'인 '평양에 금융기관이 없는 것'에 대해 '왜 남들이 경남은행이니 호남은행이니 할 때 평양은 잠자고 있었는가' 하며, '평양사람들이 晩覺'함을 지적했다.[38] 그는 평양부협 · 부회의원으로 1926년부터 1935년까지 활동했다.

〈사례 4〉 金元根(37관/41관)

김원근은 빈한한 가정 형편으로 일찍 부모 슬하를 떠나 행상을 거쳐 조치원에서 상업활동을 하며 만주와 일본을 잇는 곡물, 해산물 무역에 종사했다.[39] 조치원에서 상업을 경영하던 1907년, 左社(상업 단체) 선거에 약관의 나이로 당선되어 연기군에 초등교육기관인 延靑學園[40]을 설립했고, 학교 경비는 左社의 수입으로 충당했다. 동생 金永根과 함께 상

35) 『線府邑會議員名』, 257쪽.

36) 『東亞日報』 1928년 1월 19일.

37) 『東亞日報』 1932년 3월 28일.

38) 『東亞日報』 1930년 9월 19일. 이 좌담에는 조만식, 金性業, 韓根祖(당시 평양부협, 평양29/35) 등이 참여했다.

39) 이하는 주로 다음을 참조. 『反民特委裁判記錄』, 김원근 편 ; 淸巖史蹟刊行委員會, 『淸巖 金元根翁 生涯와 業蹟』, 民衆庶官, 1957.

40) 연청학원은 김원근이 설립한 최초의 교육기관이며, 4년 뒤인 1911년, 연기공립보통학교에 합병되었다.

업활동을 하여 사업을 확장하고 토지 소유규모를 늘렸다. 김영근은 원산을 중심으로 大商으로 성장했다.

김원근은 점차 조치원 일대에서 유력자로 성장하며 자선사업과 육영사업에 눈을 돌렸다. 1916년 조치원청년회 회장이 되어 청년회관 신축을 주도했고, 1918년에는 연기중학설립기성회장으로 5만 원을 내놓고 중학교를 설립하려 했으나 당국의 허가를 얻지 못했다. 3·1운동 이후에는 체포자 석방과 독립운동가 지원 활동에 참여했고,[41] 조치원면협의원으로도 활동했다. 학교 설립을 둘러싸고 당국의 '미움을 산' 그는 1922년 청주로 이거하여 사재를 동원하여 1924년 청주에 대성보통학교를 설립하고[42] 민립대학기성운동에도 참여했다.

1925년과 1929년, 기근에 허덕이는 난민 구제사업으로 곡물 제공과 하천부지공사를 일으킴으로써 지역민의 신망을 얻었다. 1935년에는 청주상업학교를 설립하고, 이재민들에게 구호미를 제공하여 '金元根 賑恤碑'가 세워지기도 했다.

일제당국은 1937년과 1941년에 그를 관선도회의원으로 임명했고, 1942년에는 중추원참의로 임명했다. 김원근 자신은 해방 후 반민특위 재판에서 관선 도회의원과 중추원 참의 임명이 '지방교육공로자로 지방민과 郡道의 추천'되었기 때문이고 '본인이 결코 희망한 것은 아니다', 도회의원으로 '창씨제도에 찬성결의'한 것은 '당시의 실정에 비추어 할 수 없이 한 것'이며 도회에서는 주로 '농촌진흥과 산업개발'에 관해 발언했다고 진술했다.[43] 그는 일제 말 愛國機 충북호 기금을 헌납하고 친일단체에 이름

41) 『反民特委裁判記錄』, 김원근 편. 재판기록에 따르면 김원근은 3·1운동 체포자의 석방을 도왔고, 이후에도 독립운동가들과 연락하며 편의를 제공한 듯하다.

42) 대성보통학교는 1943년 영정국민학교에 통합되었다.

43) 김원근의 반민특위 기소는 중추원 참의직 수락과 비행기 헌납 등의 활동 때문

을 올리는 등 전시체제에 협력하는 한편, 1944년 청주여자상업학교, 1945년 청주여자기술고등학교 설립으로 해방 이후까지 지속된 대성학원 재단을 일구었다.[44]

〈사례 5〉 千斗湜(전남30/33(34년 사직))

천두식과 가깝게 지냈던 柳瑩業(1886~1944)의 일기 자료는 천두식의 행적을 비교적 생생하게 전해준다.[45] 천두식은 참봉[46]의 아들로 같은 양반 가문인 류형업과 오랜 친분이 있었고, 류형업의 소작을 한 듯하지만 실제로 농사를 지었는지는 미지수이다. 임시토조국 기수(1913~1917)[47]를 거쳐 1923년부터 토지면장을 지내면서 착실하게 재산을 불렸다. 전남도평에는 낙선 3회 끝에 1930년 당선되었는데 도평의회 재직 중이던 1933~1934년 '좌우로 날개를 펼친 듯'한 터에 자택을 양식으로 지었고, 1935년에는 류형업으로부터 자신의 소작지를 매수했다.[48]

이었다. 다만 반민특위의견서는 그가 '청년운동, 빈민구제, 애국자 옹호, 교육사업'을 실천한 점을 참작했다.

44) 1945년에는 재단법인 金海學園이었으나, 1946년 청주상과대학를 설립하고, 1947년 대성학원으로 개칭했다.

45) 『求禮柳氏家의 生活日記』 下, 농촌경제연구원, 1991.

46) 천두식은 부친인 千錫範과 함께 구례군 土旨面 丹山里에 거주한 듯하다. 『조선신사대동보』, 1124쪽.

47) 안용식, 『한국행정사연구』 1, 대영문화사, 1993.

48) 『求禮柳氏家의 生活日記』 下, 1934년 9월 21일자, 1935년 3월 28일자 참조. 유형업은 천두식에게 소작지를 매각하면서 '객이 오히려 주인이 된다'고 자조적으로 일기에 적었다. 천두식 이후 면장이 된 전 면서기, 馬相晃 또한 경제적으로 성장했다. 1921년경의 일기에도 '집이 가난하여 먹고 살기에도 어려웠'던 면서기가 '빈한함을 면하고 오늘 이 같이 변함을 보니 정말 가관'이라는 내용이 있다(1921년 6월 25일). 이러한 형편이므로 '면장을 노리는 사람들이 수도 없이' 많았다(1930년 3월 4일).

그는 면사무소 건축을 위해 비용 4천원을 지주와 주민들에게 걷고,[49] 봇물 때문에 일어난 마을간 분쟁에 적극 개입했으며[50] 사교활동을 주도하고,[51] 소송사건을 중재했다.[52]

1925년 토지면의 공립보통학교를 증축하는 문제를 갖고 '매일'같이 지역 유력자들에게 협조를 구하여 결국 승낙을 얻었고,[53] 일곱 명의 연대금 3천원을 '읍내 일본인'에게 '월 2리로 차용'하여 그 돈을 자신이 보관하고 학교건축허가서도 냈다. 그런데 천두식이 보관한 차용금 3천원이 불투명하게 처리됨으로써 건축이 끝난 뒤까지 두고두고 문제가 되었다. 류형업은 '이 사건은 천두식이 좋지 않은 일을 면키 어렵다.…학교 건축 시 말은 천두식이 主務였다. 이외에 소위 채무인 7인은 '눈먼 말이 방울소리 듣는다'고 해도 과언이 아니었다'고 한탄했다.[54] 도평의원 사직이 이 문제 때문인지는 알 수 없으나, 천두식은 1934년 도평의원을 사직하고 이후에는 敎化主事를 했다.

〈사례 1〉의 김병규의 경우, 상당한 재력과 사회적 위치를 유지하면서 민족·사회운동에 적극적으로 참여했을 뿐 아니라 지역활동과 의정활동

49) 1926년 면협의회에서 이 결정에 대해 유형업 혼자 반대했다. '春荒에 백성이 굶주려 남은 힘이 없는 가운데 다만 관청의 명령을 따라 백성의 기갈을 돌보지 않고 이같이 중대한 역사를 강행하는 것은 전부 면장 천두식이 스스로 명예를 구하고자 하여 관청에 연락하고 백성을 유인하는 수단에서 나온 것이다.' 『求禮柳氏家의 生活日記』 下, 1927년 3월 23일.

50) 위의 책, 1928년 4월 15일, 6월 26일.

51) 위의 책, 1933년 4월 3일. '천두식과 화엄사 가서 잤다. 10여 명은 모두 두식의 면청을 무시할 수 없어서 모였지만 그에게는 생색이 아닐 수 없다.'

52) 위의 책, 1930년 9월 18일.

53) 위의 책, 1925년 1월 13, 15일.

54) 위의 책, 1934년 12월 8일.

도 활발했다. 〈사례 3〉의 정세윤 역시 민족 · 사회운동 경력이 안정된 사회적 지위와 함께 지역 활동으로 연결되면서 정치적인 유력자로 성장했다. 비슷한 예로는 閔丙德(황해33/37)을 들 수 있는데,[55] 그는 재령에서 손꼽히는 자산가로 역시 신간회 재령지회의 회장을 지냈고 도회의원뿐 아니라 재령읍회의원으로도 활동했다.[56]

〈사례 1〉부터 〈사례 4〉는 모두 민족 · 사회운동과 크든 적든 관련이 있고 지역의 현안문제 해결에 적극 나섰다는 특징이 있다. 〈사례 1〉과 〈사례 3〉이 운동경력을 바탕으로 활발한 의정활동을 전개한 데 비해 〈사례 2〉와 〈사례 4〉는 의정활동이 별로 눈에 띠지 않는다. 〈사례 2〉의 임세희는 청년시대에 사회주의 사상과 접촉하고 활동을 벌이다가 귀향한 뒤에는 지역을 기반으로 지역청년운동과 언론지국 경영활동으로 옮아감으로써 지역유력자로 부상했다고 생각된다. 사회주의운동에 참여한 도평 · 도의에 관해서는 제IV장에서 다시 살펴보겠지만, 도평 · 도의 당선 이후 운동일선에서 물러나는 경우와 그 이후에도 민족 · 사회운동에 계속 관여하는 사례로 나누어진다. 임세희의 경우는 도평의원에 당선된 이후에는 특별한 활동 경력이 남아 있지 않지만, 沈相玟(경북33), 丁洙泰(전남20/24관/27관/33), 金時中(전남24)[57] 등은 지속적으로 민족 · 사회운동에 관여했다. 1920년대 말까지 국내에서 사회주의 활동을 전개한 金哲鎭(전남37/41)은 전향 뒤 도회의원이 되었고, 이후에도 지역의 현안 해결을 위한

55) 박찬승, 「근현대 당진지방의 정치사회적 동향과 지역엘리트」 참조.

56) 민병덕에 대해서는 제IV장의 신간회 활동 부분에서 다시 언급할 것이다. 민병덕은 도회의원으로 재직 중이던 1939년부터 3년간 중추원 참의로 있었고 해방 후에는 한민당 발기인으로 참여하고 반민특위에 회부되었다.

57) 심상민, 정수태, 김시중의 활동에 대해서는 제IV장의 신간회활동에서 살펴볼 것이다.

활동을 전개했다.

〈사례 4〉의 김원근은 청년회 회장을 지낸 적이 있으나 민족·사회운동과의 관련성은 크지 않고, 재력을 바탕으로 주로 지역의 교육사업과 자선활동을 주도적으로 전개함으로써 사회적 영향력을 확대한 경우였다. 앞으로 살펴보겠지만 김원근 이외에도 지방의 육영·자선사업에 재산을 기부한 사례는 많이 있다. 그러한 활동은 1차적으로 지역민들의 호응을 받았고, 일제당국으로서도 재력과 사회적 영향력이 있는 인물들을 체제내로 포섭할 필요에서 이들을 관선도평·도의나 참의로 임명했다. 이들과 일제당국의 유착의 정도는 개인별로 차이가 있었다.

도평·도의 가운데 민족·사회운동 관련자들에 관해서는 주로 제Ⅳ장에서 살펴보겠지만, 전체적으로 볼 때 민족·사회운동을 지속적으로 전개한 경우는 소수였고 오히려 〈사례 5〉의 천두식과 비슷한 사례가 많다고 생각된다. 천두식은 민족·사회운동 경력도 없고 고등교육이나 재력의 뒷받침도 없었지만 면장으로 여러 해 복무하는 동안 상당한 치부도 하고, 사회적으로도 지역에서 영향력을 발휘할 수 있는 위치로 부상한 경우이다. 면장으로 지역의 민원 해결에 나서고, 또한 일제당국과 지역민의 매개 역할을 맡음으로써 자연스럽게 도평·도의 경력으로 이어졌다고 생각된다.

지역유력자라는 사회적 위치는 유동적이었다. 재력이나 사회적 영향력은 상승하거나 추락할 수 있었고, 그들에 대한 지역민의 평가 역시 늘 변화할 수 있었다. 〈사례 5〉에서 보듯이 학교설립기금을 둘러싼 개인적 비리 의혹 등은 공직자로서의 위신과 신용을 크게 실추시켰을 것이다.

개인적 비리를 저질러 사회적으로 물의를 일으킨 도평·도의도 상당수 있었다. 가령 金偉濟(평북33)는 현직 도회의원이었던 1936년, 자신의 친척이 건축 공사를 하다가 부상을 입자 집주인에게 '나는 도회의원이므로 검사나 판사를 잘 알고 있으니 소송문제를 일으키기 전에 위에 대해 위자료 500원을 지급하라'고 협박했다는 혐의로 검거되어 공갈미수 판결을 받았다.[58] 吳崇殷(평남26)은 1935년경 현직도회의원인 徐俊錫(평남33/41)과 금광경영문제로 서로 맞고소를 하는 등 '복잡한 싸움' 끝에 징역 10개월 형을 받았다.[59] 孫炳楹(경북30)은 사기혐의로 조사를 받았고,[60] 姜顯八(함남33)은 러시아석유 판매와 관련하여 금전을 착복했다고 검거되었으며,[61] 梁昌奎(함북30)은 아편밀매로 체포되었다.[62]

지역민의 신망을 얻는 것은 지역유력자가 되기 위한 하나의 조건이었다. 민족·사회운동 경력이나 지역활동 참가는 당사자의 성망을 높이고 지역민의 신망을 얻는 요소가 되었지만 높은 교육 수준과 재력, 사회적 지위의 요소가 밑받침될 때 지역유력자로 성장할 가능성이 많았다. 물론 지역민의 신망과 지지가 가장 높은 사람이 도평·도의가 된 것도 아니며, 지역민의 기대를 배신하거나 잘못된 행동으로 지탄을 받은 도평·도의들도 적지 않았다. 그러나 정도 차이는 있을지라도 도평·도의의 대부분은 적어도 생애의 일정한 시기에서는 어느 정도 지역적 기반과 지지를 갖춘 인물들이었다고 생각된다. 다음으로는 도평·도의들이 일제당국과 무엇을 주고받으면서 유착을 강화했는지를 살펴볼 차례이다.

58) 『東亞日報』 1937년 9월 30일.
59) 『反民特委裁判記錄』, 오승은 편 ; 『每日申報』 1935년 5월 6일.
60) 『東亞日報』 1931년 2월 26일.
61) 『朝鮮日報』 1935년 6월 1일.
62) 『東亞日報』 1932년 6월 22일.

3) 일제당국과의 유착

(1) 당국의 신용 획득

'당국의 신용'을 얻는 수단으로는 관·공직 활동, 총독부 관료 내지 일본인 유력자들과의 인적 관계망 형성, 기부금 납부 등이 있었다. 이 가운데 공직활동에 관해서는 다음 절에서 보기로 하고 여기서는 인적 관계망과 기부금에 대해서만 보기로 하자.

일제 권력층과 인적 관계망을 형성하는 것은 당국의 신용을 얻는 출발점이었다. 일제 관료뿐 아니라 일본인 민간유력자와 인맥을 구축함으로써 은행 대출이나 영업 허가 등에서 유리한 위치에 서게 되고, 정치적 입지가 상승한 사례는 매우 많다.[63]

특히 조선인·일본인 민간 유력자들이 함께 기업활동을 하고, 함께 도평·도의가 되고, 각종 공직활동에서 얼굴을 마주한 경우를 살펴보자. 內谷萬平이라는 일본인 '백만장자'가 사장으로 있었던 全南棉花(株)의 이사나 주주 가운데는 목포·무안 출신의 도평·도의가 네 명이 있었다. 文在喆(전남24/27/30/33), 權寧禮(전남33, 목포35/39), 金容安(전남33/37관, 목포43)이 그들이다. 1909년에 조선에 건너온 內谷萬平은 1911년부터 목포에서 미곡무역으로 성공하여 자본금 150만 원의 조선면화주식회사를 창립했고 '손대지 않은 사업이 없을 정도'의 대자본가가 되었다.[64] 그는 목포부회의원과 전남도회의원을 지냈고, 1935년에는 목포부회 부의장으로 선출되었다. 金商燮(전남24관/27/30, 목포20/23/26/29/31)이 사장으로 있

63) 지수걸의 '관료-유지 지배체제' 개념에도 일본인 민간 유력자들이 한 구성 요소로 포함되어 있다.

64) 阿部薰, 『朝鮮功勞者名鑑』, 211쪽.

던 木浦倉庫金融(株)(1919년 설립)에도 전남도평 · 도의들이 중역 · 대주주로 있었는데,[65] 內谷萬平은 이 회사의 대주주였다. 이들 목포 · 무안을 대표하는 유력자들은 그밖에도 여러 기업에서 함께 중역 · 주주를 지냈고, 대부분 목포청년회 출신이었다.

또 다른 예를 들면, 金斗河(경북30/33관/41관, 포항26/29/31/35/39) 등 포항 · 영일 출신의 도평 · 도의와 이 지역 경제를 주름잡은 中谷竹三郎의 관계를 들 수 있다. 中谷竹三郎은 1896년 조선에 온 뒤 수산업과 곡물 무역에 종사했고, 1920년 경북도평의원이 되었으며 1933년에는 도회 부의장이 된 사람이었다.[66] 中谷이 사장으로 있던 共榮自動車(株), 포항운수(株), 포항양조(株), 경북산업(株), 경북수산(株) 등의 기업에는 김두하, 文明琦(경북20/24/27관/30/33관/37관), 박윤여(경북27, 포항23/26), 金東德(경북37, 포항31/35), 김용주(경북37/41, 포항35) 등이 중역으로 참여했다.

특히 김두하는 영일수리조합, 포항상공회, 경북어업조합연합회(경북도수산연맹) 등 경제단체에서 中谷과 함께 간부를 지냈고, 조선소방협회, 포항국방의회[67] 등에서도 역시 나란히 이름을 올렸다. 1894년생으로 이미 30대에 '포항 굴지의 수산계 1인'[68]이 된 김두하는 수산업을 통해 일본인 유력자와 관계를 맺고 지방의회에 진출했다.

기업 활동을 통해 인맥과 정치적 입지를 구축하는 경우뿐 아니라 공직 활동을 기반으로 경제적 이익의 극대화를 꾀하기도 했다. 1935년에 자본

65) 문재철이 이사, 車南鎭(전남33관/37관, 목포26/29/31/35/39/43)과 金哲鎭(전남37/41, 목포36/39/43)이 감사였고, 대주주 가운데 김상섭, 김철진, 문재철 등이 있었다.

66) 達捨藏, 『慶北大鑑』, 1936, 경인문화사(2000, 영인본) ; 『朝鮮人事興信錄』, 334쪽.

67) 1934년 군사 후원 목적으로 창립되었고, 김두하는 부회장, 中谷은 고문을 맡았다. 『慶北大鑑』 中, 335쪽.

68) 『反民特委裁判記錄』, 김두하 편.

금 3백만 원, 불입금 75만 원으로 설립된 朝鮮麯子(株)의 경우, 金思演(경기33관/37관/41관, 경성26/29/31)이 사장, 安田慶淳이 전무이사, 朴疇明(경기41, 경성31/35/39/43), 朴弼秉(경기27/30/33/41), 李重和(충남30, 천안39), 李鍾悳(충남37), 崔準集(강원33/37관/41관, 강릉31), 柳曾秀(충북33/37/41) 등이 이사였다. 安田慶淳은 1940년대 초 김사연과 함께 조선국자의 공동사장에 올랐는데,[69] 그는 조선에서 하급관리에서 시작하여 도이사관까지 올랐고, 1934년 당시 경성세무서장을 지낸 인물이었다.[70]

당국의 신용을 얻는 수단으로 기부활동 역시 중요했다. 가령 경상북도의 대지주·은행가이자 상업회의소 간부였던 李章雨(경북26)는 1923년 '東京震災에 대해 500원을 의연'[71]했고, 그밖에도 다음과 같은 기부 활동을 했다.

1923년 大邱警察署武德館 建護費 400원을 기부
1926년 및 1930년 大邱少年保護所에 1만 원을 기부
1928년 慶北公衆保健協會에 406원을 기부
1932년 慶北 河陽消防組에 405원을 기부
1932년 癩豫防協會에 6,000원을 기부1932년 大邱醫學專門學校 설립비로 3,000원을 기부[72]

이장우는 대한제국기의 무관 출신으로 일찍부터 은행에 관계한 지주·자본가였다. 그의 재력을 탐낸 일제 통치자들은 이런저런 기부를 압박했고 이장우 자신은 자신의 입지를 유지·강화하기 위해 이에 응했다

69) 『朝鮮銀行會社組合要錄』, 1942.
70) 『朝鮮人事興信錄』, 484쪽.
71) 『東亞日報』 1923년 9월 14일.
72) 『朝鮮人事興信錄』, 529쪽.

고 짐작된다. 그에 대해 악덕지주라는 평가[73]와 후덕한 지주의 면모를 보여주는 사례[74]가 공존한다. 이장우의 기부행위는 일제시기 전시기에 걸쳐 재력을 가진 조선인들 대부분이 담당해야 했던 일제 당국에 대한 '성의'였다고 생각된다.

물론 이러한 기부 활동은 전시체제기 이후 훨씬 규모도 커지고 빈번화되었다. 요컨대 전쟁을 위한 '총동원체제'였던 것이다. 농장형 지주의 1인으로 전남 화순에서 근대적인 상품작물 경작에 매진한 吳建基(전남37)의 농장 경영 자료들을 분석한 연구[75]에 따르면, 전시체제기의 오건기는 '전북 내무부장, 광주부 경찰부장, 화순 · 보성 · 여수 · 진도 경찰서장, 전남 도지사, 현준호(전남24/27) 등의 요인들과 함경남도청, 해남군청, 각세무서, 호남은행 등의 간부, 일본과 大蓮, 전남 일대의 일본인 유력자들을 망라'한 인사들에게 祝電을 보냈다. 오건기가 '사교'를 위해 축의금을 보내거나 접대한 주요 인사 가운데에는 '도경찰부장, 화순경찰서장, 동복주재소, 금융조합 이사, 도 농무과장, 세무서의 농무과장, 산림과장, 산림기사, 광주 · 장성 · 화순무도대회지소장, 재향군인회, 지원병 · 출정군인' 등이 있었다. 그는 '화순경찰서 의용단 기부금', '同福神祠건축비', '광주奉獻木代 및 봉찬회비', '면사무소창고수리비', '사상연맹광주지부 보조금', '무도장 설비비', '青年訓練生服裝代', '훈련병위문금', '국민총력앙양대회 기

73) 그는 소작인에게 '지주의 필요에 의하야 어느 때던지 소작지를 반환'하고 '풍흉을 불구하고 定租額을 납입함' 등의 조건을 붙여 소작료를 착취했다고 한다. 李晟煥, 「東光大學 第5講 朝鮮篇, 朝鮮小作制度의 現狀」, 『동광』 제24호, 1931년 8월 4일.

74) 이장우는 소작료 수취의 '斗量을 平斗'로 하고 '(소작인 200여 명의) 地稅를 자담'(『東亞日報』 1923년 12월 5일)했고, 이재민의 구제사업에도 앞장섰다고 한다.

75) 洪性讚, 「日帝下 企業家的 農場型 地主制의 存在形態－同福 吳氏家의 東皐農場經營構造 分析－」.

부금', '군사후원회비', '소방조 기부금' 등 '정치적 목적의 각종 기부금'을 1939~1941년 사이에 납부했다.[76)]

(2) 일제의 보상

① 훈 · 포상 제공

서훈, 포상, 표창은 유력자들에 대한 회유수단의 하나였다. 모든 종류의 서훈 · 포상을 다 조사할 수는 없으므로, 병합기념장, 두 차례의 대례기념장, 시정25주년기념공로자 표창(25주년기념장으로 약칭), 紀元2600주년기념장(2600주년기념장으로 약칭)을 받은 도평 · 도의 수를 조사하면 아래 표와 같다.

〈표 Ⅲ-1〉 '병합' 이후의 훈장 수여자 수[77)]

	종류	일시	수여자(명)
A	併合記念章	1912.08.21	136
B	大禮記念章	1914.11.10	8
C	大禮記念章	1928.11.16	306
D	二十五周年記念章	1935.10.01	137
E	紀元二千六百年記念章	1940.02.11	201
총계	789명(실제 인원은 536명)		

병합장은 '병합'에 대한 공로자를 표창한 것으로 기록을 통해 수여자

76) 홍성찬, 위의 논문, 163~167쪽.

77) 병합기념장은 『韓國併合記念章授與人名』(官報第205號附錄, 1913년 4월 19일), 대례기념장은 『관보』와 각종 인명록(1915년의 경우 누락자가 있을 것으로 짐작된다), 25주년기념장은 朝鮮總督府始政二十五周年記念 表彰者名鑑刊行會(『總督府始政二十五周年記念 表彰者名鑑』, 1935), 2600년 기념장은 『總督府始政二十五周年記念 表彰者名鑑』을 주요 자료로 했다.

이름과 직위, 서훈, 작위 등을 알 수 있다. 조선귀족, 중추원의관, 李王職, 도참여관, 군수, 도서기, 군서기, 부서기, 기수, 순사(보), (헌병대 혹은 육군)헌병보조원 등이 주요 수여자였고, '공로 내용'을 면밀히 조사하여 표창했다기보다 표창 당시 관직, 경찰, 헌병보조원인 사람들의 명단만 파악하여 졸속적으로 표창했다고 생각된다.

대례기념장은 明治천황의 뒤를 이은 大正천황의 즉위를 기념한 1915년의 기념장, 大正 사후 昭和천황의 즉위를 기념한 1928년의 기념장 두 차례가 있었다. 李康元(전북30관)의 경우, 1915년 11월 10일 대례기념장을 받고, 11월 15일 동경에서 열린 '御大禮賜饌式에 參列'[78]한 것이 확인된다.

시정25주년 기념표창은 寺內총독의 부임 날짜(10월 1일)를 기준으로 '병합' 25주년을 맞아 '치적과 공로가 있는 관민 5천 3백여 명을 표창'한 것이다.[79] 표창자 5,392명 가운데 조선인은 2,083명이며 '관공서 · 공직자' 가운데 '영년(永年) 근속자', 기타 '민간공로자 · 효자 · 절부 · 義僕' 등이 표창 대상이었다. 이들을 다시 분류하면 '고등관 및 동 대우자 645명, 판임관 및 동 대우자 2,410명, 촉탁, 雇員 497명, 傭人 916명, 민간공로자 262명, 공직자 619명, 효자, 절부, 義僕 43명'이었다.[80] 도평 · 도의 가운데 1928년의 대례기념장 수여자는 306명이었다.

『총독부시정25주년기념 표창자명감』의 내용을 보면, 수여자의 '병합'

78) 「各道議員 推薦의 件」(全羅北道中樞院 議員推薦の件, 李康元, 1921).

79) 朝鮮總督府始政二十五周年記念 表彰者名鑑刊行會, 『總督府始政二十五周年記念表彰者名鑑』, 1935. 표창식은 '경성 및 각 도'에서 거행했다. 이들 표창자들을 수록한 자료에는 생년월일, 출생지, 경력 등이 기록되었다.

80) 『朝鮮』 1935년 11월, 141쪽. 조선인 표창자 가운데에는 총독부(32명), 중추원(24명) 이외에 철도국(581명), 세관세무감독국(75명), 체신국(32명), 이왕직(131명), 민간공로자(98명), 소방관계(78명), 덕행(39명)으로 분류되는 자가 많고, 지방행정 관련자로 생각되는 도별 표창자는 경기도(106명), 전라남도와 경상북도(각각 66명), 경상남도(65명) 순이다.

이후의 활동뿐 아니라 '병합' 이전의 행적에 대해서 언급하는 경우가 발견된다. 劉漢植(경남20관)은 1907년 '폭동'(군대 해산 이후의 의병전쟁을 말함)이 일어나자, '몰래 어려운 일본인에게 미곡을 공급했고, 아울러서 다른 사람들이 참가하지 않도록 설득'했다. 鄭泰均(경남20/30관/33관)은 '1909년 폭도가 각지에서 봉기하고, 이를 진압하기 위하여 渭川面에 수비대가 파견되자 이들에게 주택을 개방하고 임시 막사를 제공'했으며 '1919년 만세운동이 일어나자 경상남도 대표로서 총독부가 주최한 시국강연회에 출석하여 청강'했다.[81] 학교 설립이나 주민에 대한 식량 배부 같은 내용도 있지만 기본적으로 당국에 협조하고 독립운동에 반대한 행위를 표창·치하한 것이다.

기원2600주년기념장은 일본 신화에서 최초의 천황인 神武가 천황으로 즉위한 연도(BC660년)를 기준으로 2600주년(1940년)을 맞이하여 공로자들을 표창한 것이다.[82] 일본과 조선에서는 紀元祭(大祭) 혹은 봉축식을 성대하게 벌였다. 기념장을 받은 사람들은 동경의 행사 식장에 초대되었는데 일부는 참석하고 일부는 불참했다.[83] 紀元祭에 초대 받은 전체 조선인은 약 630명이며 도평·도의는 201명으로 조선인 가운데 약 3분의 1을 차지했다. 201명 중 도평의원 역임자가 177명이며, 도회의원 경력자 총 722명 중 약 25%가 기원제에 초대를 받은 셈이다.

81) 『總督府始政二十五周年記念 表彰者名鑑』, 1021·1023쪽.

82) 『紀元二千六百年祝典記念光榮錄』(1940). 이 자료에서는 조선인의 경우, 창씨명을 기재한 뒤, 본명과 생년, 학력, 약력, 서훈을 기록했으나 수록자 가운데 수백 명은 다른 기재 사항 없이 창씨명만 기록했다.

83) 『反民特委裁判記錄』에 따르면 金斗河(경북30/33관/41관), 蘇鎭文(전북27/37/41), 吳明鎭(경남33/41), 洪鍾轍(전북24/27관/30관/33관/37관)은 식전에 참석했고, 孫在厦(충북33/37)는 참석하지 않았다고 한다. 홍종철은 행사 참석 후 '高敞郡 各面 대표 200여 명'을 모아 '일본의 武運長久'에 대해 강연했다.

일제 당국은 유력자들을 식민통치에 끌어들이고자 서훈, 표창을 적극 활용했다. 두세 개의 훈장을 받은 사람들도 다수이며 崔志煥(경남41)은 위의 다섯 개의 기념장을 모두 받았다.

② 이권 제공을 통한 경제적 보상

대륙침략의 일환으로 전개된 일제의 '북선 개발'은 조선인 유력자들로 하여금 일정하게 기대를 주는 요소였다. 鏡城郡 참사를 지낸 金炳奎(함북24)는 다음과 같이 그 기대를 표출했다.

> 본인은 함북도 현재의 일분자로 본도현상을 감한 바 지광인희의 관계로 토지개량, 농사발전에 지장이 많음으로 남선의 소작분쟁에 고통하는 무자본독농가들을 이식하는 동시에 겸하여 무진장의 목재, 석탄, 어류 등 천혜의 物을 일반에 소개코자 목적하는 바 불원한 장래 철도전통의 期가 도래하겠기에 무능력하나마 평생의 힘을 盡하려 합니다.[84]

제Ⅱ장에서 보았듯이 『삼천리』 기사에 나타난 1930년대의 조선의 대자산가들의 명단을 보면 그 가운데에는 북선 개발, 산금정책 등의 수혜자들이 다수 있었다. 『삼천리』에서는 "南鮮 지방의 부자들이 대개 祖先傳來의 토지를 수호함이 아니면 합병 이전에 가젓든 재산을 그냥 墨守하여 오든 것에 불과"[85]한 데 비해, 북선의 자산가들이 토지 개발 혹은 상공업 경영으로 부를 일군 것을 높이 평가했다.

1930년대 이후 '조선 제일의 부자'였던 최창학은 1920년대 이후 광산,

84) 「나의 10년 계획」, 『新民』 1928년 1월.

85) 「財界의 怪傑 洪鍾華 · 金基德 兩氏, 突現한 壹千萬圓의 兩大富豪 一代記」, 『三千里』 1932년 12월.

어업, 부동산투기 등으로 거금을 손에 넣은 '벼락부자'였다. 그는 1923년경부터 광산을 경영하여 굴지의 금광을 발견함으로써 광산왕이 되었다. 1929년부터 1934년까지 평북의 구성과 삭주 등지에 6회에 걸쳐 광업권을 설정했다. 당시 조선의 금투기 열풍은 일제가 전쟁 수행을 목적으로 금 수출을 금지하고, 산금 장려와 금매입 등을 정책적으로 추진한 데 기인했다.[86] 몇몇 광산 거부들도 출현했으나 그 이면에는 독점자본 중심의 산금정책, 광산 사기사건[87]으로 인한 숱한 실패 혹은 피해 사례들이 있었다. 최창학은 '조선 유일의 현금 천만 원 이상의 거대한 재산가'[88]로 관선도의에 임명되었다. 방응모, 박기효 등 광산계의 부호 외에 金基德(함북20/24관/30관), 조병상, 한상룡, 송진우 등과 교유했고, 일제 말에는 거액의 기부로 전쟁에 협력했다.[89]

함경북도의 金基德과 洪鍾華(함북20)은 '十數年을 두고 羅津, 雄基의 땅을 사 모으기에 열심'하여 거부가 되었다. 그들은 '羅津이 경제적 가치로 보아 南滿洲의 大連港에 필적'하고 '군사적 가치로 보아 西伯利亞의

86) 許粹烈, 「日帝下 韓國에 있어서 植民地的 工業의 性格에 關한 一研究」, 서울大學校 경제학과 박사학위논문, 1983, 51~59쪽 ; 한수영, 「하바꾼에서 황금광까지 －식민지사회의 투기 열풍과 채만식의 소설－」, 『일제의 식민지배와 일상생활』, 혜안, 2004, 258~276쪽.

87) 가령 1933년의 광산사기사건은 당시 전도평의원이자 퇴직 군수인 姜鳳瑞(평북30/37/41) 명의의 광산을 일본인 유력자(兒玉 대의사, 岩本直太郎 전 육군대위)에게 판다면서 중간에서 이완용의 생질, 安國 등이 趙秉郁(경북41)으로 하여금 매수하도록 한 사건이었다. 피해자인 조병욱이 배상을 받기로 하고 고소를 취하하면서 일단락되었다. 『東亞日報』 1933년 11월 28일, 12월 5일.

88) 「千萬長者 崔昌學, 돈의 分布 狀態, 親한 親舊들과 二百萬圓을 社會에 내놋는단 所聞」, 『三千里』 1938년 5월. 최창학에 대해 '교육기관이나 사회사업에 대한 기부'를 기대하는 여론이 높았으나 그의 '사회사업' 규모는 기대에 다소 못 미쳤다.

89) 육군연락비행기 1대, 국민총력연맹 창설비, 방공협회, 지원병후원회, 사변3주년사업비 등. 『紀元二千六百年奉祝會 招待者名鑑』, 27쪽.

海參威에 필적하는 중요지점이 되리라고 관찰'했고, 일본의 만주침략이 본격화되자 땅값이 올라 대부호가 되었다.[90] 홍종화는 군수품 용달상, 김기덕은 對 러시아 무역업에서 출발하여 '土地商'을 거쳤고, 1920년대에 걸쳐 나진과 웅기 일대의 토지를 매수했다. 일찌감치 도평의원이 된 그들은 '너르나 너른 저 滿蒙天地'에 대한 일본의 대륙정책을 간파함으로써 토지 투기를 통한 부의 축적이 가능했다.[91]

그밖에도 일제의 대륙침략정책에 편승하여 함경도와 강원도 일대에서 광업, 어업, 목재업 등으로 큰 성공을 거둔 사람들이 나타났다. 함경도에 축적된 러시아 화폐는 수요 확대에 따라 '세가 났고', 철도 침목으로 쓰기 위해 목재업이 번성했다.

특히 1930년대에서 1940년대 초에 걸쳐 동해안에서 세계 최고의 정어리 어획을 기록하는 엄청난 호황이 일어났다. 불과 몇 년 동안 '정어리로서 일이십만 원 내지 오륙십만 원의 巨利를 得한' 실업가 가운데에는 薛卿東(함북41), 廉璟薰(함남33), 金基德, 黃鎭汶(함북33), 黃雲天(강원41)[92] 등의 도회의원과, 金在洙, 辛鍾昇 등의 지방의원이 있었다.[93] 정어리잡이는 '허가 어업으로서 조선 총독으로부터 허가받은 巾着 어업자 수 110여 명' 가운데 '약 반수가 조선 사람'이었고 나머지는 일본인이었다.

90) 「財界의 怪傑 洪鍾華· 金基德 兩氏, 突現한 壹千萬圓의 兩大富豪 一代記」, 『三千里』 1932년 12월.

91) 梁村奇智城, 『新興之北鮮史』(朝鮮硏究社, 1937)에 따르면 김기덕은 '1924년경 토지에 착안'했으며 한 때 '100만 원 이상의 부채를 짊어진' 적도 있었다. 그가 소신 있게 나진 일대의 땅을 놓지 않은 것은 '불요불굴의 정신'뿐 아니라 공직생활을 통한 당국자와의 연줄과 정보 획득 때문이었다고 생각된다.

92) 황운천은 정어리건착망어업에 종사했고 강원도 鰮油肥제조수산조합 특별의원이 되었다.

93) 「一千萬圓의 咸北 정어리 景氣, 數十萬圓의 富者는 누구 누구인가」, 『三千里』 1938년 11월. 1939년 정어리 어획량은 120만 톤이었다.

일제의 허가와 지원 없이 정어리 사업에서 성공할 수 없었고, 목재업이나 광업 등도 마찬가지였다. 일제하의 사업가들이 도평 · 도의를 비롯한 공직에 진출하려 한 것은 이러한 사정과 관련되었다. 도평 · 도의가 되기 이전부터 상당한 자산력을 갖추고 있는 사람들도 있지만 도평의회 및 도회에 진출하는 것이 그들의 경제적 성공에 어떠한 영향을 주었는지 하는 측면을 살펴볼 필요가 있다. 대부분의 도평 · 도의는 일제의 공직에 참가하고 식민사회의 지배적 위치에 올라섬으로써 재산 유지와 사업적 안정성, 자산 증식을 꾀하려 했다고 생각된다. 민대식처럼 도평 · 도의가 되기 이전부터 손꼽히는 자산가로 분류된 인물들도 있지만, 도평 · 도의에 참여함으로써 경제적 성공의 밑거름을 마련한 사람들도 있었다.

일제하에서 소수 조선인 대자본가, 대지주층은 중소지주나 중소자본가에 비해 안정적으로 자산을 관리 · 증식할 수 있었다. 그러나 '관치' 경제로 특징지을 수 있는 식민지 경제에서 일제 당국과의 관계는 자산의 유지, 관리, 증식에 상당한 정도로 직접적인 영향을 주었다.

일제는 '要 회유인물'을 '유도 · 회유'하기 위해 경제적 보상을 제공했다. 조병상은 '회고'에서 이렇게 말했다.

> 당시 齋藤이는 회유정책이 착착 성공되어서 최남선[崔南善]이가 조선사 편집위원이 되고, 기독교 장로 유성준[俞星濬]이가 參與官知事가 되고 각도 참여관은 懷柔官 격으로 각 관내 要 회유인물을 유도 회유하는 판이어서 南岡선생 같은 선배에게까지 회유코자 하여 五山학교에 국유지를 貸付하는 등 좀 異彩가 있는 사람은 회유 도입하고자 할 때인데 당시 土地改良部長 安達이라는 자가 총독의 依命이라 하고 慶南 金海郡 大諸面 麥島에 있는 未墾地 二十町步를 나에게 허가하기로 되었은즉 引受手續을 하라는 것이었다.(강조는 필자)

조병상이 이 말을 한 것은 물론 자신이 그 미간지를 돌려주었다는 것을 강조하기 위해서였다. 그러나 총독부가 경제적 이득을 회유수단으로 활용했다는 그의 주장은 실상을 반영한 것이라 생각된다. 미간지나 국유지를 불하 받아 지주 수입이나 농산물 상품화의 원천으로 삼는 것은 일제하에서 큰 특혜였다. 동양척식주식회사가 토지조사사업을 통해 최대의 지주가 된 것도 그러한 땅을 손에 넣었기 때문이었고 일본인 농업 이민자들도 그러한 땅의 일부를 떡고물로 받기를 기대했다.

도평 · 도의로서 일제 당국으로부터 (국유)간석지나 미간지를 불하 받거나 매립 허가를 받은 사람은 6명이 확인된다.[94] 그밖에 조림 등의 목적으로 (국유)임야를 양여 혹은 대부 받은 사람은 24명이었고, 당국의 허가를 받아 광업권을 설정한 사람은 46명이었다. 이들 가운데는 백인기처럼 여러 종류의 특혜를 중복해서 받는 경우도 했다. 일제는 백인기에게 간석지 매립권, 임야 조림권, 광업권을 모두 부여했는데, 백인기처럼 중복되는 경우까지 포함하여 일제가 제공한 경제적 이권을 받은 사람은 76명이었다. 이들이 광업권이나 임야 대부, 미간지 불하 등을 받은 시점은 도평 · 도의 임기 전, 임기 중, 임기 이후 등으로 다양했다.

나중에 김홍량의 예에서도 보겠지만 간석지 매립은 막대한 공사비용 때문에 위험을 수반하기는 하지만 농경지 조성으로 막대한 수익을 낳을 수 있었다. 1933년 압록강의 수면 매립공사를 완수하고 수리조합을 설치하고자 鴨綠江土地改良(株)을 함께 설립한 사람 가운데에는 張驥植(평북30/33관), 李熙迪(평북33관), 崔昌朝(평북30관), 卓昌河(평북33관/37관), 李

94) 백인기(경기27관): 1922년 간석지매립, 洪在興(충남27): 1931년 간석지매립, 문재철(전남24/27/30/33): 1938년 간석지매립, 차남진(전남33관/37관): 1940년 간석지매립, 김홍량(황해33/41관): 1935년 국유미간지 불하. 金榮錫(평북30): 1924년 국유미간지 대여. 이상은 『日帝侵略下韓國36年史』에 근거함.

烱觀(평북37/41) 등의 도평 · 도의가 있었다.[95] 이들은 '농민에게 일할 장소를 주는 대사업'이라는 명분을 걸고 회사 중역이 되었다.[96]

대륙침략의 군사적 수요와 직접 관련된 물품의 제조와 조달 등 이른바 국책회사에 관계한 도평 · 도의들도 있었다. 河駿錫(경남30/33관/37관)[97]은 1939년 1월, 100만 원의 자금으로 朝鮮工作株式會社를 설립했다. '1. 軍需用器具, 기계제작 及 가공 2. 鑛山用器具, 기계제작 及 판매'를 한 이 회사는 '(지나의) 장기항전에 대응'하기 위해 '軍需器材의 製造擴充'을 천명했다. 회사 취의서에는 다음과 같은 구절이 있다.[98]

> 我朝鮮은 대륙의 일부로써 지리적으로 滿洲國北支를 接하여 戰時는 물론이요 平時에 있어도 각종 기계류의 많은 수요에 應치 안으면 안된다. 이때에 있어 戰時 平時를 불문하고 今後 우리 朝鮮에 약속된 역할은 非常히 重且大한 바가 있다.
>
> 吾人은 여기에 鑑한 바 있어 銃後국민으로서 堅實한 意力을 다하야 戰時體制의 整備를 다하기 위하야(中略－원문) 戰時下에 있어서는 帝國 전투능력의 강화 확충에 공헌하며 平時에 있어서는 重大業의 진흥 발전에 기여코저 하는 바이다.

95) 『朝鮮日報』 1935년 5월 29일 ; 『朝鮮銀行會社組合要錄』, 1935.

96) 梁村奇智城, 『平安北道大觀』, 朝鮮研究社, 1940.

97) 하준석은 와세다대 정치과를 나왔으며 소작인 3,500명을 거느린 만석부자로 1920년대부터 『현대평론』을 내고, 농촌문제에 대한 평론을 다수 썼다. 특별한 관직 경력이 없으나 소득세조사위원이나 소작관행개선조사위원으로 임명되었고 1939년부터 1942년까지 중추원 참의를 지냈다. 전시체제기에는 국민정신총동원 조선연맹 등 협력단체 간부를 지내고, 지원병제를 '국민훈련의 완성'으로 찬양했으며 해방 후 반민특위에 회부되었다.

98) 「國策會社에 登장한 財界巨星」, 『三千里』 1939년 4월. 이 회사의 중역 가운데에는 그밖에도 한상룡, 박흥식, 민규식 등의 거물급 인사들이 있었다.

또한 하준석은 제주도 개발방침에 따라 박흥식, 趙俊鎬, 金根者(전남20/24)와 함께 공동출자하여 濟州島興業株式會社를 설립했다. 이 회사는 제주도의 이점을 살려 軍馬, 緬羊 등의 국책에 부응했고, 하준석 자신도 지원병을 독려하는 등 일제의 입장에 밀착되어 갔다.[99)]

역시 전시체제기에 생긴 '국책' 목적의 회사로 朝鮮被服工業會社가 있다. 이 회사는 1939년, 국민복의 개량과 '其他特殊方面의 피복' 제작[100)] 등 '국책' 목적으로 만들어진 회사였다. 이 회사의 인적 구성을 보면, 취체역 회장이 成樂憲(충남20/24, 성원경의 장질), 상무 취체역 成義慶(성원경의 장질), 감사역 河駿錫(경남30/33관/37관), 成元慶(충남24/27/30/33) 등으로 세 명의 도평 · 도의가 관계했다. 그밖에 吳崇殷(평남26)의 大同工作所 역시 군수품공장으로 지정되어 탄환 등을 생산 공급했고,[101)] 吳明鎭(경남33/41)은 '해군 지정공장'인 山淸耐火陶器株式會社(松炭油製造用器 제작)를 경영했다.[102)]

에커트가 분석했듯이 조선인 부르주아는 경제활동이 성공적일수록 일제의 지배에 대항하기보다는 일제와의 일체감을 강화했다.[103)] 그들은 자본(자금), 기술, 원료, 시장 확보, 노동 통제 등 모든 면에서 일제의 원조

---

99) 그는 '황군의 일원이 될 銃前戰士에 의해 비로소 숭고한 국민훈련이 완성'된다고 했다. 『三千里』 1940년 7월.

100) 「國策會社에 登장한 財界巨星」.

101) 『反民特委裁判記錄』, 오숭은 편.

102) 『反民特委裁判記錄』, 오명진 편. 재판기록에 따르면, 산청내화도기회사에서 생산한 내화도기는 '내화력이 특수'하여 '소위 大東亞戰爭 전력증강의 일익을 담당'했고, 공장에는 '군인을 배치 감독'하도록 했으며, '국민학교 아동(5, 6년생)을 동원하여 勤勞奉仕隊'로 '陶器原料陶土를 운반'하게 했다고 한다. 오명진이 '도의원이란 직위를 이용'하여 同 회사를 '橫取'했다는 증언과 회사 인수 과정에서 산청경찰서가 개입했다는 증언도 있다.

103) Eckert, Carter J., Op.cit, pp. 69~126.

내지 방조에 기댈 수밖에 없었다. 총독부의 정책은 산업 내지 경제활동을 좌우할 힘을 갖고 있었으므로 조선인들은 정치적 지위 상승뿐 아니라 경제적 이득을 위해서도 총독부 안팎의 유력 일본인과 관계를 맺는 것이 중요했다.

그러나 일제가 조선인들에 대한 회유수단을 무한정 쓸 수는 없었다. 일제가 제공하는 자원은 한정적이었으므로 조선인 유력자들은 그 한정된 자원을 놓고 일본인이나 동료 조선인들과 경쟁해야 했다. 경쟁에서 탈락한 조선인이 '민족적 반감'을 가지는 것은 자연스런 일이었지만 그러한 경쟁이 진행되고 있는 동안에는 일제에 대해 저항하기 어려웠다.

2. 각종 공직 참여 활동

이 절에서는 도평 · 도의의 공직 참여 활동의 양상을 살펴보겠다. 공직활동은 통치기관이 아니라 일제 권력 주위의 관변적 지배기구에 참여하는 것을 말하며, 일제로서는 조선인 유력자들에 대한 유인책이고, 조선인은 이를 권력에 접근하는 통로로 파악했다.

일제시기의 용례에 따르더라도 관직과 구별되는 공직은 매우 다양한 범위에 걸쳐 있었다. 지방의원은 명예직으로 학교평의회원, 町洞總代, 상업회의소 · 농회 간부, 소방조, 농회 · 수산회 간부, 금융조합 · 수리조합 간부, 적십자사 간부 등과 함께 공직자의 범주에 포함되었다.[104] 이러한 공직은 대부분 일제 초기부터 존재하여 대체로 1920년대에 정비되고

104) 지수걸, 「일제의 국내 민족 · 민중운동 탄압 실태」, 『일제강점기 한국인의 삶과 민족운동』, 景仁文化社, 2005.

1930년대에 이르면 수직적 서열화가 이루어졌다.

다음 문장은 관·공직이 일제와 조선인 유력자에게 갖는 본질적 의미를 통렬하게 포착하고 있다. 이미 1920년대 초, 일제는 일찍이 보지 못한 '官力'으로 식민지의 중심부뿐 아니라 지방 깊숙이까지 조직적·계통적으로 침투함으로써 조선인 유력자들을 포섭하고 있었다.

> 지방에서는 이러니저러니 하여도 군청, 면사무소, 관공립의 보통학교, 금융조합, 우편국소, 재판소, 경찰관서 등에 근무하는 관공리를 제외하고는 별다른 유식계급이 업스며 도평의원, 학교평의원, 면협의원 등의 명예직의 人을 除하고는 별다른 유산계급이 업스며…총독부의 관력은 그와 가튼 관공리·명예직원을 통하야 부단히 발휘되며 숙성된다. 즉 금일의 관력은 벌서 지방지방의 유식계급과 부호계급의 다수를 연락하얏스며 련락한 그들의 명의를 통하야 관의 의지를 관철하며 관의 시설을 조장케 한다. 이에 대한 보수로 관에서는 될 수 잇는대로 그들의 지위·명예를 포증하며 생명·재산을 杜護해준다. 요컨대 금일 총독정치의 안목은 소수의 유식·유산의 조선인을 상대로 하야 먼저 다수의 조선인을 통제하고 다음으로 소수의 유산·유식자를 유치하야 일본인 중의 유식·유산자와 상대케 하야…자유경쟁·자연도태의 면전에서 취할 길을 취하게 함과 같이 관찰된다. 지방에 가면 누구라도 이런 관찰을 하게 된다.(강조는 필자)[105]

중추원 참의나 군수 등 관직뿐 아니라, 공직 임명(취임)를 둘러싸고도 청탁과 매관 등의 부정이 숱하게 얼룩진 것은 다음 기사를 통해 볼 수 있다.

> 어느 지방이던지 군수 노릇하기가 그다지 쉽다구는 할 수 없지만은

105) 妙香山人, 「南北朝鮮을 巡迴한 者의 酬酌」, 『開闢』 1922년 11월.

> 특히 충남은 군수 노릇하기가 매우 곤란하다 한다. 본래에 양반의 세력이 강대하니까 양반을 배척하고는 군행정을 잘 할 수 업고 양반을 좀 친근히 하면 의례히 청구가 만타. 면장도 시켜다구 직원, 학무위원도 시켜다구 심지어 면협의원 급사, 서기까지도 시켜달라구 청탁한다.[106]

청탁 '운동'은 관직이나 공직만 목표가 아니었다. 宋昌禧(황해20관)는 '금융조합장, 군참사, 도평의원, 기생조합장, 爲親貯蓄社長'이며 '黃州의 趙重應'으로 행세했는데, '저축사 부정사건'으로 창피를 당했지만 '뱃심좋게 國民協會 黃州支部長 운동'을 벌였다.[107]

1) 정치적 성격의 공직 참여

(1) 지방의회 및 학교평의회

① 도평·도의 중임자와 기타 지방의원 겸임자

지방의원과 학교평의회원은 선출직 공직으로 다른 공직보다 '정치적' 성격을 더 많이 가졌다. 도평·도의에 2회 이상 선출되거나 기타 지방의원과 겸임한 자를 개관하면, 대체로 도평·도의 임기를 여러 차례 중임하거나 관선으로 임명된 경우 전국적 유력자가 될 가능성이 훨씬 높았다.[108]

1920년부터 1941년까지 보궐선거를 제외한 7차례의 정규 지방선거에서 관선이나 민선으로 2회 이상 선출된 사람은 모두 392명(전체의 28.1%)이다. 7회가 3명, 6회가 6명, 5회가 13명, 4회가 32명, 3회가 80명, 2회가

106) 靑吾, 「湖西雜感」, 『開闢』 1924년 4월.

107) 車相瓚, 朴達成, 「黃海道踏査記」, 『開闢』 1925년 6월.

108) 지역유력자는 대체로 郡이나 府 단위의 유력자를 말한다. 그들의 명망성과 영향력의 범위가 郡을 넘어, 도나 전국 차원의 유력자로 성장하기도 하는데 그 경우를 전국적 유력자로 부르기로 한다.

258명이다. 1회만 선출된 사람은 1,003명이었다. 이 인원수는 공석으로 인해 임기 도중에 도평 · 도의가 된 경우를 제외한 것이며, 보궐선거나 당선자의 유고로 인해 도평 · 도의를 승계한 경우까지 포함하여 2회 이상 선출된 사람을 포함하면 428명(전체의 30.7%)이다. 다음 표는 4~7회 선출의 이름, 지역, 선출시기를 정리했다.

〈표 III-2〉 도평 · 도의 4회 이상 선출자(굵은 글씨는 중추원 의관)

회수	지역(명)	이름	인원
7회	경기(2)	**한상룡**(20관/24관/27관/30관/33관/37관/41관), **원덕상**(20/24/27/30/33/37/41관)	3명
	경북(1)	**서병조**(20관/24관/27관/30관/33관/37관/41관)	
6회	충북(1)	**민영은**(20관/24관/27관/33관/37관/41관)	7명
	경북(1)	**문명기**(20/24/27관/30/33관/37관)	
	경남(2)	**노준영**(20/24/27/30/37관/41관), **김경진**(24/27관/30/33/37/41관)	
	평남(1)	김상준(20/24/27/30/33관/37관)	
	강원(1)	김기옥(20/24관/27관/30관/33관/37관)	
5회	경기(1)	**김태집**(27/30/33관/37관/41관)	12명
	충북(1)	**방인혁**(20관/24관/27관/30관/33관)	
	충남(2)	**김병원**(20/24/27관/30관/33관), **임창수**(24/27/33/37/41관)	
	전북(2)	**김영무**(20/24/33관/37관/41관), **홍종철**(24/27관/30관/33관/37관)	
	경북(1)	**김재환**(27관/30관/33관/37관/41관)	
	황해(3)	**노창안**(20/24관/27/30관/33), **장대익**(20/24관/27/33관/37관), **송승엽**(27/30/33/37/41)	
	평남(1)	최창호(20/24/30/37/41관)	
	평북(1)	**강이황**(27/30/33관/37관/41관)	

	함북(1)	**황종국**(24/31/33관/37관/41관)	
4회	경기(1)	**김윤복**(30관/33/37관/41관)	36명
	충북(2)	**정석용**(24/27/30/33), **조동환**(27/27/30/33)	
	충남(4)	**김갑순**(20관/24관/30/33), 유기영(20/30관/33/37), **성원경**(24/27/30/33), **지희열**(27/30/33관/37관)	
	전북(1)	유진혁(30/33/37/41)	
	전남(4)	정수태(20/24관/27관/33), 문재철(24/27/30/33), 이재혁(24/27/30관/33관), **김신석**(30관/33관/37관/41관)	
	경북2(1)	**이선호**(24/27/30관/33관), 오국영(30/33관/37관/41관)	
	경남(4)	**이은우**(20/24/27관/33관), 이장희(27/30/33/41관), **김두찬**(20/24/27관/30관)	
	황해(1)	**김영택**(20관/24관/27관/30관)	
	평남(4)	**이교식**(20/27/30관/33관), 백윤호(20/24/30/33), **정관조**(20관/24관/27관/30관), **박경석**(24관/27관/30관/37관)	
	평북(2)	차국원(20관/24관/27관/30관), 정윤옥(24/27/30/33)	
	강원(7)	고운하(20/24/27관/30관), **이근우**(20/27관/30관/33관), **박보양**(20/27/33관/37관), 심의춘(24/27/30/33), 이인용(24/27/30관/33관), 김동화(24/27/30/33)	
	함남(2)	**김하섭**(20/27/30/41), **방의석**(30/33/37/41)	

도평·도의 다선자는 관선의원으로 선출될 가능성도 많고 다선일수록 중추원 참의로 연결되는 비율이 높았다. 5~7회에 걸친 중임자 가운데 중추원 참의가 되지 못한 사람은 불과 몇 명뿐이다. 3회 이상 선출자를 도별로 정리하면(〈표 Ⅲ-3〉 참조), 약 26% 정도가 중추원 참의가 된 것을 볼 수 있다.

〈표 III-3〉 도평 · 도의 3회 선출자

지역(명)	이름
경기(10)	박우현, 김지환, 이범기, 정영진, 박필병, 황우천, 임한선, **김사연**, **조병상**, 송성진
충북(3)	이춘웅, 유증수, 정석희
충남(6)	**김창수**, 강영식, 권병하, 전재희, 조남천, **민재기**
전북(10)	**강동희**, 양재영, 김연식, 강완선, 소진문, 김상호, 엄인섭, **전승수**, **박지근**, 박명규
전남(11)	**윤정현**, 서병규, 이근창, 김한승, **김상섭**, **김상형**, 오헌창, 김봉보, 김상필, 김치배, 성정수
경북(4)	**최윤**, 정운석, 김두하, 박인수
경남(5)	문상우, **정태균**, 김기정, 김병규, **하준석**
황해(8)	**정건유**, 민규식, 원효섭, 신원희, 이종준, 장춘하, **이승구**, 오원석
평남(5)	임우돈, 이면균, 최동직, **위기철**, 김관종
평북(2)	**최석하**, 강봉서
강원(11)	김학식, 장석균, 엄달환, 이태윤, 남상학, 이덕일, 박한표, **최준집**, **장준영**, 김영제, 최준용
함남(2)	남백우, 김명학
함북(3)	김기덕, **김정석**, **이홍재**
총인원	80명

비고: 굵은 글씨는 중추원 의관.

도평 · 도의 중에는 연고지에서 기타 지방의원, 즉 부협의회 · 부회의원, 면협의회 의원, 읍회의원 등으로 1회 이상 선출된 사람이 많았다. 현재 확인되는 경우만 집계해도 전체 도평 · 도의 가운데 약 4분의 1 정도가 된다. 가령 경기도회의 曺秉相, 韓萬熙(이상 경성), 金泰潗(영등포, 경성), 金允福(인천), 李範基(양평), 전남의 李根彰, 金商燮, 車南鎭(이상 목포), 평남의 金能秀, 崔鼎默(이상 평양) 등은 도평·도의를 2기 이상 역임하고, 기타 지방의원을 4차례 이상 역임한 것이 확인된다.

도평·도의들은 부협·부의 등의 선거에서 '선거관리'를 담당하거나 특정 후보를 지원하는 활동도 했다. 가령 1941년 신의주부회 보결선거에서 전직 도회의원인 張益河(평북37)는 '투표입회인'으로 투표 전 과정을 살펴보았다.[109] 당선자는 현직 도회의원인 姜利璜(평북27/30/33/37관/41관), 趙尙鎬(평북37), 기타 1명이었다.

② 학교평의회원

학교평의회는 1920년의 지방제도 개정으로 설치되어 1930년의 2차 개정에 따라 소멸한 기관이다. 부지역에서는 제한선거, 군에서는 면협의원들의 추천과 군수의 임명으로 학교평의회가 구성되었다. 도평·도의로 학교평의회원에 선출·임명된 자는 79명이 확인된다. 학교평의원들은 1920년대의 '공직자대회'에 도평의원, 부협의원, 상업회의소의원, 학교조합의원(일본인)들과 함께 참여하는 등 대표적인 조선인 '공직자'로 행세했다.

지방의원과 학교평의원을 겸임하는 자도 다수 있었다. 1927년 4월 1일 실시된 경성부학교평의원 선거에서 유권자 5,612명 중 2,613명이 투표에 참가하여 20명의 학교평의원을 선출했다. 그 20명 중 曺秉相과 劉秉珌이 경기도평, 朴準鎬, 梁在昶, 尹宇植, 張基肇, 任興淳 등 5명이 경성부협이었다.

학교평의원들은 총독부의 교육 정책에 대한 일종의 견제와 비판 기능을 수행하기도 했다. 가령 1928년 4월, 경성부 학교평의회에서는 조병상, 임흥순 등의 대표를 뽑아 '총독부에서 발표한 교육보급안이 민심수습을

109) 平安北道, 「報告例第104號, 府會議員選擧に関する報告」, 1941년 7월 29일. 選擧分會長은 신의주부윤이었고, 입회인은 모두 4명이었다.

위한 空文에 지나지 않는다는 여론'을 학무국장에게 전달했고, 이어 6월에는 '보통학교 교과서 高價문제'를 토의하고 '조선서적회사의 내막과 총독부와의 관계를 조사할 것과 1면 1교 촉진을 결의'했다.[110]

(2) 중추원

도평 · 도의 가운데 중추원 의관(고문, 찬의, 부찬의, 참의)[111]을 역임한 사람은 132명(관선의원이 92명)으로 전체 도평 · 도의의 약 1할에 육박한다. 이 132명이라는 숫자는 전체 중추원 임명자 가운데에서도 무시할 수 없는 비중을 차지한다.[112] 도평의회 시절부터 장기간 지방의원으로 활약한 사람뿐 아니라 1930년대 이후 지방의원이 된 신진 인물들도 중추원에 대거 발탁되었다.

중추원은 원래 조선귀족과 '병합공로자'를 중심으로 한 관리 출신자들을 예우하고 총독 자문에 응하도록 하기 위해 만들어졌으나 실질적인 기능을 하지 못하고 유명무실화되고 있었다. 중추원에 지방의 '민간유력자'들이 많이 진출하게 된 것은 1921년경부터였다. 이 시기부터 각도 도지사들은 '학식과 경험을 두루 갖추고 민의를 대표'하는 인물들을 참의 후보자들을 추천하여, 피추천자에 대해 순위를 매기고 그들의 '이력과 성행, 사상, 門地, 자산, 신용, 학식 정도, 國語 해독 여부 및 공공에 진력했던 사실' 등을 기재했다. 중추원 참의를 '중앙참의'와 '지방참의'로 나누어 지방참의의 수를 증가시키고,[113] 각 도 후보자를 안배함으로써 도평 · 도

110) 『東亞日報』 1928년 4월 25일, 6월 10일.

111) 초기에는 의장, 부의장, 고문, 찬의, 부찬의였지만, 1920년경부터 찬의, 부찬의가 참의로 통일되었다.

112) 박은경의 연구에 따르면 1941년 이전까지 중추원 의관에 임명된 총인원은 277명이다.

의가 대거 중추원에 진출하는 계기가 되었다. 132명 가운데 경기 16명, 경남과 전북 각 14명, 평북 12명 순으로 각도별 지역유력자들이 중추원 참의에 고르게 임명된 것을 알 수 있다. 다음 표는 도평·도의별로 중추원 의관 역임시기를 보여준다.

〈표 Ⅲ-4〉 도평중추원 의관 재임 시기

지역	1910-20년대(36명)	1930년대(61명)	1940년대(34명)
경기 16명	민영기(고문) 김한규(부찬의, 참의, 36년까지) 한상룡(참의, 고문, 44년까지) 장도 한상봉 원덕상 백인기	이명구 김정호 김사연(45년까지) 조병상(45년까지) 박봉진	김태집 박필병 김연수 최재엽
충북 6명	방인혁 민영은	정석용 손재하(45년까지)	김원근 韓定錫
충남 10명	신창휴 김갑순 김종흡(36년까지) 한창동	김병원 김창수(42년까지) 성원경 지희열(41년까지)	임창수 민재기
전북 14명	김영무 박홍규 이강원 유진혁	정석모 문종구(42년까지) 강동희(41년까지) 박희옥 홍종철	이종덕 박지근 전승수 元炳喜 최승렬
전남 7명	윤정현 김상섭(32년까지)	김한승 金相亨 현준호 김신석	차남진
경북 11명	서병조(40년까지) 안병길	이선호 장직상 서병주 최윤(43년까지) 진희규	문명기 정해봉 김재환 신현구
경남 14명	정순현(33년까지) 김기태 정태균	이은우 최연국 김경진 장응상 노영환 김두찬 하준석(42년까지) 최지환(42년까지)	노준영 이갑용 김동준
황해 11명	전석영 노창안 정건유(31년까지)	장대익 김영택 김기수 오세호(41년까지) 민병덕(42년까지)	최형직 이승구 김부원

113) 지방참의와 중앙참의는 지방 참의의 보수는 월 50원, 연 600원이며, 중앙 참의는 월 120원이었다. 『反民特委裁判記錄』, 손재하 편.

평남 10명	박경석(31년까지) 강병옥	이교식 정관조 金晋洙(41년까지) 이기찬(45년까지) 이종섭(41년까지)	위기철 최정묵 전덕룡
평북 12명	김제하 김희작 최석하	김성규 최창조 고일청 홍치업(42년까지) 이희적	장용관 강이황 이영찬 조상옥
강원 7명	이근우(36년까지) 정호봉	박보양(42년까지) 박기동 최양호 최준집	장준영
함남 10명	홍성연 이택현	남백우(42년까지) 강필성 방의석(45년까지) 유태설(42년까지) 손조봉 신희련	김하섭 위정학
함북 4명	이흥재	양재홍 황종국(45년까지) 김정석(42년까지)	

1921년 3월 각 도에서는 중추원 참의 추천자 목록을 냈다. 지방제도 개정 이후 초유의 일이며 소위 '지방참의'의 진출 계기가 되었다. 총 110명의 추천자(참의 후보) 가운데 현직 도평 58명을 비롯하여 나중에 도평·도의가 될 8명을 포함하면 66명이 도평·도의였다. 추천자와 실제 참의 임명자 명단은 다음과 같다. 특히 관선의원과 중추원 참의 임명이 무슨 관계인지가 확연히 드러난다. 추천된 도평·도의 중 관선의원이 40명이었다. 추천 받은 도평·도의 66명 가운데 1921년에 참의에 임명된 사람은 6명이지만 이후에 참의가 될 사람들까지 포함하면 임명자는 26명이다. 경남의 경우 10명의 추천자 중 8명이 도평이고 그중 7명은 1921년 당시 현직 도평이었다. 강원도의 경우 10명의 추천자 중 9명이 현직 도평이었다. 실제로 참의에 임명된 26명 가운데 1회 이상 관선도평·도의를 한 사람이 20명으로 관선의원과 중추원 참의 간에 상관관계가 높은 것을 알 수 있다.

〈표 Ⅲ-5〉 1921년 각도에서 추천한 중추원 후보 중 도평 · 도의

도	이름	비고	참의(재직기간)
경기	張錫佑(관) 丁致國(관) 朴宇鉉(관) 韓相鳳	4/6	한상봉(24-27)
충북	李源國 龐寅赫(관) 李載益 閔泳殷(관)	4/7	방인혁(21-24), 민영은(24-27)
충남	金鍾翕(관) 尹致晟(관) 金炳鵷(관) 金甲淳(관)	4/10	김종흡(33-36), 김병원(30-33), 김갑순(21-29)
전북	鄭碩謨 殷成河 金英武(관) 李康元(관)	4/10	정석모(33-36), 김영무(24-47), 이강원(27-30)
전남	玄基奉(관) 尹定鉉(관) 曺喜暻 丁洙泰(관) 金衡玉(관)	5/7	윤정현(26-28)
경북	金龜鉉(관) 趙寅錫 金承源(관) 申鳳均	4/10	
경남	李恩雨(관) 金弘祚 文尙宇(관) 孫之鉉 金淇正(관) 鄭泰均(관) 崔演國(관) 姜元魯	8/10	이은우(36-38), 정태균(21-27), 최연국(33-35)
황해	吳國東 金泳澤(관) 盧蒼顔(관) 全錫泳(관) 李台健(관) 申宗均 李達元 柳宅熙	8/10	김영택(35-38), 노창안(24-29), 전석영(21-25)
평남	康秉鈺 林祐敦(관) 田德龍 金淵穆 金商俊(관)	5/10	강병옥(24-28), 전덕룡(44-45), 최석하(21-29), 김제하(22-25)
평북	崔錫夏(관) 金濟河 柳世鐸(관) 姜時協 朴元祚(관)	5/10	
강원	嚴達煥 李根宇(관) 朴普陽(관) 李起鍾(관) 梁在韶(관) 安植 鄭鎬鳳 金翼濟 金基玉(관)	9/10	이근우(23-36), 박보양(39-42), 정호봉(27-29)
함남	洪聖淵(관) 李澤鉉(관) 金容秀 韓準錫(관)	4/6	홍성연(27-29), 이택현(21-27)
함북	黃鍾國(관) 全應奎	2/5	황종국(36-45)
합계	66명(관선 40명)	66/110	26명

출전: 「中樞院 의원 추천의 건」, 1921년 3월 정무총감에 대한 각도지사 보고.
비고: 추천된 도평 · 도의수/도별 추천자수.

도평 · 도의 재임시기와 중추원 임용 시기의 선후관계를 보면, 중추원에 먼저 임용된 경우는 4건[114]으로 예외적이며, 대부분 도평 · 도의에 선

114) 대한제국기 고관 출신인 민영기는 중추원 고문을 1910~1923년에 역임했고

출된 이후 중추원에 임용되었다. 도평 · 도의 임기 도중 중추원 참의에 임명된 사람도 96명(72.2%)이며, 나머지는 도평 · 도의를 마친 이후 중추원 참의가 되었다.

전시체제기에 일제는 각종 대일협력활동에 동원하고자 조선인 유력자들을 대거 관선도회의원과 중추원참의로 발탁했다. 이 시기의 관선 도의를 살펴보면, 1937년에 관선도의로 임명된 55명 가운데 34명이 참의를 역임했다. 그리고 1941년 관선도의가 된 47명 가운데 31명이 참의를 역임했고 이 31명 중 불과 2명을 뺀 29명이 1941~45년에 관선 도의와 중추원 참의를 겸임했다.

중추원 참의는 일제 말에 이르기까지 일제당국이 제공하는 최상급의 영예직이었다. 참의 임명의 이면에는 각종 술수와 모략이 개입되었고 잡음도 있었다. 1936년 당시 현직 도의였던 金性倸(경남33)는 중추원 참의가 되고자 경남도지사 土佐와 결탁하여 참의 추천명부에 하준석(경남30/33관/37관)을 빼고 대신 본인의 이름을 기입했다. 이 사실이 탄로남에 따라 결국 하준석의 매부인 盧泳煥(경남27/41관)이 참의에 임명되었다.[115] 유력자들 사이에서 중추원 참의 임명을 둘러싸고 암투가 벌어졌음을 보여주는 사례이다.

1920년 관선 경기도평의원이 되었다. 역시 1920년 경기도평(민선)이 된 김한규는 1910~1911년 중추원 부찬의, 1933~1936년 중추원 참의를 했다. 1940년과 1941년 경남도회 관선의원으로 임명된 김동준은 1923~1924년 중추원 서기관과 통역관을 했고, 1941~1945년 중추원 참의가 되었다. 역시 1941년 경남도회의원(민선)이 된 진주 출신의 최지환은 1936년부터 1942년까지 중추원 참의를 했으므로 참의 임명이 도회의원보다 먼저인 케이스이다.

115) 『反民特委재판』, 노영환 편. 김성래가 하준석에게 '중앙참의를 시켜준다는 감언이설'을 했다는 것으로 미루어 지방참의보다 중앙참의가 더 탐나는 자리였음을 알 수 있다.

(3) 보호관찰소 · 보호관찰심사회

일제 말에 이르면 다수의 도평 · 도의들이 전시체제에 협력하는 각종 단체의 간부로 활약하는 한편, 사상범의 감시 · 교화를 위한 보호관찰심사회 위원이나 보호관찰소의 보호사(촉탁)로 임명되기도 했다.

사상범보호관찰소는 1936년 12월 12일, 제령 제16호 조선사상범보호관찰령의 시행에 따라 서울, 평양, 함흥, 청진, 신의주, 광주, 대구에 설치되어,[116] 집행유예, 불기소, 집행종료, 가출옥한 사상범들의 재범을 막는다는 명목으로 이들을 수용하고 감시했다. 보호관찰심사회는 검사나 기타 관리의 통보에 따라 이들 사상범들의 '보호관찰' 여부를 심사하고 보호단체에 위탁하거나 주거, 교유, 통신의 제한과 기타 적당한 조건의 준수를 명령했다.[117] 보호관찰의 기한은 2년이었으나 '보호관찰처분의 취소에 따라 단축'도 가능하고, '필요하면 기간 갱신이나 연장'도 가능했다. 보호관찰심사회는 보호관찰소의 의뢰를 받아 보호관찰 기간의 갱신 여부(동 제5조)에 관해 심사 결정을 했다. 보호관찰심사회 회장은 주로 일본인 판사 · 검사가 맡고 위원이나 예비위원에 조선인이 포함되었다. 보호관찰소의 회장과 위원도 주로 일본인이 맡았지만, 조선인을 위원이나 囑託保護司로 선임하기도 했다. 이들 조선인 임원 대부분이 도평 · 도의 등 지방의원이었다.

116) 京城保護觀察所, 「保護觀察制度の概要」, 1941 ; 「今般에設立된光州保護觀察所」, 『湖南評論』 1937년 8월 ; 增永正一, 「朝鮮に於ける思想犯保護觀察制度の實施」, 『朝鮮』 1937년 1월.

117) '보호관찰'의 결정은 '재판과 유사한 성질'을 가졌다.

〈표 Ⅲ-6〉 보호관찰심사회 · 보호관찰소 임원

<table>
<tr><th></th><th>6분류</th><th>직위</th><th>임명
년도</th><th>이름</th><th>도평 · 도의지역</th></tr>
<tr><td rowspan="6">경성</td><td>보호관찰심사회</td><td>위원</td><td>1937</td><td>이승우</td><td>경성부협</td></tr>
<tr><td rowspan="5">보호관찰소</td><td rowspan="5">촉탁
보호사</td><td rowspan="5">1939</td><td>元悳常</td><td>경기도평 · 도의, 경성부협</td></tr>
<tr><td>韓萬熙</td><td>경기도평 · 도의,
경성부협/부의</td></tr>
<tr><td>金允福</td><td>경기도평 · 도의,
인천부협 · 부의</td></tr>
<tr><td>金思演</td><td>경기도의, 경성부협 · 부의</td></tr>
<tr><td>玄俊鎬</td><td>전남도평, 광주면협</td></tr>
</table>

<table>
<tr><th></th><th>6분류</th><th>직위</th><th>임명
년도</th><th>이름</th><th>도평 · 도의지역</th></tr>
<tr><td rowspan="5">광주</td><td>보호관찰심사회</td><td>위원</td><td>1937</td><td>玄俊鎬</td><td>전남도평, 광주면협</td></tr>
<tr><td rowspan="4">보호관찰소</td><td rowspan="4">촉탁
보호사</td><td rowspan="4">1939</td><td>姜完善</td><td>전북도평 · 도의, 전주부의</td></tr>
<tr><td>崔元淳</td><td>전남도평, 제주읍의</td></tr>
<tr><td>朴癸一</td><td>전남도평, 광주면협</td></tr>
<tr><td>康性益</td><td>전남도의</td></tr>
<tr><td rowspan="3">대구</td><td>보호관찰심사회</td><td>위원</td><td>1939</td><td>徐丙朝</td><td>경북도평 · 도의, 대구부협</td></tr>
<tr><td rowspan="2">보호관찰소</td><td rowspan="2">촉탁
보호사</td><td rowspan="2">1939</td><td>全河暻</td><td>경북도의, 영주면협</td></tr>
<tr><td>金性權</td><td>경북도의, 경주면협</td></tr>
<tr><td rowspan="3">평양</td><td rowspan="3">보호관찰심사회</td><td>위원</td><td>1937</td><td>李基燦</td><td>평남도의, 평양부협 · 부의</td></tr>
<tr><td rowspan="2">예비위원</td><td>1937</td><td>金能秀</td><td>평남도의, 평양부협 · 부의</td></tr>
<tr><td>1939</td><td>崔鼎默</td><td>평남도의, 평양부협 · 부의</td></tr>
<tr><td rowspan="3">신의주</td><td rowspan="3">보호관찰심사회</td><td>위원</td><td>1937</td><td>李熙迪</td><td>평북도의, 신의주부협 · 부의</td></tr>
<tr><td rowspan="2">예비위원</td><td>1937</td><td>卓昌河</td><td>평북도의, 신의주부협 · 부의</td></tr>
<tr><td>1939</td><td>高一淸</td><td>평북도의</td></tr>
<tr><td rowspan="2">함흥</td><td>보호관찰심사회</td><td>위원</td><td>1937</td><td>劉泰卨</td><td>함남도의, 함흥부의</td></tr>
<tr><td>보호관찰소</td><td>촉탁
보호사</td><td></td><td>李曦燮</td><td>함남도의, 함흥부의</td></tr>
<tr><td rowspan="9">청진</td><td>보호관찰심사회</td><td>위원</td><td>1937</td><td>黃鍾國</td><td>함북도평 · 도의, 청진부협</td></tr>
<tr><td rowspan="8">보호관찰소</td><td rowspan="8">촉탁
보호사</td><td rowspan="4">1937</td><td>崔昌厚</td><td>함북도평</td></tr>
<tr><td>太明輔</td><td>함북도평</td></tr>
<tr><td>李容碩</td><td>함북도의</td></tr>
<tr><td>金琪宅</td><td>함북도의, 나진부의</td></tr>
<tr><td>1937</td><td>柳鍾夏</td><td>함북도의, 학성면협</td></tr>
<tr><td rowspan="2">1939</td><td>金大元</td><td>함북도의, 웅기읍의</td></tr>
<tr><td>崔冕載</td><td>함북도의, 회령읍의</td></tr>
</table>

(4) '거물면장'

군수 등 관직 경력자들이 면장에 취임하는 현상은 이전 시기에도 많았으나 특히 1940년대에 이르면 공출과 징병 · 징용 독려를 위해 중추원 참의나 관료, 도평 · 도의 출신 '거물면장'을 임명하는 정책이 본격화되었다. 전라북도에서 1943년 이후 '읍면장의 자질 향상'을 주창하며 새로 채용한 면장은 32명인데, 그중 군수 관직 경력자가 21명이고 도회의원에서 바로 면장이 된 사람이 7명, 기타 지방유력자가 5명이었다.[118)]

鄭健裕(황해20/24관/27관), 蘇鎭文(전북27/37/41), 洪鍾轍(전북24/27/30/33관/37관), 吳建基(전남37), 韓定錫(충북41)[119)] 등이 그러한 '거물면장'에 속한다.

소진문은 '익산군 내의 대부호'로 보통학교 졸업의 학력이었지만 1914년부터 1937년까지 익산군 八峰面長을 지냈으며, 도회의원 출마를 위해 면장을 사임했다.[120)] 1937년과 1941년, 연거푸 도회의원에 당선된 그는 1943년 다시 익산군 春浦面長에 취임하여 1945년 2월에 사임했다.

홍종철은 1920년부터 1922, 1923년까지 고창청년회장으로 민족운동에 관여했고, '방대한 재력'으로 고창고보 설립에 공을 세워 '교육공로자'로 알려졌다.[121)] 그는 도평의원 임기 중이었던 1931년 중추원 참의에 임명되어 3년간 참의로 있었으며 1941년에 도의 임기를 마친 뒤, 1944년 '日人 서장 窪田과 郡守 姜寶馨의 누차의 권유'에 따라 고창군 부안면장에 취

118) 윤해동, 「일제의 면제 실시와 촌락재편정책」, 서울대 박사논문, 2004, 111쪽.

119) 한정석은 경시를 역임한 인물로 주임관 대우의 면장이었다.

120) 『反民特委裁判記錄』, 소진문 편. 소진문은 '본인 소유 명의 부동산으로 畓 7,000여 평, 田 5,000평, 가옥 15간(3동)'이 '합계 백여만 원가량'이고 '동산으로 약 15만 원 정도'의 재산이 있다고 했다.

121) 『反民特委裁判記錄』, 홍종철 편 참조.

임하여 해방 때까지 복무했다.

홍종철에 대한 반민특위의 기소장 및 의견서를 보면 '사리사욕을 위하여 공출과 징용을 강제'했다거나 '供出米 횡령', '민중의 先山 松栢까지 軍用材로 강제공출', '造船材, 松炭油 강요' 등의 혐의가 기록되어 있다.[122] 재판기록에 따르면 그는 공출미 중에서 수량을 완납하고 남은 '보류미'를 부정처분한 혐의로 해방 이전인 1944년 11월에도 고창경찰서에서 조사를 받은 일이 있었다. 해방 직후 지역 주민들은 과도한 미곡공출에 앞장선 거물 면장 홍종철의 가옥을 습격하고 그의 죄목을 적은 비라를 산포했다.

2) 경제단체 활동

(1) 각종 조합

금융조합 간부를 맡은 도평 · 도의는 380명(전체의 약 27%)이 확인된다. 그밖에 수리조합, 산업조합, 어업조합, 삼림조합, 연초경작조합, 양조조합 등의 간부가 된 인물들도 적게는 10여 명 많게는 100명까지 있었다.

도평 · 도의 대부분이 어떤 형태로는 금융조합에 참여한 것으로 보이며, 郡 단위로 설립된 금융조합의 조합장을 한 사람들이 많았다. 금융조합들의 연합체로 1919년 道금융조합연합회(이하 '도금조련'), 1933년 조선금융조합연합회(이하 '금조련')가 설립되었다. 1933년 당시 조선금융조합연합회에 가입한 조합은 '금융조합 674개, 산업조합 39개, 어업조합 15개'로 조선의 거의 모든 조합을 망라한 것으로 보인다.[123] 도금조련과 금조

122) 홍종철은 군용목재의 필수재료가 '민중의 선산에 많이 있는 까닭에' 벌목을 했다고 진술했다. 反民特委재판에서는 홍종철이 공출한 미곡 일부를 술로 만들로 일부를 현금화했다는 증언도 있었으나 이 부분에 대해 철저한 조사와 규명을 하지 못했다.

련의 중앙 역원만 보면 아래 표와 같다.

〈표 Ⅲ-7〉 조선금융조합연합회 임원

이름	생년	주요 경력	금융조합경력	참의경력
韓相龍(경기)	1880	조선생명보험사장	33금조련 설립 참여	참의28-40, 고문41-45
元悳常(경기)	1883	원주면장	종로금융조합장(38당시), 금조련이사	참의27-45
金永澤(경기)		동척설립위원	조선금조련36	
龐寅赫(충북)	1878	청주군참사	18예산금조장, 충북금조련감사	참의21-24
閔泳殷(충북)	1870	충북도참사, 충북토조위	청주금조장, 조선금조련36	참의24-27
閔載祺(충남)	1886	천안군참사20	금조장 · 조선금조련36	참의44-45
徐丙朝(경북)	1886	경상농공은행취체역	조선금조련36	참의24-27, 33-40
金濟河(평북)	1873	곽산군/정주군참사, 16평남도참사, 18평북토조위임시위원	21평북금조연합회감사	참의22-25, 29-31
鄭鎬鳳(강원)	1879	강원토조위, 14횡성군참사	07금조평의원, 15횡성금조장, 18강원도금조연합회감사	참의27-29
沈宜春(강원)		원주면장	조선금조련36	

수리조합사업은 '수리시설을 자본투자대상으로 만들어 지주층이 시설의 운영과 관리를 담당한' 사업이었다. 큰 규모의 수리조합사업은 주로 일본인들이 주도했고, 조선인 지주들은 상대적으로 규모와 질이 떨어지는 수리조합에서 수리조합장 등을 했다.[124] 지주들은 소작농에게 수리조

123) 『東亞日報』 1933년 8월 26일.

124) 李榮薰 外, 『近代朝鮮水利組合研究』, 一潮閣, 1992.

합비를 전가소작농에게 전가했으며, 농민과 중소지주층은 수리시설로 인한 혜택과 수리조합비 부담이 불공평하다는 이유로 수리조합사업에 저항하는 경우가 많았다.[125] 수리조합장이나 수리조합 임원은 대부분 지주이며 모두 '식민지권력기관의 승인'을 받아 선출했다.

1930년대 이후 북부 지방의 개발이 강조되면서 조선인들이 대규모의 수리조합의 임원을 맡는 사례가 늘어났다. '전선유수의 대수리조합'인 함흥수리조합은 1929년 설립되었는데, 설립 계획 시부터 토지 강제매수 때문에 숱한 반발을 불러 일으켰고, 신간회 지부가 설립반대투쟁을 주도했다. 일본인 인부 두목이 주민을 살상하는 사건도 있었고, 공사가 끝난 후에도 조합비 부담과 이용을 둘러싸고 농민들의 투쟁이 끊이지 않았다.[126] 이 함흥수리조합의 초기 조합장이 洪聖淵(함남20관/30관)이며 1933년경부터 金夏涉(함남20관/30관/41관)이 조합장을 맡았다. 김하섭에 대해서는 '기생조합 고문이며 친일자 중 又 친일자',[127] '농사개량, 경지정리, 종자 갱신에 힘쓰는 北鮮의 조선인 유력자'[128]라는 평판이 있었다. 황해도 신천수리조합도 비교적 규모가 큰 것으로 1933년 당시 조합장은 閔奎植(황해24/30/33), 이사는 金鍾奭(황해33)이었다.[129]

수리조합장은 수리조합으로 인한 민심의 동요를 '진정'시키고 반대투쟁을 억누르는 직위였다. 1910년대에 안악사건으로 옥고를 치른 金鴻亮(황해33/41관)은 1926년 대규모 개간 사업의 일환으로 安寧수리조합장이

125) 박명규, 『한국근대국가 형성과 농민』, 문학과지성사, 1997, 373쪽.

126) 『東亞日報』 1927년 11월 27일, 1928년 3월 15일, 1929년 12월 8일, 1932년 5월 19일, 5월 21일.

127) 「咸興과 元山의 人物百態」, 『開闢』 1924년 12월.

128) 『功勞者名鑑』; 梁村奇智城, 『新興之北鮮史』, 朝鮮研究社, 1937.

129) 梁村奇智城, 『黃海道大觀』, 朝鮮研究社, 1940.

되었다. 개간 사업비용 마련을 위해 총독부 관계자들과 접촉하여 동척, 식산은행 등의 원조를 얻어냈고, 결국 개간에 성공하여 1932년경에는 큰 수확을 올리게 되었다.[130] 그러나 안녕수리조합으로 인해 논밭 1000여 정보 등 수몰 피해가 생기고, 저수지 용지 가격의 부당 책정, 조합 설립 후 수세를 빙자한 소작료 전가에 대해 농민들의 반대투쟁이 가열되었다.[131] 李鉉覺(경남27/30)은 1931년 함안제2수리조합장이 되어 1937년경까지 재임했다.[132] 1931년 함안제2수리조합이 관리소작인들에게 '수확 7할'의 소작료 납입을 고지하자 소작인들은 함안농민조합의 지원을 받아 투쟁을 벌였으며, 1935년에도 소작료 인하 투쟁이 일어났다.[133] 金斗河(경북30/33/41관)가 영일수리조합장이 된 데는 유력한 실업가인 中谷竹三郎의 후원이 있었던 것으로 보인다.[134] 김두하는 中谷이 사장으로 있던 여러 회사에서 중역을 맡았으며 中谷이 조합장으로 있던 수리조합에서 조합장을 물려받았다.[135]

130) 함상훈, 「十三道副會議長人物評 黃海の金鴻亮副議長」, 『大東亞』 1943년 3월 ; 李敬南, 『抱宇金鴻亮傳』 참조.

131) 1928년 6월 봉산군 西鏡面 농민 300여 명이 洑水를 단절시킨 안녕수리조합을 점거하고 항의하다 경찰과 충돌하여 부상자와 60여 명의 검거자가 나왔다. 『東亞日報』 1928년 6월 29, 30일.

132) 『慶南高等警察關係摘要』, 87쪽.

133) 『東亞日報』 1935년 12월 27일.

134) 1871년 兵庫縣 출생. 1895년에 조선에 건너와 해산물 무역 등으로 크게 성공했고 1933년 경북도의(부의장)을 지냈다. 포항양조와 경북수산주식회사 사장을 했다. 박윤여(경북27), 김두하, 김용주(경북37/41)는 포항양조, 김두하, 김동덕(경북37 등)은 경북수산 중역이었다. 이렇게 한 기업에서 여러 명의 도평·도의를 배출한 사례는 드물지 않다. 『田中正之助』, 『浦港誌』, 朝鮮民報社 포항지국, 1935 참조.

135) 영일수리조합 조합원은 약 2천 명이며, 水稅가 '경북 首位'일 정도로 높았다. 『東亞日報』 1927년 11월 15일.

반대로 吳世皡(황해27/30관)는 1931년 황해수리조합 설립 반대운동을 주도했다.[136] 오세호 등은 '가장 불량한 동척' 땅 이외에는 수리조합이 필요하지 않다고 주장하며, 지주회를 대표하여 '수리조합 설계안을 비판'하고 '당국과 담판'했다. 오세호는 도평의원으로 재직하고 있던 중에도 '최후까지 당국자의 그릇된 견해를 규명'하겠다고 결의하고 수리조합 반대운동을 벌였다.[137]

(2) 상공업단체 및 농업단체

① 상공업단체

일제하 상공인들의 사업상 권익을 보호하기 위한 상공업단체로는 상업회의소, 상공회의소, 상공협회 등이 있었다. 2장에서 보았듯이 활발하게 상공활동을 벌인 도평 · 도의들이 이에 참가했다.[138] 일제하 조선인 자본가(상공인)들은 대부분 개항기와 한말을 거치며 근대적인 상공활동을 전개한 객주 출신 혹은 지주(관료) 출신이다.[139] 인천의 丁致國(경기20관)과 張錫佑(경기24관), 청주의 김원근(충북37관/41관), 목포의 문재철(전남24/27/30/33), 대구의 韓翼東(경북20관), 울산의 李圭正(경남33), 진남포의 林祐敦(평남24관/27관/33관/37관)[140] 등이 객주 출신이다. 가장

136) 『東亞日報』 1931년 3월 25일.

137) 金仁梧(평남20/33관) 역시 1929년부터 1937년까지 안주지주회를 대표하여 안주의 '어용' 수리조합에 대한 반대투쟁을 벌였는데 이유는 예산문제 때문이었다. 『독립운동사전』, 「소화수리조합반대운동」 항목 참조.

138) 『朝鮮銀行會社組合要錄』에 각종 기업, 금융조합, 수리조합의 중역으로 이름을 올린 도평 · 도의는 약 600명에 달한다.

139) 유승렬, 「한말 · 일제초기 상업변동과 객주」, 서울대학교 국사학과 박사학위논문, 1996.

140) 임우돈은 1913년, 진남포三和상업회의소 회장과 1916년 객주조합장을 지냈다. 조선인들로 조직된 단체로 보인다.

이른 시기에 조선 상공인, 특히 객주들이 일제의 침탈에 대항하여 조직한 것이 (조선인) 상업회의소이다.[141] 상업 · 고리대업 등으로 조선 경제계를 잠식해오는 일본인 상업회의소에 대한 自救적 성격이 강했다.

조선인 상업회의소는 1910년 현재 11개 지역에 조직되었고 회원 총수는 약 500명이었다.[142] 정치국(인천항상의 회두), 白寅基(1927관, 경성상의), 尹致晟(충남22/24관, 경성상의), 임우돈(진남포三和상업회의소 회장) 등이 조선인 상의에서 활동했다. 그러나 이 조선인 상업회의소는 1915년의 조선상업회의소령에 따라 일본인 상업회의소와 통합되면서 '準관변조직'으로 바뀌었다. 통합 상업회의소는 주로 일본인들이 회두와 역원을 맡았고 조선인들은 수적으로나 세력면에서 크게 밀렸다. 일본인이 역원 자리를 다 차지한 상업회의소도 있었다.

통합 상업회의소 회원은 개인이나 법인이며, 회원 자격은 납세액 기준으로 제한되었다. 경성상업회의소 회원 자격은 年 13원 이상이었는데, 1921년에 20원으로 인상함에 따라 회원이 약 700여 명이 줄어 1,300명이 되었다.[143] 1925년 경성상의 평의원 선거 당시 영업세 20원 이상 납부자는 '조선인 799인, 일본인 1,476인'이었다. 1급 평의원 15석 가운데 조선인 측은 '한성은행' 하나만 당선되고 나머지는 일본측이며, 2급 평의원 당선자는 조선인 5명, 일본인 10명이었다. 당선자 가운데 李鳳烈(경기30)이 포함되었다. 다음 기사에서는 일본인 중심의 상의 운영과 선거에 대한

141) 조선인들로 조직된 상업회의소와 일본인들의 상업회의소가 따로 있었으므로 편의상 '조선인 상업회의소'라 하며 '상업회의소'와 '상공회의소'의 약칭은 '상의'라고 하겠다.

142) 경성상업회의소, 수원상업회의소, 개성상업회의소, 인천항객주단합소, 강화상업회의소, 대구상업회의소, 평양상업회의소, 삼상상업회의소, 안주상업회의소, 선천상업회의소, 원산상업회의소.

143) 『東亞日報』 1921년 7월 10일.

비판적 관점을 볼 수 있다.[144)]

> 이 얼마나 노골적인 대조인가, 아니 일당백이란 셈으로 조선인 의원은 1당4의 용사들이라고나 자랑하여볼까…행랑살이 같은 조선인의원들, 그나마 참가하여 보겠다고 선거열을 방불케 한 것은 참 가관…유권자를 권유하여 '淸白'하신 1표를 던져 달라고…경성의 요리점은 일명 상의원제조소…유권자를 선거장까지 인력거로 보내거나 자동차…상의원 선거운동비에 3,700원을 쓴 자가 있고 다음으로 대개 2천원 내외…요즘 같은 전황에 돈을 그렇게 쓴 것이다.

이 통합 상업회의소는 1930년 5월 조선상공회의소령(制令 제4호)에 따라 다시 상공회의소로 개편되었다.[145)] 상공회의소는 주요 府 지역과 일본인 기업가가 다수였을 것으로 짐작되는 경남 용남군에 설립되었다(아래 표 참조). 상공회의소 회원은 '제국신민 또는 제국법령에 따라 설립한 회사', 혹은 '영업세 거래소세 또는 광업세'를 일정액 이상을 납부하는 개인이었다. 상업회의소로 재편된 뒤에도 '다수 상인들은 회비만 납부하고 몇몇 내지인 유력자의 세력쟁탈장이 된 外에 별로 기능을 볼 수 없다'는 비판을 받았다.[146)] 상공회의소 연합단체로 1932년 조선상공회의소가 설립되었다.[147)]

상업회의소(1930년대 이후 상공회의소)는 일본인 중심의 준관변단체로 조선인 가운데 상당한 규모의 기업(조합) 역원들만 들어갈 수 있었다. 다음은 상업회의소(상공회의소) 소속이 확인되는 도평 · 도의의 명단이며 주요 역직이 확인되는 경우에는 기재했다. 대부분 은행, 회사, 상점, 광업

144) 「京城商議선거전에 나타난 奇聞 怪狀」, 『新民』 1925년 12월.

145) 『朝鮮總督府官報』 1930년 5월 10일.

146) 『新民』 1931년 1월, 7쪽.

147) 임대식, 「일제하 京城府 '有志' 집단의 존재형태」, 『서울학연구』 8, 1997.

소 등 2~3개 이상의 기업에서 중역을 역임한 실업가들이었다.

〈표 Ⅲ-8〉 상업회의소 · 상공회의소 경력자

도별	상업회의소 상공회의소	역원의 이름(부회두 이상 역직)
경기	경성상의	① 韓相龍(부회두), 閔泳綺, 金漢奎(부회두), 元悳常(부회두) ② 金思演, 金季洙, 李斗用, 閔大植(부회두), 원덕상, 한상룡
	인천상의	① 丁致國(부회두), 張錫佑(부회두)
	개성상의	② 金正浩(회두), 朴鳳鎭(부회두)
충남	경성상의	① 尹致晟(특별위원)
전남	목포상의	① 玄基奉(상무위원), 金商燮(특별의원) ② 車南鎭(부회두)
경북	대구상의	① 張稷相(회두), 韓翼東(부회두), 李章雨(상무위원), 李愚震(상무위원) ② 徐丙朝, 李章雨(회두), 林尙助, 秦喜泰, 秋秉和, 許智, 장직상(회두), 한익동(부회두)
경남	부산상의	① 文尙宇(부회두), 魚大成(상무위원) ② 金璋泰(부회두)
	용남상의	② 金淇正(특별의원), 劉漢植(부회두)
	진주상의	② 鄭泰驥, 許萬呆(회두)
황해	해주상의	② 孫鎭彦(부회두)
평남	평양상의	① 朴經錫(부회두) ② 金能秀(부회두), 尹永善, 박경석(평의원)
	진남포상의	② 尹基元(부회두), 李鍾燮(회두), 林祐敦(특별평의원)
평북	신의주상의	② 高秉哲, 白基肇, 趙尙鈺
함남	원산상의	① 孫祚鳳(상무위원) ② 魏楨鶴(부회두), 劉炳義
함북	청진상의	② 黃鍾國(평의원)

출전: 유승렬, 「한말 · 일제초기 상업변동과 객주」; 『朝鮮總督府統計年報』 1910年度 第152表, 기타 각종 자료에 기초하여 필자가 작성.

비고: ①은 1915~1930년의 (통합) 상업회의소, ②는 1930년~1940년대의 상공회의소.

상업회의소(상공회의소) 참가자들은 상공업이 발달한 경기, 경북, 경남, 평남, 함남의 府 출신이 대부분이었다. 특히 한상룡, 원덕상, 김한규, 장직상, 한익동, 이장우, 박경석 등은 통합 상업회의소 시기부터 상공회의소시기에 걸쳐 활동했음이 드러난다. 참고로 청주상공회의소는 1940년, 춘천상공회의소와 사리원상공회의소는 1941년으로 비교적 늦게 설립되었다.

일본인 주도의 상업회의소(상공회의소)뿐 아니라 조선인 상공업자들이 따로 조직한 상공업단체, 즉 ○○상무회, ○○상공협회, ○○상공회라는 이름이 붙은 단체들도 있었다. 현기봉, 李根彰(전남20/24/관/27/관)과 韓明履(전남20)은 1922년 설립된 목포의 상인단체, '상무회'에 참가했다.[148] 1930년 12월 조선인 상공업자들을 중심으로 결성한 '경성상공협회'에는 한상룡, 朴疇明(경기41) 등이 참가했고, 1927년 11월에 결성한 '대구상공협회'에는 鄭海鵬(경북24관, 장직상, 허지 등이 참여했다.[149] 南百祐(함남27관/30관/37관)는 '원산상공협회' 평의원, 金重根(함남37)은 '단천상공협회 회장이었다. 박경석은 평양상의 부회두까지 지냈지만, 1936년 조선인들이 '힘을 합하야 우리의 상공업의 공동적 향상을 圖하고 상호친목을 하자'는 취지로 '평양상공진흥회'를 조직할 때 주도적인 역할을 했다.[150]

1944년에 이르면 '조선상공경제회령'으로 도단위로 상공회의소를 통합시키려는 시도가 나타났다. 도별로 상공경제회 설립준비위원이 된 도평·도의는 경기 김연수, 車濬潭(경기41), 충북 韓定錫(충북41), 전북 崔昇烈(전북41관), 전남 金聲振(전남41관), 경북 장직상, 허지, 평북 李熙迪

148) 창립총회 시 출석회원은 60여 명이었다. 『東亞日報』 1922년 1월 26일.

149) 대구의 '예속자본가는 조선인만으로 이루어진 대구상공협회 참가를 거부하고 대구상업회의소만을 인정'했다. 오미일, 『한국근대자본가연구』, 351쪽.

150) 『朝鮮中央日報』 1936년 8월 30일.

(평북33관), 조상옥, 강원 崔準集(강원33/37관/41관), 張俊英(강원33/37/41관), 함북 황종국, 金信治(함북41)였다.

지금까지 살펴본 상공업단체에 참여한 도평 · 도의들은 지역 차원에서나 전조선적 차원에서 대표적인 상공인 · 자본가였다.

② 농업단체

농업단체로는 농회 이외에 지주회 · 지주조합[151], 축산조합, 양잠조합 등이 있었다. 다수의 도평 · 도의가 이들 단체에 참가했다고 확인된다. 이들 농업단체들은 1920년대를 거치면서 '조선농회'로 통합되고 다시 1930년대 중반 농촌진흥회로 흡수되었다.

조선농회는 '농림업 · 잠업 · 목축업의 개량발달'을 내건 半官的 조직으로 '1. 농업의 지도 · 장려, 2. 농민 복리증진, 3. 농업 조사연구, 4. 농업에 관한 紛議의 조정 및 중재, 5. 농업 개량 사업'을 목적으로 했다.[152] 1906년 일본인 유력자들이 '한국중앙농회'를 설립하고 1908~1909년에 조선인들이 포함된 지방 지회를 둔 것이 시초이다. '병합' 이후에는 조선농회(중앙)와 지방지회체제가 되었다.[153] 1920년 초에는 지주회와 양잠조합 등도 조선농회에 흡수했다. 1926년 1월의 조선농회령에 따라 중앙농회인 조선농회를 중심으로 도농회, 군농회 계통을 세우고 축산조합, 삼림조합도 합병했다. 1934년 현재 군농회는 220개였다.[154]

151) 지주회는 일정 규모 이상의 지주로 군에 조직되고 군수가 회장을 맡은 단체로 지역에 따라 농사장려회, 지주조합으로 불렸다. 이기훈, 「1910~1920년대 일제의 농정 수행과 地主會」, 『韓國史論』 33, 1995.

152) 김용달, 『일제의 농업정책과 조선농회』, 혜안, 2003.

153) '병합' 이후 중앙본회 역원은 회장, 부회장, 이사, 감사, 각도 평의원이었다.

154) 朝鮮總督府, 『朝鮮事情』, 1934, 120쪽.

농회를 제1~3시기로 나누어 조선농회·도농회 간부를 역임한 도평·도의를 정리하면 다음 표와 같다. 제1시기(1906~1910)는 한국중앙농회 시기, 제2시기(1910~1926)는 개편 이전의 조선농회 시기, 제3시기(1926-)는 조선농회령 이후의 시기이다. 1926년 조선농회의 체제 정비 이후 농회의 간부는 현직 관료 중심에서 전직 관료나 조선인 대지주·자본가들로 옮겨갔고, 현직 도평·도의들이 농회 간부가 되는 사례가 많아졌다.[155]

〈표 III-9〉 조선농회 간부

제1시기(1906~1910)	제2시기(1910~1926)	제3시기(1926~)
김관선 김형옥* 민영은* 박우현* 서병조* 윤경혁 이명환 이재신 정해붕* 최석하	강원로 강필성* 서상기 양재소 공성학 엄주익* 김갑순* 오성선 김기덕 위기철 김기태 이교식 김명옥 이근우* 金秉先 이태건 김병원 임종상 金泳澤* 장직상 김창수 정수태 김학순 정순현* 김한규* 정치국 김홍조 정태균 문명기 조희경 민대식 최준 방인혁* 한광호 백인기 한상룡* 현기봉	원훈상 김영무 정상호 이장우 신현구 장응상 金秉圭 최지환 정건유 장대익 오세호 이기방 이승구 김제하 장용관 고일청 박보양 김동석 김하섭 유병의 양재홍 이홍재 유종하
이상 10명	이상 41명(이전 시기 4명 포함)	이상 32명 (이전 시기 9명 포함)

참고: 김용달, 『일제의 농업정책과 조선농회』; 기타 인명록 참조하여 필자가 작성.
비고: *표시는 이후 시기까지 농회 간부를 계속한 경우.

1930년대 중반 농회의 역할은 상당 부분 '농촌진흥회'로 옮겨갔다. 도

155) 특히 1927년부터 1937년까지 조선농회 역원 대부분이 도평·도의 경력자일 뿐 아니라 '현직' 도평·도의들이 많은 점이 두드러진다. 가령 1934년 8월 조선농회 통상의원은 李章雨, 松木彬, 金英武, 金秉圭, 德弘國太郎, 李興載, 安岡莊藏이었는데, 그 가운데 이장우만이 전직 도평이고 나머지 조선인들은 모두 현직 도의이다. 『일제협력단체사전』, 조선농회 항목 참조.

회의원들은 중등학교장, 세무감독국장 · 세무서장, 참의, 우편국장 · 우편소장 등과 함께 道농촌진흥회나 郡島농촌진흥위원회 위원이 되었다.[156] 「農村振興委員會關係例規」에 따르면 각급 행정관료(도참여관, 도의 각 부장, 郡主任, 副邑長 등), 금융조합 · 수리조합 간부, 공립학교 교장, 경찰서장 · 경찰주재소 수석, 교화단체 간부 등이 자동적으로 도, 군, 邑面 농촌진흥회의 위원이 되었다.[157] '지방 사정에 따라 지방유식자'라는 규정도 있었으므로 도의들도 위원이 되었다. 李範基(경기24/27/33), 黃祐天(경기27/30/33), 金泰潗(경기27/30/33관/37관/41관), 李相夏(충북33), 李重和(충남30), 閔泳冑(충남33), 李康元(전북30관), 全河暻(경북35), 洪性龍(함남27/33) 등이 농촌진흥회 위원으로 확인된다.

이상에서 살펴본 경제 단체 활동은 도평 · 도의들이 지주 · 자본가이자 지역유력자로서 수행하는 공직활동의 일부였다. 이러한 활동은 지역 단위를 넘어서 전국적으로 명망성을 확장하는 기반이 되었다. 일제 통치가 진행될수록 반관적 성격을 가진 각종 경제 단체들은 계통화, 서열화되었고, 중앙 단위에서 높은 직위를 얻을수록, 또 여러 개의 '공직'을 가질수록 일제 당국이나 일본인 유력자들과 직접 접촉할 기회가 많아졌다. 그와 같은 과정에서 도평 · 도의는 군 단위의 유력자와 도 · 전국 단위의 유력자로 분화되었다.

---

156) 『官報』 1935년 11월 15일.

157) 金翼漢, 「植民地期朝鮮における地方支配體制の構築過程と農村社會變動」, 179~180쪽.

3. 지역활동의 전개

'지역활동'은 지역유력자들이 지역민과 일상적으로 접촉하는 과정에서 이루어진, 지역적 요구를 실현하려는 활동을 말한다. 그러한 활동은 처음부터 민족 · 사회운동의 일환으로 전개되기도 하고 민족 · 사회운동과는 관련이 없는 지역 상층부의 이권 옹호운동으로 일어나기도 하며 지역적 · 국부적 문제로 제기되었지만 민족적 · 운동적 성격으로 발전하기도 했다. 1920년대 이후 지역민들이 자신들의 의견을 표출하고 요구를 제기하는 수준과 강도가 높아짐에 따라 조선인 유력자층도 이에 대응하지 않을 수 없었다.

지역활동(사회사업)에서 책임을 다하지 못하거나 무능한 사람에 대해 지역민들은 가차 없이 비판했다. 가령 평강에서는 '(지역의) 富豪 李容均과 道評議員 李斗容(강원20/24)'을 '개 主事와 도야지 評議員'이라고 불렀는데, 그 이유는 그들이 '너무도 사회사업이나 親戚救助에 냉정'했기 때문이었다.[158] 여기서 '사회사업'이란 지역의 사정과 조건, 시기에 따라 차이가 있지만, 대부분 교육기관 증설, 사회간접시설의 확충, 사회적 불평등의 완화, 민족적 차별의 시정 요구를 말한다. 그러한 요구에 귀를 막고 행동으로 나서지 않는 도평의원은 '도야지 평의원'이 되는 것이다. 그렇다면 도평 · 도의들이 지역민의 요구에 대응하여 지역민의 신망을 얻기 위해 어떤 활동을 전개했는지를 살펴보자.

158) 「嶺西八郡과 嶺東四郡」, 『開闢』 1923년 12월.

1) 교육 및 언론 관련 활동

(1) 교육 관련 활동

'병합' 이후의 교육 관련 활동은 매우 여러 가지 차원을 갖는 문제이다. 식민지 교육현실에서 학교 설립(운동)은 일제당국의 교육정책의 규정을 받았고 결과적으로 식민지교육에 봉사할 수도 있었다.

'병합' 이후 '지역 활동의 일환'으로서 이루어진 '교육 관련 활동' 혹은 '교육사업'에 관해 여기서는 학부형후원회 활동[159)]은 제외하고, 학교 설립, 교장직 수행, 학교 설립이나 증축을 위한 기성운동이나 기부 활동으로 한정하기로 한다. 이 경우 '지역의 교육 사업'에 참여한 도평 · 도의는 상당수 발견된다.

이 73명을 다시 분류하면, '병합' 이후 학교를 설립 · 경영하거나 교장으로 근무한 경우는 41명이다.[160)] 학교설립기성회 등을 조직하여 운동을 벌인 경우는 11명, 학교의 설립이나 시설에 기부금을 낸 경우는 23명이 확인된다.[161)] 이 가운데 지역의 학교설립운동은 사실상 의정활동과 병행하여 이루어졌으므로 제Ⅳ장에서 보기로 하고 여기서는 개인적 차원으로 학교를 설립하거나 증축 · 설립을 위한 기부에 참여한 경우를 중심으로 살펴보기로 한다.

'병합' 이후에도 '병합' 이전과 마찬가지로 민족의 '실력 양성'은 학교 설

159) 광주학생운동 당시 학부형들도 몇 차례 대회를 열어 민족운동의 수습 혹은 지원에 나섰다.

160) 학교 설립은 대부분 1920년대 이후이다. '병합' 전에 학교를 설립한 경우에도 일제 시대 내내 학교 운영을 계속한 경우도 있으나 그 경우는 이 숫자에서 제외된다.

161) 吳宗錫(황해20/24)과 金仁梧(평남20/33관은 학교 교장도 했고 학교 설립을 위한 기성회에 참여했다.

립의 주요한 동기였다. 그러나 교육사업에는 늘 일제의 규제와 간섭이 따라다녔다. 앞에서도 언급했듯이 사립학교들은 탄압을 받았고, 공립보통학교로서 일제의 지원을 받기 위해서는 일정액 이상의 자본금과 시설이 밑받침되어야 했으므로 사립학교 운영자들은 '공립보통학교 승격운동'을 벌이기도 했다. 李寬淳(평북33/41)은 안주에 紀寬講習所를 운영하다가 1925년 사립 大聖學校로 승인을 받아 교장으로 복무했다.[162] 그는 안주의 실업가로 維新學校 교감도 역임했으며 대성학교 교사 신축을 통해 '장차 공립보통학교로 승격'하고자 '운동'을 벌였다. 1927년 대성학교는 수업료 면제와 학용품 조달 조건으로 농촌극빈자 자녀를 모집했다.

1930년대에 들어서면 농촌진흥운동차원에서 교육사업이 이루어진 예를 볼 수 있다. 가령 李鍾駿(황해30/37관/41관)과 盧泳煥(경남27/41관)은 일본의 농촌진흥운동가로 조선에서 활발하게 강연활동을 전개한 山崎延吉[163]의 영향을 받았다. 이종준은 1923년부터 '私立朝陽普通學校' 교장으로 있다가 1931년 7월, '私費를 들여' 山崎延吉이 경영하는 '神風義塾' 등 '일본 각 방면의 교육시설 및 농촌의 실정을 견학'하고, 같은 해 10월에 '私立朝陽普通學校를 萬泉公立普通學校에 인계함과 동시에 朝陽農士學園의 學園長으로 취임'하여 학원의 교육 내용을 '神風義塾에 準據하도록' 했다.[164] 1935년 4월, 『每日申報』에 따르면 이종준은 '입학지원 아동이 100여 명'인 가운데 '20명만 입학 허락'을 받는 상황해서 '사재를 던져 강

162) 『東亞日報』 1926년 11월 4일, 1927년 2월 12일, 1928년 1월 30일. 이관순은 안주의 실업가로 維新學校 교감과 유성유치원장도 역임했고 유학생에게 학자금을 지원했다.

163) 山崎延吉은 1932년 총독부가 발표한 '농촌지도정신과 실제적 지도요항'을 입안했다. 『東亞日報』 1932년 10월 22일.

164) 『朝鮮總督府施政25周年記念表彰者名鑑』, 1037쪽.

습소를 설립'하여, '일반사회에서 칭송이 자자했다'[165]고 한다.

1919년부터 18년간 면장을 한 노영환은 1932년 '경상남도 농촌갱생5개년계획 강습회' 때 강사인 山崎延吉을 만났다. 노영환이 말한 '농촌갱생에 대한 의견에 감복한 山崎延吉의 추천을 받아 '日皇弟 高松宮'으로부터 '은제화병'을 받았다고 한다.[166] 이후 노영환은 '鄕村義塾이라는 농민청년양성소'를 설립하고 '농촌중견인물을 양성'했다.

1930년대 이후 학교설립을 위해 재력 있는 도평·도의들이 상당한 액수의 기부를 한 사례를 보면, '영동읍 백만장자'인 孫在厦(충북33/37)는 '영동과 인근의 숙원인 실업학교' 설립을 위해 500석의 추수전답을 출연했다.[167] 이후 시간적 순서대로 나열하면, 나진의 金琪宅(함북33/37)이 중학교 설립에 30만 원을 희사했고,[168] 裵善奎(경북37/41)는 '군내 實業學校 設立基金으로 1만 원을 희사'했으며,[169] 文在喆(전남24/27/30/33)은 文泰中學校 設立基金으로 1백만 원을 기탁했고,[170] 대구의 徐丙朝은 50만 원을 내고 재정난에 빠진 嶠南學校를 인수했으며,[171] 부안의 辛世源(전북27)은 임종 시 부안중학 설치기금으로 10만 원을 냈다.[172]

그밖에도 고창고보 설립에 공을 세운 전북의 洪鍾轍과 앞에서 살펴본

165) 『每日申報』 1935년 4월 19일.

166) 『反民特委裁判記錄』, 노영환 편.

167) 『朝鮮中央日報』 1934년 4월 20일, 10월 23일.

168) 『東亞日報』 1936년 4월 20일. 「三千里機密室」, 『三千里』 1936년 6월. 서울의 유명 인사들이 김기택에게 감사장을 보냈다.

169) 『東亞日報』 1938년 12월 4일.

170) 『東亞日報』 1939년 11월 15일. 문재철이 전남도청에 돈을 기탁하자 '문태중학' 유치를 위해 목포와 장성 주민이 경합을 벌였다.

171) 김도형 외, 『근대 대구·경북 49인』, 혜안, 1999 참조.

172) 『每日申報』 1941년 4월 16일.

바 있는 충북의 金元根 역시 '교육공로자'로 알려졌다.

다음 장에서 살펴보겠지만 지역청년회들은 야학이나 강습소 등을 사설로 경영하여 '無産者 교육'에 힘을 쏟는 경우가 많았다. 1920년대 초, 예천청년회는 大昌학원을 만들어 경영했으나 1929년경에 이르러 재정난으로 유명무실화되었는데, 이를 다시 부활시키려는 시도가 일어났다. 이에 따라 재정 기반을 마련하기 위한 대창학원경영회가 조직되었는데, 회장은 張基生(경북23/37관/41관)이 맡았고, 대창학원의 前 원장이자 예천청년회장을 지냈던 金碩熙(경북33/37), 李膺鉉(경북30/33), 조병욱 등 예천출신 도평 · 도의들이 경영회 이사로 참여했다.[173] 지역민과 일반 대중들은 일반적으로 유력자들이 사재를 털어 학교에 기부하는 행위와 학교 설립운동을 지지 · 환영했다. 교육사업에 나선 도평 · 도의들은 교육 보급을 통한 실력 양성에 대해 사명감을 가졌다고 생각되지만 식민지교육에 대한 비판의식 없이 '농촌진흥' 등 일제 측의 논리를 수용하여 활동을 전개하기도 했다.

(2) 언론 관련 활동

일제하에서 조선인 언론('민족 언론'으로 불리기도 했다)의 대표 주자는 동아일보, 조선일보였고, 그밖에 시대일보, 중외일보, 중앙일보가 있었으나 일제의 언론 감시와 경영난 때문에 오래 지속되지 못했다. 1930년대에 이르면 동아일보와 조선일보, 총독부 기관지인 매일신보는 전국에 지국을 설립하고 판매부수를 놓고 경쟁하는 형세를 보였다.

도평 · 도의 가운데 기자로 활동한 언론계 종사자는 조선일보 영등포

173) 『東亞日報』 1929년 11월 9일.

지국의 金敏植(경기37),[174] 1925년부터 1931년까지 동아일보 영암지국에서 기자로 활동한 河憲燦(전남37), 동아일보 풍산지국의 李鍾會(함남41) 등이 있었다.[175] 김민식은 와세다대 경제과에 재학하던 중 東京震災로 인해 중퇴하고, 1930년부터 1934년까지 시흥군청에서 근무하다가 조선일보 영등포지국을 경영했다.

玄俊鎬(전남24/27)는 김성수와의 친분으로 동아일보에 투자했고 李載爀(전남24/27, 30관/33관), 崔浚(경북20), 鄭尙好(전남41) 역시 동아일보 창간발기인이거나 대주주였다. 成元慶(충남24/27/30/33)과 成樂憲(충남20/24)은 여운형이 사장으로 있던 중앙일보에 8만 원을 출자하고 취체역을 맡았다. 친척관계인 성원경과 성낙헌은 1936년 여운형에 대항하여 성낙헌을 중앙일보 사장을 추대하고자 했다.[176] 함경도의 대자산가인 洪鍾華(함북20)는 1935년 『北鮮日日新聞』을 창간하여 발행했으나 일제의 언론통·폐합정책으로 1940년 폐간되었다.[177]

도평·도의의 언론 관련 활동으로는 지국장이나 고문 활동이 대부분이다. 동아일보와 조선일보는 각지의 유력자들에게 경쟁적으로 지국장이나 지국 고문을 위촉했다. 동아일보 지국장이나 고문, 혹은 기자를 지낸 사람은 모두 127명이었고 그 가운데 지국장을 한 사람이 모두 45명이고 고문은 91명, 지국 기자는 14명이었다.[178] 조선일보 지국장, 고문, 기

174) 『朝鮮日報』 1939년 5월 10일. 그는 1939년 경성부회에 당선되었는데, '후보자 87명 가운데 유일하게 신문기자'였다.

175) 『東亞日報』 1929년 1월 22일. 이종회는 이후 금은광과 목재업 경영 등 사업에서 성공을 거두었다.

176) 『三千里』 1938년 1월호의 기사에는 중앙일보 '휴간 중에 현사장(呂運亨) 지지파와 신사장(成元慶)持立派의 軋轢이 있어 互相대립'하며 '8만 원 空불입'으로 '주식회사 결성 중에 큰 의혹'이라고 전하고 있다.

177) 『朝鮮功勞者名鑑』, 126쪽 ; 최유리, 『日帝末期 植民地支配政策研究』, 37쪽.

자 경력자는 84명이고, 지국장은 14명, 고문은 66명이었다. 동아일보와 조선일보지국을 넘나든 사람은 9명이 있었다.

각지의 언론사 지국은 그 지역 청년회와 긴밀한 관련을 맺고 계몽·문화운동, 실력양성운동에 나선 경우가 많았다. 동아일보 남원지국장으로서 신간회 활동을 한 金熙一(전북30), 김제청년연맹(1925년)을 준비하면서 조선일보 김제지국장을 역임한 張準錫(전북37/41)의 경우, 언론지국 활동이 민족·사회운동의 일환이었다고 생각된다. 金禮煥(충북30) 역시 동아일보 진천지국장으로 신간회가 주도하는 문맹타파운동에 참여했다. 언론지국장이 지역의 여론주도층인 만큼 '관료-유지 지배체제의 일환으로 식민통치에 봉사'할 수도 있지만, 그 지역사회의 민족운동의 중심이자 그 일선에서 활약한 사람들도 있었다.

일간신문사 이외에 잡지사 활동도 있었다. 사회주의운동 경력자인 金哲鎭(전남37/41)이 1935년 창간한 『湖南評論』은 목포·전남에서 사회적 영향력이 컸다. 『湖南評論』의 경우 1920년대 초부터 목포청년회를 통해 밀접히 결합해 온 목포 출신의 도평·도의들이 지면을 통해 자신의 주장을 전개하는 수단이었다는 점이 주목된다. 『湖南評論』은 같은 지역의 잡지사, 일간신문사 지국들과 함께 좌담회나 강연회를 개최하여 지역활동을 전개하기도 했다.[179)]

지금까지 보았듯이 언론활동은 지역에서 민족·사회운동의 일환으로 전개되기도 했다. 그러나 총독부의 기관지인 매일신보 지사장이나 지국장(다음 표 참조)의 경우는 이와 달리 지역에서 민족·사회운동세력과 대립한 것을 볼 수 있다. 李東赫(황해24)은 1924년 6월 당시 현직 도평의

178) 한 사람이 시기에 따라 지국장, 고문, 기자 등을 역임한 경우를 포함했다.
179) 고석규, 『근대도시 목포의 역사 공간 문화』, 163쪽.

원이면서 매일신보 해주지국장으로, '일선융화'에 대한 강연회 개최를 둘러싸고 당지의 해주청년회와 갈등을 빚었다.180)

〈표 Ⅲ-10〉 매일신보 지국 · 지사장

도평 · 도의	이름 · 생년	매일신보지국 · 지사장 경력	기타 주요 경력
충북30/41	李春雄(1892)	충주지국장	금융조합장, 실업
충북33	李相夏(1899)	충북총지국장	학평, 실업, 금조장
경북20관	韓翼東(1888)	경북지국장, 대구지국장	『대구상보』 경영
경북24/27/30관/33관	李宣鎬(1874)	안동지국장	군수 출신, 금융
경북30/33관/37관	吳國泳(1889)	매신지국장(지역 불명)	군수 출신, 잡지 『천민』 경영, 양조업
경북41관	申鉉求(1986)	경북지사장	군수 출신, 실업 종사
황해24	李東赫	해주지국장(24당시)	
강원30/33/41	李德一(1889)	철원지국장	금융조합장
	李昌祿(1896)	삼척지국장	인쇄업, 양조업
함남20관/27관/30관/41관	金夏涉(1889)	지국장(지역 불명)	실업 종사
함북33/37관/41관	金定錫(1894)	나남지사장	공보교장, 道視學

출전: 각종 인명록 및 신문자료에서 필자가 작성.

도평 · 도의(출신)들이 매일신보의 취체역으로 대거 등장하는 것은 1938년 4월 최린 사장을 중심으로 매일신보가 주식회사로 변모했을 때였다. 금광왕으로 유명한 최창학은 약 '2만 원, 즉 1,000주를 출자'하고181) 매일

180) 『시대일보』 1924년 6월 15, 16일. 매일신보 지국에서는 해주청년회의 동의 없이 해주청년회와 내선융화강연회를 공동주최한다는 선전지를 뿌리고 강연회를 개최했다. 이것이 문제되자 황해도경찰서는 해주청년회 간부를 검속했고, 청년회원들은 당국과 매일신보지국을 규탄했다.

181) 「千萬長者 崔昌學, 돈의 分布 狀態, 親한 親舊들과 二百萬圓을 社會에 내놓는

신보 주식회사의 상무취체역이 되었다. 이때 주식회사 발기인 중 조선인은 모두 26명이었는데 그 가운데 15명이 도평 · 도의였다.[182)]

2) 지역 생활 개선 활동

(1) 구제 · 자선활동

일부 유력자들은 학교 설립 등 공공사업을 위한 기부활동을 했을 뿐 아니라 지주 · 자본가로서 소작료를 면제나 식량 배급하는 등의 온정적 행동을 취하기도 했다. 이는 계급적 모순을 다소 완화 혹은 은폐하고 지역민의 신망을 얻어 정치적 입지를 강화하는 수단이기도 했다.

지역유력자들은 흉년이나 자연재해가 일어났을 때 주로 자신의 지역(면장 부임지, 자신의 토지 경작지)에서 이재민과 빈궁민에게 곡식 등을 배부하거나 戶稅를 대납하거나 소작료를 감하는 등의 구제 · 자선활동을 벌였다. 이러한 행위에는 송덕비 등이 뒤따랐고, 언론에서도 대부분 호의적으로 보도했다. 가령 康泳部(전북30)에 대해서는 '굴지하는 부호로서 빈한자에게 대한 구제사업과 친우 간에 만흔 동정은 한두 번이 아니엇든바…작년과 가튼 흉년으로 소작료 수입이 태반 감소되엇슴에도 불구하고 동리 부근 극빈자에 대하야 백미 50석을 분급'했으며,[183)] 강영태가 '한

단 所聞」, 『三千里』 1938년 5월.

182) 1938년 매일신보의 간부진과 주식회사 발기인 가운데 도평 · 도의만을 가려보면 다음과 같다. 상무취체역: 崔昌學, 취체역: 文袁泰 李基燦 金琪部 崔準集 方義錫, 상담역: 文在喆 崔馨稷, 주식회사 발기인: 韓相龍 金正浩 閔泳殷 文袁泰 文在喆 徐丙朝 張稷相 金琪部 崔馨稷 李基燦 崔昌學 崔準集 方義錫 金明學 黃鍾國. 이 가운데 崔馨稷(황해33관)은 1922년부터 동아일보 지국장을 했으나 이 시기에 매일신보사의 간부가 되었다.

183) 『東亞日報』 1929년 3월 18일.

해민 구제책으로 보(洑)공사'를 벌여 '세궁민층은 노는 사람이 한 사람도 나지 안코 일터를 믿게 되어…감사한 표정'[184]이라고 했다.

현직 면장으로서 면민들에 대한 구제 사업을 실시한 사람도 있었다. 金裕鉉(충남27)은 논산군 連山면장으로 1927년, '연산공보 증축비 1만 원을 기증'한 데 이어, '빈민을 구제할 목적으로 금번 春期의 戶稅에 대하야' '121명의 호세를 自擔하야 면제'해 주었다.[185] 金振玉(경북24관)은 달성군 玉浦면장으로 한발 피해를 입은 같은 면의 '下等戶稅 납입자 羅光學 외 396人분의 세액 115원 13전을 代納'했다.[186]

대지주 · 자본가들은 재력에 상응하여 '사회공공사업'에 기여하라는 기대와 압력을 받았다.[187] 가령 같은 액수의 돈을 교육 등에 기부하거나 구제사업에 사용했더라도 그 사람의 재력 수준에 따라서는 비난거리가 되기도 했다. 언론에서 '자선사업' 사례를 보도한 목적은 그러한 활동에 인색한 다수의 유력자들에게 자극을 주려는 의도도 있었을 것이다. 유력자 입장에서는 자신의 행위가 언론에 보도되고 사람들 입에 오르내리는 것은 '공직 진출'에 도움이 되는 일이었다. 대체로 자선 · 구제활동이 이들의 공직 시기와 겹치는 것은 그것을 반증한다.

(2) 지역 민원활동

지역 민원활동에는 도청 등 관공서 이전 반대 투쟁, 도로 등 기반시설

184) 『東亞日報』 1939년 9월 7일.

185) 『東亞日報』 1927년 2월 12일, 3월 17일, 4월 5일, 4월 19일. 김유현은 해동은행과 조선제사(주)의 대주주였다.

186) 『東亞日報』 1928년 9월 9일.

187) 「三大金鑛王 成功(崔昌學 · 方應謨 · 金台原」, 『三千里』 1933년 10월호에서는 조선의 '졸부'들이 '사회사업'이나 '민족봉사'에 극히 미진함을 비판했다.

확충을 위한 활동이 포함된다. 일제 당국의 정책이나 방침이 자신들의 지역적 이해관계와 배치되어 일어난 문제도 있고, 총독부 예산을 자신들의 지역으로 더 많이 돌리기 위한 목적으로 벌이는 활동도 있으며 인접한 주민 간에 이해가 어긋남에 따라 자신들의 지역에 더 유리하게 전개하기 위한 분쟁과 같은 형태도 있었다.

경남지역과 충남지역의 도청이전반대운동은 비교적 잘 알려져 있다. 도청이전 반대 운동은 지역을 대표하는 유력자들끼리 지역적 이해가 첨예하기 부딪힌 사건으로 볼 수 있다.

1924년 경남도청의 부산 이전에 대해 진주에서 일어난 반대운동은 투석전과 지도부 검속 등으로 매우 격렬한 양상을 띠었으나,[188] 초기에 운동을 주도한 일본인 유력자들이 당국과 타협하는 모습을 보임에 따라 민족적 갈등 양상을 띠기도 했다. 진주의 부호이자 현 도평의원인 金琪邰(경남20관/24관)는 이 운동의 副실행위원장을 맡았다.[189]

충남도청의 대전 이전 반대 운동(1930~1932)[190] 역시 '조선인과 일본인 유지' 중심으로 전개되었다. 공주 출신의 도평 · 도의인 朴春緖(충남27관), 林昌洙(충남24/27/33/37/41관), 權益采(충남29/30관), 沈載昱(충남33/41) 등은 일본인 도평의회원 등과 함께 이 운동에 적극 관여했다. 이와 대조적으로 대전 개발에 미리 착안하여 대전의 땅을 많이 사 두었던 공주 출신의 金甲淳(충남20관/24관/30/33)은 반대운동에 참가하지 않았다. 반대

188) '삼백여 명의 시민 일동은 붉은 긔와 붉은 등을 가지고 도청을 습격'하려 했다. 『東亞日報』 1924년 12월 12일.

189) 『東亞日報』 1925년 1월 2일.

190) 지수걸, 「일제하 공주지역 유지집단의 도청이전 반대운동(1930.11~1932.10) ; 변평섭, 『實錄忠南半世紀』, 創學社, 1983 ; 대전광역시사편찬위원회, 『대전100년사』 참조. 공주지역 유력자들의 이전 반대에도 불구하고 1931년 4월, 대전면이 읍으로 승격되고, 도청이전이 발표되었다.

운동은 '공주시민회'라는 유력자들의 모임이 주도했는데 결국 '공주 발전책'에 대한 '보상' 수준에서 마무리되었다.

공주 이외에도 대전, 천안, 조치원의 유지들이 각기 자기 지역을 후보지로 내세우며 운동을 벌인 것도 특기할만하다. 대전 출신의 도평의원, 吳弼泳(충남30), 金昌洙(충남24/27/33관), 金正煥(충남33/37)은 '대전을 대표하여 동경에 가서 이전 결행을 진정'했다.[191]

지역 생활과 환경을 개선하기 위한 운동은 지역유력자로 구성된 각종 번영회를 중심으로 이루어진 경우가 많았다. 1922년 7월에 창립된 영동번영회는 회장은 김홍규(영동 군수), 부회장은 李景魯(충북30), 평의원은 洪明憙(충북24), 孫在厦(충북33/37) 등 다수의 지방의원을 포함한 단체였다.[192] 영동번영회에서는 당국이 영동-전주간 도로를 1등 도로로 바꾸기 위한 '도로수선 경비를 모두 지방비로 부담하라'고 통보하자 이에 반대하고 당국의 예산 배정을 목표로 투쟁했다.

許撥(경남30)은 '낙동강 架橋실현기성회' 회장이었고,[193] 鄭世胤(평남27, 평양26/29), 姜炳駿(평남27, 평양31),[194] 金弼應(평남41)은 평양의 각계 인사 60여 명과 함께 '平壤第二人道橋架設期成會'를 조직했다.[195]

1932년 11월, 경성부의 마포 주민들은 이 지역을 지나던 교외열차를

191) 『東亞日報』 1931년 3월 7일.

192) 영동번영회와 뒤이어 결성된 영동실업보습교기성동맹회에서 간부로 활약한 사람들은 거의 대부분 영동 출신 도평·도의가 되었다. 이경로는 1927년 6월에 창립된 동회의 회장이었고 李相夏(충북33)는 평의원이었다.

193) 『釜山日報』 1930년 11월 6일.

194) 姜炳駿은 法學專門學校를 졸업하고 朝鮮總督府 檢事로 全州地方法院 및 新義州地方法院에서 근무했으며, 1926년부터 平壤府에서 변호사를 개업하고, 1931년 平壤府會 議員이 되었다. 『朝鮮人事興信錄』, 133쪽.

195) 『東亞日報』 1936년 7월 10일.

철폐하려는 시도에 대항하여 운동(郊外電車철폐 반대운동)을 전개했다. 이 운동에서 金之煥(경기24/27/33)은 渡辺이라는 일본인과 함께 진정위원으로 활동했다. 경성 서부의 麻浦線 22개동의 구장, 總代들은 11월 15일, 100여 명이 참석한 연합대회를 열었다. 진정위원들은 京電, 경기도 철도국에 대한 진정 결과를 보고했고, 선전지 5만 매와 포스터를 배부하고 비용은 주민 유지가 부담하기로 결의했다.[196)]

이상에서 본 지역민원운동은 도평·도의들이 반드시 도평·도의 재직 중이 아닐 때라도 지역을 대표하는 유력자로서 자신들의 이해와 지역민들의 이해에 기반하여 활동했음을 보여준다. 민원의 내용에 따라 일본인 유력자들의 지지를 필요로 하는 경우에는 그들과 연합했고 일본인들과 갈등을 일으키기도 했다.

의정 단상에서도 조선인 도평·도의들은 '지방적 이해에 함몰'되어 도 전체보다는 자신들의 기반 지역의 민원을 우선하는 경향이 있었다. 그들은 지역의 요구를 스스로 대표함으로써 지역민의 인정과 신망을 얻고자 했고, 또한 그러한 요구가 자신의 이해관계와 합치될 때 더 적극성을 보였다.

(3) 행정관료에 대한 투쟁

도평·도의들은 지역민들이 특정 행정관료에 반대하는 운동을 벌일 때, 운동의 대상이 되거나 운동의 주체가 되기도 했다.

의병운동시기 이래 무장 독립운동세력이 면장 등 하급관료에게 직접 폭력을 행사하거나,[197)] 협조할 것을 위협한 사례는 많다. 1919년 홍범도

196) 『東亞日報』 1932년 11월 17일.

197) 수원군 장안면장의 사례를 보면 민중들은 3·1운동 시 면사무소를 습격하여

를 중심으로 조직된 비밀결사 國民會는 군자금모집과 관청 파괴 활동을 벌이던 중, 1921년 1월 1일, 成川郡 通仙面長이었던 金觀鍾(평남27/33)에게 '한국독립운동을 방해하는 친일파'라는 이유로 살해 위협을 가했다.[198]

1920년대 이후에는 시민(면민)대회 등을 열어 시정개선을 요구하거나 특정 관료의 퇴임을 요구하는 것이 일반화되었다. 특히 면장은 면민과 일상적으로 대면하는 위치에 있었고, 때로는 면민들의 저항과 압력에 부딪혔다. 다음은 도평·도의가 투쟁 대상이 된 사례이다.

〈사례 1〉 李伯春(충남30)이 1925년 청양군 斜陽面長에 부임할 때 반대운동이 일어났다. 각 區長들은 '연맹 사직'하고 '면민대회'를 통해 이백춘을 '불신임'[199]했으나 반대의 이유는 정확히 알 수 없다. 면장 취임을 둘러싼 일종의 세력다툼이나 잡음일 가능성이 많다.

〈사례 2〉 李秉威(전남30)는 1910년대부터 1933년까지 보성군 복내면장이었는데 1931년 복내면의 '면민 300명'은 면민대회를 열어 현직 도평의원 이병위의 '非行을 열거'하고 대표자를 뽑아 군청에 불신임안을 제출했다.[200]

〈사례 3〉 안주 시민들은 1927년 4월, 안주청년회관에서 시민대회를 열

장부를 파기하고 면장에게 독립만세를 요구했으며 면장이 민생안정에 소홀했음을 질타했다. 大和和明, 「植民地期朝鮮地方行政に關する一試論」, 54面.

198) 국민회 측은 그 자리에 있던 금융조합 이사 永重英吉을 사살했고, 김관종과 면서기는 틈을 보아 도피했다. 『每日申報』 1921년 1월 15일.

199) 『東亞日報』 1925년 10월 14일.

200) 이병위는 면민들의 집단행동에 대해 '몇 분자의 충동으로 전연 무근한 사실을 가지고 우매한 농민들을 농락하는 무리들이 증오스럽다'고 발언했다. 『東亞日報』 1931년 4월 28일.

어 안주면장이자 현직 도평의원인 李晉奎(평남24)에 대해 '안주농업학교 승격, 안주우편국 등의 개축, 가축시장 이전, 금융조합원 제명 부당성, 오물적치장 이전, 미신 박멸, 춘계대운동회 준비, 무산아동 후원' 등 8개의 요구조건을 제시했다.

〈사례 4〉 鄭健裕(황해20/24관/27관)가 1932년 재령군 면장에 취임한 직후[201] 재령면민들은 불공평한 조세 부과를 둘러싸고 면당국에 대해 투쟁을 벌였다. 이 사건에는 정건유뿐 아니라 나중에 민병덕(황해33/37)도 연루되었다. 정건유와 민병덕은 모두 재령의 손꼽히는 자산가들이었다. 정건유는 재산세 100원 이상 납부자로 민병덕, 정찬유[202]와 함께 재령에서 손꼽히는 '재벌가'였다. 사건의 발단은 1932년 4월 말, '부호 정찬유, 민병덕의 소유로 있는 거대한 금액이 금년 戸別割부과가 되지 아니한 관계로 재령면 내 극빈한 궁민들에게 8, 9할 내지 10할 이상의 전례 없는 과중한 부담'을 시킨 것이었다.[203] '재령면협의회'에서 정찬유에 대해 불철저하나마 '戸別割 표준을 공시'했으나 면당국은 아무 통지도 없이 민병덕, 정찬유의 세금을 제대로 부과하지 않고, '궁민들'에게는 세금을 부과했다. 면민들은 당해 연도의 '호세부과를 공평히 조정할 때까지 호세를 不納'하고 면민대회에서 '면당국을 규탄'했다. 면협의회원들은 5월 1일, '호세부과

201) 정건유는 1910년대에는 재령군 서기로 근무했고, 1919년에는 해주전기주식회사 취체역을 역임하고 이어 수리조합장과 금융조합장을 역임하는 등 경제계의 거물이었다. 관선황해도평의원으로 재직 중이던 1926년 중추원참의로 임명되어 1932년 주임관 대우의 재령면장에 부임할 때까지 참의로 있었다.

202) 鄭纘裕은 동아일보재령지국장으로 민병덕과 함께 재령 지역의 학교 설립에 많은 기부를 했고 부분적으로 민족운동에 관계한 듯하다. 정건유와 정찬유는 형제일 가능성이 많으나 자료를 찾지 못했다.

203) 『東亞日報』 1932년 5월 4일.

에 대한 부정사실'을 규명하고자 '당국에 재조정을 요구'했다.

정건유는 1934년 '재령의 商民'들이 재령면협의회에서 통과된 재령면의 '시장 · 노점 이전'에 대해 '死活問題'로 인식하고 면협의회 결의 철폐 투쟁을 벌일 때도 재령면장이었으며,[204] 상인들에게 '면협의회 결의'가 즉시 실행되는 것은 아니라며 투쟁을 진정시키려 했다.

위의 사례들을 보면 면장의 개인적 비리, 조세 부과의 불공평, 면협의회의 결정으로 인하여 반대투쟁이 벌어지기도 하고, 면장에게 지역 현안의 해결을 요구하여 투쟁을 벌이기도 했다. 또한 각급 행정관료에 대한 투쟁이 유력자끼리의 세력다툼과 연루되고 시민들은 동원 대상이 되기도 했다. 도평 · 도의 2~3명이 관련된 다음 사건을 살펴보자.[205]

평강군의 도평의원인 李泰潤(강원20/30/33)은 평강군수인 劉泓鍾(경기33)을 배척하기 위해 1923년부터 '군수의 비행을 열거하여 경찰서, 도, 검사국 및 총독부 등에 진정 · 송서' 등을 했고. 1924년 2월에는 『朝鮮日報』와 『東亞日報』에 '군수 非行 21개조'를 발표했다. 이태윤은 유홍종 군수가 도평의회원에게 자문을 구하지 않는 점에 대해서도 불만을 품었다. 이태윤은 金鶴植(강원20관/24관/27관/36관)과 친교가 있었다.[206] 이태윤과 김학식 등이 유홍종을 배척하는 활동을 벌이자, '유군수에 동정한 일파'도 행동에 나섰다. 그들은 2월 28일 평강읍 청년회관에서 회동, '평강군민대회'를 열어, '이태윤일파의 행위가 부당'하다며 반대의사를 표시했고, 유홍종은 이태윤 등을 고소했다. 그러나 유홍종은 '자신의 비행도 역

204) 『東亞日報』 1934년 10월 25일.

205) 『大正13年 管内狀況』, 「地方問題와 部民의 動靜」(1924).

206) 이태윤은 천도교도로 3 · 1운동에 참여한 경력이 있으며 김학식 역시 평강청년회에서 활동했다.

시 조사해야 하는 문제' 때문에 고소를 취하하고, 결국 '양구군수로 전근' 하게 되었고, 이로써 이태윤의 목적은 일부 달성되었다.

반대로 군수가 면장을 권고 사직시키자 면민들이 유임운동을 일으킨 사례도 있었다. 金癸根(강원24/27)은 1923년부터 김화면장을 역임하여 '일반 면민의 칭송'을 받았는데, '군수 김극일'이 '도 방침이라는 구실로' 김계근을 권고 사직시키자, '면민들은 일대 유감'으로 생각하고, 이에 반대하여 '교섭위원을 선정'하고 면민대회를 여는 등 '유임운동'을 벌였다.[207]

일본인 면장(군수)을 반대하고 조선인을 내세워 투쟁하기도 했다. 1924년 동래면이 지정면이 되자 동래경찰서장 출신 일본인이 면장운동을 했는데, 이때 동래 주민들은 동래은행 지배인이었던 金秉圭(경남27/33관/37관)를 면장으로 추대했다.[208]

도평 · 도의들은 대체로 하급관료에 대한 반대 운동에서 투쟁의 대상이 되거나, 그러한 투쟁에 별로 적극적이지 않은 듯하다. 가령 1920년대에 밀양면에서 수차례 일어난 일본인 면장 · 군수 배척 운동을 보면, 밀양면협의회 의원이나 밀양읍회 의원들은 적극적으로 이 운동에 나섰으나 밀양 출신의 도평의원들은 참가하지 않았다.[209]

207) 『東亞日報』 1926년 12월 15일.

208) 『東亞日報』 1923년 11월 4일, 11월 10일(김동철, 「동래은행의 설립과 경영」, 『지역과 역사』 9, 2001에서 재인용).

209) 강만길, 『밀양의 독립운동사』, 371~382쪽 참조.

제Ⅳ장 도평의회 · 도회의원의 정치적 활동의 전개

1. 민족 · 사회운동 참여

이 절에서는 민족운동 및 사회운동(민족 · 사회 운동),[1] 협력활동 참여를 중심으로 살펴보겠다. 도평 · 도의 가운데 '병합' 이후 민족 · 사회운동 단체(조직) 참가가 확인되거나 민족 · 사회운동과 관련된 활동에 1회 이상 참여가 확인되는 사람은 387명이다. 반대로 1회 이상 '협력단체'[2]에 간부 · 회원으로 참가하거나 뚜렷한 협력 행적이 확인되는 사람은 487명

1) 여기서 민족 · 사회운동은 민족운동과 사회운동(노동운동, 농민운동 포함)을 일반적으로 지칭하기 위해 사용했다.

2) 일제에 '협력'하는 활동을 벌인 단체들을 말한다. 친일적 인물들의 사교단체, 내선융화, 일제의 식민정책에 부응한 사회교화활동, 전쟁협력 등을 목적으로 한 단체들이 포함된다. 이들 단체에 관해서는 민족문제연구소 編, 『일제협력단체사전』(2005)을 참고했다.

이었다.[3] 쉽게 짐작할 수 있듯이 민족·사회운동 참가는 1920년대 전반에 집중되었고, 1930년대 이후까지도 그러한 활동이나 조직에 참가한 사람은 매우 소수만이 확인된다. 신간회 해체와 함께 많은 사람들이 독립운동 대열에서 이탈한 것과 관련이 있을 것이다. 반면에 1920년대의 일제협력단체에 참가하거나 협력 행적을 보인 사람은 비교적 소수이며 1930년대 중반 이후가 되면 일제에 대한 협력의 정도와 양은 그전 시기와는 비교할 수 없을 정도로 많아진다. 1920년대 초 민족·사회운동에 참가했으나 나중에 협력활동에 참가한 사례는 매우 많다.

1920년 이전의 민족운동 참여에 관해서는 이미 제Ⅱ장에서 다루었으므로 이하에서는 1920년대의 실력양성운동 및 내선융화운동, 1920년대 중반 이후의 신간회운동 및 기타사회운동, 1930년대 이후의 협력활동으로 나누어 살펴보고자 한다.

민족·사회운동 참가자를 시기별로 구분하면 중복을 포함하여 1920년대 전반 340명, 1920년대 후반 65명, 1930년대 이후는 18명이다. 1920년대 전반에는 민립대학기성운동의 지역지부 활동과 지역 청년회에 도평·도의들이 다수 참가했다. 1920년대 중반을 고비로 초기의 계몽적 청년회운동이 사회주의 운동세력의 대두와 더불어 변화를 겪었고, 신간회가 해체된 1930년대 초에 이르면 청년회 관련자 가운데 다수가 운동에서 이탈했다. 1920년대 후반부터 1930년대 전반에 민족·사회운동을 한 사람들은 신간회 관련자들이 대부분이며, 사회주의 성향으로 파악되는 사람도 있었다.

민족·사회운동 관련자 중 적극적이고 지속적인 활동을 한 것이 확인

3) 협력단체에 발기인 등으로 한번 이름이 올랐다고 해서 모두 협력활동에 실제로 참여한 것은 아니다. 이 수치는 다만 일종의 '경향'을 보여줄 뿐이다.

되는 사람은 수적으로 많지 않고, 신간회 소멸 이후 민족·사회운동을 둘러싼 환경이 엄혹해짐에 따라 일제에 대한 타협성이 강화되었다.

1) 실력양성운동

(1) 민립대학기성운동

3·1운동 이후 조선인 부르주아들의 민족운동은 '실력양성운동', 특히 '조선인 본위의 산업'과 '조선인 본위의 교육'을 내걸고 전개되었다. 전자는 산업 장려 활동과 물산장려운동으로, 후자는 민립대학설립운동으로 표현되었다.

1920년 일제 당국이 교육령 개정을 추진하는 것에 자극을 받은 조선인들이 '조선교육회'(1920년 6월, 1922년 '조선교육협회'로 개칭), '조선여자교육회'(1920년 4월 조직), '조선교육개선회' 등을 조직하여 교육 상황 개선과 조선인을 위한 교육을 지향했다.[4] 특히 조선교육회 활동은 민립대학설립운동의 모태가 되었으며 6명의 도평·도의가 참가했다.[5] 龐寅赫, 閔泳殷, 韓昌東, 金秉圭, 李達元은 조선교육회 발기인이며 張燾[6]는 이사였다. 金秉圭는 동래에서 사립학교 교사로 민족교육에 힘쓰던 1921년 4월, 조선교육개선회 조직을 주도했다. '보통학교 1面1校 설립, 공·사립학교의 차별 철폐, 각도에 사범학교를 1개교 이상 설립, 보통학교에서 日本讀

4) 이명화, 「민립대학 설립운동의 배경과 성격」, 1991.

5) 조선교육회 회장은 이상재, 부회장 김사묵이었다. 취지서를 보면 '조선인의 재력과 노력으로' 교육기관을 경영할 것을 촉구했다.

6) 장도(1876~1936)는 동경법학원을 나와 통감부시기 판사와 검사를 역임했고, 한말 애국계몽단체에도 참가했다. 105인사건에서 변호인단의 1인이었다. 1921년 중추원참의가 되었다.

本 이외의 과목은 조선말로 교습할 것, 교육기관완비, 서당 개량' 등을 목적으로 활동했다.[7]

1920년대 초까지 조선인의 보통학교 진학률은 매우 낮았다. 일제는 사립학교를 억제하고 공립보통학교를 통해 충량한 일본 식민을 양성하려 했으나 학교 수도 적고, '왜식 교육'에 대한 반발로 여전히 서당을 선호하는 경향이 있었기 때문이었다. 그러나 1920년대 이후에는 조선인들 자신이 '근대교육'에 대한 열망을 드러내면서 교육의 양적 확대와 교육 내용의 '개선'을 운동 목표로 했다.

민립대 설립운동은 일제당국의 교육 주도를 견제하면서 조선인의 최고교육기관을 '민립'으로 설립하고자 시작되었다. 1922년 11월 23일 발기인 47명이 '조선민립대학기성준비회'를 개최하면서 이 운동이 본격화되자 각 지역 유지층의 폭발적인 호응을 얻었다. 李鍾駿(황해30/37관/41관)[8]은 1923년 3월, '민립대학기성회' 발기인(462명)에 포함되었고, 조선교육회 이사였던 방인혁과 이달원은 감사위원이 되었다.

이어 경성부를 시발로 각 지방에 민립대학 지방부가 발기되었다. 중앙부는 당시 순회위원을 각 지방에 보내어 선전활동을 하고, 지방부 설립과 군민대회를 통한 모금을 독려했다. 이들 순회위원 가운데에는 현직 도평의원인 이달원과 金衡玉(전남20관/24관)도 포함되었다.[9] 광주에서는 1923년 9월에서 11월 사이에 4,500명이 민립대학기성회에 입회하는 성과

7) 『東亞日報』 1921년 4월 9일 ; 『每日申報』 1921년 4월 7일.

8) 이종준은 1921년 조선인산업대회 발기인과 조선물산장려회 이사를 지냈고 김윤식사회장을 주도했다. 한성도서 취체역을 했으며 1930, 1937, 1941년에 황해도평·도의를 했다.

9) 김형옥은 광주지역을 대표하는 상공인으로 산업을 통한 실력양성운동에도 힘썼다.

를 거두었다. 현준호(전남24/27)는 500명분의 입회금을 냈고, 그의 부친인 현기봉(전남20관)은 민립대기성회의 광주군지방부 집행위원장을 맡았다.

安泰遠(경남33)은 일직부터 계몽적 교육운동을 벌인[10] 연장선상에서 민립대학기성운동에 주도적으로 참여했다. 그는 1923년 3월에 결성된 밀양교육회 회장을 지냈고, 이후 민립대학기성회 밀양지부 후원회를 조직하여 면협의회원 등 지역유지들을 각 면에 보내 강연을 벌였다.[11]

1923년 이후 운동을 지방적 차원으로 전개하는 과정에서 도평·도의 166명이 민립대학설립운동에 참가했다.[12] 대다수는 주도적인 참여자라고 보기 어렵고, 운동 초기의 열기가 점차 사그라진 이후에는 모금 약속을 이행하지 않은 사람들도 많았다. 일제는 지방유력자 중심으로 전개되는 민립대학설립운동을 노골적으로 탄압하기보다 적절한 수준에서 통제·순화시키려 했다.

점차 세력을 확장하고 있던 사회주의 세력은 일부 부르주아들의 교육열을 만족시킬 뿐이라며 '민립대'라는 운동 목표 자체를 비판하고 나섰다. 초기의 에너지를 상실한 민립대설립운동은 일제의 경성제대 추진으로 타격을 받고, 자연재해와 관동대지진 발발이라는 상황에서 좌초했다.

(2) 조선인산업대회

1920년대 초 일제의 산업정책은 식민지 조선을 '식량·원료 공급, 상

---

10) 1914년 명치대 법과를 졸업한 안태원은 밀양군에 사립 集成學校를 창립하고 學監이 되었다. 『朝鮮人事興信錄』, 16쪽.

11) 강만길 編, 『밀양의 독립운동사』, 183~189쪽.

12) 『東亞日報』, 『朝鮮日報』 등의 신문에 나타난 민립대학기성회 지방지부의 간부 명단을 대조하여 조사했다.

품·자본 시장'으로 재편하는 것이었다. 1921년 9월, 일제당국은 일본인, 조선인 관리와 자본가들로 '산업조사위원회'를 구성하여 자문을 구했다. 이에 자극을 받아 조선인 자본가의 입장을 일제의 경제정책에 반영하기 위해 조직한 것이 '조선인 산업대회'였다.

산업조사위원회에는 49명의 관리·자본가 등이 참여했다. 그중 9명이 조선인이고, 그 가운데 4명이 도평·도의였다.[13] 설립 목적은 일본인과 일부 조선인 대자본가의 이해관계를 반영하여 '조선의 산업상 계획'을 '제국산업정책의 방침에 순응'하게 하고, '일본인과 조선인의 관계 연락을 한층 밀접하게 하는 방법'을 강구하며, '조선 경제력의 진보와 일선공동의 복리증진을 기'하는 것이었다.

산업조사위원회가 일제의 방침에 순응하여 조선의 경제력을 발전시키려는 입장이었다면, 조선인산업대회는 '조선인 사업의 보호·육성'을 주장하고 '조선인 산업상황을 조사하여 그 절실한 요구를 발표'하고자 했다.[14] 조선인산업대회 위원장은 박영효이며 윤치호, 송진우 등이 위원으로 참여했다. 발기인은 100여 명이었고, 수십 명의 위원과 지방위원이 선임되었는데, 위원이나 발기인으로 참여한 도평·도의는 모두 21명이었다. 아래 표에서 보듯이 이해조 등 4명은 1921년 당시 현직 도평의원으로 산업대회에 참가했다.

아래 표의 인물 가운데 민립대학설립운동이나 물산장려운동, 청년회, 신간회 운동에 참여한 경우는 비고란에 표기했다. 산업대회에 참여한 도평·도의들 가운데에는 대지주·자본가도 포함되어 있지만, 이후 실력양

13) 韓相龍(경기20관/24관/27관/30관/33관/37관/41관), 金思演(경기33관/37관/41관), 趙炳烈(경기20/27), 玄基奉(전남20).

14) 『동아일보』 1921년 6월 28일, 7월 1일, 7월 8일, 7월 13일, 9월 13일 참조.

성운동에 참여하는 사람들도 있었다. 특히 노동공제회 등 사회운동의 일선에서 활약하는 朴珥圭(전남27)도 포함되었다.[15] 이들의 면면을 보면 30세 전후의 약관에 고등 교육을 받은 인사가 많았다.

〈표 Ⅳ-1〉 1921년 산업대회 발기인 가운데 도평 · 도의

지역	이름 (현직 도평, 지역)	산업대회	비고
경기	李海朝(포천)	발기인	언론, 문학
	白寅基(경성)	지방위원	산업대회시 전북지방위원
	金正浩(개성)	발기인	민립대, 교육실천회
	金季洙(경성)	발기인	실업가
	張弘植(경성)	발기인	한성은행 취체역
충북	**閔泳殷**(현, 청주)	지방위원	조선교육회, 민립대, 충북교육진전기성회
전남	玄俊鎬(광주)	지방위원	민립대기성회
	朴珥圭(담양)	위원	담양청년회, 조선노동공제회 위원장, 조선노농동맹회 발기인
경북	**韓翼東**(현, 대구)	지방위원	조선국권회복단, 대구청년회장, 대구청년구락부 회장
	李愚震(선산)	위원	대구청년회, 대구청년구락부 총무
경남	金慶鎭(김해)	발기인	면장
	金致洙(마산)	지방위원	마산청년구락부 회장
	金秉圭(동래)	발기인	조선교육회, 조선교육개선회, 민립대, 농촌청년회, 산업조합
황해	**李鍾駿**(봉산)	발기인	민립대, 조선물산장려회 이사, 김윤식사회장
	尹敎哲(신천)	발기인	면장
	閔丙德(재령)	발기인	흥농회, 신간회 재령지회

15) 산업조사위원회와 조선인산업대회에 관해 산업조사위원회가 예속자본의 이해를 반영한 데 비해 조선인산업대회는 조선인 토착자본의 요구를 반영했다는 입장에서 는 연구가 있다. 박찬승, 『한국근대정치사상사연구』, 역사비평사, 1992, 191~192쪽 ; 오미일, 『한국근대자본가연구』, 한울, 2002.

평북	張熙鳳(현, 용천)	발기인	민립대
	張驥植(용천)	발기인	실업
	白基肇(용천)	발기인	실업
	李熙迪(신의주)	발기인	신만청년구락부 회장, 민립대
함남	蔡容默(함흥)	발기인	변호사

비고: 굵은 글씨는 1921년 당시의 현직 도평의원이다.

조선인산업대회 참가는 민족운동이라기보다는 조선인 자본가들의 권리 요구였다. 약 300명이 참석하여 성황리에 개최된 산업대회에서는 '조선인의 생존권 확충'을 결의하고 다음과 같은 강령을 채택했다.[16)]

1. 조선인 본위의 산업정책을 확립하되 소수 유산계급의 이익을 목적하지 말고 일반다수민중의 행복을 목표로 할 것.
2. 농업을 토대로 하야 상공업의 발달을 기하되 보호정책을 채용하야 경쟁의 참화를 제거할 것.

그러나 대회 참가자들은 '총독부에 조선인 중심의 산업 정책을 건의'하는 것 이외에 결의를 실현할 방법을 찾지 못했다. 이들은 '조선인'의 산업발전을 목표로 했으나 일제와 제휴를 통해 산업 발전을 꾀하려는 경향도 있었다.

(3) 청년회운동

1920년대 초, 각지에 우후죽순처럼 생겨난 청년회에서 간부를 지낸 사람은 도평·도의 가운데 약 200명 정도가 파악된다.[17)] 지역에 따라 '○○

16) 『每日申報』 1921년 8월 1일, 9월 13일 참조.
17) 鮮于基聖, 『韓國青年運動史』, 錦文社, 1973에 나온 청년회 간부의 명단을 주로 참고했다.

청년회'(간부 165명), '○○구락부'(20명), '○○수양회'(2명), '○○계(契)' 등의 이름으로 불린 이들 청년회는 다소 확대된 합법 공간에서 민중 계몽·강연, 야학, 물산(산업)장려 활동 등을 펼쳤다. 각지의 청년회들은 1920년 12월, 朝鮮青年會聯合會라는 형태로 전국적인 조직을 출범시키기도 했다.

많은 청년회들이 일제의 간섭과 자체 역량의 부족으로 불과 1~2년 만에 유명무실화되었고, 1920년대 중반에는 많은 청년회들이 사회주의 사상의 영향을 받은 세력의 도전을 받았다. 청년회의 발기인이나 임원으로 이름을 올린 도평·도의들은 대부분 1920년대 중반경 활동을 그만둔 것으로 보인다. 청년회 내에서 주도세력의 교체가 일어나거나 '○○청년동맹(연맹)'으로 재편되어 지역운동을 주도하는 사례가 적지 않다. 일제의 감시와 압박 속에서도 1930년대까지 계속 활동한 청년회도 있지만 초기 멤버는 상당수 탈락하고 활동 내용도 변화가 있었다.

이들 청년회는 대부분 1920년경 출범했다. 과거의 친목 모임이 시대변화에 맞게 형식을 갖춰 조직을 재편하기도 했고, 다른 지역의 청년회 결성에 자극을 받아 생기기도 했으며, 자산가 계층의 주도로 계몽활동을 한 경우가 많았다. 청년회 활동을 통해 이루어진 지역 유력자·활동가들의 네트워크는 지방의회 진출에도 유리하게 작용했을 것이다.

도평·도의들이 참여한 청년회를 보면(〈표 Ⅳ-2〉 참조) 1920년대 전반까지 계몽운동 중심의 활동, 1920년대 중후반 개편 또는 해체의 과정을 밟는 패턴을 보인다.

〈표 IV-2〉 도평·도의의 청년회 활동

	명칭·설립	도평·도의 참가자	활동 내용과 성격
경기	① 수원청년회 1920.7	홍사훈(20이사, 회장)	· 화성학원(야학) · 사회주의계와 갈등
	② 안성청년회 1920.4	서상준(중심인물) 민영선(부회장)	· 민유식(회장) 등 기독교계 인물 주도 · 안청학원(야학) · 신간회 안성지회로 계승
충북	③ 괴산청년회 1920.8	이재익(21회장) 유증수(23서무, 25총무) 심재덕(25고문, 26회장)	· 유홍규(초대회장) 등 기독교계 · 민립대, 봉건관습타파, 야학, 강연회 · 27년 집행위원제(안철수), 28년 2월 해체
전북	④ 부안청년회 1920.7	신성석(회장)	· 김태경(부회장) 등 유지층 주도 · 야학/강습소, 문화운동 · 25부안청년동맹
전남	⑤ 광주청년회 1920.6	최준기(20총무) 정상호(26집행위원장)	· 최종섭(회장) 등 유지층 주도 · 여자야학, 모르히네 방독회 · 20년대 중반 사회주의계의 대두와 이념 갈등
	⑥ 목포청년회 1920.5	김상섭(20회장) 차남진(20총무, 22부회장) 문재철(22회장)	· 사회극 공연, 토론회, 체육대회 · 27목포청년동맹
	⑦ 담양청년회 1919.4	박이규(참가)	· 국기열(20회장), 정용인(21회장) 등 실업가 · 청년야학, 위생강연 · 28신간회 발기로 해체
	⑧ 함평청년회 1920.7	이재혁(22부회장, 23집행위원장) 서상기(21회장)	· 최득렬, 오백동 등 유지층 · 민립대모금주도 · 신간회함평지회로 계승
	⑨ 나주청년회 ?	김병두(찬성부장)	· 이기성(회장) 박정업(부회장) · 1922년 6월 나주청년수양회로 개칭 · 민립대, 물산장려 선전 · 청총동맹에 파견, 나주신간회
	⑩ 순천청년회	서병규(20발기인,	· 심의현(회장) 김인채(부회장)

	1920.7	21부회장, 22회장), 성정수(참여)	· 농업개량, 청년야학 · 25전남동부청년연맹
	⑪ 광양청년회 1919.9	박준규(22회장) 김석주(참여)	· 청년학교, 여자야학부 · 25전남동부청년연맹
	⑫ 영광청년회 1920	정동윤(집무위원)	· 강연단, 친일적 '보천교'에 대한 성토 · 27영광청년동맹
경북	⑬ 영주청년회 1920.6	김보영(20회장)	· 강연회, 禁酒 계몽 · 27신간회영주지회
	⑭ 대구청년회 1920.1	한익동(20회장)	· 서상일(총무, 23회장) · 27대구청년동맹 창설
	⑮ 안동청년회 1920.5	權台淵(20부회장) 권영동(간부) 윤세형	· 토론회 · 신간회안동지회
	⑯ 예천청년회 1920.7	김석희(20회장)	· 인격양성, 물산장려, 사회개선, 교육진흥 · 27신흥청년회와 합동, 예천청년연맹
경남	⑰ 부산청년회 1920?	문상우(초대간사장)	· 민립대, 교육 · 산업개선, 토산장려, 보천교 성토
함남	⑱ 원산청년회 1920.6	남백우(20부회장, 21회장, 22평의원)	남정협(20회장) 조종구(위원장) 등 민족주의계 · 교양, 체육활동, 3 · 1운동 주동 · 원산청년동맹

① 수원청년회는 洪思勛(경기27)[18]과 羅弘錫(수원20)[19] 등을 중심으로 실력양성운동과 문화운동을 전개했다. 설립 모체는 1915년에 설립한 화성학원이다. 조선인 상인단체인 수원상업회의소가 1909년부터 부속사업으로 강습소를 두고 '상업 지식, 기능강습'을 청년들에게 실시하던 중, 일제가 1915년 수원상업회의소를 일본인 상업회의소에 강제 통합시켜 강습소가 위기에 빠졌다. 이때 강습소를 인수하여 화성학원을 설립한 사람

18) 홍사훈은 수원 3대 지주의 한 명으로 상업강습소 法商科를 나왔다. 홍사훈의 부친은 객주 출신인 洪敏燮(정미소)이며 1920, 1923년에 수원면협을 했다.

19) 나홍석은 시흥 · 용인군수를 역임한 나기정의 장남이고 나경석의 형이다. 최린의 親友이기도 했던 나홍석은 1920년의 경기도평의회 선거에서 낙선했다.

이 홍사훈이었다. 1920년대 말이 되면, 신간회 수원지회 등의 청년 활동가들이 수원체육회장(1925년), 경기도평 등을 역임한 홍사훈을 '관료배'라면서 배척하기도 했다.[20] 그러나 홍사훈은 화성학원뿐 아니라 다수의 민족운동가들을 배출한 三一학교에도 1930년대까지 지원을 계속했다.[21] 수원청년회는 1920년대 전반에 침체상태에 빠졌다가 세력을 회복하여 1927년 1월 현재, '위원장 홍사훈 이하 회원이 85명'이라고 보도되었다.[22] 홍사훈이 언제 수원청년회 임원에서 물러나는지는 확실하지 않으나 1928년경에는 사회주의계가 청년회에서 주도권을 행사했다.

徐相準(경기24)과 閔泳善(경기20)이 참가한 ②안성청년회의 주요 사업도 야학(1925년부터 安靑학원)이었다. 안성공립보통학교 내에 야학을 설립하여 '實業上 필요한 법률, 부기 등을 교수'[23]했고, 安靑學院後援會와 안성교육후원회의 재정 지원을 받았다. 안성청년회와 신간회 안성지회에서 활동한 金台榮(안성읍39)이 1930년대에 안청학원 원장이었다. 서상준은 1921년 당시 현직 안성군수로 단체의 임원을 맡지는 않았으나 안성청년회 활동을 적극 후원했고 안청학원후원회 회장을 역임했다.

李載益(충북20), 沈載悳(충북29/30), 柳曾秀(충북33/37/41)가 활동한 ③괴산청년회(창립 시 회원 300여 명)는 노동야학, 부녀야학 등 문맹퇴치 활동을 벌이면서 민립대설립운동에 동참했다. 이재익은 '병합' 이전에 판사와 군수를 역임한 적이 있고, 1921년 중추원 참의에 후보로 추천될 당

20) 김운성, 『수원50년』, 학우사, 1973, 59쪽.

21) 홍사훈이 1935년 4월, 경성으로 이거하면서 수원체육회, 삼일학교, 수원고아원, 수원무도관, 수원읍사무소, 수원소방단에 각각 100원씩 기부했다. 『東亞日報』 1935년 4월 13일.

22) 『東亞日報』 1927년 1월 19일.

23) 『每日申報』 1920년 4월 6일.

시 자산이 '7만 엔'이었다.[24] 이재익은 도평의원이던 1921년, 괴산청년회장에 선임되었다. 심재덕과 유증수는 면장 출신으로 야학 운영에 열성을 보였다. 괴산청년회는 1928년 해체를 결정하고 모든 회원이 괴산청년동맹에 가입하기로 결의했는데, 해체 당시의 괴산청년회나 괴산청년동맹 괴산지부 임원 가운데 이재익, 심재덕, 유증수의 이름은 보이지 않는다.

면장 출신인 辛聲錫(전북24/30)이 중심이 된 ④ 부안청년회는 실력양성론에 입각한 문화운동을 전개했다. 1925년 부안청년동맹으로 괴산의 청년단체들이 결집되면서 회장제에서 집행위원장제로 변경되었다.

⑤ 광주청년회의 초기 간부는 鄭尙好(전남41)와 崔駿基(전남41)[25] 등 실업가들이었으나, 1924년경 사회주의세력이 득세 하여 서울청년회계가 청년회를 주도했다.[26] 1925년 청년회관 재건을 당면 목표로 초기 간부들이 광주청년회 집행위원에 다시 선출되자, 광주노동공제회 측에서 '광청(광주청년회)의 부르주아화'를 비판하고, 이에 분격한 광주청년회 측이 노동공제회관을 습격하는 사건도 일어났다.

⑥ 목포청년회의 간부들은 한말 이래 객주 등의 상업활동으로 상당한 경제력을 갖춘 인물들이 대거 포진했고, 지방의원 진출자도 많았다.[27] 중심인물은 金商燮(전남24관/27관/30) 등 노장파와, 車南鎭(전남33관/37관),

24) 「忠北 機 제191호, 중추원 의원 후보자에 관한 건」, 1921.

25) 최준기는 1920년 광주청년회 총무를 역임했고 노사협조적 단체인 소작인상조회 전남지회에 관여했다. 1926년 광주청년회 간부로 검거된 일이 있다. 『東亞日報』 1926년 2월 2일.

26) 『東亞日報』 1926년 1월 15, 16일, 10월 2일 ; 이상식, 「사회경제의 변화와 사회운동」, 광주광역시사편찬위원회, 『광주역사』, 1998, 303쪽.

27) 이들은 1923년 목포부협의회 선거에서 조선인 유권자를 상대로 '潛航艇식 운동'을 벌였다. 후보 인물을 정한 뒤 일반 시민에게 이를 주지시키기 위해 선전지 만여 매를 3회에 걸쳐 시내에 산포하고 '유권자 측에 통지서(2회)를 일일이 발부'했다. 『東亞日報』 1923년 11월 12일.

權寧禮(전남33), 金哲鎭(전남37/41) 등 소장파들이었다. 모두 목포부협· 부회에서 장기간 활동했고 회원 가운데 목포부협·부회의원을 다수 배출했다. 목포청년회는 1920년대 초에 활발하게 계몽운동, 물산장려운동 등을 펼치다가 1920년대 중반 이후 다소 세력이 쇠퇴했다. 그러나 1920년대 후반, 청년회관 신축 문제 등으로 다시 진용을 정비하여 학교 설립, 지역생활 개선 등의 목표를 내걸고 초기의 인물들이 1930년대 말까지 활발한 지역활동을 벌였다. 특히 차남진은 목포청년회관 개축과 보통학교의 시설 확충, 실업학교기성회, 중등학교기성회 등에 앞장섰다.

⑦ 담양청년회에 참가한 朴珥圭(전남27)는 1920년대 전반 노동운동에서 적극 활약한 인물이었다. ⑧ 함평청년회(徐相基, 전남20)와 ⑨ 나주청년회(金炳斗, 전남24/30관)의 중심인물들은 모두 청년회에 이어 신간회지회 활동에 참가했다. 李載爀(전남24/27/30관/33관)은 함평청년회의 초기 참가자로 민립대 설립운동을 주도했다.

⑩ 순천청년회는 순천군 참사 출신인 徐丙奎(전남20/24/30)과 기타 순천친목계(1918년 조직) 출신들이 조직했다. 서병규는 현직 도평이던 1922년과 1923년 순천청년회 회장으로 피선되었으나 1920년대 중반에 활동을 그만 둔 듯하다. 이 시기에는 사회주의 성향의 청년들이 순천청년회의 주도권을 잡고, '무산대중운동의 필연성'을 선전하는 강연회와[28] '혁신총회'를 통해 계급노선을 분명히 했다.[29]

朴準圭(전남24/27관)는 1922년 ⑪ 광양청년회 회장을 맡고, 1925년 현직 도평의원으로 동회의 집행위원이 되었다.[30] 金錫柱(전남37)도 광양청

28) 『東亞日報』 1924년 7월 22일.

29) 『東亞日報』 1925년 7월 17일.

30) 1920년대 중반 호남은행 간부로 능력을 인정받고 있던 박준규가 사회주의와 어떤 관련성이 있었는지는 알 수 없다. 박준규는 해방 후 전라남도 건국준비위원

년회에 참여했다. 1925년경 광양청년회는 계급노선을 분명히 하며 순천청년회 등과 함께 전남동부청년연맹을 조직했다.31) 광양청년회 출신자들은 이후 신간회에도 참여했다.

1920년대 전반 영광지역의 사회운동을 주도한 ⑫ 영광청년회는 1927년, '조선청년총동맹의 청년대중의 통일적 단일적 조직 정신을 시인'하고, 鄭東允(전남33/41)의 주도로 영광청년회의 해체와 영광청년동맹의 창립을 결의했다.32) 정동윤은 영광청년동맹 의장을 맡는 등 사회주의계열과 함께 활동했다.

⑬ 영주청년회는 주로 생활개선에 관한 계몽활동을 펼쳤다. 金普榮(경북20)은 창립 시 회장이며 계몽적 성격의 강연활동에 참여했다. ⑭ 대구청년회의 초기 회장은 현직 경북도평이자 대구부협인 韓翼東(경북20관)이며, 조선인 산업대회에 참가한 李愚震(경북27)도 1922년 총무를 맡았다. '자치론자'로 알려진 서상일도 1922년 대구청년회 회장을 맡았다. 한익동, 서상일은 대구지역을 대표하는 유력자로 영향력이 컸으며 일제의 독립운동 탄압에 대해 일종의 방패막이 역할을 했다. 이들이 일제 당국과 접촉을 유지함으로써 청년회는 합법활동의 여지를 넓혔지만 반면에 이들의 기회주의적 처신에 대해 불만의 목소리도 있었다.33) 대구청년회

회 위원장과 인민위원장, 1946년 초 민주주의민족전선 위원장을 역임했다.

31) 『東亞日報』 1925년 9월 20일, 12월 10일.

32) 『東亞日報』 1927년 12월 8일. 영광천년동맹은 1931년경까지 활동했고, '민족의 권리와 자유, 노동자 권리, 신간회 지지, 영광지역 도로 · 하천 정리' 등을 결의했다.

33) 일부 활동가들은 그들을 '당국이 지정한 회장 · 총무'라고 했고(『東亞日報』 1921년 9월 29일), '喇叭主義者 卽 虛言主義者'라는 비판(「地方通信」, 『開闢』 1923년 7월)도 있었다. '청년은 민족주의를 가져야 하지 만일 사회주의를 가지면 조선청년이 아니다'(『開闢』, 위의 기사)라는 서상일의 발언에서 그의 사상적 경향을 엿볼 수 있다.

는 1925년경 주도세력의 변화를 겪고, 1927년 7월 '대구청년회, 我求靑年同盟, 서울新友團, 청년동맹, 무산청년회 등이 합동해서 대구청년동맹이 창설'되었다.[34]

⑮ 안동청년회에서는 權寧洞(경북33)[35]과 尹世衡(경북37) 등이 활약했다.[36] 주도자들 중에 協東학교 출신이 많았고, 1921년 당시 회원이 1,400여 명에 이르는 등 세를 과시했다. 강연회, 토론회, 야학 등 선전·계몽활동을 했고, 1920년대 중반 사상단체의 영향으로 청년운동 성격이 변화했다. 윤세형은 신간회시기까지 활동을 계속했다.[37]

⑯ 예천청년회는 포목상인 회장 金碩熙(경북33/37)를 비롯하여 '개량주의' 세력이 주도하는 가운데 사회주의 입장을 가진 사람들도 포함되어 있었다. '교육진흥과 물산장려' 등의 활동을 벌였고, 1925년경 사회주의단체인 신흥청년회로부터 '부르주아 청년운동'이라는 비판을 받았다.[38] 김석희는 소위 예천사건의 당사자로 형평운동과 대립하여 비난을 샀다. 예천사건은 1925년 8월 예천청년회장인 김석희가 형평사 예천분사 창립 2주년 기념식에서 '백정에 대한 압박은 죄악이 아니다', '형평운동이 일어나기 전부터 칙령으로 차별을 철폐했으니 형평사 조직은 필요 없다'고 모욕적인 발언을 하여 형평사측과 대립하고 물리적인 충돌이 일어난 사건이다.[39] 다른 사회단체들을 김석희에 대한 항의운동을 벌였고, 내부적

34) 「大邱 會社團體 槪觀」, 『별건곤』 1930년 10월.

35) 권영동은 굴지의 호농이며 군속 출신이었다. 『朝鮮功勞者名鑑』, 882쪽.

36) 김희곤, 『안동의 독립운동사』, 안동시, 1999.

37) 윤세형에 대해서는 신간회 부분에서 후술한다.

38) 김도형 외, 『근대 대구·경북 49인』 참조.

39) 일제 경찰은 오히려 김석희의 강연내용에 불만을 표시한 연사 1명을 검속했다. 『東亞日報』 1925년 8월 14일.

으로 변화를 겪은 예천청년회는 1927년 3월, 신흥청년회와 합동했다.[40)]

⑰ 부산청년회의 초대간사장인 文尙宇(경남20관/24/27관)는 '민족계' 은행인 경남은행 지배인으로 독립운동 자금을 조달했고, 부산예월회(1919년) 등에서 교육과 산업개선을 위한 활동을 펼쳤다. 그는 부산지역 노동운동을 반대하는 발언과 '저명한 일본인과 자주 접촉'하는 처신으로 비판을 받기도 했다.[41)] 부산청년회는 1927년 서부청년회, 중앙청년회, 목도청년회 등과 합동했다.[42)]

⑱ 원산청년회는 1926년 불온한 강령으로 일제 검거를 당했다.[43)] 1927년 사회주의자들은 원산청년회를 해소하고 원산청년동맹에 가입했다. 南百祐(함남27관/30/관/37관)는 초기 간부로 계몽활동에 참여했으나 1923년 이후 청년회 활동에서 물러난 듯하다.

도평 · 도의들의 청년회 활동은 대부분 1920년대 전반기에 집중되었지만 일부는 신간회 등으로 운동을 지속했다. 현직 도평의원 가운데에도 청년회의 '얼굴'로 합법적인 민족운동을 이끈 경우가 있으며, 사회주의운동의 대두로 청년회의 변화가 일어나는 것을 볼 수 있다. 상당수의 도평 · 도의가 이 과정에서 운동 일선에서 탈락했다. 운동을 그만둔 뒤 일제당국과의 접촉을 확대하며 '조선인의 권익'을 주장한다는 명목으로 도평 · 도의 등 공직에 진출한 이들에 대해 일부 '신진' 청년들은 불신을 보냈으나 이들의 존재로 인해 지역민(혁신청년)과 당국 사이에 일종의 완

40) 『東亞日報』 1927년 3월 17일.

41) 그는 '조선노동자가 생활상태가 풍족'하다고 발언했다. 이귀원, 「1920년대 전반기 부산지역 민족해방운동의 전개와 노동자 계급의 항쟁」; 朴元杓, 『鄕土釜山』 참조.

42) 『東亞日報』 1927년 11월 27일.

43) 『東亞日報』 1926년 1월 13일.

충역이 생긴 것도 사실이었다. 1920년대 청년회 활동은 많은 도평 · 도의들에게 지역활동의 첫 무대였다.

2) 신간회운동 및 기타 사회운동

(1) 신간회운동

앞에서 보았듯이 청년회 참여자 중 일부는 청년회 활동의 연장선상에서 신간회 운동을 전개했다. 1920년대 전반기 '계몽적, 자산계급 중심적 민족운동'에 참가했던 사람들은 1920년대 중반을 고비로 상당수가 운동의 일선에서 탈락했고, 신간회 등에서 활약한 사람들은 상대적으로 소수였다. 국내의 신간회 지회에 참여한 도평 · 도의는 30명이 확인된다. 이들을 다시 분류하면 사회주의 관련자와 비사회주의계열로 나눌 수 있다.

먼저 자산계급 중심의 민족운동을 전개한 비사회주의계열의 도평 · 도의(22명)에 관해 살펴보자. 22명 가운데 다음 표에 기재한 18명은 청년회 등 1920년대 전반 혹은 중반기에 민족운동에 관여했다. 나머지 4명은 1929년 신간회 강화지회 간사 金根鎬(경기37/41),[44] 울산지회에서 활동한 安孝式(경남36/37/41),[45] 1928년 고성지회 회장 尹星漢(강원30/33), 1929년 양구지회 임시의장 한 崔駿鏞(강원33/37/41) 등이다.

---

44) 배재고보를 졸업한 뒤 강화도에서 인삼, 비료, 정미 등 산업에 종사하면서 강화공보교 후원회장 등을 했다.

45) 경성의전을 나온 의사였다.『東亞日報』1937년 7월 25일.

〈표 Ⅳ-3〉 신간회 참여자의 운동 경력(비사회주의계열)

이름	학력 · 운동경력	도평 · 도의 지역과 시기
① 洪鍾寬	한말에 일본에 유학 · 민립대, 이문구락부 평의원, 당진신간회 회장/본부대의원으로 활동, 노동공제회장	충남24
② 李豊求	· 법관양성소 · 보령청년회 부회장, 진주신간회 회장	충남24
③ 姜善弼	· 3 · 1운동관련 공판 · 징역6월, 민립대, 당진청년회 덕육부장, 신간회 당진지회 간사 · 본부 대의원, 신간회 대표위원 · 집행위원 · 검사위원	충남41
④ 金熙一	· 대졸 · 남원청년회, 불온한 언사로 20일간 구류,[46] 신간회대표회원	전북30
⑤ 徐相基	· 함평청년회장, 함평신간회 회장	전남20
⑥ 金炳斗	· 20년대 전반 나주문화운동의 중심인물, 나주청년수양회, 민립대 나주군지방부 감사위원, 나주신간회 회장	전남24/30관
⑦ 李鉉敏	· 영양청년회총무, 노동진흥회,[47] 민립대, 영양신간회 회장	경북24/33
⑧ 尹世衡	· 경성중동학교, 고베고등상업학교 예과 · 안동청년회, 안동신간회	경북37
⑨ 李大一	· 예천청년회 사교, 용궁청년회, 예천신간회 부회장	경북37
⑩ 金龍周	· 부산제2공립상업학교 · 포항청년회 지육부장(26치안유지법검거, 기소유예), 영일청년연맹집행위원, 포항신간회 정치부	경북37/41
⑪ 薛灌銖	· 3 · 1운동 관여(징역6월), 23창원청년단 재무부장, 창원청년회 재무, 창원청년동맹, 신간회창원지회 활동 · 집행위원, 창원 · 마산사회단체협의회[48]	경남37/41
⑫ 愼鏞禧	· 거창공립보통학교 · 거창청년회 회장, 거창신간회 간사	경남30/33
⑬ 康益夏	· 경성법전 · 재령신간회 정치문화부간사	황해30관

⑭ 朴相卨	· 평양신학교 · 장연청년회 총무, 조선청년연합회 議事, 장연신간회 회장/집행위원장	황해30/33
⑮ 李泰根	· 보성청년회, 황주대성청년회장, 조선청년회연합회참여, 20독립자금 모집으로 겸이포서 체포, 27조선사회단체중앙협의회, 30신간회 대표회원	황해33/37
⑯ 閔丙德	· 양원공립보통학교 · 홍농회[49] 발기, 재령신간회 부회장	황해33/37
⑰ 申鉉聲	· 중앙대경제과 · 삼일청년회 체육부장, 조선유학생학우회 위원, 연백신간회 회장, 신간회 대표회원	황해37/41
⑱ 洪箕疇	· 민립대, 곽산신간회 간사, 재판소이전반대 집행위원장[50]	평북30/33

출전: 이균영, 『신간회연구』, 역사비평사, 1994 ; 각종 신문 · 인명록에서 필자가 작성.

1927년부터 1929년까지 신간회 당진지회 회장을 한 ① 洪鍾寬(충남24)은 일본 유학 후 금융조합장과 당진면장으로 있으면서 지역의 민족 · 사회운동에 활발히 참여했다. 당진지회는 군내 소비조합 창설, 문맹퇴치(야학) 등의 활동을 했고 사회주의 관련자들이 다수 포함되었다. 1928년 정기대회 의안에는 '조선경제조사전문위원회' 설치 건의, 각 지방 公醫를 조선인으로 할 것, 의무교육 실시, 교육용어로 조선어 사용, 조선인 본위의

46) 學生大會의 순회강연단의 남원 강연에서 김희일의 개회사가 불온하다는 이유로 강연이 중지되고 김희일은 20일간 구류처분을 받았다.

47) 이현민은 1920년대 초에 '務實力行'을 내걸고 영양에서 '노동진흥회'를 만들어 농구를 회원에게 분급하고 농기를 제작하여 배부했다. 「嶺南의 巴蜀」, 『開闢』 1923년 10월.

48) 설관수는 1929년 간사회 때 집행위원이었으나 1931년 간사회에서는 이름이 보이지 않는다. 황정덕, 『진해지역의 항일독립운동사』, 금창출판사, 2004, 392~396쪽.

49) 李達元, 「商戰說」, 『서우』 1907년 2월.

50) 신간회 진남포지회의 집행위원장(1930년 3월 27일)을 했던 洪箕疇와는 동명이인이다. 그는 1926년부터 1933년까지 정주군 안흥면장을 했고, 1933년 3월, 재판소의 宣川 이전을 반대하는 정주군민대회에서 집행위원장이 되었다.

산업, 이민정책 철폐, 언론 · 출판 · 집회 · 결사의 자유 등이 포함되었다.[51)]

1924년부터 충남도평으로 있던 ② 이풍구는 이후 경상도 진주로 이주하여 변호사를 개업하고,[52)] 1927년 신간회 진주지회 설립 시에 부회장이 되었다.[53)]

신간회 함평지회 회장인 ⑤ 서상기는 함평지역에서,[54)] 신간회 나주지회장인 ⑥ 김병두는 나주에서[55)] 문화운동 및 실력양성운동을 주도했다. 서상기는 함평청년회장, 김병두는 나주청년회 찬성부장이었다. 김병두는 신간회 지회장으로서 이렇다 할 활동을 하지 않고 일찍 사임한 듯이 보이며, 일본상인의 金肥 판매권 독점에 대항하는 활동을 벌였다.[56)]

잡화상 출신의 ⑧ 윤세형은[57)] 1928년 1월, 신간회 안동지회의 건의안 작

51) 신용희, 「신간회지회 활동에 관한 연구」, 성균관대 사학과 석사학위 논문, 1990, 59쪽.

52) 이풍구는 변호사로서 진주에서 洞民들이 일본인 전매지국원에게 구타를 당하고 주재소에 몰려가 항의하다 검속된 사건에서 변호를 맡았다. 『東亞日報』 1930년 12월 18일.

53) 신간회 진주지회장은 朴在杓였다. 『東亞日報』 1927년 10월 23일.

54) 1921년 함평청년회(1920년 7월 조직) 회장에 서상기, 부회장 李載赫(전남24/27/30관/33관)이 선출되었다(모두 자산가). 함평 지역은 다른 지역보다 자산계층의 민족운동에서의 영향력이 강했다. 함평지회는 신간회 지회 가운데 전남에서 가장 이른 시기(1927년 5월 28)에 결성되었다. 이종범, 「제7편 일제강점기의 함평」.

55) 김병두 역시 나주의 자산가이며 나주청년회는 나주유지들의 사교모임적인 성격이 강했다. 박찬승, 「일제하 나주지역의 민족운동과 사회운동」, 『한국근현대지역운동사』 Ⅱ 호남편, 여강, 1993.

56) 나주흥농회사에는 김병두 이외에도 나주의 유력자들이 많이 참가했다. 생산공장에서 직접 수입한 금비를 성수기인 봄에 농민들에게 외상 판매를 하고 추수기에 저리 이자와 함께 갚도록 하여 농민 희생을 줄여보려 했으나 농민들은 제대로 빚을 갚지 못했다. 『羅州郡誌』, 183쪽 ; 박찬승, 위의 논문, 247쪽.

57) 1931년 안동읍의를 지낸 尹佐衡(1891생)은 윤세형의 형이라고 생각된다. 윤좌형은 양조업을 운영하는 '안동굴지의 대부호'였다. 『朝鮮府邑會議員名鑑』, 177쪽 ; 『朝鮮功勞者名鑑』, 391쪽 참조.

성위원이었다.[58] 신간회 안동지회는 경북에서 신간회 김천지회와 함께 비교적 활발한 활동을 벌였다. 1928년 1월 29일의 정기대회 의안에는 '진부한 봉건 관념 퇴치와 허례 타파', '兩總동맹, 靑總 집회 해금운동', '노동대중의 조직 촉성 및 정치의식 함양' 등이 있었고, '군농회, 삼림조합 등의 폐해에 관한 건', '안동고보기성회문제'[59] 등은 토의가 금지되었다.

⑫ 신용희(거창)는 1917년경부터 10여 년에 걸쳐 거창면장으로 재직하다가 신간회 거창지회장이 되었다.

⑮ 이태근은 1920년 황주대성청년회 회장을 지냈고, 동년 10월, '상해임정독립단 황해도제3연단 제5소단 제1분단장'의 직위를 갖고 상해임정의 군자금 모집을 했다는 이유로 체포되었다.[60] 이태근은 1920년 당시 미곡상이자 '야소교장로파 영수'였다. 신간회 황주지회에서 활동했고 1933년에 도회의원이 되었다.

신간회 재령지회 부회장은 ⑯ 민병덕이고 정치문화부 간사는 ⑬ 강익하였다. 재령의 손꼽히는 자산가들이었다. 강익하는 관직을 물러난 후 서선합동전기주식회사의 중역으로 활동했고, 민병덕은 수리조합장과 목재업, 운수업 등에 손을 뻗쳤다.[61] 민병덕은 鄭基琇(평남33), 李達元(황해20/24) 등과 함께 1921년 10월, '농사에 관한 연구조사와 농업증진발전을 도모'하고자 興農會를 창립했다.[62]

58) 신용희, 「신간회지회 활동에 관한 연구」, 32~33쪽 참조.

59) '안동고보기성회'는 안동 유도진흥회의 지출부정문제에 항의했다. 김희곤, 『안동의 독립운동사』, 안동시, 1999.

60) 『每日申報』 1920년 11월 4일. 이태근은 기소 당시 '상해임정독립단 황해도제3연단 제5소단제1분단장'의 직책에 있었다.

61) 『每日申報』 1933년 5월 3일. 그는 1930년대에 명신고등보통학교 등의 교육기관 설립에 힘써 '교육계 공로자'가 되었다. 梁村奇智城, 『黃海道大觀』.

62) 흥농회 취지서에서는 '농촌문제의 해결은 곧 문화운동'이라는 인식이 보인다. 『東

〈표 Ⅳ-3〉에서 청년회나 신간회 활동 시기와 도평 · 도의 임기를 비교해 보면 신간회 해체 이후에 도의가 된 경우가 더 많지만 도평 · 도의 경력과 신간회 활동을 병행한 경우도 있었다. 대부분 자산가이며, 신간회 지회에 따라 자산가들의 비중과 역할은 차이가 있었다. 많은 경우 신간회에 참여한 도평 · 도의들은 '정치적 활동'과 민족 · 사회운동의 애매한 경계선상에 있었다. 지금까지 살펴본 신간회 관련자들이 계몽적 · 개량적 민족운동의 연장선상에서 신간회에 참여한 데 반해 아래 표의 인물(8명)들은 다소간 사회주의적 활동에 참여했다.

〈표 Ⅳ-4〉 신간회 참여자의 운동 경력(사회주의 관련)

이름	학력 운동경력	도평 · 도의지역과 시기
① 兪仁穆	. 중앙대 법학부 . **광주신간회** 집행위원장, 광주영단농우회 설립,[63] 전조선수재구제회	경기41
② 張準錫	. 북경 평민대학 정경과, 일본대 문과 . 김제청년회, 김제청년연맹 준비위원, **동경신간회** 출판부	전북37/41
③ 丁洙泰	. 명치대 법과 . 전남구락부단장, 민립대, 광주교육연구회, **광주신간회** 부회장/광주구복대표, 공산주의사건연루피검/전향	전남20/24관/27관/33
④ 金時中	. 28광주고보맹휴시 학부형대회주도자, **장성신간회** 회장, 혁명운동자 구원기관 및 비밀결사사건으로 피검, 장성협동조합동맹파업사건	전남24
⑤ 金哲鎭	. 동지사대 정경과 . 수의위친계, 공산당원/공청원, 전남청년연맹강사,	전남36/37/41

亞日報』 1921년 10월 2일.

	목포신간회 간사, 목포청년동맹집위장, 목포청년회상집위, 무목사회단체연합회상무위원	
⑥ 沈相玟	. 경성법전, 경응의숙 경제학과 . 조선민흥회, **김천신간회** 설립준비위원/부회장/간사/집행위원장	경북33
⑦ 徐炳河	. 3·1운동참가, 고원총동맹, 신간회, 조선농민총동맹/고원소작조합집행위원	함남37
⑧ 尹錫弼	. 청부청년연맹(부령소재) 집행위원, 함북청년회연합회 부령대표, 茂山청년동맹 위원, **무산신간회** 회원	함북33/37

지주 출신이며 명치대 법과 출신인 ③ 정수태는 3·1운동 후 곡성에서 1년간 면장을 했고 전남구락부에서 계몽활동을 벌였으며,[64] 호남은행의 간부로 있었다. 1920년 전남도평의원이 되고나서 중추원 참의 후보로 추천되었으나 참의에 임명되지는 않았다. 1927년부터 신간회 광주지회 간부로 활동했고 신간회 전남지회의 대표였다. 1929년 초부터 광주지회와 신간회 본부 사이에 갈등이 증폭되는데 사회주의의 계파 간 갈등 때문인 것으로 보인다. 정수태는 1929년 6월에 열린 신간회 복대표위원회에 김시중, 장병준 등과 함께 전남 대표로 참석했으나 신간회 본부로부터 제명을 당했다.[65] 1929년 12월 3일 공산주의 사건에 연루되어 검거되었고,

63) 1930년 4월, 유인목은 신민회 廣州지부 집행위원으로 '합리적 진보'를 기하고 '농민계급 당면의 실제적 이익을 위해 조력'할 것을 목적으로 '廣州齡丹農友會'를 설립했다. 『한국공산주의운동사』.

64) 1920년 8월의 전남구락부 해주강연에서 정수태는 '청년평일의 수양'이라는 제목으로 강연했다. 『東亞日報』 1920년 8월 22일. 그가 1924년에 쓴 논설을 보면 '나가서 세상에 행복을 주기에 용맹하고 들어가 孝悌하고 돈독하며.…세계에서 경쟁해도 人後에 落치 아니할' 것을 주장했다. 「양반론」, 『彰明』 1924년 4월. 이 시기의 정수태는 전남도평에 재임 중이었고 계몽적 민족사상의 범주를 넘지 않았다고 생각된다.

65) 이때 신간회 본부는 광주지회를 1개월 정권시켰고, 이에 광주지회는 1929년 10

1930년에 전향했다.

④ 김시중은 1928년 광주고보학생들이 맹휴를 벌일 때 학부형대회를 주도하여 학생들의 입장을 지지했다. 1929년 신간회 장성지회 대회 때 '내외정세를 보고하는 유인물'을 배부하다 검거되어 집행유예를 받았고,[66] 1931년 신간회 장성지회 집행위원장으로 신간회 해소에 반대 입장을 표명했다. 이후에도 1931년 장성협동조합의 결성을 주도하고 조합장으로 활동하다가 조합 간부 등 25명과 함께 검거되었다. 검거 이유는 협동조합을 중심으로 공산당 재건 협의가 농후하다는 것이었다.[67]

위의 정수태와 김시중이 도평의원 경력이 시기적으로 앞서고 민족·사회운동 전개가 나중인 데 비해, 사회주의 경력이 더 뚜렷한 ⑤ 김철진은 전향 이후 도의로 선출되었다. 김철진은 '재산 100만 원'으로 칭할 정도로 부유한 집안 출신으로 1922년 반일독립운동단체인 守義爲親契에 가담한 것을 필두로 3, 4차 공산당 시기의 당원 및 공청원(조공목포지부 책임)으로 활동했다.[68] 그는 서울청년회 계열로 1927년 조공 전남도당이 전남청년연맹 주최로 개최한 하기 강좌에서 강사를 맡았고, 목포청년회, 신간회 목포지회, 목포청년동맹,[69] 무목사회단체연합회 등에서 활동했

월 10일 자진해산했다. 이상식, 「사회경제의 변화와 사회운동」.

66) 『東亞日報』 1929년 2월 6일.

67) 장성협동조합은 '무산농민의 경제적 이익 신장'을 목표로 하여 1933년 당시 조합원 859명의 성황을 이루었다. 『中央日報』 1932년 4월 30일 ; 『朝鮮中央日報』 1933년 9월 15일, 10월 1일.

68) 김철진이 조공전남도당에 입당한 시점은 1927년 9월로 추정된다. 신주백, 「1925~1928 시기 전남지방 사회운동 연구－조공 전남도당의 조직과 활동을 중심으로－」, 『한국근현대지역운동사』 Ⅱ, 역사문제연구소, 1993, 199쪽 ; 고석규, 『근대도시 목포의 역사·공간·문화』, 160~164쪽.

69) 1927년 10월2일 결성되었는데 김철진은 집행위원장이었다. 창립대회에서 '무리한 경찰 폭압으로 간부 5씨가 검속'되었다. 『朝鮮日報』 1927년 1월 7일.

다. 그는 1928년 1월 25일 내부 분규로 인하여 신간회를 자진 탈퇴했다.[70] 1930년대 이후에는 특별히 사회주의적 활동이 눈에 띠지 않고, 지역 유지로서 사회적 활동을 전개했다.

김천 출신의 ⑥ 沈相玟은 경성제일고보와 경성법전(1919년)을 다녔고, 일본에 유학하여 慶應義塾 경제학과를 나왔다. 그는 1921년 조선어 잡지 주간이 되었고, 김천흥업사(주), 信榮社, 昌南社(석유·고무靴, 1934) 등의 회사를 경영하며[71] 민족·사회운동에 참가했다. 1926년 7월 8일, 서울청년회와 조선물산장려회가 중심이 되어 결성한 민족협동전선단체인 조선민흥회 준비위원이었고 1927년에는 김천에서 소비조합을 만들어 활동했으며 신간회 김천지회 부회장(1927)과 신간회 중앙집행위원(1931)을 역임했다. 신간회 김천지회의 1928년 정기대회와 간사회의 토의사항에는 경찰에서 불허하는 각종 안건이 체계적으로 제시되어 있었다.[72] 거기에는 '酷稅 철폐', '조선노동총동맹 지지', '노동자 단결 및 파업권', '농민조합 조직', '학생 과학사상연구 자유권', '일본 무산정당 제휴', 또한 'XXXX' 등으로 언론 보도가 금지된 안건 등이 포함되었다. 1933년 경북도의가 된 이후에도 은밀하게 사회운동을 지속했던 것으로 보인다. 일제의 경찰자료에 따르면 그는 김천군 매일신보지국장의 신분으로, 1937년 8월부터 '독자망 확충'을 표면적인 이유로 내걸면서 '지국 내에 대리부, 相議部, 건강상담부, 도서대여부, 指定醫師 설치를 계획'했다.[73] 일제 경찰은 이것이 1935년 '김천 비밀결사사건이 검거되면서 함께 해체된 김천소비조합을 재건'하려는 시도이며 '민족적 책동에 나서려는 진의'라고 파악했다.

70) 『朝鮮日報』 1928년 1월 29일, 2월 1일.

71) 『朝鮮人事興信錄』, 303쪽.

72) 신용희, 「신간회지회 활동에 관한 연구」, 30~32쪽.

73) 「治安狀況」 제33報, 1937년 10월 15일.

⑦ 서병하는 1920년대 중반경 사회주의 활동을 시작한 듯하다. 그는 사회주의적 경향의 강연회에 연사로 참석했고,[74] 1932년에는 전세계 '제국주의 뿌르조아-지'들의 '전쟁 준비'를 경고하는 논설을 썼다.[75] 그는 1차 공산당 사건으로 '함흥형무소에서 오랫동안 복역'한 뒤, 1929년 9월에 '고원소작조합' 확대위원회 건으로 검거되었다.[76] 1931년 1월에도 고원에서 洑稅不納同盟을 조직하고 투쟁을 이끌었다. 그는 '고원평야 800여 정보를 소유한 동척이 洑까지 점령하고 무리한 행동'을 하는데 대해 직접 동척 원산지점과 담판을 했고, 효과를 얻지 못하자 '적극 항쟁'의 의지를 밝혔다.[77] 그는 조선농민총동맹의 간부였고 농민운동 지원으로 1931, 1932, 1934년에도 검거를 당했다. 1932년 한 잡지는 서병하를 이렇게 소개했다.

> 農總의 중앙집행위원은 15인인데 대부분은 峴底洞 101번지로 가잇고 그러치 안으면 暗夜에 압록강과 두만강을 건너 흔적을 감추엇다. 그러기에 현존한 이로는 겨우 數氏 밧게 헤일 수 업는데 그 數氏란 徐炳河씨, 崔旭 등이다. 徐炳河씨는 함남 高原 출생으로 그 곳 농민조합의 올가나이자로 또 지도자로 다년 진력하엿고 후에 金若水, 朴憲永 등과 함께 제1차 공산당 사건으로 다년 옥중에 있었든 이다.[78]

⑧ 윤석필은 1920년대 후반 함북 유수의 소장 실업가로[79] 신간회 무산

74) 서병하의 강연 제목은 '우리 농민'(1925년 조선일보 문천지국 주최), '중국동란과 동양정국의 변동'(1927년 고원총동맹 강연)이다. 『東亞日報』 1925년 8월 26일, 1927년 3월 25일.

75) 서병하, 「第二次 世界大戰 準備論」, 『三千里』 1932년 10월.

76) 『東亞日報』 1929년 5월 17일, 9월 29일.

77) 『東亞日報』 1931년 1월 12일.

78) 「次代의 指導者 總觀」, 『三千里』 1932년 3월.

79) 윤석필은 재목상과 운수업을 겸했고, 北鮮日日新聞 茂山지국장, 朝鮮新聞社 나

지회 이외에도 함북지역의 여러 청년단체에 이름을 올렸다. 사회주의 활동가들과 일정한 연계를 가졌다. 1929년 車載貞, 金河龍 등 사회주의 활동가들이 함경북도에서 공산청년회 도부를 조직하기 위해 윤석필 등과 연락하여 조직에 필요한 자금을 구하려 했다. 그들은 윤석필이 '유수한 부호로 운동권에 상당히 이해가 있는 사람'이라고 생각했다.[80] 윤석필은 1933년 도의가 되었고, 시중회에도 참여했다.

지금까지 언급한 30명은 국내의 신간회 지부에서 활동했고, 신간회 동경지부에서 활동한 사람도 2명 있다. 1927년 12월 현재 千篤根(전남37/41)은 동경공대 학생으로 동경지회의 7명의 총무간사 중 한 명이었고, 張準錫(전북37/41)은 프롤레타리아 예술 단체에서 활동하며 신간회 동경지회의 간사로 활동했다. 천독근은 1928년 동경유학생학우회의 일원으로 계몽활동을 전개했고,[81] 1930년대 초부터 자본금 20만 원의 木浦織物의 공장장으로 활동했다. 장준석은 1925년 김제청년회에 참여하고 이어 김제청년연맹 준비위원으로 활동했다. '재건고려공산청년회 일본부'에서 선전활동에 종사하고 카프 동경지부의 결성에 참여했으며 1928년 7월에는 공산주의 선전활동으로 검거되었다.[82] 일본대 문과를 졸업(1931년)한 이후에는 특별히 사회활동을 한 흔적이 없다.

신간회 활동 참여자들은 전반적으로 교육 수준이 높고 자산계층 출신이 많았으며 일부는 사회주의 활동에 직접 참여하거나 사회주의 활동가들과 관련을 맺었다. 청년회 활동의 연장선상에서 신간회 지회 활동을

주지국장을 지냈다. 『朝鮮人事興信錄』, 51쪽.

80) 「金河龍 訊問調書」, 1930년 5월 2일.

81) 동경유학생학우회는 전국 순회로 學術大講演會를 실시했는데 천독근은 京元線隊에 포함되었다.

82) 『東亞日報』 1928년 7월 13일.

벌이다가 곧 물러난 경우도 많지만, 일부는 신간회 해체 이후에도 민족·사회운동을 전개했다.

(2) 기타 사회운동

신간회 참여자 이외에도 사회주의 활동에 참여하거나 연루된 경우가 있다. 먼저 沈相完(경북30/33)은 자산가 출신으로[83] 동경 正側영어학교를 나와 1922년 2월에 서울청년회 계열의 '新人同盟會'를 조직했다.[84] 그러나 내홍 때문에 단체를 곧 탈퇴했고 1922년 7월에는 時事策進會의 회원이 되었다.[85] 都在琪(경북41)는 1930년 제4차공산당(이재유 주도) 사건에 연루되어 징역 2년 반의 판결을 받았다.

또한 사회주의 활동 경력은 특별히 없지만 사회주의계열의 인물들과 친분을 두터웠던 도평·도의도 여러 명이 있었다.[86] 徐廷錄(전남37/41)은 1924년 사회주의 활동가인 任鳳淳에게 다량의 활동자금을 제공하려 했는데,[87] 이 경우는 이념적 동조라기보다 친분 때문에 이루어진 행동으로 생각된다.

---

83) 심상완의 父는 자산 60만 엔을 소유했다. 『倭政時代人物史料』 1권 참조.

84) 「高等警察關係年表」, 『日帝侵略下韓國36年史』 6, 713쪽.

85) 『朝鮮獨立運動2民族主義運動篇』 所收, 「獨立新聞」 第35號(1922년 8월 1일자) 참조. 당시 상해에 있던 여운형 등을 중심으로 조직된 독립운동단체로 회원 가운데에는 당시 망명자 뿐 아니라 민병덕, 심상완, 최준 등 도평·도의로서 국내에 있던 사람들이 포함되었다.

86) 식민지기에 사회주의자들과 친분을 가진 것은 해방 후 건국준비위원회나 인민위원회 활동에도 밑거름이 되었다. 담양건국준비위원회 부위원장이었던 鞠淇鉉(전남37)이 그러한 경우이다. 안종철, 『광주·전남지방현대사연구』, 한울아카데미, 1991 참조. 국기현 이외에도 이재혁, 김시중, 박준규 등 전남에서 도평·도의 출신으로 건준에 참여한 사람들이 10여 명 된다.

87) 『倭政時代人物史料』, 任鳳淳 항목.

사회주의 계열로 단정하기는 어렵지만 사회운동 참여자들을 살펴보면 다음과 같다.

鄭世胤(평남27)은 1920년 조선노동공제회평양지회 회장을 지냈고, 정세윤과 비슷한 시기에 동경에 유학한 朴珥圭(전남27) 역시 조선노동공제회 간부로 1920년대 전반기의 노동운동 일선에서 활약했다. 申鉉麒(전남30/41)는 함평 최초의 노농단체인 노동친목회의 위원장을 지냈다. 이 노동친목회는 '목적적 노동으로 상호협조와 공동의 존영'을 내걸고 1923년 창립되었고 1925년 함평노동연맹회로 명칭이 바뀌었다.[88] 박이규와 韓璣洙(함남24)[89] 등은 노농총동맹에서 활동한 기록이 있다. 박이규는 창평노동회 대표, 한기수는 원산노동회 대표 자격으로 1924년 조선노농총동맹 발기회에 참석했다.

李貞根(평북37/41)은 동경 유학 중이던 1929년경 유학생학우회 소속으로 「學之光」 속간을 위한 기금 모집 활동, 순회강연 등을 벌였다. 이정근의 강연 제목은 '국제정국과 추세', '세계는 움즉인다', '우리 農民의 살 길' 등이었다.[90] 이후에는 전국농민조합에서 활동했다. 1931년 정주에서 농민투쟁이 벌어졌을 때 전국농민조합 중앙의 파견 형식으로 투쟁에 관여했다.[91]

1930년대에 민족·사회운동에 관여한 도평·도의도 있었다. 南相協(함

88) 이종범, 「제7편 일제강점기의 함평」.

89) 현직 도평의원이자 원산노동회 회장이고 양조업을 겸한 한기수에 대해 다음과 같이 비판적인 기사가 있다. "노동문제도 道평의원회에서 해결하랴는지 원산노동회 회장은 하필 道평의원인 韓璣洙군이것다.…또 무산노동자를 무료로 멕이랴고 그러는지 노동자의 피묻은 돈을 착취하랴는지 양조업 하는 것도 특색이다." 「咸興과 元山의 人物百態」, 『開闢』 1924년 12월.

90) 『東亞日報』 1929년 7월 7일, 7월 26일, 7월 28일, 1930년 10월 14일.

91) 『東亞日報』 1931년 2월 25일.

남41)은 1931년 원산에서 유학생대회를 주도했다.[92] 金利鉉(함남32)은 1932년 원산에서 비밀결사조직을 결성했다는 죄목으로 구속, 송치되었으나 바로 석방되어 같은 해 9월 24일에 보궐선거로 덕원에서 당선되었다. 尹燁(전남27)은 1934년 全南勞農協議會 사건으로 검거되어 약 3개월간 조사를 받은 뒤 풀려났다. 전남노농협의회 사건은 전라남도 경찰이 사회주의 혐의를 씌워 1932년부터 약 2년간에 걸쳐 약 500여 명의 관계자를 검거한 사건을 말한다.[93] 또한 林基台(경남38/41)는 1930년대 초 양산농민조합사건 관련자였다.[94]

3) 민족 · 사회운동에 대한 입장

(1) 독립자금 요구에 대한 대응

제Ⅱ장에서 자제단 발기인이었던 한익동을 통해 독립운동과 일제의 압력 사이에서 동요하는 조선인 유력자의 이중성을 살펴보았다. 이러한 이중성은 1920년대 초반에 집중된 독립자금요구에 대한 대응과 농민 · 노동운동의 고양에 대한 입장에서도 볼 수 있다고 생각된다.

이미 '병합' 이전부터 의병이나 독립운동 세력이 폭력적 행위를 수반하여 조선인 유력자(부호)에 대해 독립운동 자금을 요청했다. 1917년에도 張

92) 남상협(동경대 농과)은 '농촌황폐의 원인과 그 대책', 한동석(경성제대)은 '치안유지법의 ****(글자 불명) 판례 급 비교'를 강연할 예정이었다. 『東亞日報』 1931년 8월 15일.

93) 일제 경찰은 전남 각지의 학생 기숙사, 조선형평사지부, 사회단체들에 대한 수색작업으로 민족 · 사회운동을 탄압했다. 『東亞日報』 1933년 1월 27일, 1934년 6월 3일, 1937년 7월 4일.

94) 『反民特委裁判記錄』 장자관 의견서.

稷相(경북24)의 부친인 張承遠이 이 문제로 인해 대한광복단 단원에게 피살당한 일이 있다. 유력자(부호)들에 대한 협박을 동반한 독립자금 요청은 1910년대와 1920년대 초에 집중되었는데 여기서는 도평·도의들이 이러한 독립자금모집에 대해 어떻게 대응했는지를 살펴보기로 하자.

먼저 도평·도의 중 독립운동세력의 일원으로 자금을 모집하거나 요청한 사례를 보자. 李庭禧(경북20)는 朴尙鎭이 이끄는 광복단 사건으로 검거된 일이 있고, 박상진이 1917년에 체포되어 1920년 7월 사형집행을 당하자 '매우 분노하며 복수'를 다짐했다고 한다. 이정희는 1920년 경북도평이 되었고, 1922년 12월, 軍政署와 연계된 義勇團사건으로 다른 41명과 함께 체포되었다. 신문 보도에 따르면 이정희와 그 심복인 李鍾國(10만원의 재산가)은 '청송군과 영천군의 재산가들에게 각 5만 원씩을 독촉하는 불온문서(협박장)를 작성'해 보냈다.[95]

洪鍾一(함북37)은 1920년 함경북도의 '연통제사건'에 연루되어 재판을 받았다.[96] 모두 47명이 재판을 받았는데, 1919년부터 기부금 모집, 관청·군대·병기 상황 조사, 경성을 중심으로 한 독립운동조직 건설을 꾀한 것으로 보인다. 金亨杰(황해25/27)은 황해도에서 군서기를 지내고 1920년 동아일보 해주지국 장연분국장으로 있었는데, 1921년 4월, '大韓赤十字社 靑年團 義勇團員으로 황해도 각군에서 獨立公債를 모집'했다는 이유로 체포되었다. 함께 검거된 사람은 90명이었다.[97]

다음으로는 독립자금 요청이나 협박을 받은 경우를 살펴보겠다. 巨商으로 유명한 林宗相(경기20)은 1920년 10월, 임시정부의 '特派募金員'으로

95) 『東亞日報』 1922년 12월 20일, 12월 23일.

96) 『東亞日報』 1920년 8월 22일, 8월 23일, 8월 27~31일.

97) 『東亞日報』 1921년 5월 14일.

부터 상해로 피신하기 위한 여비 요구를 받고 2,000원을 제공했다.[98] 金裕鉉(충남27)은 1919년 음력 9월 경, 고향인 논산에서 독립운동세력의 자금 요구에 '후환을 겁내어' 5천 원을 내놓았다. '조선독립운동원'들이 상해임시정부에 송금할 목적으로 '애국금 요구장'을 보내고 권총 협박을 했기 때문이었다.[99] 劉漢植(경남20관)과 金淇正(경남20/24/27관) 역시 1921년, '독립운동자금 1만 5천 원을 제공치 않으면 사형에 처한다'는 통고문을 받았다.[100] 高運河(강원20/24/27관/30관)는 '철원 부호'의 한 사람으로 비밀결사 애국단의 독립자금 요청을 받았으나 거절했다.[101]

도평 · 도의들은 1920년대 중반 이후에도 독립운동자금 요청을 받았으리라 생각되지만 신체적 협박을 동원하는 방식은 눈에 띄게 감소한 것으로 보인다.[102] 대체로 운동자금 요청은 '부호'와 독립운동세력 간에 갈등 요인이었다. 부호들은 독립운동세력의 보복을 두려워하거나 독립운동에 대한 동조로 자금을 제공하기도 하고 그러한 요구를 거부하기도 했다. 많은 지역유력자들은 독립운동세력과 노골적으로 대립하지 않는 방향을 선호한 것으로 보인다.

98) 朝鮮獨立運動 第1卷『日帝侵略下韓國36年史』6, 15쪽.

99)「증인 金裕鉉 訊問調書」(1921년 11월 3일). 김유현은 '2,000천석 지주'로 1920년 禹利見, 安鍾雲 등의 '군자금 모금 협박'을 받았다. 그는 이 사건 뒤에 경성으로 거처를 옮겼다.「禹利見 訊問調書」.

100)『慶南高等警察關係摘錄』(1921년 10월 9일).

101) 애국단은 '朝鮮獨立의 目的을 達코자 宿志를 告하고 此로 因하야 多額의 金員의 醵出을 懇請'했다.『每日申報』1920년 12월 19일~12월 22일.

102)『反民特委裁判記錄』에 따르면 1943년 조선독립동맹 관계자가 현준호에게 협박서를 보냈으나 대답을 듣지 못하고 오히려 고등경찰에 체포되었다.

(2) 사회운동에 대한 입장

1920년대는 노동운동과 농민운동, 형평운동 등 민중운동, 사회운동이 활성화되어 지주와 자산가들에게 도전한 시기였다. 도평·도의 가운데 지주·자본가들은 노동·농민운동 등 사회운동과 대립하기도 했다. 조선 최고의 자산가, 민대식(경기30관)이 정읍군 태인면에서 소작권을 박탈한 데 대해, 태인노농회에서는 경성노동총연맹과 제휴하여 소작권 이동 반대운동을 일으켰다.[103] 文在喆(전남24/27/30)은 1923년과 1924년에 걸친 암태도 소작쟁의에서 경찰과 함께 소작인들을 극렬하게 탄압했다. 金甲淳(충남20관/24관/30/33)은 1920년 대전의 '소작인에게 斗落當 25원을 요구'하고 소작인들이 이를 불납하자 소작권을 변경함으로서 대전소작인상조회의 투쟁이 일어났고,[104] 1932년에도 '지세부과와 併作制실시'로 인해 소작농의 투쟁을 불러일으켰다.[105]

일제당국은 민중운동을 탄압함으로써 자산계층의 이익을 보호하는 동시에 소작관행개선과 소작령 등으로 민중의 불만을 무마하려 했다. 도평·도의들의 사회운동에 대한 입장은 단편적으로 관견할 수밖에 없으나 대체로 점진적인 계급 갈등 완화를 선호한 것으로 보인다. 1928년, 경북의 대지주, 徐丙朝는 당국이 주도하는 '소작관행개선운동'에 관해[106] '당국이 제창한 개선요구조건 같은 정도는 10수 년 전부터 벌써 실행해 오든 것'이며 지주로서 '재산을 길이 보존'하기 위해 '소작관계를 원만히' 하고자 한다고 발언했다. 그러나 '자각이 없는 지주들은 원래 불미한 습

103) 원용찬, 『일제하 전북의 농업수탈사』, 신아출판사, 2004.

104) 『東亞日報』 1920년 5월 28일 ; 『日帝下 社會運動史 資料集』 3, 249쪽.

105) 『中央日報』 1933년 1월 30일.

106) 徐丙朝, 「小作改善運動-爲政者의 注意할 二點」, 『新民』 1928년 11월.

관에 젖어 개선을 시도할 의사가 없는' 것이 문제인데 이에 대해 '위정자가 너무 표면의 공명의 취하려고 급급'하기보다는 지주가 먼저 자각할 필요가 있다고 했다. 劉載坤(강원33)은 자신의 소작인 100여 명이 소작인 조합을 조직하여 '지주에게 소작권 확립을 진정'하자 '절대 부정 행동을 취하지 않는 이상 함부로 소작권을 이동치 않겠다고 천명'했다.[107] 李鍾駿(황해30/37관/41관)의 주도로 1930년에 설립한 朝陽農士學院,[108] 金秉圭가 설립을 시도한 농촌청년회(1927)와 산업조합(1936)[109] 등은 모두 소작제 개선, 경작법 개량, 부업 장려, 소비 절약 등으로 농촌진흥을 꾀하려는 조직이었다. 주로 '계몽'과 자각, 지주의 자비심에 호소하는 방식을 취했다.[110]

일제당국이 지주소작문제를 해결하기 위한 방안으로 소작령을 추진하던 1934년 1월, '전라북도 유지'들이 회합하여 '소작령실시촉진회'를 설립했다. 중심인물은 姜完善(전북24/33관/37관), 鄭碩謨(전북20), 柳直養(전북30), 崔昇烈(전북41) 등의 도평·도의와 印昌桓, 林澤龍, 白南赫 등 전주부회의원[111]이었다.

河駿錫(경남30/33관/37관)은 1933년, '농사개량과 소작 개선'을 위해 도당국과 협의하여 자신의 농장에 '농사기술자'를 선발·채용했고,[112] 1934

107) 『東亞日報』 1931년 3월 20일.

108) '생활 개선과 농촌 개발'을 내걸었다. 『東亞日報』 1933년 11월 18일, 12월 25일

109) 『東亞日報』 1927년 1월 19일, 『日帝侵略下韓國36年史』 8, 386~387쪽.

110) 정봉화(충남27)는 3천석의 지주로 '사음제를 타파'하고 '지주 자신이 직접 관리'하며, '소작료 병작제, 비료, 종자는 무이자 先貸'했다. '일반 무산농민을 위해 영락회를 조직'한 바 있었다. 영락회에서는 '소작인이라는 명칭'을 없애고 '탐욕한 대지주'에 대항했으며, '일반공익을 도모'했다고 한다. 홍인택, 「경남지주탐사기」, 『新民』, 1927년 5월.

111) 『東亞日報』 1934년 1월 22일.

112) 『釜山日報』 1933년 10월 31일. 『朝鮮人事興信錄』, 115쪽에 따르면 하준석은

년에는 창녕산업조합을 창립하여 조합장이 되었다.[113] 창녕산업조합 감사에는 金斗贊(경남20/24/27관/30관)도 포함되어 있었다. 그는 1940년 도지사회의에서, 조선의 재해에도 불구하고 상당량의 조선미가 일본에 반출되고, '돈 주고도 쌀을 구입하기 어려'운 현실에서, '국책상 미곡의 이동은 불가피'하다고 인정하면서 잡곡의 대량 수입, 쌀 구입을 지정된 장소에서 하는 切符制 도입, '(쌀로 만드는) 양조 半減' 등을 주장했다.[114]

이상으로 볼 때 도평·도의 대부분은 사회적 불평등을 해소하는 문제에 대해 자본가·지주의 입장에서 노자협조주의적, 개량적 방식의 해결을 선호했고, 전시통제경제시기에는 통제경제에 협조하면서 조선인의 식량문제 해결을 모색했다고 생각된다.

2. '협력' 활동의 전개

1) 내선융화활동

(1) 내선융화단체 및 내선융화론

내선융화는 일제가 식민통치를 호도하기 위해 만든 말로, 조선인의 내선융화론은 기본적으로 일본의 식민통치를 긍정하고 '독립운동(민족운

"1933년 二松農場을 일으켜 전문기술자를 두고 농촌개량에 관한 年次計劃을 수립"했고, "각 소작인 부락에 실행조합을 조직, 소작인의 농사지도와 생활 향상을 도모"했다.

113) 『釜山日報』 1934년 1월 10일.

114) 「民間 人士가 道知事會議에 緊急 建議案」, 『三千里』 1940년 5월.

동)'에 반대하며 조선인의 일본국민으로서의 권리 실현과 생활 향상을 추구했다. 朴宇鉉(경기20관/24/27관)는 1918년 '일선동화론에 극히 동정을 표한다'면서 다음과 같이 말했다.[115)]

> 금일의 대세를 관할지면 新附民族된 조선인은 고사하고…인도까지라도 일본에 동화됨을 절망할 시대라. 일선동화의 시일이 太遲함은 無他라, 內地의 하급인류가 다수 도래하야 小利私忿으로 호상간 감정을 야기함이 문제라.…금일의 총독정치로 말하면 진선진미하야 지방인민은 날로 부요하니.…대저 조선은 농산국인즉 농사장려, 농사개량이 급무요 이에 따라 농사학문이 필요한 바이니 고로 愚意에는 三郡을 함하야 간이농학교 1처씩만 설립함이 적의하다….

박우현은 개성에서 인삼업으로 크게 성공한 인물로 그가 전개하는 일선융화(동화)론은 일제의 통치를 철저하게 긍정하면서도 실용적인 목적에서 일선융화에 찬동하는 측면이 두드러진다. '진정한 융화'를 위해서는 일본인 식민자들이 잘못된 행동을 시정하고 조선에서 실용적 교육이 확충되어야 함을 아울러 촉구하는 것이다.

金昌洛(평북33)은 국민협회 기관지인 『時事評論』에 '조선민족과 대화민족과 2개의 대민족이 互相 결합'하여 '신일본제국'을 구성했으니, '국가를 위함에는 민족적 구별'이 필요 없고, 진정한 동화를 위해서는 '입헌사상의 발달과 민권의 신장, 참정권 행사의 시기 촉진, 지방자치 실시 촉진, 자치 정신을 훈련, 납세 등 국민 부담의 공평'이 이루어져야 한다고 주장했다.[116)]

115) 박우현, 「開城事業계에 獻身的 人物 朴宇鉉氏」, 『半島時論』 1918년 7월.
116) 김창락, 「同胞여自覺하라」, 『時事評論』 6, 1922년 11월.

1920년대 이후 내선융화운동이 활발해지는 것은 첫째, 일제당국이 3·1운동 이후 조선인들의 정치적 활동에 적극 개입하여 '친일적' 조선인을 물심양면으로 지원한 점, 둘째, 조선인 유력자들 가운데 민족·사회운동세력과 이해관계가 대립하거나 독립의 가능성과 희망을 포기한 층이 늘어났기 때문이었다. 내선융화론의 보급과 확산에 기여한 것이 각종 내선융화단체였다[117] 1920년대부터 1920년대까지 도평·도의들이 참가한 내선융화단체를 표로 정리하면 다음과 같다.

〈표 IV-5〉 1920~1930년에 결성된 내선융화단체

성격	단체명	존립기간	도평·도의로서 단체 임원
내선융화	大東同志會	1920.10~?	金貞浩
참정권	國民協會	1920.1~ 40년대 초	趙炳烈 劉泓鍾 曺秉相 金甲淳 吳憲昌 徐丙朝 宋昌禧 洪信權 金寬善 金應漢 李明煥 金夏涉 申熙璉 韓冕璜 韓準錫
친목	朝鮮俱樂部[118]	1921~?	韓相龍 閔泳綺 元悳常 金漢奎 嚴柱益 白寅基 閔大植
내정독립	同光會	1921.2~22.10.	趙重完 尹成熙 尹致晟 金基玉
협력, 사상	各派有志聯盟	1924.4~?	劉秉珌
조일합작	同民會	1924.4~40년경	韓相龍 元悳常 金漢奎 趙炳烈 朴容均 申昇均 閔大植 張弘植 韓萬熙 劉泓鍾 曺秉相 李相夏 金甲淳 權益采 徐丙朝 鄭淳賢 韓準錫
조일합작 정치	甲子俱樂部	1924.8~ 30년대 후반	조병상
내선융화	時局大同團	1925.01~ 1925.07	殷成河

117) 이들 단체의 자치·참정 관련 활동은 다음 절을 참조하라.

118) 조선구락부는 1920년대에도 활동을 계속한 대정실업친목회와 마찬가지로 유

이들 단체는 1920년대 전반~중반에 걸쳐 활동했으며 정치적 색채가 뚜렷하여 독립운동과 사회운동에 대한 반대,[119] 내선융화 촉진을 목표로 했다. 각파유지연맹은 1924년 '독립사상과 공산주의' 등 '과격사상을 선도'하려는 목적으로 내선융화(친일)단체의 연합으로 결성되었으나,[120] 결성 직후 동아일보 사장 김성수 폭행사건을 일으켜 물의를 빚는 등 대중의 반감을 불러일으키고 곧 유명무실해졌다. 시국대동단은 각파유지연맹의 간부 중 일부가 보천교 세력과 연합하여 만든 단체로 내선융화 선전활동을 전개했으나 역시 단명했다.[121]

국민협회(초기 회장 閔元植)와 대동동지회(회장 鮮于金筍)는 각각 경성과 평양을 대표하는 조선인 내선융화단체였다. 국민협회는 3·1운동을 반대한 협성구락부를 모체로 했고, 전국에 지부를 두어 1920년대 중반에는 회원 수가 1만여 명을 넘었다고 알려졌으나[122] 점차 세력이 쇠퇴했다.

력한 자본가 중심으로 결성되어 일본인 유력자와의 사교·친목을 위주로 활동했다.

119) 국민협회장 金明濬은 '경성부내의 정치단체와 甲子俱樂部, 同民會 외 7개 단체와 평양의 大東同志會의 간부를 초청하여 시국간담회를 개최하고 참정권, 사상선도, 금융조합의 개혁, 韓日人 공학문제 등에 관해 제휴 운동할 것을 결의'했다. 『高等警察關係年表』(1927년 11월 24일).

120) 국민협회, 조선소작인상조회, 유민회(維民會), 동광회(東光會), 노농회, 조선경제회, 교풍회(矯風會), 노동상애회 대정친목회(大正親睦會), 동민회(同民會), 유도진흥회, 청림교(青林敎) 등 11개 단체가 모여 결성했다. 이때 가맹한 교풍회 대표 3인 중 1명이 劉秉珌(경기24/27)이다. 그는 1909년 11월, 伊藤博文을 추도하기 위한 국민대추도회 위원이었고 1910년대에는 대정실업친목회 평의원이었다.

121) 시국대동단은 '독립사상을 버리고 사회주의 사상을 배척하며 정신적으로 일본인과 결합'하자는 내용으로 강연활동을 벌였다. 殷成河(전북 24/37)는 보천교의 본거지였던 정읍(태인)의 부호였다.

122) 松田利彦, 「일제하 參政權요구단체 '국민협회'에 대하여」, 『일제시기 참정권 문제와 조선인』, 국학자료원, 2004.

대동동지회는 1930년대 이후 유명무실화되었다. 융화단체 결성에는 늘 일제당국의 입김이 작용했는데, 동광회는 다소 예외적으로 일본의 민간 우익세력이 일부 조선인들과 접촉하여 조직했다는 특징이 있다. 동광회는 1922년경 '내정독립'을 주장하다가 총독부에 의해 해산되었다.[123)]

동민회와 갑자구락부는 일본인들이 주도하고 조선인 유력자들이 참여한 단체이다. 갑자구락부는 일본인 공직자들이 도평의회나 부협의회에서 충분히 전개하기 어려운 '정치적 요망사항을 협의하고 선전'하고자 결성한 '상설적 정치단체'였다. 직접 참여한 조선인 도평·도의는 조병상이 유일하고, 조선인 경성부협·부회 의원들이 지속적으로 관여했다. 갑자구락부는 창립선언서에서 '日鮮兩民族'의 '渾然融合'을 목표로 내걸었다.[124)] 갑자구락부를 주도하는 일본인들은 자신들의 권익 옹호를 위해 일본의 관계 요로와 연락을 가졌고, 조선인의 독립운동에 대해 매우 적대적이었다. 갑자구락부 내의 조선인 공직자들은 일본인들이 '일부 불령선인'을 기준으로 '一般韓人'을 다루면 '사상이 더욱 악화'할 것이라고 보고 독립운동 반대에 비교적 신중했으나,[125)] 일본인들은 공산당 사건 변호사를 공개적으로 규탄하고, '신간회와 國文 신문에 대한 단속'을 건의하는 등 강경한 입장이었다.[126)]

123) 내정독립은 '천황의 통치하에서 국방과 외교를 일본이 담당하고 내정은 조선인이 담당한다'는 것인데, 이후의 '자치론'과 유사하지만, 인적 구성면에서는 1920년대 중반 이후의 '자치운동파'와 달랐다. 동선희, 「동광회의 조직과 성격에 관한 연구」, 2003 ; 金東明, 「支配と抵抗の狹間」, 95~105面 참조.

124) 갑자구락부는 창립선언서에서 종래의 총독 정치가 '被治者에게 通有하는 특수한 性情과 利害'에 투철하지 못함으로써 '善意의 惡政'에 빠졌다고 총독부를 비판했다.

125) 「高等警察關係年表」, 『慶尙北道警察部高等警察要史』, 1926년 6월 30일.

126) 「高等警察關係年表」, 『慶尙北道警察部高等警察要史』, 1927년 10월 19일.

동민회는 1924년에 결성되어 1940년 정도까지 존속했으며 강령은 '내선융화, 실질강건사상 함양, 동아민족단결'이었다. 총독부가 후원한 합작단체로 재정은 주로 일본인들이 담당했다. 동민회의 간부를 역임한 도평·도의는 19명이며 시기와 직책을 표시하면 다음과 같다.

〈표 Ⅳ-6〉 동민회의 조선인 간부 중 도평·도의

도평·도의	이름	1924년 당시	1933년 당시	1940년 당시
경기20관/24관/27관/30관/33관/37관/41관	韓相龍	감사	상담역	
경기20관/24관	張燾	평의원		
경기20, 24관/27관/30관/33관/37관/41관	元悳常	이사	감사	
경기20/24	金漢奎	평의원	평의원	
경기20/27	趙炳烈			
경기24	朴容均		평의원	
경기27	申昇均		이사	
경기30관	閔大植	평의원	평의원	
경기27/30	張弘植		이사	상임이사
경기30/33관	韓萬熙		평의원	
경기33	劉泓鍾		이사	
경기33/37/41관	曺秉相	이사	이사, 평의원	이사
충북33	李相夏		평의원	
충남22(보궐)	宋秉直		평의원	
충남20관/24관/30/33	金甲淳		평의원	
충남29/30관	權益采		평의원	
경북20관/24관/27관/30관/33관/37관/41관	徐丙朝		평의원	
경남20관/24	鄭淳賢		평의원	
함남20관/24관	韓準錫		평의원	

출전: 内田じゅん, 앞의 논문, 『일제협력단체사전』의 「동민회」 항목.

동민회는 일제의 '대륙진출'에 발맞추어 '내선만지(內鮮滿支) 사정', 국방사상, 방공방로(防共防露)사상을 소개, 보급했다. 동민회는 강연과 출판을 통해 내선융화론을 보급하고, 산업개발을 위한 계몽활동과 내선융화의 뿌리를 찾기 위한 역사 강좌도 실시했다. 내선융화라는 목표에도 불구하고 그 내용과 방법을 둘러싸고 갑자구락부 및 동민회 등 '합작단체' 내에서도 민족갈등이 있었다.[127] 일본인 측은 '韓人이 일본국민으로서의 본분을 다함으로써 동일한 처우를 초래'하는 것을 내선융화로 간주했고, 조선인측은 '施政百般에 차별이 있는 이상 융화는 못 된다'고 생각했다.

1920년대부터 내선융화활동에 적극 참여한 曺秉相(경기33/37/41관)은 일제 말까지 각종 협력단체에 관여했다. 동민회 설립 초기에 이사를 맡은 것을 계기로 협력활동을 본격화했다.[128] 동민회에 참가한 목적은 '조선인의 동등권리'와 '우리 실력, 특히 교육의 확장'을 위한 것이었다. 조병상에게 내선융화론은 '우리 조선민족도 국민에 대한 사명완수를 다하겠으니 일본민족과 동등한 국민권을 부여하라'는 의미였다. 즉 '일본의 국시를 승인하고 납세, 병역 등 국민의 의무를 다한다'면 동등한 일본인이 될 수 있을 것으로 생각했다. 해방 후 조병상의 진술에 따르면 동민회 '회의 때마다 일인과 대립될 뿐, 아무런 효과'가 없었으므로 '공적기관에서 가능한 주장을 해보자는 생각'으로 경성부협의회에 출마했다고 한다.

127) 内田じゅん(「植民地朝鮮における同化政策と在朝日本人」)은 조선인·일본인 합작단체에서 일어난 '민족적' 갈등의 원인으로 ① 광주학생운동에 대한 대처방식의 차이와 ② '자치문제'에 관한 의견 차이, ③ '척식성'문제를 둘러싼 감정대립 등을 들었다. 그러나 ②는 논의의 여지가 있다. 内田은 1920년대 말 조선인들의 '자치론'이 일본인들의 내지연장주의적 입장과 대립했다고 하지만, 동민회, 갑자구락부에 참여한 조선인들의 이에 대한 입장은 다소 애매했다. 다음 절 참조.

128) 아래는 『反民特委裁判記錄』, 조병상 편 참조.

내선융화론은 일본의 식민통치를 근대화의 입장에서 긍정하고 독립운동을 부정했으나 동시에 조선인에 대한 차별을 문제 삼고 조선인에게 동등한 권리를 촉구하는 근거로 작용할 수 있다는 양면성을 가졌다. 내선융화의 개념 자체가 불분명하고 일제의 동화정책이 자의적인 점도 그러한 혼란을 가중시켰다. 조선인 내선융화론자들의 차별 철폐 주장은 조병상의 수기에 나오듯이 결국 식민통치에 대한 긍정과 협력으로 귀결될 수밖에 없는 딜레마를 안고 있었다.

> 각 방면으로 차별철폐를 주장하자니 방편상 본의 아닌 간혹 협력적 태도를 취하는 것은 정치운동자로서 어쩔 수 없는 것이었다. 또 이것도 역시 동일한 국민이라는 말이 앞서야만 되는 것이다. 나는 다각적으로 차별철폐운동을 누구보다 맹렬히 했다. 그러자니 내 입에서도 자연 일본국민 自認的 말이 많이 나온 것도 사실이다. 차별철폐운동을 많이 하면 많이 할수록 그와 같이 된다.

많은 도평·도의들을 일제에 대한 협력으로 이끈 것은 독립에 대한 전망 상실, 민족·사회운동(세력)과의 갈등 내지 대립, 이념적으로는 식민화를 긍정하는 근대화론, 일본국민화를 추구하는 내선융화론이었다.

(2) 유교를 통한 내선융화

일제는 '충량한 국민 양성'의 이데올로기로 활용할 수 있는 유교의 역할에 주목하고,[129] 유림세력을 회유하여 식민통치의 안정화를 위한 '사회교화'활동에 끌어들이고자 했다. '병합' 이후 성균관이 경학원으로 개편되

129) 유준기, 「1910년대 전후 일제의 유림친일화정책과 유림계의 반응」, 『韓國史研究』 114, 2001년 9월 참조.

고, 1910년대부터 교풍회가 조직되었으며 1920년을 전후한 시기에는 사회교화와 내선융화를 목적으로 경성교풍회, 대동사문회, 유도진흥회, 유도천명회 등이 속속 결성되었다.130) 유교적 소양과 배경을 갖춘 도평·도의들은 각종 유교 '사회교화단체'에 소속되어 활동했다.131) 다음은 유교단체에서 중심적으로 활동한 도평·도의이다.

〈표 IV-7〉 유교단체에서 주요한 활동을 한 도평·도의

도평·도의시기	이름 학력	활동단체	참의 여부
전북30관	李康元 한문	·한문 ·전주교풍회장, 명륜학원 평의원	참의
경남20/30관/33관	鄭泰均	·유도진흥회지부. 명륜학원강사	참의
경기29관	孔聖學 132)	·한문 ·명륜학원 평의원, 조선유도연합회 경기대표, 경학원 사성, 경학원 부제학	
충남33/37/41	閔載祺	·대동법전 ·경학원 강사, 충남유도연합회 이사	참의
경남24/37관	張膺相	·교풍회 고문	참의
평남41	田德龍	·한성사범학교, 평양일어학교 ·조선유교회 명리원, 평남유림연합회 회장, 평남유림흥풍회 회장, 평양전선유림대회 의장, 조선유도연합회	참의
강원20/24/27	嚴達煥	·일어학교 ·유도천명회, 명륜학원 평의원, 조선유교회 명리원	

130) 유도진흥회와 교풍회는 1924년 각파유지연맹에 가맹했다.

131) 유교 이외에도 불교, 천도교, 시천교, 보천교, 神道와 관련된 (내선융화적) 단체에서 활동한 도평·도의들이 있으나 유교만큼의 비중을 갖지 않고, 한 사람이 유교와 불교 단체에 동시에 관여하는 등 종교로서의 특성이 잘 나타나지 않으므로 기타 종교와 관련해서는 분석을 생략하겠다.

經學院은 총독부 지휘하에 유교 의례를 관장하고 '국가 발전에 공헌하는 유학'을 표방했다.[133] 도평·도의들은 경학원 주최 강연회에 강사로 나서거나,[134] 1930년에 경학원 내에 설치된 명륜학원의 평의원 혹은 강사[135]를 맡았다. 교풍회는 전통적인 향약 조직을 재편한 것으로, 상부상조와 풍속 교정을 표방했고, 1930년대 이후에도 농촌진흥이나 심전개발 등 일제의 정책에 발맞추어 사회교화 역할을 수행했다.[136] 강원도에 몇 개의 지부를 둔 유도천명회는 '유도를 개명하야 동양도덕'과 '문화의 향상'을 꾀한다는 취지로[137] 결성되었다. 유도천명회에서 활동한 엄달환은 일선동조론에 입각하여 '我內鮮之名儒'는 '團合人和'하여 '國家之幸福'을 추구해야 한다고 주장했다.[138]

1930년대의 조선유교회와 전시체제기 이후의 조선유도연합회 역원으로 참가한 도평·도의도 있었다. 조선유교회는 1932년 '일반사회의 풍화

132) 공성학은 詩文, 書道에 능했으며 엄부로부터 秘傳 받은 인삼 재배와 판매로 성공을 거두었다. 해방 후 천도교 교령을 지냈고, 아들인 공진항(1900~1972)은 농림부장관을 지냈다.

133) '근대 식민지유교'의 형성 과정을 경학원을 중심으로 서술한 연구는 다음을 참조. 柳美那, 「植民地期朝鮮における經學院」, 『朝鮮史研究會論文集』, 2004년 10월.

134) 南相翊(충북), 閔載祺(충남), 鄭碩謨(전북), 尹定鉉(전남), 鄭淳賢, 崔演國(이상 경남), 朴來陽, 崔錫夏, 梁鳳濟(이상 평북) 등.

135) 1930년에서 1934년 사이에 명륜학원 평의원이 된 도평·도의는 孔聖學(경기), 申昌休, 閔泳殷(이상 충북), 韓昌東(충남), 李康元(전북), 鄭泰均(경남), 吳國泳(황해), 金熙綽, 金聖烈(이상 평북), 鄭鎬鳳, 嚴達煥(이상 강원), 金炳奎(함북) 등이 있다. 『經學院雜誌』 34호(1932년 4월).

136) 일제당국의 주도로 결성된 경성교풍회 회장으로 윤치호가 임명되었는데, 윤치호 자신은 이 단체를 맡게 된 것을 달가워하지 않았다. 『윤치호일기』 7권, 1919년 7월 21일자 참조.

137) 『每日申報』 1922년 3월 8일.

138) 엄달환, 「桑槿一根譜略」, 『東陵』 1923년 4월 ; 엄달환, 「就儒行於橫城支會講演會席上略述」, 『東陵』 1923년 4월 참조.

(風化) 교정(矯正)과 재래 유림(在來儒林)의 폐습 개혁, 대중을 본위로 실생활의 향상발전'을 내걸었다.[139] 전시체제기 '皇道 유학'의 중심기관인 조선유도연합회는 각지의 유림단체를 통괄하여 산하에 도유도연합회와 郡儒道會를 두었다.[140]

도평·도의 중에 기독교 및 천도교적 배경을 가진 사람은 소수이고 대부분 유교적 배경을 가졌다. 위에서 언급한 유교단체에 관여한 도평·도의들은 '사회교화'나 '풍속 개량', '생활 개선'을 위한 '순회강연' 등의 활동을 벌이며, '국가 중심적 유교' 논리를 수용했다.[141] 전시체제기의 유교단체들은 '내선일체의 완성, 근로 및 생업보국, 농촌진흥운동, 心田開發' 등에 협력했다.[142]

2) 1930년대 이후의 협력활동

1930년대 전반기에는 만주사변과 경제공황으로 일본 국내에 조성된 파시즘적 분위기가 영향을 미쳤고, 기존의 내선융화단체의 구성원뿐 아니라 다소 관망적이었던 사람들까지 협력단체에 참여하게 되었다. 이 시기에 결성된 협력단체들(다음 표 참조)은 전시총동원체제기의 협력 활동을 예비했다.

139) 申鉉泰, 李應鎬(이상 경기), 宋復憲(충북), 玄俊鎬(전남), 崔浚, 秦喜葵(이상 경북), 田德龍(평남) 李鏡麟(평북), 李根宇, 李起鍾, 嚴達煥(이상 강원).

140) 孔聖學(경기), 李明求, 金元根(이상 충북), 閔載祺, 李斗寧(이상 충남), 姜東曦(전북), 韓明履(전남), 鄭泰驥(경남), 申鉉德(황해), 田德龍(평남).

141) 張鷹相(경남24/37)은 1933년 2월 경남 각지에서 '비상에 대처하는 국민의 각오와 자력갱생'이라는 주제로 강연했다. 청중은 '군수, 서장, 면협의회원, 면장, 학교장, 면서기, 교풍회원' 등이었다. 『釜山日報』 1933년 2월 24일, 2월 25일.

142) 괴산명륜회의 간담회 결의. 『東亞日報』 1938년 11월 5일.

〈표 Ⅳ-8〉 1930년대 전반에 결성된 협력단체와 참가자

단체명	성격	존립기간	단체 임원
九日會	친목	30년대	張弘植 文承卓 崔昌學
同友俱樂部	친목	1931.1~?	韓相龍 金思演
昭和聯盟 京城支部	사상	1932.12~?	韓相龍 元悳常 金思演 曺秉相
朝鮮儒敎會	유교	1932.9~?	申鉉泰 李應鎬 宋復憲 玄俊鎬 崔浚 秦喜葵 安孝式 田德龍 李鏡麟 李根宇 李起鍾 嚴達煥
國防議會	전쟁협력	1933~?	徐相準 金允福 龐寅赫 閔泳殷 李明求 李相夏 金信錫 徐丙朝 金在煥 朴寅洙 金斗河 崔演國 崔演武 權穆 金璋泰 李甲用 金東準 朴聲行 尹秉杰 朴漢杓 金永濟 林敬弼 方義錫 申熙璉 金重根 金鳳鉉 李興載 李容碩
朝鮮神宮奉讚會[143]	조선신궁 기념사업	1933.10~35	韓相龍 閔大植 閔泳殷 趙秉哲 姜完善 金信錫 張大翼 朴經錫 朴普陽 李曦燮 李興載
朝鮮大亞細亞協會	사상	1934.03~?	韓相龍 元悳常 閔大植
時中會	자치, 내선융화	1934.11~38	洪思勛 金正浩 金思演 龐寅赫 閔泳殷 成元慶 閔載祺 鄭碩謨 朴禧沃 張稷相 金在煥 李基承 李恩雨 張鎭遠 河駿錫 金基秀 金鍾奭 金光燁 崔昌鎬 白崙琥 李根宇 崔養浩 崔準集 劉炳義 方義錫 李曦燮 廉璟薰 黃鍾國 方洛先 尹錫弼
昭道會	사상	1935.11~?	한상룡 김한규

143) 일본인, 조선인 유력자들로 하여금 조선신궁 설립 10주년 기념사업에 기부하도록 하기 위해 만든 단체. 회칙에는 '朝鮮神宮鎭坐10週年記念事業과 아울러 神德의 宣揚을 꾀하려는 목적'이라고 명시되었다. 한상룡은 부회장, 나머지는 고문 혹은 평의원이었다. 기부금 모집에는 지방행정관료와 지방의원들이 참여했다. 「朝鮮神宮奉讚會會則」(1933) 참조.

나중에 살펴보겠지만 시중회는 '조선자치'를 암암리에 목적으로 하는 단체였다. 국방의회는 일본인 재향군인들을 중심으로 국방체제에 협력하기 위해 결성했고,[144] 만주 접경지역에서 먼저 출현하여 점차 조선 각지에서 결성되면서 많은 조선인 유력자들이 간부로 참여했다. 1930년대 전반에 등장한 협력단체는 전시체제기 이후의 단체에 비해 규모가 작지만, 황도사상이나 대아세아주의를 보급·선전하는 단체들이 나타난 것이 특징적이다. 일본인들이 주도한 소화연맹 경성지부, 조선대아세아협회 등이 사상단체에 속한다. 소도회는 독립운동가나 사회주의자들의 전향공작을 담당한 사상선도기관으로 일제당국의 주도로 조직되었다. 소도회에는 도평·도의 가운데 두 명이 참가한 것으로 확인되지만 도회석상에서도 거론되는 것으로 미루어, 더 많은 사람들이 실제로 관여했을 가능성이 있다.

1930년대 후반에는 大東民友會, 廣濟會, 조선군사후원연맹, 愛國金釵會, 大東一進會,[145] 조선보국회, 국민정신총동원조선연맹, 시국대응전선사상보국연맹, 조선방공협회, 경방단, 조선유도연합회, 지원병후원회, 배영동지회 등의 단체들이 결성되었다. 이 가운데 국민정신총동원조선연맹은 전 조선인의 동원과 통제를 목적으로 한 관제단체이다.

1940년대 전반에 결성된 협력단체로는 황도선양회, 국민총력조선연맹, 大和塾, 조선임전보국단, 임전대책협의회, 흥아보국단, 大和同盟, 大義黨 등이 있었다. 국민총력조선연맹은 국민정신총동원조선연맹을 개편한 단

144) 1933년 경성국방의회 設立趣意書에서는 만주사변 이래 '戰士 후원, 유가족의 위안구호, 군용금품 헌납' 등을 더욱 진작하며 '국방사상의 보급'과 '국방의 충실에 공헌'할 것을 천명했다. 『朝鮮地方行政』, 1933년 6월, 93쪽.

145) 일진회장 이용구의 아들, 이석규가 대동아주의를 내걸고 창립한 단체. 총독부 측의 지원을 받았지만 결성을 앞두고 시천교 내부의 반발이 거셌다.

체이다.

이 시기의 협력단체들은 군사적 후원, 총동원체제에 대한 협력, 황도사상 보급을 통한 사상적 내선일체운동을 주요 임무로 했다. 침략전쟁의 확대와 함께 식민정책의 기조가 '점진적, 회유적 동화정책'에서 '강제적, 전면적 동화정책'으로 전환함에 따라[146] 협력단체들의 규모는 이전과 비교하여 비교할 수 없는 정도가 되었다. 특히 도평·도의들이 300명 이상 발기인이나 중앙과 지방의 간부로 참여한 임전보국단은 민간인으로 조직된 최대의 전쟁협력단체였다. '황도정신 선양, 근로보국, 國債 소화, 저축 勵行, 공출과 생산에 매진, 의용방위' 등을 강령으로 내건 임전보국단에는 현직 도회의원 대부분이 발기인 등으로 참여하여 의정활동과 의정 밖의 전쟁협력활동이 융합되는 양상을 보였다.

전시체제기 내선일체운동의 핵심은 지원병제도 지지와 징병제도 촉구, 전쟁협력활동이었다. 1936년 11월, '前 도지사, 現 중추원 참의, 경성부회의원, 時中會 회원, 만주국 협화회원, 변호사' 29인이 징병제 실시를 요구하는 간담회를 개최했다.[147] 간담회에서는 '의무교육'과 '참정권' 등의 권리를 요구하기 위해 '병역 의무', 즉 血稅를 내야 한다고 의견을 모으고,[148] 1937년 1월부터 지원병제 실시를 위한 대대적인 운동을 계획했다. 조병상, 한규복 등은 이 운동의 중심에 서서 군부당국 및 총독부에

146) 동화정책에 대한 논의는 石田雄, 『記憶と忘却の政治學』, 明石書店, 2000 참조.

147) 「兩大新聞特報」, 『三千里』 1936년 12월. 이 모임의 발기인 중에 曺秉相, 張弘植, 元悳常, 金思演, 成元慶, 張弘植, 金泰潗 등이 도회의원이며, 全聖旭, 姜昌熙, 李升雨, 韓相億, 梁在昶, 李弘鍾 등이 경성부회의원이었다. 이들 중 시중회 참가자가 없다는 점이 특기할만하다. 발기인 가운데 韓圭復, 李晟煥, 辛泰嶽, 成元慶, 全聖旭, 曺秉相, 朴熙道는 상무준비위원으로 선임되었으며 이들 가운데 성원경과 조병상이 도회의원이었다.

148) 「右翼陣營, 左翼陣營(1) 「朝鮮人徵兵」等을 語하는 時中會 首領 崔麟氏」, 『三千里』 1936년 12월.

대해 '一視同仁의 견지'에서 징병제 실시를 촉구했다. 일제 당국은 징병제 실시 운동에 대해, '조선의 민도의 현상'으로 보아 충분히 연구가 필요하고, '향후 영향'을 고려해야 하므로 결정은 '軍 당국에 일임'하고 '운동을 삼가도록' 종용했다.149)

그러나 중일전쟁이 발생하고 '시국이 절박'해지면서 다시 이 문제가 부상했다. 1937년 8월의 경성 천도교중앙청년당 확대중앙집행위원회에서도 원칙적으로 지원병제·징병제 실시에 찬성했다.150) 이어 11월 20일, 경성에 체재하던 박춘금이 제국의회에 이 문제를 제기한다는 명목으로 국민협회의 후원 하에 지원병제 실시를 위한 간담회를 개최했다. 간담회에는 '국민협회 회원, 경기도회 의원, 경성부회 의원, 중추원 참의' 등 48명이 모여 지원병제, 참정권문제, 의무교육문제를 협의했다. 일제 당국은 간담회에서 '과거의 조선통치에 대한 불만'이 표출된 것, '참정권과 의무교육' 실시를 요망한 것에 대해 경계를 보였다.151) 총독부측은 참정권 부여를 검토하면서도, 조선인의 '面從腹背'에 대해 의구심을 가졌고, 징병제 요구 밑에 깔린 참정권 요구를 일정한 수준에서 통제하고자 했다.

1938년 2월의 지원병제도 실시 발표에 대해 많은 현직 도회의원들은 지원병 독려와 징병제 촉구에 나섰다. 과거 사회주의운동에 몸담은 적이 있는 김철진은 1940년, '지원병지망자 10만 돌파는 실로 조선인의 국민의식의 향상과 충성의 표현'이라고 주장하고, '중류계급 가정에서 지망자'가

149) 「第37回 帝國議會 說明資料」, 1937, 73쪽.

150) 천도교중앙청년당은 일제의 권고를 빙자하여 징병제 실시 촉구를 자제하라고 '발기인회' 측을 견제했다. 조병상은 반민특위 재판에서 자신이 '일제기관인 시중회'와 전혀 관계가 없었다고 강조했는데, 이는 조병상 등 '발기인회'파와 시중회=천도교측이 '징병제 촉구운동' 당시 갈등이 있었음을 보여 준다.

151) 「第37回 帝國議會 說明資料」, 74쪽.

나오기를 촉구했다.[152] 그는 '강연회, 좌담회, 순회, 개인가정방문'으로 지원병 권유를 했고, 당국을 향해 '지원병훈련소의 일상생활 및 지원병 최초의 충성된 戰死를 영화화하고, 紙芝居[153]를 만들어 村落 방방곡곡 순회'하는 '철저한 선전'을 할 것을 요망했다. 지원병제에 협력함으로써 의무교육 및 참정권 실시를 앞당기려는 의도였다. 김중근(함남37) 역시 '병역과 납세의 의무를 다함'으로써 '완전한 제국신민의 자격'을 갖추어 '병역과 의무교육', 참정권 실시를 앞당기자고 주장했다.

태평양전쟁의 부담에 시달리던 일제는 1942년 5월, 결국 閣議에서 징병제 실시를 결정했다.[154] 그러나 총독은 징병제 실시를 공표하면서도 '병역을 普遍概念下에 사용하는 義務와 혼동하여 의무의 半面에는 당연히 권리가 첨부해야 한다는 반대급부적 관념이 일부 생기는 일이 있다면 일의 신성한 본질을 모독할 우려'가 있다고 못박았다.[155] 병역은 '의무라기보다 차라리 특권'이라면서 조선인의 '권리 요구'에 선을 긋는 것이 일제 당국의 입장이었다.

도평 · 도의를 비롯한 일부 조선인들은 반대급부=차별 철폐와 참정권 부여를 염두에 두고 자발적으로 지원병제와 징병제 실시를 촉구했으나 그것은 결국 일제당국의 결정을 기다릴 수밖에 없었다. 1942년 5월 징병

152) 「志願兵士諸君에게, 十萬突破의 報를 듣고 全朝鮮青少年諸君을 激勵하는 書」, 『三千里』 1940년 7월.

153) 종이연극. 그림을 한 장씩 보이며 연극적으로 해설하는 것으로 마을을 찾아다니며 '시국 계몽'을 하는 수단이었다.

154) 宮田節子, 『조선민중과 '황민화'정책』, 일조각, 1997. 1938년의 '육군특별지원병령'은 '호적법의 적용을 받지 않는 17세 이상의 제국신민 남자로 육군 병역에 지원하는 자는…현역 또는 제일보충병력에 편성할 수 있다'는 것이며 1942년의 각의 결정은 1944년부터 조선인을 징집한다는 내용이었다.

155) 『每日新報』 1942년 5월 12일.

제 실시를 환영하는 대회에서, 평남도회의 이기찬과 최정묵은 각각 「內鮮一體와 徵兵制度」, 「半島同胞의 使命」이라는 제목으로 강연했다. 징병제 실시는 본질적으로 조선인의 권리 및 생활향상과 관계가 없고 일본제국주의의 요구에 기반한 것이었지만 이러한 강연은 그것이 마치 조선인을 위한 것인 양 오도했다.

3. 의정활동 및 참정 · 자치문제에 대한 대응

1) 의정활동

(1) 도평의회 · 도회에 진출한 동기

지금까지 살펴보았듯이 많은 도평 · 도의들은 '실력양성론'과 '내선융화론'의 자장 안에 있었고, 민족 · 사회운동에 참여하거나 대립하기도 하고 중간에서 동요하기도 했다. 도평 · 도의들은 대체로 조선인의 정치적 권리 향상과 민족 차별의 시정에 관심을 갖고 있었다. '내선융화', '一視同仁', '내선일체'의 구호가 아무리 요란해도 민족적 차별의 실상을 일상적 현실에서 감지하지 않을 수 없었고, 선거 과정과 의정 활동에서 일본인들과 얼굴을 마주하면서 '차이'와 '차별'을 더욱 확인했을 가능성이 크다.

그들은 왜 도평의회와 도회에서 활동하고자 했는가. 지역유력자들이 도평 · 도의가 되고자 한 의도는 무엇인가. 반민특위 재판정에서[156] 어떤 이들은 '(도예산이나 府예산의) 수입 면에는 조선인이 균등한 부담을 하

156) 반민특위에 회부된 도평 · 도의 출신자는 모두 82명이다.

고 지출 면에는 日人에게 너무 편중되게 함으로 이를 시정'(吳崇殷, 평남30)[157]하기 위해, '결의기관이 평등치 못한 관계로 이를 시정'하기 위해 지방의원이 되었다고 했다. '자신은 별로 뜻이 없었으나 '지방 유지가 경제 진흥을 위하여 출마하여야 된다고 권고, 추천'했기 때문에(廉璟薰, 함남33), 교육 사업을 하다 보니 '도당국과의 접촉'이 필요하게 되었기 때문(金斗河, 경북30/33관/41관)이라는 주장도 있었다. 반민특위에서 成元慶(충남24/27/30/33)과 판사의 문답을 보자.

> 문 제1차로 天安郡서 도평의회원으로 입후보한 동기 如何.
>
> 답 기미운동 이후 齋藤이가 소위 문화정치의 第1階段으로 민간의 여론을 듣자고 각도에 평의원을 두게 되었으나 내심에 '이놈들 역시 朝三暮四의 기만정책일 테지' 하고 제1차에는 출마치 않았습니다. 그러나 조선에서 총독정치가 갑자기 물러갈 것도 같지 않으니, 그나마라도 발언권을 얻어 만일이라도 시정함만 같지 못하다고 생각하고 제2차 때 출마하여 당선된 것입니다.
>
> 문 어떠한 방법으로 선거운동을 했던가.
>
> 답 주로 운동원이 호별방문했을 뿐 직접 운동은 한 일이 없고 소위 요주의인물이라고 하여 군경의 방해공작이 심했으나, 그러면 그럴수록 민족진영에서는 반동적으로 궐기 응원해 주었으므로 무난히 당선되었습니다.(강조는 필자)

성원경은 '敵治 의결기구에 참여한 것은 개인의 영예나 이익을 위한 것이 아니라 오직 韓族의 1인으로 직접 독립운동에는 나가지 못할지라도

157) 『反民特委裁判記錄』, 오숭은 편. 오숭은은 이 재판에서 자신의 도평의회 활동으로 '1. 平壤府 공동묘지 해결대책, 2. 평양부 西平壤間 전차 복선문제 해결대책, 3. 평양 西平壤間 도로확장 및 포장공사 해결대책' 등을 조선인에게 유리하도록 주장하여 해결했다고 했다.

가급적이나마 동포의 권리 이익을 보장하자는 것이 본의'였다고 주장했다. 물론 재판정에서의 변명이라는 점을 감안해야겠지만 도평·도의들의 의정활동이나 기타 사회적 활동을 볼 때 이들의 주장이 꼭 거짓은 아니었을 것이다. 오히려 그들의 주관적인 의도는 그러한 '변명'과 가까웠을지도 모른다. 문제는 그들의 의도가 어떻게 귀결되었는가 하는 것이다.

1930년대의 도회의원 선거에는 후보 출마의 동기와 추천 의도가 신문기사나 광고로 나왔는데 주장이나 내용은 대동소이했다. 1937년 南相喆(충북37)을 추천한 음성군의 '추천자 일동'은 남상철이 '조선총독부 촉탁으로 교화강연강사이며 1919년 면장(고등관 대우) 취임 이후 금년(1937) 4월 중순까지 약 20년간 면행정에 헌신한 모범적 수완가이며 熱辯家'라고 하고, '민정에 자세하고…사정에 능통하고 정치적 경력이 풍부하며 수완과 역량과 용감성이 겸비한' 남상철을 선출하는 것은 '一郡뿐 아니라 도민 전체의 복리를 위해' 행복이라고 했다.[158] 같은 해, 서산군의 '유권자, 儒林, 유지자'는 '교육, 상업, 경제, 토목, 위생에 진보를 기하고자'[159] 趙秉哲(충남27)을 추천했다.

張準錫(전북37/41)은 1937년 선거에서 '1. 초등교육기관의 완비, 2. 농촌진흥운동의 철저. 3. 김제군 내 道醫 완비'라는 '정강'을 내걸었고,[160] 1941년에는 趙在敦(전북30/33), 姜東曦(전북20/33/37관) 등 김제 출신 전·현직 도평·도의의 추천을 받아 재선되었다. 전·현직 도평·도의들끼리, 또한 지역유력자들이 모여 후보 추천을 하는 것은 매우 일반적인 현상이었다. 추천 내용은 대체로 후보자의 학력이나 자질, 지방 발전에 대한 공

158) 『每日申報』 1937년 5월 7일.
159) 『每日申報』 1937년 4월 28일.
160) 『每日申報』 1937년 5월 6일.

적을 높이 평가하고 도민의 福利를 위한 적임자라는 주장이었다.[161)]

(2) 의정활동의 특징

도평의회 · 도회의 통상회기는 정기적으로 연 1회, 7~10일 정도로 진행되었고, 별도로 임시회의가 소집되었다. 회의는 일본어로 진행되고 일부 일본어를 못하는 의원들이 발언할 때에는 통역이 이루어졌다.[162)] 1920년대에도 조선인 의원 가운데 일본어 해득자가 미해득자보다 많았지만, 1930년대에는 해득자가 훨씬 더 많았다. 1933년 도의 당선자 중 일본어를 미해득자 전체 246명(정원 283명) 가운데 42명이고, 1937년 당선자 중 미해득자는 18명이었다.[163)] 1944년 11월 현재 도회의원 288명 중 일본어 미해득자는 7명(2.4%)이라는 통계도 있다.[164)]

도평 · 도의의 1년 수당은 자료 미비로 정확히 알 수 없으나, 경성부회의원의 수당에 대해서는 1934년의 신문 보도가 있다. 이에 따르면 '부회의원인 탓으로 받는 수당'이 1년에 500원이고, 부회 혹은 교육부 부의장은 100원을 더 받았으며, '부회 상임위원이 되면 100원, 교육부회 상임위

161) 朴錦孝(전북41)에 대한 추천문은 다음과 같다. '…34세로 본군(정읍) 명문 후예로 동경에 유학한 영재'로, '백만부호의 大家를 상속' 받았으며 '현재 읍회의원으로 社會事業施整에 연구를 거듭'하고, '청소년선도 목적으로 사설 학원에서 무산아동 교양'하며 '농촌대중의 농자융통, 비료곡류 무역하여 저렴한 대가로 농민대중에게 배부'하는 '재능아이며 사업가요, 신망가이며 정치가'라고 했다. 『每日申報』 1937년 5월 4일.

162) 통역을 통한 의정발언에 대해 일제 당국자와 일본인 도평 · 도의, 언론인들은 한결같이 비판적이어서 '內地語를 못하는 사람은 의원으로 선출하지 말아야 한다'는 생각을 갖고 있었다. 「京畿道會と京城府會を俔いて」, 『朝鮮及滿洲』, 1934년 4월.

163) 「第73回帝國議會說明資料」(1937), 『日帝下戰時體制期政策史料叢書』 3, 2000, 65쪽.

164) 충북, 전북, 함남 각 1명, 평남 4명이 미해득자였다. 「道會議員國語解否別數」(1944년 조사), 처우개선에 관한 기초자료.

원은 60원'을 받는다고 했다. 따라서 이들 수당을 모두 다 받는 경우, 연 760원을 받는 셈이었다.[165] 회의기간 중에는 수당이 지급되는데, 1932년 4월 1일부터 시행된 '전주읍 읍회의원 및 명예직 吏員 비용 변상규칙'에 따르면 읍회의원들이 '읍회에 나가 사무를 볼 때 출무일수 및 출무를 위한 왕복일수에 따라 1일 2엔씩', '소집시마다 일당'이 지급되었다.[166] 도평 · 도의는 출장거리가 길었으므로 그만큼 수당이 높았을 것으로 생각된다.

의정활동의 전반적인 분위기나 특징을 보면, 대체로 일제당국은 고압적인 자세로 도의 방침이나 예산 내용을 의원들에게 주지시켰고, 의원들의 자유로운 문제제기를 억누르는 가운데 조선인 '소장파' 의원들이 중심이 되어 민족적 · 사회적 문제를 간헐적으로 제기했다. 일본인 의원과 관 · 공직 경험이 많은 조선인 의원들은 당국의 방침에 더 협조적이었다.[167]

일제당국의 입장에서는 조선인 의원들이 '일체의 문제를 이상적으로 취급'하거나 '지역적 이해에 함몰'되는 경향이 있다고 보았다. 특히 교육문제에 관해서는 모든 조선인 의원들이 한 목소리로 '지방비의 3분의 1이나 3분의 2를 충당하라'는 식으로 '이상론'을 펴는 인상을 주었다.

나중에도 언급하겠지만 민족 · 사회운동 경력을 가진 의원들은 의정활동에 더 적극적이었고, 관선의원, 특히 일본인 관선의원들은 발언이 거

165) 『每日申報』 1934년 3월 20일. 참고로 비슷한 시기에 조선인 주임관은 총독부 중앙의 경우 연평균 2,300원, 지방의 경우 1,600원을 받았고, 판임관은 총독부 중앙은 980원, 지방은 750원을 받았다. 권호준, 「1930년대 일제의 조선인 下級行政官僚에 대한 정책」, 34쪽의 표 참조.

166) 『일제시대 전주읍행정규칙자료집』, 문정사, 2003, 19쪽.

167) 1921년 최초의 도평의회 회기가 끝나자, 일제당국은 조선인 '일부 소장의원'들은 시종 이상론으로 일관하고, '종래 도참사 또는 면장 등을 거쳐 상당한 경력이 있는 자'들은 당국자의 '제안을 감수하는 경향'이 있다고 평가했다. 「道評議會狀況」, 『朝鮮』, 1921년 10월, 207쪽.

의 없거나 소극적이고, 御用的 발언에 치중했다.[168] 1930년대 전반의 경기도회 방청기에 따르면 의원들이 '紳士계급'으로 '상식도 있고 온건한 사람이 많아서', 의사진행이 순조롭고, '약간의 갑론을박'과 '발언권 경쟁'이 '졸음을 깰 수 있는 정도'라고 했다.[169] 도지사의 議場 整理는 '고압적이고 전제적'인 경향이 있었고 의원들은 '다소 무기력'했다. 도당국과 일본인 의원들이 의정 분위기를 주도할수록 무기력의 경향이 커지고 '新進議員'들이 활발하게 발언할수록 '실질적인 사정에 근거'한 내용이 표출되었다.

도평의회 · 도회의 의정 단상에서는 모든 도에서 교육 확충, 도로, 항만 등 지역생활 개선, 赴役 철폐문제가 연례행사처럼 되풀이하여 거론되었다. 한바탕 '질문전'이 끝나면 의원들은 당국이 책정한 예산안을 거의 그대로 통과시켰고, 당국자들은 성의 없는 답변으로 자리를 모면하고 실제 정책 방향에서는 변화가 없는 것이 '의정활동'의 상례였다.

> 3월에는 각도 도평의회가 열린다. 도평의회가 열릴 때마다 종종의 민원은 자연생장적으로 그들의 입에서 터져 나온다. 교육기관의 불비, 공동판매와 특매제의 폐해, 궁민구제공사의 폐해 등이 거이 如出一口로 각 지방에서 부르짖음을 듣는다. 그리고 매년 같은 부평이 반복됨을 듣는다. 당국자는 聽而不聞하는 것이냐. 그렇다 하면 이는 제도의 자가모순일 것이다.[170]

道당국의 무성의에도 불구하고 조선인 도평 · 도의들은 '가능한 정도의

168) 한 일본인 기자에 따르면, 관선의원들은 대체로 '입을 다물고 木像 같은 인상'이었다. 太久林吾, 「慶北道會覗記」, 『朝鮮行政』, 1939년 5월, 93쪽.

169) 「京畿道會と京城府會を覗いて」, 『朝鮮及滿洲』, 1934년 4월, 84쪽.

170) 朱耀翰, 「內外大觀, 國際動態의 鳥瞰圖」, 『동관』, 1932년 4월.

주장은 되는 故로 강력히 주장해 두면 익년 예산에는 효과'가 있었다.[171] 일반 조선인들은 도평·도의를 비롯한 지방의원들이 의정활동을 충실히 하여 지역생활 개선과 민족차별 시정 문제의 해결에 앞장설 것을 기대했다. 도평·도의가 무능하고 불성실하면, '村 도평의원들이 자기 동네에서는 떠벌이다가도 평의원회의에 가면 벙어리가 된다'[172]거나 '질문은 졸렬, 답변은 무성의'[173]하다고 비판하기도 했다. 총독부 기관지인 매일신보에서도 경성부회의원들이 '당선되기까지의 誠勤과 發奮을 잊어버리고 당선만 되면 공직자인 무실허명의 행세에만 방자와 오만을 다하려' 하며 '출석 불량'뿐 아니라 '부민에게 실망을 주는 점'이 일일이 매거하지 못할 만큼 많다고 비판하고, 특히 (지역 사정이나 府政에 대해) '연구가 부족'하다고 지적했다.[174]

언론인이나 일반인들은 도회·부회의 진행을 방청할 수 있었다. 의정활동에 대한 비판은 기본적으로 지방의회가 '민의를 대변'하는 역할을 하지 못하기 때문이었다. 다만 그러한 비판의 주체가 총독부 기관지나 일본계 언론인일 경우, 조선인들의 민도나 자치능력을 깎아내리려는 의도가 포함되었다. 일제당국은 지방의회에서 민족적·사회적 모순이 첨예하게 드러날 가능성을 늘 경계했다.

(3) 지역생활 개선과 민족차별 시정을 위한 의정활동

앞에서 주로 재산 기부 형식으로 학교를 설립하거나 시설 확충을 한

171) 조병상, 「수기」, 『反民特委裁判記錄』 참조.

172) 「기호잡관」, 『新民』 1927년 5월.

173) 의원들은 『釜山日報』의 보도에 대해 모두 분개했다. 慶尙南道, 『第10回慶尙南道會會議錄』, 1937, 189쪽.

174) 『每日申報』 1934년 3월 20일.

도평·도의들을 살펴보았다. 그러나 엄청난 재산가가 아니면 학교설립과 운영에 드는 비용을 개인이 감당하는 것은 불가능했다. 1920년대부터 1930년대에 걸쳐 조선인의 '교육열'의 고조와 조선인 학생의 입학난으로 인해, 대부분의 지역에서 교육 시설 확충은 현안 과제였다. 도평·도의를 포함한 지역유력자들은 지역별로 중등교육기관 유치, 학교 증설 등을 위해 기성회를 만들어 활동했고, 이러한 학교설립운동은 의정활동으로 이어졌다.

도평·도의들이 조선인 교육에서 실현하고자 한 것은 일본인과 조선인 학교의 차별 철폐, 조선인을 위한 중등 이상의 학교 설립 및 시설 확충, 의무교육 실시, 조선인 교직원을 더 채용할 것, '보통학교 수업료의 폐지'[175] 등이었다.

일본인과 조선인 학교의 차별 철폐론 가운데에는 양 민족간에 학교 구별을 완전히 철폐하자는 주장도 있었다. 가령 1928년 평북도평의회에서 金相有(평북27)는 '소학교 농교 중학교 및 고보교의 구별을 폐지하고 日鮮人 아동 공통제로 개정'할 것을 요망하는 건의서를[176] 제출했다. 조선인과 일본인의 교육은 수십 년간 학교 시설과 예산비용 면에서 분리되어 있었으므로 사실상 매우 혁신적인 주장이었다.

일선인의 교육 차별 시정 주장은 대부분 도예산에서 일본인 학교를 우대하는 데 대한 비판과 조선인 학교의 설립과 운영을 지원하라는 주장과 결부되었다. 가령 1923년의 평북도평의회에서 公禎柱(평북)는 '小數의 日本人 尋常小學校를 優待하고 多數의 韓國人普通學校를 輕視'하여 보통학

175) 『東亞日報』 1932년 3월 4일. 전북도평의회에서 金熙一(전북30)의 주장 ; 『中央日報』 1932년 2월 27일. 洪顯德(강원30)의 주장.

176) 『中外日報』 1928년 3월 22일.

교 보조를 줄이는 것을 비판했다.177)

1920년대 초중반, 홍성, 공주, 예산 등지의 유력자들은 자기 지역에 충남고등보통학교를 유치하려고 맹렬한 경쟁을 벌였다. 지역 출신의 도평·도의들도 총출동했으나 결국 金甲淳(충남20관/24관/30/33)의 로비가 성공을 거두어 공주고보가 설립되었다.178) 홍성교육회를 만들어 유치활동을 한 金炳鷫(충남20/24/27관/30관/33관)과 李丙雨(충남33) 등 홍성유력자들의 운동은 실패했다. 1923년, 충남도에서 대전일본인여자고등학교에 4만 6천원의 지방비를 보조한다고 발표하자, 도평의원들은 맹렬하게 반발하고 수정안을 제출하려 했다. 그러나 예산 출신 成樂憲(충남20/24)이 '뜻밖에도 예산안에 찬성'했다. 홍성과 서산 출신 조선인 의원은 사표를 제출하는 등 항의 태세를 보였으나 회의 유회 끝에 예산안이 통과되었다.179)

도평·도회의 의정활동에서 가장 큰 사건이라고 할 수 있는 1929년 경남도평의 '예산안 반상사건' 역시 교육문제와 결부되어 일어났다. 예산안을 '무수정 통과'시키는 것이 지방의회의 관행이었으므로, 이 사건은 거의 예외적이었다. 조선인 의원들은 '1면1교' 실시를 촉구하면서 '보통교육비' 부족을 이유로 '예산안을 返上'시켰다. 경남지사가 보복성으로 조선인 의원 14명을 해임했다.180) 이에 비해 '반상동의안에 반대'하거나 '태도가 불선명'하여 유임된 의원은 '崔干弘, 金永坤, 金聲振, 金斗贊, 裵錫觀, 朴

177)『東亞日報』1923년 12월 17-19일.

178) 한선애,「일제시기 충남 홍성군의 고등보통학교 설립운동」.

179) 서산 출신은 李基祥(충남20)이다.『東亞日報』1923년 3월 25일.

180) 정진기(합천), 金秉圭(동래), 裵翊夏(창원), 李恩雨, 李輔衡(이상 하동), 李鎔年(고성), 崔演武(사천), 李章喜(진주), 金炫國(통영), 金慶鎭(김해), 李鉉覺(함안), 嚴翼峻(김해), 姜正熙(의령) 등.

忠穆, 盧泳煥, 林鍾吉' 등이었다. 보결선거(해임된 도평 14명 중 민선의원 12명에 대한 선거)는 9월 7일에 실시되었다. 이 선거를 앞두고 조선인 의원 가운데 리더격인 김병규는 보선의 결과가 자신들의 행동에 대한 최종 판결이 될 것이라고 주장하는 글을 동아일보에 기고했다.[181)]

> …道當局이 과거 도민에게 공약한 1面1校 완성연도를 연기하는 현 당국의 방침에 대항하여 결행한 그 행동이 만일 민의에 배치했을 것 같으면 금반 보결선거에는 오등 12인이 비록 여하한 필사적 운동을 실행하드라도 선거권자인 면협의원 제씨는 단연…선출치 아니할 것이오, 만일 그것이 도민의 총의를 충실히 대표한 것 행동일 것 같으면 설혹 관헌이 여하히 준열한 선거간섭을 받을지라도 선거권자는 감연히 오등 12인을 재선출할 것이다.

그는 도평의원 자신과 지방선거의 선거권자에 대해서도 자성을 촉구했다. 도평의원들이 '사리를 초월하고 오로지 인민의 이해를 대표할 사명'으로 입후보하는 것이 아니라 대개는 '肩書의 취득과 利勢의 확장을 목적하여 선거권자에게 애걸'하며, 당선되면 민의를 돌보지 않고 '官意만 좇는 厚顔者'도 적지 않다고 하고, 선거권자들도 '아직 정치생활의 이해와 자각이 甚淺하야', '利害가 지대한 자기들의 대표자를' '하등 자주적 전형이 없이 다만 일종의 불순한 정실에서 의식 없이 선출하는 것이 십중팔구'라고 했다.

보결선거의 결과 해임된 '前도평의원 13명'이 당선되었다. 일반적인 여론과 선거권자들이 도평의원들의 '예산안 반상'을 지지한 것이다.[182)] 그

181) 『東亞日報』 1929년 8월 27일.

182) 『釜山日報』 1929년 8월 27일의 기사에 따르면 유권자들은 '前의원에 동정'한다고 했다.

러나 도지사는 '7명만 임명'하고, 더욱이 '최고점'을 얻은 金秉圭를 임명에서 제외하여 민의를 무시했다.[183] 조선인 교육과 관련된 이 '예산안반상사건'은 전국적인 주목을 끌었다.

도평·도의들은 대부분 지역의 학교설립운동에 참여했다.[184] 그러나 첫째, 사립학교를 목표로 시작한 운동이 당국의 압력이나 교섭 과정에서 공립학교로 변질되는 것, 둘째, 설립기금을 둘러싼 부정 발생, 셋째, 운동 주체들이 미온적이거나 열성적인 경우에도 다른 지역유력자들의 충분한 협조를 얻지 못하는 것 등의 문제가 있었다.

첫째의 예로는 1936년 金鴻亮(황해33/41) 등이 주도한 안악고등보통학교 설립운동과[185] 1930년대 중반의 경주고보 설립운동을 들 수 있다. 경주고보 설립기성회의 회장은 일본인이고 부회장은 경주 출신의 前 도회의원 金性權(경북33)이었다. 그러나 1937년 현직 도회의원인 경주 출신 李埰雨(경북37/41)가 기존의 '사립학교' 주장을 철회하고 '공립고보'에 동의함으로써 도당국의 설립 허가를 받았다.[186]

둘째 사례로는 홍성고보 설립운동 당시 金炳鵷(충남20/24/27관/30관/33관)의 비리 의혹[187] 등을 들 수 있다. 김병원은 1926년경의 '사립'고보 설립 움직임을 무시했고, 운동 실패 이후 '고보설립기금'을 자신의 금융조합에 예치하여 '이자수입'만 생각한다는 비난을 샀다.

---

183) 『東亞日報』 1929년 9월 12일.

184) 가령 함경남도 3군에서 '農林校 設置'를 위해 도에 진정할 때, 현직 도회의원인 金相瀅(함남33/37관)은 대표를 맡았다. 『東亞日報』 1935년 11월 12일.

185) 『東亞日報』 1936년 2월 7일.

186) 『東亞日報』 1937년 8월 28일.

187) 이 운동은 지역민들의 진정운동과 함께 추진되었고 金炳鵷은 현직 도평의원으로 홍성교육회 회장이었다. 한선애, 「일제시기 충남 홍성군의 고등보통학교 설립운동」, 22~33쪽.

셋째 사례로 1930년대 중반 목포고보설립운동이 있다.[188] 이 운동을 주도한 사람들은 호남평론사, 김철진, 차남진, 권영례, 박준규, 천독근 등 과거 목포청년회나 사회주의운동에 몸담았던 전남도평 · 도의 혹은 목포부회의원들이었다. 이들은 '유지의 자발적인 기부'를 기대하기보다 '여론의 압력'을 동원하여 재원을 확보하려 했다. 일반 여론은 文在喆(전남24/27/30/33), 金忠植(전남30/41관) 등 재력가의 기부를 기대했으나, 金哲鎭의 부친인 김성권이 3만 원을 기부한 이외에 모금액이 절대 부족하여 목적을 달성하지 못했다.[189]

도평 · 도의들은 조선인의 생활 개선과 관련한 의정활동도 했다. '도로설치 · 보수', '하천개수', '면 재정에 대한 교부금 증가', '영세농 갱생을 위한 부채 정리'[190] 등을 주장하거나 '도청 시설에 관해 도비예산의 공평배분'을 주장했다. 또한 자신의 지역이 '더 우대 받도록' 하고 '(지역의) 해산물, 농산물 판로 개척, 철도 부설, 교육기관(중등학교) 확충, 도로문제, 치산치수, 위생'을 촉진하겠다는[191] 공약을 밝히기도 했다.

교육 문제나 지역 생활 개선 문제는 의정단상에서 자연스럽게 '민족차별' 시정 문제로 비화되거나 지역운동과 연계되었다. 1923년 평남도평의회는 '순천군 密田面 소재 임야 8,600여 정을 주민의 의사를 무시한 채

188) 이 운동의 전개에 대해서는 고석규, 『근대도시 목포의 역사 · 공간 · 문화』, 189~223쪽 참조.

189) 문재철은 1920년대 전반, 암태도 소작쟁의에서 농민에 대한 탄압으로 악명을 얻은 인물이다. 1920년대 초 목포청년회 간부를 지냈고, 차남진 등 목포청년회의 주역들과 교류를 계속했다. 목포고보설립운동 때 문재철은 '문재철씨가 우선 15만 원 이상은 희사하여야 문재철씨일지며…'라는 기대를 받았다. 설준석, 「유력자 반성에 있다」, 『湖南評論』, 1936년 8월, 76쪽.

190) 千大根(충남41)의 공약. 『每日申報』 1937년 5월 7일.

191) 姜善弼(충남41)의 공약. 『每日申報』 1937년 5월 5일.

일본인에게 대부'한 사실을 대해 비판했고,[192] 해당 지역의 '주민대표 14명은 도보로 평양에 와서' '부당대부'의 폐해를 진정했다.

全應奎(함북24/27)는 '한·일인 관리의 차별대우를 철폐'하고, '국경 등에 조선인으로 조직한 自衛團을 시급히 폐지'할 것을 주장했다.[193] 李亨垣(함남37)은 '함남 연안의 중요 어업권의 대부분이 각지 어업조합에 독점'되어 '어업자가 큰 타격'이 있다면서 대재벌의 어업 독점권'의 철폐를 주장했다.[194]

도평의회·도회와 직접 관계는 없지만 도평·도의 가운데 일부 부협·부의를 겸직한 사람들은 '電氣府營'운동에 적극 참여했다. 1920년대 말부터 1930년대 전반까지 독점적 전기회사들에 맞서 전기사업을 부영으로 함으로써 府民들에게 싼 값에 전기를 공급하고자 하는 운동이 여러 도시에서 일어났다. 경성부, 부산부, 진남포부, 함흥부 등이 대표적이었는데 이들 부의 부협의회·부회에서는 '전기부영안'을 결의했으며 이를 요구하는 시민대회를 열기도 했다.[195] 曺秉相(경기33/37/41관), 洪必求(경기37) 등은 1930년대 초 경성부협·부회의 대표적인 '부영파'로 활약했고, 蔡容黙(함남27/37)은 함흥부회의 부의장으로서 전기부영안 가결을 주도했다.[196] 李斗用(경기33)은 1939년 경성부회선거에서도 '전기부영'을 공약으로 내

192) 李寅彰(평남20)의 발언. 『東亞日報』 1923년 12월 20일.

193) 『東亞日報』 1929년 3월 12일. 전응규는 또한 '미간지를 남조선 등지로부터 표랑하는 빈민에게 대부하야 그들을 구제할 것'도 주장했다.

194) 『東亞日報』 1939년 3월 8일.

195) 『東亞日報』(1931년 7월 25일, 8월 1일)에 따르면 '부영(급진)파'는 町洞總代와 연합하여 시민대회를 개최하고 '격문 수만 매'를 배부했다. 경성의 전기부영문제에 대한 경성부협·부회 내의 논의에 대해서는 김동명, 「식민지 시대의 지방 '자치'－부(협의)회의 정치적 전개－」, 『韓日關係史硏究』, 2002년 10월 참조.

196) 『東亞日報』 1930년 3월 23일, 1931년 8월 21일, 10월 7일.

걸었다.[197]

매년 도평·도회에서는 도로 개수 등을 위한 '赴役' 철폐와 부역 관행 개선에 대한 요구가 나왔다.[198] '일반도로개축을 인민의 부역'으로 하고 '관공리나 부호가는 면제'되는 데 대한 문제제기였다.[199] 부역 폐지가 어렵다면 '貧富 비례로 등급을 작성하야 금전으로 받아서 修善'하거나 '화물자동차'를 이용하자는 제안도 있었다. 자동차에 대한 증세로 도로 유지,[200] '궁민구제사업으로 부역 전환' 등의 논의도 있었다.[201] 일제 말에도 '봉건시대의 유물'이자 '부담불균형'의 주범인 부역 철폐 주장이 나왔으나,[202] 일제 당국은 '재원 부족'과 '美風을 통한 근로보국'을 내세워 부역제도를 유지했다.

'민족차별' 시정 요구와 관련하여 조선인과 일본인 의원 간에 감정 대립이나 분규로 치달은 일도 몇 차례 있었다. 1928년 전남도평에서 일어난 山野瀧三(관선)[203]과 조선인 의원 간의 분규는 山野瀧三이 조선인 교육에 대해 '모욕적 발언'을 한 데서 비롯되었다.[204] 山野瀧三은 제9차 전

197) 『朝鮮日報』 1939년 5월 14일.

198) 박이택, 「植民地期 赴役의 추이와 그 제도적 특질」, 『經濟史學』 33, 2002 참조. 부역은 '노동을 부과수단이자 납부수단으로 하는 국가의 징수제도'를 말한다. 1910년대 이래 연인원 1,000만 명 내지 1,400만 명 이상이 부역에 동원되었다. '관계부락마다 修路담당구역을 지정하여 각각 부역을 내어 수선 책임을 지우는 것'을 慣行赴役이라 했다.

199) 『東亞日報』 1930년 3월 12일. 1930년의 황해도평의회에서 張大翼(황해20/24관/27/33관/37관)과 尹景赫(황해22/24관/27관)의 주장.

200) 『朝鮮中央日報』 1935년 6월 15일.

201) 박이택, 「植民地期 赴役의 추이와 그 제도적 특질」, 56~57쪽.

202) 慶尙南道, 『第12回慶尙南道會會議錄』, 1939, 106쪽. 金璟燁(경남24/37관)의 주장.

203) '木浦商業會議所 會頭'이고 일본 언론사를 두 군데 경영했다.

204) 『東亞日報』 1928년 4월 30일.

남도평의원회가 끝난 뒤 이어진 '광주금융단의 초대연석상'에서 '조선농촌이 극도로 피폐해지는 것은 보통학교를 남설'하기 때문이라고 했다. 이 '妄說'에 대해 여론이 들끓고 조선인 도평의원들도 비판에 가세했다.[205] 이에 대해 山野가 사장으로 있던 '光州日報 및 木浦新報'에서 山野를 두둔하며 조선인 도평의원들을 비난하여 사건이 확대되었다. 분개한 조선인 도평의원들이 『목포일보』에 대해 반박성명서를 발표하려 했으나, 당국에서는 이를 중지시키고 도리어 '조선인 도평의원들의 사과'를 요구했다. 鄭昌旭(전남27) 등 조선인 의원들은 이러한 처사에 항의하면 크게 반발했다.[206] 조선인 언론인들까지 진상 조사를 결의하는 등 '전남도의원의 失態' 건은 파문이 컸다.[207]

광주학생운동이 일어난 직후인 1930년 2월, 전남도평에서는 학생운동의 원인과 대처방식의 문제점을 둘러싸고 조선인의원들이 질문전을 벌였다.[208] 동아일보 보도를 중심으로 의정단상에서 일어난 질문전의 상황을 재구성하면 다음과 같다.

孫英(전남24/27)은 질의를 통해 '일본인 순사의 고보학생에 대한 폭행', '11월 1일 광주역에서 고보생과 중학생 각각 수백 명이 대진했을 때 중학교 유도선생이 중학생들을 선동한 것', '중학교 부상자는 즉시 도립의원에서 치료하고 고보학생들을 방임'한 것, '사건발생 당시 일본시민들이 군사령부에 請兵을 요청한 것'의 사실 여부를 따졌다. 경찰부장이 '순사는 싸움을 말렸을 뿐 박 모를 때린 사실은 없다'고 대답하자 鄭昌旭(전남

205) 『東亞日報』 1928년 3월 6일.

206) 정창욱은 '도민과 조선인평의원들에게 사과'하고 사표를 냈으나 나중에 사표를 철회한 듯하다.

207) 『東亞日報』 1928년 3월 6일.

208) 『東亞日報』 1930년 2월 24일, 2월 26일.

27)은 '본인이 그 당시 광주에서 목도하고 조사한 바와 당국이 답변하는 것은 전연 틀리어서 雲泥 차가 있다'고 하고, '수백 명 학생을 희생케 한 각 책임자 등의 처치를 여하히 하겠느냐'고 질문했다.

이어 朴珥圭(전남27)는 '조선통치에 대한 근본문제와 형사정책에 대한 소견을 진술'하고 첫째, '11월 3일 고보교 강당에서 회의하는 것을 학교직원과 경관들이 잘 알았으면서도 왜 방어치 아니했으며, 행렬하는 것을 방임했거든 검거치 아니해야 할 것인데 불구하고 다수 조선인 학생을 검거했음은 무슨 의사인가?', 둘째, '다수 학생을 검거한 것이 전조선적으로 사건을 확대시켰으니 그 책임이 여하한가?', 셋째, '학생 시위는 싸움 연장인데 그렇게 중대시할 필요가 어디 있으며 학교직원들과 경찰만으로도 넉넉한데도 불구하고 警鐘을 난타하고 소방대를 출동시켜 인심을 교란케 했으니 그 책임은 여하한가?' 넷째, '학생사건의 이면에 선동자가 있다 하나, (경찰당국이) 다수의 학생을 검거치 아니했으면 그들도 싱거워서 自罷하여 버렸을 것인데 돌연히 아이들 싸움을 너무 중대히 취급하여 12일 사건까지 야기케 한 것이니 책임소재는 어디 있는가?' 하고 질문했다. 경찰부장이 박이규의 질문에 대해 '당석에서 답하지 못 하겠다'고 하자 도평의원들은 '당국의 성의 없음'에 더욱 분개하고, '장내의 공기가 험악'해졌다. 전남지사는 이에 산회를 선언했다.

지금까지 교육 및 지역생활 개선과 민족차별 시정을 위해 벌인 활동을 의정활동을 중심으로 살펴보았다. 이러한 활동은 꼭 민족 · 사회운동의 범주도 아니고, 반대로 일제통치에 대한 '봉사'나 협력으로 규정하기도 어려운 어떤 '틈새'에 위치하고 있었다. 또한 과거 사회운동에 종사한 경력이 있는 도평 · 도의들이 좀 더 첨예한 의식을 갖고 의정활동을 전개했다.

(4) 전시체제기의 의정활동

1930년대 중반 이전에도 도당국이 낸 의안을 대부분 가결시켰지만, 전시체제기 이후에는 도회의 소집회기까지 단축시키고 의안에 대한 심의조차 생략하는 변칙운영을 했고,[209] 예외 없이 '만장일치 原案대로' 의안 가결이 이루어졌다.[210] 또한 회기가 시작될 때마다 '전쟁승리 기원'이나 '장병에 대한 감사 결의'를 하는 것이 정례화되었다.[211] 1940년 경기도회와 경성부회를 방청한 한 기자에 따르면 경성부회에는 방청자도 많고 회의에 활력이 있었으나, 경기도회 쪽은 온건착실한 '老成派'들을 중심으로 '議事가 평화리'에 전개되어 '졸릴 지경'이었다.[212]

도회의 기능이 점차 마비되는 것과 병행하여 의장인 도지사의 권한은 강화되었다. 제13회 경기도회에서 개정된 '도회의 권한위임의 건'[213]에 따라, 기존에는 도지사가 도회의 의결 없이 '예산의 更定 및 1만 원 이내의 예산 추가'를 할 수 있었던 것을 '5만 원 이내의 예산'도 도회의 의결이 필요 없게 되었다. 개정 이유는 '예산액 팽창'에 따라 '시급을 요하는 경

209) 1942년 평북도회에서 黃觀河(평북24/41)는 '광범한 의안의 지엽말절을 논의하여 시간을 허비하는 것을 피하자. 전시하에서 각 제출의안은 그 彈丸이라는 견지에서 도당국을 절대적으로 신뢰하여 곧바로 가결하고, 도당국과 충분히 의견을 교환하는 기회를 만들어 협력해 가는 것이 지금 가장 필요하다고 확신한다'며 의안 논의를 생략하자고 건의했다. 平安北道, 報告例第17號, 「道會狀況報告」(1942년 3월 5일).

210) 平安北道, 報告例第17號, 「道會狀況報告」(1942년 3월 5일).

211) 1941년 경북도회에서는 申鉉求(경북41관)의 제의로 '日支事變 일본군 출정부대에 대하여 소위 武運長久 의미의 감사 電文 발송'을 결의했는데, 수신자는 '支那 파견군 총사령관, 지나 방면 함대 사령장관, 北支 파견군 최고지휘관, 연합함대 사령장관' 등이었다. 『反民特委裁判記錄』, 김두하 심문조서.

212) 1940년도에 통과된 예산은 경기도는 2천만 원, 경성부는 2천4백만 원이었다. 「道會と府會を俔いて」, 『朝鮮及滿洲』, 1940년 4월, 81~82쪽.

213) 京畿道知事, 「道會權限委任件中改正件」, 1942년 3월 26일.

비의 예산 추가'를 용이하게 하기 위해서였다.

회의의 회기는 갈수록 짧아져서 1941년에는 소집회기 평균 7일, 議事期間 평균 4일이었으나 1942년과 1943년에는 소집회기 평균 5일, 議事期間 평균 3일로 줄어들었다.[214] 일제당국은 '決戰道會에 상응'하여 '의사를 원활하게 진척'시키기 위해 회기를 감축한다고 설명했다. 또한 도회, 부·읍회, 면협의회에서는 통역제도를 철폐하여 일본어를 하지 못하는 의원들의 발언을 봉쇄했다.[215]

이 시기의 도회의 실태를 1941년도 강원도회를 통해 자세히 살펴보자.[216] 개회 첫째 날(3월 9일), 도회의원들은 '강원신사에 참배'하여 '직영봉공'과 '도정익찬'의 결의 및 '대동아전쟁필승기원'을 했다. 회장에서는 국민의례 후 宣戰大詔 奉讀式, 도지사의 개회 인사가 끝나자 최준집이 '대동아전쟁 목적 관철'에 대한 결의를 '南 조선총독 각하에게' 표명할 것을 動議했고, 이어 일본인 의원이 '육해군대신 및 육해군 前線 각 최고지휘관 및 조선군 사령관 각하, 鎮海警備府 사령장관 각하에 대한 감사전보 타전'을 동의했다. 이후 1호 議案과 '강원도 歲出入 예산' 건에 관해 내무부장의 설명을 듣고 산회했다. 오전 10시에 미얀마 수도 랭군을 완전 점령했다는 소식에 접하자 의원일동은 황군의 무훈에 감격했고 미얀마 방면 최고지휘관에게 감사전보를 보내가는 동의에 만장일치로 가결, 타전했다.

제2일은 휴회했고, 제3일(3월 11일) 회의가 시작되자 '황군의 蘭印諸島

214) 「昭和十七年及十八年における通常道會狀況」, 『日帝下戰時體制期政策史料叢書』 5, 226~251쪽. 참고로 1937년 경기도회의 소집회기는 12일, 의사기간은 9일이었다.

215) 『道知事會議諮問答申書』(1941).

216) 이하는 報告例第17號, 江原道, 「道會狀況報告」(1942년 3월 19일).

점령의 혁혁한 전과에 대해 蘭印방면 사령관에게 감사 및 祝意 전보'와, 丁殷燮(강원37/41)이 제안한 '우리 반도 방위의 완벽을 기하는 鮮內 및 道內의 防空戰士에 대한 감사전보'에 대해 만장일치로 가결했다. 이어 강원도 세출입 예산에 대해 질의응답을 하고 제2독회를 생략하고 제3독회에서 바로 채결하여 만장일치로 가결 · 확정했다. 제2호 의안 '강원도 恩級特別會計 세출입 예산' 건, 기타 3건을 부의하여 설명과 독회를 생략하고 원안대로 가결했다. 6호 의안, '강원도 토목비중 소하천개수공사비 등 起債' 건 등 11건을 의제에 관해 내무부장의 제안 이유 설명을 듣고 독회를 생략한 채 일괄 가결했다. 이어 의견서 附議에 들어가 최준집이 교육, 토목 등에 관하여 위원들에게 맡기자고 동의하자 만장일치로 찬성하고 위원을 지정했다. 다음날인 12일에는 위원회심의와 제2차 戰捷祝賀行事를 위해 본회의는 열지 않고 위원회만 개최하기로 하고 산회했다. 제5일(3월 13일)에는 '道의 公益에 관한 의견서'를 채택했고, 제6일(3월 14일) 폐회했다.

1944년 제18회 경북도회에서도 일본인 의원의 제의로 1. '결전 하 我等 신민은 총궐기, 필승의 신념을 견지하여 戰力 증강의 목적에 결사 돌진함으로써 숙적 米英의 격멸을 기함'이라는 결의를 했고, 朴魯庚(경북41)의 긴급동의안에 따라 '皇軍 장병에 대하여 감사 及 호국영령에 대한 電報'를 채택했다.[217] 1941년 3월의 충청북도 도회에서는 '半島장정에 徵兵令 실시요망의 건'을 南次郎에 청원하기로 결의했다.[218]

217) 『反民特委裁判記錄』, 김두하 편.

218) 이 징병령 결의는 '의원 1명 결석, 1명 불찬성의 절대다수의 결의'로 이루어졌다. 도회회의록에 따르면, '해군지원병훈련소 설치요망의 건'을 건의할 때 조선인 의원 가운데 약 반수가 이에 찬성했다. 이러한 내용은 총독부 방침으로 이미 결정된 사항을 형식적으로 도회의에 제의하여 강제 결의한 것이다. 『反民特委裁判記錄』 孫在厦 편 참조.

전쟁협력을 위한 '決戰道會'는 1945년까지 계속되었다.[219] 각도 도회는 '비행기 헌납'과 '육해군장병 위문' 등을 결의하거나 창씨개명에도 적극 협력했다.[220] 황해도회는 창씨개명을 독려하기 위해 도회의원들을 도내 일원에 파견했고, 경기도회의원 전원이 미곡공출격려 강연에 나섰다.[221]

그렇다면 전시체제기 도회에서 조선인 의원들은 비판 기능이 완전히 마비되고 오로지 총력운동과 침략전쟁을 추종했는가. 일제당국은 도회의원들이 '대동아전쟁의…의의를 깊이 인식하고 태도가 극히 성실'하다고 평가하고,[222] '질문도 국부적 이해에 따라 당국의 결점을 탐색하거나 內鮮대립을 일으키는 언론은 자취를 감추었고,' '국민생활의 안정 확보, 생산력 확충, 교육문제 등 도정의 대국에 입각하여 건설적 의견'이 나왔다고 평가했다. 이러한 평가는 일제가 이 시기의 도회에 무엇을 기대했는가를 보여주는 것이고, 또한 그러한 도회 분위기를 주도한 일본인, 조선인 의원들의 존재가 감지된다.[223] 그러나 좀더 의정활동의 내용을 들여다보면 역시 조선인 의원들은 '내선일체'라는 명분을 통해 조선인에 대한 실질적인 차별철폐를 의도했다고 생각된다.

가령 교육문제와 관련한 도의들의 발언을 보면, 朴忠模(강원37/41)는 '조선을 두 어깨에 짊어질 제2국민'은 '국난 타개와 동양의 평화 안녕에

219) 1945년 3월, 황해도회는 '道民總蹶起'로 '결전'에 임할 것을 결의하고 폐막했다. 결의안 가운데에는 중학교생도의 군사교육 실시도 포함되었다. 『每日申報』 1945년 3월 24일.

220) 「機密室」, 『三千里』, 1940년 4월.

221) 『每日申報』 1944년 11월 29일.

222) 「昭和17年度及18年における通常道會狀況」(1942).

223) 각 도회에서는 중추원 참의 경력이 있고 도평·도의 경력이 오랜 의원들이 '일사천리'의 의사일정을 주도했다. 「第14回忠淸南道會會議錄抄本」(1941) ; 京畿道, 「第14回京畿道會會議錄拔萃」(1943) 참조.

매진할 사명'이 있으므로 '초등교육을 보급'하고 '의무교육'을 실행할 것과 '농민들 지도'를 위해 '농민이 해득할 수 있는 순언문으로 된 농민독본'을 보급해야 한다고 주장했다.[224] 1940년, 金東準(경남40관/41관)은 '학교비와 학교조합의 구별을 폐지'하고 그 예산을 '부읍면에 귀속'시킬 것을 주장했다.[225] '興亞聖業'을 완수해야 하는 이때에 양 민족의 교육이 학교비·학교조합으로 분리된 것은 '국민교육상 바람직하지 않다'는 논리였다. 沈基淵(함남41)은 '鮮人이 모두 內地語를 사용할 수 있는 시기가 하루라도 빨리 오기를 염원'한다며[226] '교육 확대 및 의무교육'을 촉구했다.

1920년대에 민족교육운동을 전개한 바 있는 金秉圭(경남27/33관/37관)는 1939년 경남도회에서 조선어 교육의 필요성을 주장했다. 당시 조선어는 隨意科目으로 바뀌어 사실상 폐지될 운명이었으나 그는 '중등학교까지 조선어 교육'이 필요하다고 역설했다.[227] '의무교육이 완전히 실시되어 2천 3백만이 國語에 능통하기 전에는' '일상생활의 기초가 되는 조선어 이상 필요한 것이 없으며' '諺文은 인류의 문화유산으로 영원히 보존할 가치'가 있다고 주장이었다.[228] 또한 김병규는 경남도회 부회장인 金慶鎭(경남24/27관/30/33/37/41관)이 '創氏제도 실시에 대한 감사 결의'를 제안했을 때 반대의사를 표시했다.[229] 김병규는 그것이 도회와 직접 관

224) 박충모(강원), 「新道議第一聲」, 『朝鮮行政』, 1937년 7월.

225) 慶尙南道, 『第14回慶尙南道會會議錄』, 1940, 485쪽.

226) 梁村奇智城, 『新興之北鮮史』, 朝鮮研究社, 1937. 그는 목재상과 토지 투자로 큰 성공을 거둔 뒤 지역에 '사립학교를 설립'하고 '유망 천년 수명을 동경 및 경성에 유학'시켰다.

227) 慶尙南道, 『第12回慶尙南道會會議錄』, 1939, 171~175쪽.

228) 이에 대해 일본인 道내무부장은 '언문이 가치가 있다는 것은 인정'하나 '영구히 존재'해야 하는 것은 아니며 '국어를 철저히 하면 내선일체'를 통해 '조선어가 폐지될 때가 올 것'이라고 답변했다.

229) 慶尙南道, 『第12回慶尙南道會會議錄』, 1939, 304·502쪽.

계가 없고 '도회에서 국가가 하는 일마다 감사 결의를 할 수는 없다'고 주장했다.

1939년 함남도회를 방청한 일본인 기자[230]에 따르면, 李鴻基(함남37/41), 徐炳河(함남37) 등 젊은 의원들은 '정열과 純理論적인 이데올로기를 갖고 분투'했고, 李曦燮(함남33/37관)은 '내선일체론'에 관해 발언하다가 '내지인 관리의 가봉 철폐'[231]와 '내선차별대우까지 논전의 꽃을 피워 당국의 신경을 곤두서게' 했다. 1939년 경기도회에서 金敏植(경기37)은 '도회의원의 질문 중에 당국의 시정방침에 반하는 점이 있으며 심지어 불령사상이 의심된다'는 '모 신문 사설'에 대해 부당하다고 유감을 표시하고 '우리 경기도회의원은 당국의 방침에 찬의를 표함과 동시에' '장래의 善處와 노력을 촉구'함으로써 '내선일체의 실을 거두려' 한다며 의정활동을 변호했다.[232] 전시체제하의 언론, 특히 일본인 언론에서 조선인 의원의 의정활동을 '사상 검증'하는 데 대한 항변이었다.

전시체제기 도회에서도 조선인 의원들은 '내선일체'에 대한 동조를 전제로 차별 시정을 촉구했다. 그들이 제기한 문제는 경성 등 대도시와 농촌지역의 교육시설 공평화,[233] 부역 철폐, 광업·어업권의 차별 문제, 渡航문제,[234] 조선인·일본인 관리의 채용과 대우의 차별 시정 등이었다.

230) 常田喜助, 「咸南道會傍聽記」, 『朝鮮行政』, 1939년 5월, 94쪽.

231) 가봉제도는 일본인 관리에게만 적용되어 조선인 관리와 급여 차이를 더 확대시키는 요인이었다.

232) 原賀達太, 「京畿道會壇下の辯, 『朝鮮行政』, 1939년 3월, 97~98쪽.

233) 京畿道, 『第11回京畿道會會議錄拔萃』, 1941, 135쪽, 崔在燁(경기33/37)은 '경성에 공·사립 중등학교가 집중'되는 것과 '各 郡部의 중산계급이 경성에 집중'하는 현상을 지적하고, 이에 비해 '郡部는 점점 피폐한다'고 했다.

234) 조선인 노동자들이 일본에 가서 취업하는 데 대해 제한 규정을 완화하라는 요구였다.

‘농산어촌진흥운동(이하 진흥운동)’의 성과와 의미에 관해 1937년 전남도회에서는 ‘농산촌의 피폐’와 ‘농산어촌민의 공적 생활의 불평등’을 지적하고 ‘보통학교 교원이 진흥운동에 참가하여 본직을 등한히 하고’, ‘부역 가중으로 진흥운동이 방해되는 점’ 등을 제기했다. 조선인 의원들은 농가갱생을 위해 ‘면직원 대우 개선’, ‘자작농 창설’, ‘농촌 도로’, ‘농촌의 위생’, 진흥운동의 ‘지도정신을 재검토’할 것 등을 주장했다.[235)]

이와 같은 ‘차별 철폐’ 주장은 총독부의 ‘내선일체’정책에 포위·전용될 위험이 있었다. 더욱이 전시체제하에서 도회의 기능이 극도로 제한되고 위압적인 분위기가 형성되어,[236)] 그들의 의도는 심각하게 굴절되었다.

2) 지방제도 개정문제

(1) 1920년대의 지방제도 개정 논의

지방제도 개정에 관해서는 이미 1921년 초, 첫 번째 도평의회 회기를 마친 조선인 도평의원들 사이에서 ‘완전한 지방자치제를 하루라도 빨리 실시’하기를 요망하는 의견이 나타났다.[237)] 그러나 가령 趙重完(경남41)처럼 ‘금일의 民智 및 경제상태’ 때문에 도평의원에게 의결권이 없는 것을 감수해야 한다거나, 崔錫夏(평북20관/24관/27관)처럼 도평의회를 경험

235) 최규창(본사특파기자), 「제7회 전남도회」, 『湖南評論』, 1937년 4월, 1937년 5월(연재).

236) 1939년 경남도회에서 내무부장은 ‘정신총동원운동’에 관해 장황하게 설명하여 張鷹相(경남24/37관)이 ‘간단히 하라’고 하자 ‘不勤愼한 태도’라며 질책했고 장응상은 결국 발언을 취소했다. 慶尙南道, 『第12回慶尙南道會會議錄』, 1939, 204~205쪽.

237) 姜東曦(전북20/33/37관)의 글을 참조하라. 姜東曦, 「完全な地方自治の實現を望む」, 『朝鮮』 1921년 5월.

해 보니 관선의원의 경우에도 사실상 '의원 추천권은 면장'에게 있고, 이 제도가 자문기관이라고는 하지만 '자문한 사항이 채용'됨에 있어서 '의결'과 다름이 없다면서[238] 현상을 긍정하는 의견도 있었다. 韓翼東(경북20관) 역시 현제도가 '완전을 이상으로 하는 우리의 눈에는 다소 불만족'이 있으나 대구부협의회의 경우 '실질적으로 거의 결의권을 행사하는 것과 별반 차이가 없다'고 했다.[239] 이에 반해 일본인 도평의원들은 대체로 조선인들의 민도가 낮고 '선인 의원'들이 '國語'를 잘 하지 못하고 '議事에 숙달하지 못하여' 결의기관은 시기상조라고 주장했다.

조선인 의원들은 자신들의 임무가 '관민간에 介在'하여 '일반민의를 모집하얏다가 도당국자에게 전달하고, 도당국자의 의견을 收合하얏다가 민간에 布告'하는 것이라고 생각했다.[240] 또한 도평의회제도는 '장래 지방자치제도를 실시하기 위한 소위 준비기관'[241]이므로, 민도의 향상과 더불어 지방자치를 앞당길 것을 기대했다. 또한 '郡평의회원'이 아닌 도평의회원이 지방적 이해관계에 사로잡혀 '신성한 회의에서 예산쟁탈전'을 벌이거나, 심지어 본인의 사업과 관계된 이익을 추구하는 것을 경계하는 의견도 있었다.[242]

도평 · 도의들은 나중에 살펴보는 '공직자대회'(1924~1930년)에서 완전한 지방자치 실시를 '집단적으로' 요구하기 시작했다. 黃甲周(경남20)는 마산학평으로 참가한 1924년 제1회 공직자대회에서 '학교평의회를 완전한 결의기관으로 할 것'과 '면을 郡에서 독립시키고 면협의회를 결의기관으

238) 崔錫夏(평북도평), 「決議機關と異なるなし」, 『朝鮮』, 1921년 10월.
239) 『朝鮮』, 1921년 10월, 297쪽.
240) 韓準錫(함남도평), 「道評議會員の在任辭令を拜受して」, 『朝鮮』, 1924년 5월.
241) 李根彰(전남도평), 「輿論の中庸を採したるもの」, 『朝鮮』, 1921년 10월.
242) 文尙宇(경남도평), 「平凡な二三の感想を」, 『朝鮮』, 1921년 10월.

로 하여 교육시설 등에 만전을 기할 것'을 제안했다.

鄭鳳和(충남27)[243]는 잡지 기고문에서 '현하의 단체행정'이 '관치행정'이라고 비판하고, '현행 자문기관인 도평의회, 부면협의회, 학교비평의회 등을 결의기관으로 개정하여 완전한 지방자치제를 실시'할 것을 주장했다.[244] 정봉화는 '농회, 수산회, 산림조합, 축산조합 등 잡종산업단체'가 '자치기관이 아니고, 모두 道郡 관리의 손으로 업무가 집행'되어 '지방행정사무의 중복이며 이중형식'이라고 하고, 이러한 단체를 철폐하고, 그대신 '(현재의 지방비와 같은) 郡費'를 신설하여 '각 계급의 대표의원의 결의를 거쳐 지변'할 것을 주장했다.

공직자대회는 1930년 7회 대회 때까지 매번 '朝鮮現勢에 適合한 地方自治制 實施 促進'을 논의하고 통과시켰으며 기타 지방제도 개혁을 거론했다. 지방제도 개정에 관하여 공직자대회에서 결의한 '자문기관의 의결기관화', '부협의회원 수의 증원', '학교조합과 학교비평의회의 철폐' 등은 제2차 지방제도개정을 통해 현실화되었다. 그러나 공직자대회에서 거론된 도평의회 선출방법 개정(관선 폐지), 부윤의 民選 등은 실현되지 않았다.

(2) 1930년대 이후의 지방제도 개정 논의

1932년, 총독부는 중추원 참의들에게 중추원 개혁문제에 대한 의견을 자문했다. 원래 중추원은 '日韓併合의 공로자 우대 및 '병합'으로 인해 일

243) 정봉화는 3천석의 지주로 '사음제를 타파'하고 '지주 자신이 직접 관리'하며, '소작료 병작제, 비료, 종자는 무이자 先貸'했다. '일반 무산농민을 위해 영락회를 조직'한 바 있었다. 영락회에서는 '소작인이라는 명칭'을 없애고 '탐욕한 대지주'에 대항했으며, '일반공익을 도모'했다고 한다. 홍인택, 윤용규, 「경남지주탐사기」, 『新民』, 1927년 5월.

244) 정봉화는 현재와 같은 비효율적인 지방행정을 그대로 두고 지방자치를 주장함은 모순이라고 했다. 정봉화, 「지방제도를 개정하라」, 『新民』, 1928년 1월.

단 관직을 잃게 된 구한국시대의 顯官 要職에 있던 자들에 대해 지위, 명망을 保持하게 하고 아울러 衣食의 방도를 주며, 조선총독의 자문에 응할 목적'[245]으로 설치되어 이후 제도상의 변화는 거의 없었다.[246] 답신을 낸 조선인 15명 가운데 도평·도의는 세 명이었는데,[247] 그 가운데 현준호의 제안은 지방제도뿐 아니라 참정·자치문제와 연결되는 문제이므로 내용을 살펴보자.

현준호의 주장은 중추원을 조선의회(의결기관)로 개편하자는 것이었다. 소위 '조선자치론'과 일맥상통하는 의견으로, 현준호는 '단순히 공로있는 자의 구제기관에 불과한' 중추원을 '조선의회'로 바꾸어, '조선통치에 관한 중요사항은 모두 이 의회의 의결·협찬을 거쳐 시행'할 것을 건의했다. 그가 구상한 조선의회는 '법령의 제정에 관한 사항 및 조선예산안을 의결'하는 권한을 갖고, 의원 정원 약 130명 가운데 '100명은 민선, 30명은 관선'으로 선출하며, '25세 이상의 남자로 國稅 年 3원 이상을 납부하는 사람'이 선거권을 갖고, '30세 이상의 남자로 독립의 생활을 경영하는 자'가 피선거권자가 되는 제도였다.

현준호가 보기에 '병합' 이래 20여년이 지났는데도 아직 민심과 생활이 불안정한 주된 요인은 조선민중들이 '통치상에서 參政의 기회'가 없고,

245) 『中樞院 官制 改正에 관한 參考資料』, 1932 참조.

246) 중추원에 대한 자문안은 1926년에도 12명이 제출했고, 1932년의 경우, 일제 당국은 일반 조선인들, 일본인들의 중추원제도 개정에 관한 의향도 조사했다. 조선인들 사이에서는 '중추원을 조선의회로 만들라'거나, '건의, 建白權을 부여하여 진실로 民意暢達의 기관이 되게 하라', '전폐하라', 중추원의 '議官을 도평의회원이 선임케 하라'는 등의 의견이 나왔다.

247) 玄俊鎬(전남24/27), 元悳常(경기20/24관/27관/30관/33관/37관/41관), 張稷相(경북20/24). 장직상과 원덕상은 현준호처럼 조선의회를 주장하지는 않았으나 '一. 制令 및 府令의 제정과 개폐, 一. 총독부 예산 및 결산' 등을 '반드시 中樞院에 자문할 것'을 주문했다.

'정치적 희망을 잃고 歸趨할 바를 알지 못해 우왕좌왕하는 상태로 항상 불안을 품고' 있기 때문이었다. 그것을 바로잡는 유일한 길은 '조선에 완전한 自治制를 펴서, 일반 민중들을 통치에 참여시켜 민의의 창달을 도모하고, 당국의 진의를 보여줌으로써 人和를 얻는 것' 뿐이었다. 여기서 언급하는 완전한 자치제는 당국이 주장하는 '지방자치'뿐만 아니라 조선에 독립된 의회를 설치하는 것을 의미한다. 당시 현직 중추원참의였던 현준호의 제안에서 '자치론'의 영향이 엿보이며, 급작스럽게 보통선거를 주장하는 것이 아니라 '선거권 제한과 관선의원 존치'를 현실적으로 수용하고 있음을 알 수 있다.

이후에도 도평 · 도의들은 후보공약, 도회 의정단상의 발언, 잡지 기고 등을 통해 도회제도의 문제점을 지적하거나 개선 혹은 개혁을 주장했다. 일부 도회의원들은 도회 · 부회의 제도적 개혁보다는 운영상의 개선을 더 선호했다. 林漢瑄(경기30/33/37)은 도회의원들이 '성의 있는 노력'으로 지방 상황을 연구하여 '민의를 도정에 반영'시키고 '道府郡 당국과 협력'할 것과, 道행정관료들이 '방관적 태도'나 '관료독선주의'를 버리고, '1년에 4, 5회 이상 정례적으로 도간부와 도회의원'이 '자주 만날' 것을 제안했다.[248] 그는 도당국자와 도회의원의 협력이 '원활하지 못할' 경우, '內地類의 반대를 위한 반대'도 나타날 수 있다고 했다. 임한선의 논리는 지방의회에서 '정치투쟁'이 일어날 것을 경계하고 지방의원에게 '당국과 지역민들의 다리 역할'을 기대하는 일제의 논리를 답습했다.

사회주의 경력자인 金哲鎭(전남37/41)은 도의선거제도에 대해 '제도의 숙정과 혁정이 필요'하다고 했다.[249] 그는 전남도의가 '전남 250만 도민

248) 임한선, 「議員の責任は重大なり 『朝鮮行政』, 1937년 7월.

249) 김철진, 「感想 · 希望等」, 『朝鮮行政』, 1937년 7월.

을 대표'한다고 하지만 '사실 면협의원, 부읍회의원 선거 유권자들이 36,253명뿐이기 때문에 민의의 반영과는 상위가 크다'고 하고, 관선의원 폐지, 유권자격 제한의 저하를 통한 유권자 증대, 또한 도회의원들의 별도의 회합기관을 주장했다.

> …도회 공기가 명랑하지 않은 점, 각자 개개인의 영웅주의적, 分捕주의적 입장으로 융화성이 결여됨 점이다. 물론 政黨은 아니라 해도 적어도 도의로서 각자의 연구, 조사, 의사소통 등을 위해서도 2, 3인 내지 4, 5인이라도 좋으니 구락부 같은 형식으로 각종 회합기관을 가질 필요가 있다.…의원의 언론은 회의규칙 제24조 "발언은 의제 이외에는 할 수 없다"는 조문으로 제한된다 해도 정치인으로서 언론이 너무나 국부적, 지방적으로만 한정되는 것이 유감이다. 좀 더 도회 자체의 비판, 시정, 향상을 위해 議題에 대한 근본적, 총괄적, 전체적 언론이 필요하다.[250](강조는 필자)

김철진은 그러한 회합이 '정당'이 아니라고 전제했지만 조선인 의원들은 비공식적으로 의원 간 결속을 꾀하여 사실상의 정치세력화를 기대했다고 보인다.[251] 이는 지방의회 의원들의 '정치적' 움직임을 최대한 통제하려 한 일제당국의 입장과 배치되는 것이었다.[252]

250) 김철진, 「感想 · 希望等」, 65쪽.

251) 조선인 의원들의 '당파적' 결속의 예로 가장 두드러진 것은 경성부협의회(부회)에서 '전기府營'문제를 둘러싸고 '府營派'와 '調査派'가 나뉘어 부영파가 '사전에 시민대회를 개최'하고 조사파 역시 '음양으로 동지를 규합'하는 등 '朝野兩黨對峙의 형세'를 보인 것이다. 「卷頭言」, 『朝鮮地方行政』, 1931년 9월.

252) 일제는 '당파를 만들어 마치 내지의 政黨과 같이 동지를 결속하여 주장을 관철하려는 경향', '지방행정'을 빙자하여 '정치적 논란 공격'을 하거나 '일부주의자들이 종래의 불온 과격한 운동을 그만두고 합법적 운동으로 우선 지방의회를 세력권 내에 수렴하여 민중의 정치적 훈련의 장으로 삼으려는' 가능성을 우려

1937년의 제7회 전남도회에서 김철진과 池正宣(전남33/37)은 지방제도 개혁에 대해 비슷한 취지의 발언을 했다. 김철진은 '민의의 반영'을 위해 전남도회의원 '40여 명은 너무 소수'이므로 '인원을 증가'시킬 것과 관선의원 폐지를 주장했다.[253] 지정선 역시 '보통선거'는 아니더라도 유권자의 기준이 되는 납세액을 '2원'으로 인하할 것을 제안했다.[254] 1938년 경남도회에서 鄭寅斗(경남37)는 일반 조선인들이 '관선'을 매우 부정적으로 인식하고 있다고 발언했다.[255]

卓同朝(경남37/41) 역시 경남도회에서 도회선거의 유권자수가 너무 少數임을 지적했다.[256] '불과 12~14명의 선거인이 1인 이상의 후보자 중에서 대표자'를 선출하기 때문에 '무기명 투표'라도 누가 누구에게 투표했는지가 분명하여 '지방의 평화를 어지럽히게' 되는 등 '폐해가 상당'하다고 했다. 그는 '원칙적으로 보통선거를 해야' 하지만 '그 道程'으로서 읍회의원과 면협선거의 유권자는 읍면세 3원 이상으로 하고, 도회의원을 직접선거로 바꾸되 유권자는 5원 이상 납부자로 할 것을 제안했다.

도의 선거에서 선거법 개정을 공약으로 내건 후보도 있었다. 千大根(충남41)은 도회를 의결기관으로 확립하기 위해서는 선거법을 개정하여 '선거권을 읍면협의회원에게 한정할 것이 아니라 보통선거, 혹은 납세액

했다. 「第37回 帝國議會 說明資料」(1937).

253) 김철진은 '도회는 자치기관이라 하나 기구가 너무 무력'하고, 道制에 따라 '지사는 도회를 여하라도 廢할 권한이 있음에도 불구하고 여당이라고 칭할만한 관선의원'까지 둘 이유가 없다고 했다. 최규창(본사특파기자), 「제7회 전남도회(2)」, 『湖南評論』, 1937년 5월.

254) 全羅南道, 『第7回全羅南道會會議錄』, 1937.

255) 정인두는 도회의원들이 '한발 앞서서 일을 하고 사회봉사를 하고 국가를 위해' 일하려 하면 '바로 관선의원운동'을 한다는 오해를 받으며, '관선의원 장사(商売)' 운운한다고 불평했다. 慶尙南道, 『第10回慶尙南道會會議錄』, 1938, 41쪽.

256) 慶尙南道, 『第10回慶尙南道會會議錄』, 1938, 31쪽.

저하로 선거자격을 확장'해야 한다는 선거 공약을 발표했다.257) 1939년의 경성부의 선거에서 조병상은 '稅納의 균등, 사회사업의 확충, 완전한 自治 촉진'을 내걸었고, 朴疇明(경기41)도 당선자 소감으로 '府尹을 民選으로 하여 충분히 抱負 經倫을 行하게 할 수 있는 所謂 完全 自治制의 확립에 邁進'할 것을 밝혔다.258)

관선 경기도의를 빠지지 않고 역임한 韓相龍(경기20관/24관/27관/30관/33관/37관/41관)도 '관선 철폐, 의원 상호 추천으로 도회의장 선출, 도회의원 직접 선거' 의견을 피력했다.259) 한상룡은 '내지의 府縣會 제도'를 이상으로 보고, 도회의 '최후의 집행권'은 역시 '도지사'가 갖는 것이 바람직하다고 했다.

전시체제기에 부회와 도회의 기능이 점차 마비되어가는 상황에서, 도평·도의들은 완전한 지방자치의 실현, 혹은 제한의 완화를 계속 촉구했다. 가령 1939년 경기도회 건의안에는 '읍회, 면협의회원의 선거 자격을 납세액 5원에서 2원으로 개정할 것'이 포함되었다.260)

3) 참정·자치문제에 대한 입장과 활동

(1) 1920년대의 참정·자치문제

1920년대 도평·도의들의 참정·자치논의는 내선융화단체와 공직자대회에서 이루어졌다. 국민협회와 갑자구락부는 참정권 청원운동의 주역

257) 『每日申報』 1937년 5월 7일.

258) 「京城府議 當選 人物記」, 『三千里』, 1939년 6월.

259) 「叅政權의 要望」, 『三千里』, 1938년 8월.

260) 原賀達太, 「京畿道會壇下の辯」, 『朝鮮行政』, 1939년 3월, 98쪽.

으로 '조선자치론'에 대해서는 확고히 반대했다. 국민협회는 1920년대 초부터 '중의원선거법 조선 시행'을 촉진하는 참정권 청원운동을 매년 벌였다.[261] 국민협회는 1920년대 중반까지 전국에 지부를 설립하면서 크게 세를 과시했으나,[262] '친일적 굴욕운동'이라는 비판과 함께 점차 세력이 쇠퇴하는 가운데 청원운동을 계속했다.[263] 갑자구락부는 1924년 제1회 공직자대회의 결의를 '진정'하기 위해 일본인 대표 3명을 동경에 파견한 것을 계기로 결성되었다.[264]

국민협회와 갑자구락부는 중의원선거법의 조선실시(참정권)를 주장한다는 점에서는 동일했으나 갑자구락부는 조선 거주 일본인들의 제국의회 진출을 현실적 목표로 삼았다. 갑자구락부에서 1927년 2월, 제국의회에 낸 청원서의 요지는 다음과 같다. 첫째, 중의원 선거를 '경성부, 부산부, 대구부, 평양부'에서 추가 실시할 것, 둘째, 조선귀족에게 귀족원 의원의 특권 인정, 셋째, '조선 재주자 가운데서도 국가에 공로가 있거나 학식이 있는 자를 발탁하여 귀족원 의원 칙선(勅選)의 길을 열도록 요망' 등이었다. 이는 조선인 귀족 등을 귀족원 의원으로 발탁하도록 주장한 것 이외에는 본국 참정권을 박탈당한 조선 거주 일본인들을 우선적으로 고려한 주장이었다. 조선 전체가 아닌 4개 대도시에 한정한 선거 실시

261) 국민협회는 1920년부터 1941년까지 총 20차례의 참정권 청원을 했으며, 국민협회 회장이 서명 대표가 되고, 찬동자의 서명을 받아 청원서나 건백서를 제출했다. 松田利彦, 「일제하 參政權요구단체 '국민협회'에 대하여」.

262) 1923년과 1924년의 국민협회 건백서 제출 시에는 1만1천여 명이 서명했다.

263) 「第37回 帝國議會 說明資料」(1937).

264) 「高警1第2154號」, 「甲子俱樂部創設竝宣言書配布に関する件」. 갑자구락부 창립 시에는 일본인 40명과 조선인 12명의 부원이 있었으며 참여자 가운데 조병상, 예종석, 방규환, 전성욱, 김석진 등은 경성부협·부의였다. 『일제협력단체사전』, 갑자구락부 참조.

주장은 노골적으로 일본인들의 의도를 드러냈다.

참정권론자들의 구심점인 국민협회와 갑자구락부는 조선자치론을 전개한 경성일보 사장인 副島를 맹렬하게 공격했다.265) 1920년대에는 소수의 도평 · 도의와 지방의원들이 국민협회나 갑자구락부에 참가하고 있었는데, 참정 · 자치문제에 대해 이들이 단체의 입장을 떠나서 독자적인 입장 표명을 한 적은 없다.

도평 · 도의들이 '자치론'에 어떻게 대응했는지를 보기 위해서는 먼저 조선인 '자치파'가 어떤 사람들인지를 볼 필요가 있다.

'장래의 조선 자치'를 호소한 최초의 시도는 1919년 7월 30일, 고희준, 채기두 등 7명의 조선인 '온건파'가 동경에 가서 유력자들을 만난 일이었다.266) 그 7명 가운데 평양의 변호사 李基燦(평남33관)이 포함되어 있었다. 그러나 이들이 '자치'에 대해 구체적인 방안을 가졌다는 흔적은 보이지 않으며, 이후 조직적인 세력을 형성한 것도 아니었다. 자치운동이 표면적으로 드러나는 것은 1923년경 '研政會' 시도부터인데, 이후 조선국내의 자치논의의 중심이 된 사람들은 송진우 등 동아일보계, 최린 등 천도교 신파, 이광수 등 수양동우회계, 박희도 등 일부 기독교계, 대구의 서상일 등이었다.267) 이들은 '즉시 독립'이 어렵다고 보고 '자치'를 추구했지

265) 副島道正는 1925년 11월, 「朝鮮統治の根本策」을 총독부 기관지인 『京城日報』(11월 26~28일)에 게재하여, '조선인이 내지 문제에 간여'하거나, '독립은 몽상'하기보다는 현실적으로 '고유문화'에 입각하여 '자치(home rule)'를 실현해야 한다고 주장했다. 그의 주장은 조선을 '제국의 영토'로 두고 '문화적 정치형식'을 부여해야 한다는 것이었다. 趙聖九, 『朝鮮民族運動と副島道正』, 研文出版, 1998 ; 姜再鎬, 『植民地朝鮮の地方制度』, 199~201面 참조.

266) 金東明, 「支配と抵抗の狭間」, 105~106面.

267) 박찬승, 『한국근대정치사상사연구』, 357쪽 참조. 물산장려회, 태평양연구회, 조선사정연구회 등도 자치운동을 시도했고, 그 세력의 일부는 신간회운동에도 참여했다. 金東明, 「支配と抵抗の狭間」, 158~188面.

만,[268] 공개적인 운동을 전개하지 못했고, 간헐적인 '자치운동' 움직임이 일어날 때마다 독립운동세력의 거센 비판에 직면했다.[269]

1920년대의 시점에서 도평 · 도의 가운데 (자치운동 참여가 아니라) '자치파'와 가까운 주장을 펼친 사람들로는 앞에서 보았듯이 중추원 개혁을 주장한 현준호 및 공직자대회에 참가한 몇 명을 꼽을 수 있다.

全鮮공직자대회(1924~1930)는 경성부협의회의 일본인 · 조선인 의원들이 비공식적인 회합에서 제도개혁을 논의한 데서 비롯되었다. 1922년, 경성부협의회 의원들을 중심으로 '완전한 지방자치' 실현을 위해 '전선부협의회원간담회'를 개최하려고 시도한 일이 그것이다.[270] 제1회 공직자대회(公職者懇話會)는 1924년 6월, 경성에서 개최되었다. 경성, 부산, 평양 등의 부협의회의원(일본인 다수)과 상업회의소의원(일본인 다수), 학교조합평의원(일본인), 학교비평의원(조선인) 120~150명이 참가했다. 참정권 실시를 주장하는 목소리가 대부분이었으나, 일부 일본인이 '조선에 특별 의회를 만드는 것이 지당'하다는 논리를 폈다.[271] 결의된 내용은 '자치제 시행과 중의원의원선거법 시행'으로, 여기서 자치제는 지방자치제를 의미했다.[272]

268) 박찬승, 『한국근대정치사상사연구』, 329쪽의 서상일의 주장 참조.

269) 바로 이 점에서 조선의 자치운동은 대만의 '자치운동'과 큰 차이가 난다. 조선의 자치운동은 총독부의 끄나풀이 관여하는 방식으로 진행되었고, 한 번도 대중적 지지를 받은 적이 없었으나 일부 조선인들은 은밀하게 계속 '자치'를 모색했다.

270) 李昇燁, 「全鮮公職者大會」, 『二十世紀研究』, 2003.

271) 경성부협인 方奎煥은 '자치제의 실시, 참정권 획득을 반대하는 자는 인간이 아니다'라고 극언했고, 이에 경성부협인 大垣丈夫가 '자치제 시행'이 '세액의 급증'을 초래한다고 반론했다. 本木房吉(대구부협)은 '조선의회'를 주장했다.

272) 제7회 공직자대회 이전의 대회에서 '자치제'를 결의한 것은 '조선의회 설치'가 아니라 '완전한 지방자치제'를 말한다. 이에 대해서는 후술하겠다.

1930년 제7회 대회까지 개최된 공직자대회에서는[273] 매년 참정 · 자치 문제가 빠지지 않고 거론되었다. 제3회 공직자대회(1926년 5월)는 조선의 현상에 맞는 '자치제' 실시 및 '府소재 학교조합의 철폐', '보통학교 직원을 최대한 조선인으로 임명' 등 민족 차별 완화를 요망하는 내용을 결의했다. 3회 대회에서 '중추원참의는 관선에 의하지 않고 도평의회에 의하야 선거할 건'도 상정되었으나 부결되었다.[274] 제7회 공직자대회 참가자 30명과 1~6차 대회의 참석자 중 도평 · 도의로 확인된 자들을 표로 나타내면 다음과 같다.[275]

〈표 Ⅳ-9〉 공직자대회 참가자[276]

이름	지방의원	30년 당시 직위	지역	공직자대회 참정청원활동
韓相龍	경기20관/24관/27관/30관/33관/37관/41관, 경성14/16/18/20		경성	3회, 4회 공직자대회(좌장)
金泰濼	경기27/30/33관/37관/ 41관, 영등포29/31/35/ 경성36/39/43	도의 면의	시흥	6회, 7회 공직자대회
韓萬熙	경기30/33관, 경성26/29/35/39	부협 도의	경성	7회 공직자대회
林漢瑄	경기30/33/37, 개성31/35/39/43	도의 면협	개성	7회 공직자대회
金允福	경기30관33/37관/41관, 인천23/26/29/31/35/39/43	부협	인천	3회 공직자대회
張錫佑	경기24관, 인천20/23/26	부협	인천	3회 공직자대회
李鳳烈	경기30		고양	3회 공직자대회
金思演	경기33관/37관/41관,	부협	경성	3회, 7회 공직자대회

273) 직위는 공직자 대회 참가 당시의 참여 자격을 말한다.

274) 『東亞日報』 1926년 5월 12, 13, 14일 ; 『高等警察關係年表』 ; 『日帝侵略下韓國36年史』 8, 143~144쪽.

275) 마지막 대회가 된 제7회 공직자대회(1930년 4월)에 참여한 사람은 총 254명, 그 가운데 조선인 121명이었다. 1~6회의 대회 참가자에 관해서는 1회, 3회만 전체를 확인했고 다른 대회는 부분적으로 확인했다.

	경성26/29/31			40, 41참정청원
曺秉相	경기33/37/41관, 경성26/29/31/35/39/43	부협 도의	경성	7회 공직자대회 39, 40참정청원
洪必求	경기37, 경성29/31/35/39/43	부협 도의	경성	7회 공직자대회
李重和	충남30, 천안39	도의 면협	천안	7회 공직자대회
李康元	전북30관, 전주20	도의 면협 상의	전주	7회 공직자대회
金信錫	전남30/33/37/41관	도의 면의	광주	7회 공직자대회 40, 41참정청원
李愚震	경북27			3회 공직자대회
李章雨	경북26, 대구18			3회 공직자대회
張稷相	경북20/24		대구	3회 공직자대회
黃甲周	경남20, 마산23/26/29/31/35/39	부협 학평	마산	1회 공직자간화회
鄭觀朝	평남20관/24관/27관/30관	도의 부협	평양	7회 공직자대회(결석)
朴經錫	평남24관/27관/33관/37관, 평양14	상의	평양	7회 공직자대회
康秉鈺	평남24, 평양20/23/26	부협	평양	3회 공직자대회
金晋洙	평남24/30, 강서면협	도의	강서	7회 공직자대회
鄭世胤	평남27, 평양26/29	부협	평양	7회 공직자대회
吳崇殷	평남26/30, 평양26/29/31	도의 부협	평양	7회 공직자대회
金能元	평남29/30관, 평양14/16/18/20	도의 부협	평양	7회 공직자대회
金能秀	평남33관/37관, 평양26/29/31/35	부협	평양	7회 공직자대회
李基燦	평남33관, 평양23/26/29/31/35/39/43	부협	평양	7회 공직자대회 40, 41참정청원
崔鼎默	평남33/41관, 평양29/31/35/39/43	부협	평양	7회 공직자대회
鄭基琇	평남33, 평양39		강서	3회 공직자대회
尹永善	평남30/37, 평양35/39	상의	중화	7회 공직자대회
田德龍	평남41	학평	용강	3회, 7회 공직자대회 35참정청원
孫壽卿	평남37, 평양23/26/29	부협	평양	1회 공직자간화회 7회 공직자대회
尹基元	평남41, 진남포29/31/35/39/43	부협 학평	진남포	7회 공직자대회
卓昌河	평북33관/37관, 신의주29/31/35	부협	신의주	7회 공직자대회

李熙迪	평북33관 신의주26/29/31/35/39/43	부협	신의주	7회 공직자대회
姜利璜	평북27/30/33/37관/41관, 신의주41/43	도의	의주	7회 공직자대회 40, 41참정청원
高一淸	평북33관	면장	의주	7회 공직자대회
蔡容默	함남27/37, 함흥26/31/35		함흥	6회 공직자대회 (부의장)
南百祐	함남27관/30관/37관, 원산29/31/35/39/43	도의 부협	원산	7회 공직자대회
李曦燮	함남33/37관, 함흥31/35/39	면의	함흥	7회 공직자대회
李鍾燮	함북37	상의	길주	7회 공직자대회

第6회 공직자대회와 第7회 공직자대회는 '중의원선거법 실시' 방안과 '조선에 특별입법기관을 설치'하는 방안을 둘러싸고 조선인과 일본인들 사이에 격렬한 대립 양상을 보였다.[277] 여기서 대구부 학교평의회원 孫致殷[278]은 비교적 선명하게 '특별입법기관', 즉 조선의회 설치 주장을 펼쳤다. 그는 '참정권 요구'에는 '소위 동화주의, 내지연장주의자'로 '조선 선출 대의사를 동경의회에 보내는 것'과, '자치주의'로 조선에 적합한 조선의회를 조선에 설치'하는 것 두 가지가 있다고 전제하고,[279] 그 가운데 내지연장주의는 '영국과 애란, 舊露國과 波蘭의 예'에서 보듯이 '도저히 실현 불가능'하다, '조선에서 수십 명의 대의사를 보내면 제국의회 그 자

276) 현직 도평의원만이 아니라 나중에 도평·도의가 되는 사람으로서 학평이나 부협으로 참가한 사람까지 포함했다. 정관조는 7회 공직자대회에서 2일 동안 모두 결석했다.

277) 그 戰線이 반드시 조선인=조선의회, 일본인=참정권이었던 것은 아니지만 대체로 공직자대회의 일본인과 조선인은 감정적으로 대립각을 형성했다.

278) 孫致殷은 변호사로 각종 시국사건에서 변호를 담당했다고 한다. 그는 도평·도의를 역임한 적이 없고, 1931년 대구부회의원이 되었다.

279) 「第七回全鮮公職者大會議事錄」(1930).

체의 사활이 걸리는 중대한 결과'를 빚을 것이 분명하고, '일본의 다수 정치가와 식민학자 및 대다수 조선민족'은 '점차 자치주의의 실현을 갈망'하기 때문이라고 했다.

그러나 일본인들은 손치은의 논리에 대해 대부분 반발했다. 경성부협인 成松은 '제국의회 연장을 반대'하는 것은 '병합' 당시의 詔書와 一視同仁의 취지에 어긋나며, '우리가 요망하는 참정권 부여가 실현되지 않는 것은 유감'이지만 '일시에 실시가 곤란'하다면 '선내 4대 도시에서 (선거를) 실시하여 점차 확장'하고, 또한 '지방자치제 실시'와 '의결기관화'가 옳은 방향이라고 했다. '조선의회'에 반대하는 이러한 논리는 소위 '조선자치론'에 대해 반감을 갖고 있는 갑자구락부의 그것과 상통했다.

제6회 대회에서는 손치은의 설명에 대해 '벌의 집의 찔러 노흔 듯한 분란'이 일어났고, 韓萬熙(경기30/33관)와 金泰潗(경기27/30/33관/37관/41관)이 손치은을 지원했으나 표결에서 조선의회안이 부결되었다.[280] 제7회 대회에서는 金思演(경기33관/37관/41관, 당시 경성부협) 高一清(평북33관), 한만희, 이기찬(평남33관, 당시 평양부협), 李熙迪(평북33관, 당시 신의주부협), 韓根祖(평양부협·부회) 등이 손치은에게 동조 발언을 했다. 고일청은 '각종 자문기관을 결의기관으로 바꾸고, 조선의회 설치가 가장 이상적'이라고 했다. 이희적은 '이미 지방단체에 자문 또는 결의기관이 설치되어 이제 참정권을 부여할 시기에 도달했다고 믿고 조선의회 설치안에 찬성'한다고 발언했다. 제7회 대회에서는 결국 '조선의회안'이 87표대 72표로 가결되었다.[281] 아무런 구속력이 없는 공직자대회의 결의안이지만 일본인과 조선인의 세싸움에서 조선인들이 승리를 거두었고 이로써 공

280) 『東亞日報』 1929년 10월 7일, 10월 8일.

281) 총투표는 172표이고 보류 7표, 백표 6표였다.

직자대회는 더 이상 열리지 않았다.

그런데 공직자대회에서 '조선의회'를 주장하는 경우라도 꼭 '참정론'을 배격한 것은 아니었다. 물론 손치은처럼 참정론을 배격하거나 일부 일본인처럼 자치론을 배격하는 경향도 있었으나, 손치은을 제외한 다른 '조선의회' 주창자들의 발언을 보면, '제국의회 선거권' 자체는 배척하지 않았다. 대부분의 도평·도의들은 두 가지 가능성을 모두 열어놓고 일제당국의 방침을 주시했다고 생각된다. 당시의 조선인들은 참정권 부여와 조선의회 설치를 방법적인 차이로 간주하고 꼭 대립적으로 보지 않는 경향도 있었다.[282] 가령 중추원 개혁 논의에서 '중추원을 朝鮮議會로 하고 이 결의를 존중하여 언젠가는 제국의회에 의원을 보낼 소지를 만들라'는 주장은 '참정론'과 '자치론'이 혼합된 것이다.[283]

그리고 앞서 보았듯이 일본인 가운데에도 조선의회를 주장한 사람들이 있었다. 가령 한 논자는 '조선을 특수의 개체로 취급하고 제국의 일식민지로서 중앙정치의 밖에 초연히 독립한 별개의 방식으로 서정을 펼 필요'가 있으므로 '모국 정치에 관여한다는 견해를 버리고…조선의회의 실현에 노력하는 것이 지당'하다고 했다.[284] 언론인인 釋尾東邦은 다음과 같이 주장했다.

> (조선에서) 현행 헌법상 어쩔 수 없이 선거법 시행이…어렵다면 단념하고, 이 경우에는 조선의회의 설치를 요구해야 한다. 단 조선의회는 원래 조선인만의 의회가 아니고 내선인의 의회로 해야 한다. 이는

282) 윤해동, 『식민지인식의 회색지대－일제하 공공성과 규율권력』, 39쪽 주21)의 안재홍의 글 참조.

283) 이 의견은 '일반 조선인'의 의견 가운데 하나라고 소개되었다. 『中樞院官制改正に関する參考資料』, 1932.

284) 대구 船田生, 「朝鮮議會設置の必要」, 朝鮮事情研究會, 『朝鮮時報』 1924년 10월.

현재의 도평의회 같은 것이고 반수는 관선, 반수는 민선으로 해도 되고 민선만으로 해도 된다. 가능하면 내선인은 같은 비율의 수를 선출하고 결의권을 주고 총독부에 해산 권능을 준다면 만일 불온한 의사를 다수가 결의하는 경우 해산하면 된다.[285)]

조선인 '자치파'들이 이러한 논조에 동의했다고 생각되지는 않는다. 그들이 '내선인 비율'이 같고, 총독부가 마음대로 해산할 수 있는 '조선의회'를 바라지는 않았을 것이다. 그러나 공직자대회 석상에서 나타난 '조선의회'론은 제국의회 선거권 부여가 현실적으로 어렵다는 것을 인정하고, 또한 조선인 대의사들이 제국의회 내에서 정치세력을 형성할 가능성을 우려하는 일제당국의 입장과 상통하는 점이 있었다. 도평·도의들의 '조선의회' 주장은 '자치파'와 관련이 있었으나 그 과정은 무정형하고 유동적인 1920년대 조선인들의 '자치'운동의 상황을 반영했다고도 생각된다.

(2) 1930년대 이후의 참정·자치 논의

1930년대 초, 2차 지방제도개정이 이루어지자 일부 언론에서는 '약간의 신인물의 출현'을 예상했으나 역시 '종전의 인물들과 대동소이한 부류들이오 大小 간듸파의 인물들은 아즉도 출마하는 이를 못 보겠다'고 했다.[286)] 여기서 '간듸파'들은 바로 자치논의를 이끌거나 동조한 사람들을 가리킨다. 그 기사는 '일부 간듸파들의 상당한 인사의 입후보'가 있을 경우 조선인들이 '이를 비난'하기 때문이라고 분석했는데, 확실히 '자치파', 즉 '간듸파'들의 도평·도회 진출은 미진한 편이었다. 그러나 1930년대 이후 도평·도의들은 참정·자치문제에 대해 좀 더 적극적으로 대응했다.

285) 釋尾東邦, 『朝鮮併合史』, 1020쪽.
286) 「新民評壇」, 『新民』 1931년 6월.

이러한 새로운 국면을 이끈 요인은 첫째, 1932년 2월, 박춘금이 동경에서 국회의원으로 당선되고[287] 동년 12월 박영효(후작)가 귀족원 칙선의원이 된 사실이다. 박춘금이 의정단상에서 조선인의 참정권 주장을 펼침에 따라, 내부 파쟁과 일반인들의 배격으로 세력이 쇠미해 가던 국민협회 중심의 참정청원운동이 새로운 활력을 얻게 되었다. 둘째, 신간회 해체와 함께 최린 등의 천도교 신파가 일본 식민통치의 틀 안에서 조선인의 자치권의 확대라는 방침을 굳히고 시중회를 결성한 사실이다.

시중회는 1934년 11월, '內鮮一家, 공존공영, 동아제민족의 연계결합' 등을 표방하면서 결성되었다.[288] 이는 총독부측이 여러 해에 걸쳐 최린에 대한 회유공작을 편 결과이고,[289] 3·1운동 주도세력의 일부가 일제에 대한 협력 방침을 분명히 한 사건이었다. 시중회 취지문의 일부는 다음과 같다.

> 우리는 일본민족과 혼연일체가 되어, 어느 방면으로나 잘 일치합작하야 나아감으로서만, 우리의 자립적 실력을 확충할 것을 확신하는 바이다.[290]

287) 小熊英二,「朝鮮生まれの日本人」, 在日朝鮮人研究會,『コリアン・マイノリティ研究』, 1998. 1932년 2월, 동경에서 처음 당선된 박춘금은 1936년의 총선거에서 낙선했다가, 1937년 3월, 국회 해산에 따른 재선거에서 당선되고, 1940년에 다시 중의원에 당선되었다. 1937년 중의원 선거에서는 오사카에서 출마한 이선홍과 동경에서 출마한 박춘금을 후원하기 위해 '內鮮人 유력자 14명'이 선거후원회를 만들었고, 국민협회 회장 황우찬이 동경에 가서 선거운동을 도왔다.「昭和12년 제73회 帝國議會說明資料」,『日帝下戰時體制期 政策史料叢書』3, 70쪽.

288) 최린은 1934년 4월, 천도교 정기대회에서 '大東邦主義'를 공식적으로 제창하고, 내선융합과 공존공영이 민족갱생의 유일한 방도라고 천명했다.「時中會の結成と其の活動に就て」,『高等警察報』제4호.

289) 趙聖九,『朝鮮民族運動と副島道正』, 研文出版, 1998.

시중회 취지문은 '산업경제는 물론, 널리 문화적으로 자립하는 준비공작과 훈련'을 할 것을 천명했을 뿐 '자치' 문제에 대한 언급을 회피했다. 그러나 일제당국은 시중회 내부에 '합법자치론의 저류가 있음'에 유의했다. 일제 고등경찰은 '선내 일반 민중이 국민협회 운동에 대해 거의 기대를 갖지 않는' 상황에서 천도교 신파가 '합법적'인 방법으로 '조선의회의 건설과 내정의 독립, 나아가 민족의 독립을 꾀하고자' 합법자치론을 전개한다고 보았다. 일제 경찰에 따르면 자치론자들이 '조선 참정권' 주장을 배격하는 까닭은 '내지연장주의'가 '민족을 영구히 멸망'시키기 때문이었다.[291]

최린 등은 오랫동안 '자치'의 방향을 '암중모색'하다가 시중회를 통해 '자치파'의 결집을 꾀했다고 할 수 있다. 그러나 이는 동시에 1920년대의 자치파가 가졌던 '독립운동과의 제휴 가능성'을 무산시키고, 나아가 '부지불식간에 동화정책의 함정에 빠질' 가능성을 안고 있었다.[292]

1934년 11월, 시중회가 정식 출범하면서 金思演(경기33/37/41관), 張稷相(경북20/24), 河駿錫(경남30/33관/37관)이 최린, 박영철, 정대현과 함께 시중회 이사로 선임되었고, 평의원 45명(일본인 6명 포함) 가운데 도평 · 도의(출신자)가 24명을 차지했다.[293] 평의원 중에는 공직자대회에서 맹렬히 자치론을 전개한 손치은(대구부회)도 있었다. 시중회 간부로 있었던

290) 時中會, 『時中會趣旨綱領』, 1934.

291) 『高等警察報』 제1호, 1933.

292) 위의 문건에 따르면 '소위 바타협운동을 주장'하는 사람들은 (시중회와 같은) '자치운동을 배격'하고 '비폭력 수단에 의한 비타협적 정신을 배양하고 정치에 時事에 민족 不斷의 투쟁을 감행'해야 한다고 주장했다. 시중회(천도교 신파) 결성을 둘러싸고 반대의견이 많았고 일반 조선인들의 의구심이 컸음을 보여주는 대목이다.

293) 시중회 출범 시 도평 · 도의의 참가는 27명이었다. 위의 표에 나온 30명 중 염경훈, 윤석필, 崔準集 등은 그 이후에 참여했다.

도평 · 도의들은 상대적으로 중추원 참의 등 일제와 유착되고 유력한 사람들이 많이 포함되어 있었다.

1934년 12월경의 보도에 따르면 시중회 회원은 250여 명이었다. 시중회가 '가장 세력이 떨치는 도는 평안남도'이고 다음은 '경상남도, 경상북도, 충청북도, 전라북도, 함경남도, 함경북도, 황해도의 순'이었다.[294] '崔麟씨 향리인 함남에는 도부회의장 李熙燮, 北青의 方義錫, 端川의 廉璟勳 씨 등이 모다 입회하엿고 함북에도 관선도의인 淸津의 黃鍾國, 方洛先 씨 등이 입회'했다. '회원 중 약 3분지 1은 도의, 부면협의원 등의 공직자'였다.

1935년 4월 현재 회원의 도별 분포를 보면, 회원 258명 가운데 경기 64명, 충북 16명, 충남 3명, 전북 13명, 전남 5명, 경북 25명, 경남 17명, 황해 6명, 평남 35명, 평북 38명, 강원 3명, 함남 26명, 함북 6명, 간도 1명이었다. 1935년 8월 현재, 시중회원은 약 300명이었고, 간부 중에는 천도교측도 있었지만 다음과 같이 '유력한 회원'들이 있었다.[295]

> 天道敎측: 崔麟(京城) 鄭廣朝(京城) 崔碩連(京城) 李君五(京城) 崔丹鳳(京城) 趙基栞(京城) 鄭應琫(城) 金秉濬(京城) 李敦化(京城) 吳尙俊(京城) 金秉濟(京城) 金道賢(京城) 桂淵集(京城)
>
> (京畿方): 朴榮喆(京城) 鄭大鉉(京城) **金思演**(京城) 金大羽(京城) 朴熙道(高陽郡) 朴駿榮(京城) 李昌燮(京城) 愼鏞頂(京城) 尹宇植(京城) 李東善(京城) 朱潤(京城) 鮮于全(京城) 方台榮(京城)

---

294) 「時中會의 現有勢力」, 『三千里』 1935년 1월. 이 기사는 '소문에 들니든 平壤商議 副會頭 金能秀, 변호사 李基燦씨 등은 아직 입회'를 하지 않았다고 했는데, 이기찬과 김능수는 이후에도 시중회에 참가하지 않았다.

295) 「三千里 機密室」, 『三千里』 1935년 9월. '時中會員의 名簿' 참조. 도평 · 도의는 굵은 글씨로 표시했다.

其他(南鮮地方): **張稷相**(大邱) 孫致殷(大邱)

其他(北鮮地方): **韓格晩**(咸興) 李曦燮(咸興) 趙東雲(淸津) **黃鍾國**(淸津) **方洛先**(淸津) 金商契(鏡城) **尹錫弼**(茂山) **廉璟薰**(端川) **方義錫**(北靑) 朱貞洵(北靑) 金達鉉(高原) 張道斌(寧邊) 朴相駿(龍岡)

其他(滿洲國): 朴錫胤(滿洲國 外交部) 李東濟(新京中央銀行)

1936년 시중회 회원은 1,220명(일본인 10여 명 포함)이며, 1937년에는 2,000여 명으로 늘었다. 1937년 10월 현재 시중회 이사는 최린, 박영철, 정대현, 박희도, 김사연, 장직상, 최준집, 하준석이었고 김사연(경기33관/37관/41관), 최준집(강원33/37관/41관), 하준석(경남30/33관/37관)은 현직 도회의원이었다.

시중회 참여자들은 장래 어떤 형태로든 자치·참정문제의 변화가 있을 것을 기대하고 있었다. 그러나 최린과 시중회는 참정·자치문제에 명확한 입장 표명을 하는 대신 점점 '내선일체운동'과 가까워지는 인상을 주었다. 내선일체(운동)는 1936년 南총독이 부임하면서 '내선일체는 내선차별철폐'라고 하고, '朝鮮에 사는 사람의 이해를 중심으로 하는 정치'와 '官民 협력의 정치'를 내걸면서 촉발되었다.[296]

1936년 말, 최린은 『三千里』 기자와의 대담에서 '시중회가 1937년 4월의 도회선거에 공인후보를 낸다'는 풍문을 부인했다.[297] 기자가 '현재의 13道 議會의 중요분자를 모다 규합하야 京城에 中央懇親會 비슷한 조직

296) 내선일체론과 그 운동에 관해서는 宮田節子 저, 李熒娘 역, 『조선민중과 '황민화'정책』, 일조각, 1997 ; 朴成鎭, 「일제말기 綠旗聯盟의 內鮮一體論」, 『한국근현대사연구』, 1999. 인용은 조병상의 「반민법 피고 曺秉相 수기」와 「朝鮮評議會 問題, 甲子俱樂部에서 新總督에게 要望」(『三千里』 1936년 11월)을 참조하라.

297) 「右翼陣營, 左翼陣營(1) 「朝鮮人徵兵」等을 語하는 時中會 首領 崔麟氏」, 『三千里』, 1936년 12월.

을 만들 의사가 있는가' 하는 질문에 최린은 '그러한 합법적 전체 조직체가 조만간 있으리라고 예측'하지만 '당국에서 위험시'하기 때문에 아직 '時機가 아니'라고 했다. 그는 '中樞院 조직을 강화하는 것과 13道 議會 조직을 확대하는 것' 중 '진보된 합법운동으로 나가는 첩로'가 무엇이냐는 질문에도 대답을 회피했다. 다음은 그 대담 내용 중 일부이다.

> 記者－소문에는 朝鮮에 좀 더 나슨 합법적 정치제도가 실시되어 가령 朝鮮만의 입법제도가 생기는 날이 있다면 中樞院이 貴族院 비슷한 것이 되고, 道議會는 衆諸院 비슷한 것이 되리라고요.
>
> 崔－장래 그렇게 될른지 모르지오. 성질이 그와 유사하다고 볼 점도 있으니까요.

그러나 최린이 일본당국이 표방한 '내선일체'를 문자 그대로 신뢰한 것은 아니었다. 그는 '일본제국'이 내지연장주의와 조선자치주의 가운데, 말로는 내지연장주의로 나간다면서도 '臨時 臨時 當面의 議問題의 처리에만 몰두'하고 '確乎한 國策'이 아직 없다고 판단했다. 그는 시중회가 정치운동을 하는 단체가 아님을 강조하고, '합법적인' 정치운동을 목표로 하지만 '무턱대고' 할 수는 없다고 했다.

최린은 1938년에 이르러서도 참정 문제에 대해 극히 신중했다.[298] 그는 중의원 선거의 실현 가능성을 낮게 보았고, 또한 '조선 독자의 입법의회'에 대해서는 '지금 지방 자치제가 한 거름 한 거름 고도화하여 나가고 있으니까 좀 더 두고 보아야' 한다고 했다.

1938년 5월, 시중회의 李晶燮은 총독과 만나 '완전한 내선일체'를 이루기 위해 '官, 군, 민이 삼위일체'가 되는 '民衆單一黨 혹은 單一會'가 필요

298) 「叅政權의 要望」, 『三千里』 1938년 8월.

하다고 제안했다.[299)]

> 南閣下가 취임하신 이후 동양대세에 공전의 대변동이 야기되어 大日本帝國의 대륙진전에 잇서서 조선이 그 '足場'이라는 지위가 更一層의 중요성을 나타내매 종래와 가티 조선반도를 일개의 식민지로 박게 취급하지 아니하든 그 사상 그 정책을 단연 揚棄하고 국가백년대계를 위하야 朝鮮도 內地와 꼭 갓다는 內鮮一體로써 조선통치의 근본방침을 삼으신 것은 총독정치 이래 未曾有의 일대영단이라 생각합니다.

이 시기는 총독부에서도 국민정신총동원조선연맹 등 단일한 국민총동원체계를 구성하려는 시점이었다. 시중회는 1938년 12월 21일. 이사회를 개최하여 국민정신총동원조선연맹에 참여하기로 하고 해체를 선언했다. 창립시부터 시중회 간사였던 이정섭은 개인 의견으로 총독과 대담한 것이 아니었고, 이미 시중회 운동은 내선일체운동의 한 부분이 되었다고 보아야 할 것이다. 일제의 내선일체정책은 조선을 대륙침략을 위한 병참기지로 삼고 조선인들을 총동원하는 것을 목표로 삼았고, 시중회 등은 그러한 정책에 편승하여 조선과 일본의 제도적 차별을 없애고 자신들을 비롯한 일부 조선인의 정치적 지위의 향상을 꾀하고자 했다.

시중회 참여자들은 갑자구락부에 가입하지 않았고 갑자구락부 회원들도 시중회와 직접 관계하지 않았으나[300)] 내선일체운동 참여는 갑자구락부도 다르지 않았다.

갑자구락부는 1920년대부터 '중의원 선거의 조선 실시'를 주장해 오다

299) 이정섭, 「總督會見記」, 『三千里』 1938년 5월.

300) 조병상은 反民特委 재판에서도 '총독부가 조직'한 시중회에 참가하지 않았음을 강조했는데 갑자구락부측과 시중회 세력은 실제로 알력관계에 있었던 듯하다. 『反民特委裁判記錄』, 조병상 편 참조.

가 1936년 신임 南총독에게 '朝鮮評議會'를 제안을 했다.[301] 갑자구락부의 '芮宗錫, 成松綠[302] 등 5인의 대표'는 지방제도 개정과, '총독부 예산에 대한 자문기관'인 조선평의회 설치를 요청했다.

예종석에 따르면 기존의 도회는 도예산만 다루기 때문에 총독부 예산을 심의하는 새로운 기관으로 조선평의회가 필요하며, '13道 의회가 규합한 復組織'이거나 '서울 중심으로 유력자'들이 모이는 '새로운 형태'가 될 수 있고, 현실적으로 '중추원을 총독부의 자문기관으로 개조'할 수도 있다고 했다.

여기서 제기된 지방제도 개정 문제를 보자. '부회 · 도회의 議長문제, 京城府尹문제, 도회 官選議員 및 의원 선출방법 개정문제' 등의 요구를 잘 뜯어보면, 갑자구락부측의 주장은 '완전한 지방자치제도'에서도 훨씬 못 미쳤다. 가령 도회 · 부회의 의장 '민선'도 그것이 주민의 직접투표인지 지방의 원 내에서 호선하는 방식인지가 분명치 않다. 가령 경성부윤을 '公選으로 하든지, 그렇지 못하면 관리로서 勅任 一等一級으로 하여 달라'고 주장했으나 이는 '公選'에 꼭 무게중심을 두었다기보다 부윤의 위상 제고를 요청하는 차원이었다. 또한 관선제도의 폐지를 주장했으나 도회의원을 주민이 직접 선거하는 문제는 언급하지 않았다.

예종석은 '각종 위원회를 설치할 경우에 민간위원 수를 증가시킬 것'도 제안했는데 이는 총독부 직속의 각종 위원회에 민간 조선인과 일본인들을 위원으로 더 많이 발탁해 달라는 의미였다. 갑자구락부의 '조선평의회' 제안은 실현되지 못했으나, '민간위원 증가'는 총동원체제에 더 많은 조선인 유력자들을 포섭하고자 하는 총독부측의 의도에 좀 더 부합했다.

301) 「朝鮮評議會」問題, 甲子俱樂部에서 新總督에게 要望」, 『三千里』 1936년 11월.

302) 예종석은 1872년생이며 1920년부터 1935년까지 경성부협 · 부의를 지냈다. 1880년생으로 1903년에 조선에 건너온 成松綠은 관직을 거쳐 경기도의와 경성부의를 역임했다.

1938년 이후 국민정신총동원조선연맹이나 국민총력조선연맹을 비롯한 전국적인 조직에 기존에 관직 경험이 없었던 조선인 유력자들이 간부로 대거 참여한 것도 비슷한 맥락이라고 할 수 있다.

南총독 부임 이후 '동민회 이래 제2의 내선일체운동'을 벌인 갑자구락부의 조병상은 반민특위재판 중에 다음과 같은 내용이 포함된 수기를 썼다.

> …우리가 이같이 희생하여 승리한 전쟁이면 반드시 상응한 대가가 있어야 할 것이요, 또 강력히 요구하여야 할 것이다. 일본이 승리할 때는 조선 내에서 맹렬한 自治운동이 期치 아니하고 일어나리라고 확신했다. 우리의 독립은 자치를 거쳐서만 가능하다고 나는 평소에 생각하여 왔다. 조선에 참정권 운동이 두 가지 있어서 1은 일본국회를 연장하자는 것, 2는 조선의회를 두어 조선 일은 조선 의회가 하자는 것이었다. 나의 관측으로는 일본 국회 연장은 容易히 許치 아니하리라고 보았다. 현재 일본 의회의원 466명에 조선을 일본과 동일한 비례 수효로 선출한다면 730명가량 되어, 其 3分之 1 强, 5分之 1 弱의 수효가 韓人에게로 오면 제2당, 又는 제3당은 확실한 故로 有事之時에 위험성이 있다 하여 日本朝野政客들은 조선문제가 점차 난점에 도착한다고 보고 있던 중이었다. 일본으로서도 조선인에게 참정권으로 줄 수도 없고, 아니 줄 수도 없어서 탁월한 정치가들은 자치, 又는 滿洲와 如히 연방식 독립 등을 고려한 것도 사실이었다. 軍閥政客 中 石原莞爾, 牧野四郎 등은 如斯한 持論者이었다. 더구나 今次 전쟁이 이상과 如히 조선을 擧하여 협력한 것을 그대로 둘 수는 절대로 용인되지 아니한다. 만일 전승하고도 우리 민족적 요구가 불허된다면 이것은 己未年운동에 比할 것이 아니라고 생각했다. 일본이 전쟁말기에 조선에 참정권을 부여하라 하고, 상원 7인, 하원 21인을 許했다. 이것은 전후 조선에서 起할 자치운동 내지 독립운동의 예상선 포진이라고 나는 관측했다. 旣히 국회의원을 허용했다는 구실로 조선의회운동을 방지하려는 술책인 것이 완연하다.(강조는 필자)

여기서 눈여겨 볼 대목은 참정·자치와 내선일체, 전쟁 협력의 관계에 대한 인식이다.[303] 그는 '英米가 승리'하든 일본이 승리하든 조선문제가 상정될 것이고 '우리를 그대로 둘 수는 없을 것'이므로 그에 '상응한 대가'를 얻기 위해 전쟁에 협력했다고 했다. '일본치하에 조선의회를 설치하는 자치회의제'를 선호했다는 그의 주장이 사실인지 여부는 중요하지 않다. 문제는 1920년대 이래의 참정권파와 자치파의 운동이 내선일체운동으로 수렴되었다는 사실이다.

참정권 부여문제는 지원병제도 및 징병제도 실시(가능성)에 따라 가시화되었다. 한상룡은 참정권을 희망한다고 하고, 참정권을 촉진하기 위해 '진실로 내선일체되야 국가를 위하야 全誠力'을 다함으로써 '내지인과 같이 하로 급히 정치상, 사회상의 지경에 나가야' 한다고 했다.

도회 석상에서도 참정권문제가 등장했다. 1938년 경상남도 도회에서 卓同朝(경남37/41)는 박춘금의 제국의회 발언을 인용하며 참정권 부여를 주장했다.[304] 도회에서 도예산을 다루지만 도예산은 총독부 예산, 나아가 일본 본국 정치와도 관련이 있기 때문에 박춘금의 1938년 2월 2일 제국의회 발언과 마찬가지로 조선인의 정치 참여가 필요하다고 했다.[305] 박춘금은 현실적으로 '조선의회 설치는 불가능'하다고 보고 조선에서 참정권이 실시되어 '조선 각도에서 한 명씩' 의원이 나오면 내지인 의원이 더 많이 나올 것으로 예상했다.[306] 탁동조는 조선에서 참정권을 실시하

303) 조병상, 「수기」, 1949.

304) 慶尙南道, 『第10回慶尙南道會會議錄』, 1938, 30~31쪽.

305) '경상남도 예산에서 국고보조와 道起債가 전체 약 50%를 차지'하는 것은 '결국 도예산이 총독부에 의존'함을 의미하며, '총독부 예산도 의회의 협찬을 얻어야' 하므로 '출발점인 우리 도의 재정을 위해'서는 반드시 '참정문제를 고려'해야 한다는 논리였다.

306) 박춘금은 이 대담에서 '조선의회 설치는 불가능'하며, 중의원 선거는 '각 도에

기 위해서는 조선 거주 일본인과 '제휴'가 필요하다고 보았다.

도회 회기 중 휴회시간에 도회의원들이 참정권운동을 결의한 사례도 있었다. 1934년 충남도회에서 일본인 의원 杉沼은 '조선의 참정권운동은 절대 필요'하므로 '충남도회의원을 중심으로 운동을 全鮮 道議員에 환기'시키기 위해 '격문을 보낼 것'이 어떠하냐고 제안했다. 의원들은 이 제안을 '만장일치로 가결'하고 '위원으로 杉沼忠二, 成元慶(충남24/27/30/33), 宮本善吉, 林昌洙(충남24/27/33/37/41관) 4씨를 선거'했다. 이들 위원들은 참정권운동을 '적극적으로' 벌이고 '다음 도회 시에 경과를 보고'하기로 했다.[307]

도평 · 도회의원으로서 국민협회의 참정 청원에 서명하는 사람들도 늘어났다. 이들은 국민협회 회원이 아니더라도 중의원 선거권 실시에 찬동하고 청원운동에 참여했다. 국민협회 측은 1937년, '全 朝鮮 각지의 著名人物 3만 명의 찬성 서명'을 받았고, 이어 1938년에는 '각 道會의원 중 內地人 1인, 朝鮮人 1인씩 합계 26명의 찬성 서명'을 받아 청원서를 제출했다.[308]

1939년 봄, 동경에 가서 청원운동을 하고 돌아온 全富一[309]은 '일본에서 시행되는 보통선거 그대로를 희망'한다고 하면서도 '보통선거'나 조선 전체에서 선거 실시를 주장하지 않았다. 그는 '아직 文物制度의 수준이 동일화하지 못한 朝鮮의 실정이니 만치 爲先 우리는 京城, 平壤, 釜山 등

서 내지인 1인, 조선인 1인씩 全鮮에서 26명의 代議士를 선출'하는 방법으로 시행하자고 했다. 또한 그는 보통선거는 무리라며 '5원 이상의 납세자를 표준하여 선거한다면 代議士 수로 보아 내지인 반, 조선인 반'으로 '가장 이상적인 선거'가 된다고 주장했다. 「參政權의 要望」, 『三千里』 1938년 8월.

307) 『每日申報』 1934년 3월 19일.

308) 「戰場과 議會 歸還報告」, 『三千里』 1939년 6월.

309) 전부일은 1899년생으로 일본대 법과를 나왔으며 1927년 동경신간회에도 관여했다. 『東亞日報』 1927년 5월 15일. 普仁堂 사장으로 있었으며, 1937년경부터 국민협회 이사로 매년 참정청원운동에 앞장섰다.

중요한 도시에 지역적으로 시행'할 것을 주장했다. 또한 '都會地에 실시한다면 選擧 被選擧의 內鮮人 비율'은 '도회지에는 內地人 세력이 우수하니까 서로 균형을 잃지 않을 줄 안다'고 했는데, 이는 국민협회측이 보통선거가 아닌 제한선거를 염두에 둔 것을 보여 준다. 일본인 유권자가 더 많은 도시지역에서는 일본인 의원이 상당수 선출될 것이므로 조선인 의원이 제국의회에서 캐스팅 보트를 행사할 우려는 없을 것이라는 암시였다. 이는 앞에서 보았던 1920년대의 갑자구락부의 논리 및 박춘금의 논리와 별반 다르지 않으며, 참정청원운동이 일제당국의 입장과 한층 근접해진 것을 의미한다.

일본외무성에 소장된 「朝鮮參政權實施 청원의 건」에는 1935, 1939, 1940, 1941년의 국민협회에서 낸 참정청원자 명단이 수록되어 있다. 다음 표는 그 명단에서 도평·도의를 가려내어 작성한 것이다.[310] 특히 1935, 1940, 1941년에 참정청원에 서명한 도회의원들은 각도의 대표격으로 도회에서 부회장을 맡거나 도평·도회 중임자, 중추원 참의를 한 인물들이 많았다.

〈표 Ⅳ-10〉 **참정청원 서명자**(1935~1941)

청원 년도	전체 서명자	도평·도의 서명자 수 (비율)	도평·도의 서명자
1935	1,214명 (일인6명)	23명 (1.9%)	충남: 李基祥 林昌洙 沈載昱 金正煥 趙東元 田在禧, 전남: 吳憲昌, 경북: 徐丙朝 金在煥 秋秉和, 경남: 金慶鎭 金璋泰, 평남: 田德龍, 강원: 嚴達煥 崔養浩 申台鉉 張俊英 丁殷燮, 함남: 金夏涉 韓準錫 徐鵬鍾 李昌炫

310) 「朝鮮參政權實施の請願の件」(外務省資料) 가운데 1935, 1939, 1940, 1941년의 서류를 참조했다. 1938년의 서명자 명단은 찾지 못했다.

1939	41명	3명(7.3%)	경기: 趙炳烈 曺秉相, 함남: 申熙璉
1940	56명 (일인12명)	17명(30.4%)	경기: 趙炳烈 金思演 曺秉相, 충북: 閔泳殷, 충남: 林昌洙 金正煥, 전남: 金信錫 車南鎭, 경북: 徐丙朝, 경남: 金東準, 황해: 申元熙, 평남: 李基燦, 평북: 姜利璜, 강원: 朴普陽, 함남: 金夏涉 李澤鉉, 함북: 柳鐘夏
1941	68명(일인 불명)	19명(27.9%)	경기: 金思演, 충북: 閔泳殷, 충남: 金正煥, 충남: 裵榮春, 전북: 元炳喜, 전남: 金信錫 車南鎭, 경북: 徐丙朝 申鉉求, 경남: 金慶鎭 金東準, 황해: 申元熙, 평남: 李基燦, 평북: 姜利璜 洪致業, 강원: 朴普陽, 함남: 金夏涉 劉泰卨, 함북: 金定錫
합계 (연인원)	1,379명	62명	

지금까지 도평 · 도의들의 참정 · 자치 관련 활동을 살펴보았다. 1920년대에 논의된 참정권론과 조선의회 설치론은 여전히 일제의 두 가지 선택지 가운데 하나였으나, 1930년대 중반 이후 운동 주체들 사이에 논리의 차이는 거의 없어졌다. 시중회, 갑자구락부, 국민협회에 참여한 조선인들은 일제 당국이 조만간 이 문제에 대해 결론을 내릴 것을 기대하고 이에 대비해야 한다고 생각했다. 이 문제의 주도권은 일제에게 있었고, 조선인들의 전쟁 협력 여부가 관건이었다. 전시체제기에 참정 · 자치 활동은 실질적으로 내선일체운동으로 수렴되었다.

제 I 장에서 살펴보았듯이 1945년 3월 17일, 조선과 대만에 대한 중의원 선거법 실시 결정이 樞密院을 통과하고, 23일에는 의회를 통과했다. 이 결정에 대해 도평 · 도의들이 어떠한 반응을 보였는지를 추측하기는 어렵지 않다. 3월 17일 樞密院 결정 이후,[311] 『每日申報』는 3월 19일 이

311) 법안이 의회를 통과한 것은 3월 23일이었다.

사실을 보도했고, 일본인, 조선인 유력자들의 환영 담화가 이어졌다. 김사연은 '半島參政은 '병합' 이래 전 반도가 갈망해 오든 현안'이며 이제 '우리는 황민된 긍지'를 갖고 '참된 지도인물을 선출'하여 '중책 완수에 헌신'할 각오를 피력했다.[312] 방의석은 '도항제한 폐지'와 함께 또다시 '정치적 처우에 대한 법안이 의회에 상정'된 것을 환영했다.[313] 일제 통치 막바지에 이루어진 허울뿐인 약속은 조선인 '참정권론자'뿐만 아니라 전시체제기 이후 '내선일체'에 매진한 조선인들이 이루어낸 '성과'였다.

4) 해방 이후의 도평 · 도의

도평 · 도의는 일제당국의 신용과 지역민의 신망을 얻음으로써 자신의 정치적 · 경제적 이해를 실현하고, 지역민과 조선인의 이해를 대변하는 역할을 수행했다. 일부 도평 · 도의는 전시체제기의 협력활동이 너무나 현저했으므로 특히 그 기억이 생생했던 해방 직후에는 지탄의 대상이 되었다.

미군정시기 '남조선과도입법의원'에서 통과된 '民族反逆者 附日協力者 奸商輩에 대한 特別條例法案'(1947년)과 정부 수립 이후의 반민특위법(1948년)은 모두 도평 · 도의와 관련한 조항에서 '일제하의 부회, 도회에 참여한 자로서 행위가 악질적인 자'를 부일협력자로 규정했다.[314] 단순히 일제하의 지방의원을 한 사실만으로는 친일파로 간주할 수 없고 행위

312) 『每日申報』 1945년 3월 21일. 신문지상에 담화를 발표한 사람들로는 그 밖에도 박중양, 이종린, 박상준 등이 있다.

313) 『每日申報』 1945년 3월 23일. 또한 한상룡은 '스스로 省하야 황은의 만분지 일이라도 보답'하겠다고 했다. 『매일신보』 1945년 4월 4일.

314) 미군정시기 법안 논의과정에서는 '관선 도회의원은 당연범으로 하고 민선 의원은 선택범으로 하자'는 제안도 있었다.

의 경중을 따져 보아야 한다는 데 대해서는 개략적인 합의가 이루어진 것으로 보인다. 반민특위에서 조사를 받거나 재판에 회부된 도평 · 도의 출신자는 모두 82명에 달했다. 대부분 중추원 참의를 하거나 전시체제기의 협력단체에서 적극 활약한 것이 문제가 되었다.

도평 · 도의는 아무래도 '친일' 혐의와 결부되기 쉬웠으므로 해방 후 정치에 나서고자 하는 사람들이 내세울만한 경력은 아니었다. 그러나 미군정시기부터 일부 道의 部長이나 고문 등으로 임명된 도평 · 도의 출신자들이 있었다.[315] 1948년 이후 국회의원이 된 도평 · 도의 출신은 15명이며[316] 국회의원 낙선자도 약 20명이 확인된다. 1950년대 지방자치단체 선거에서 도의원 및 시의원 등에 당선된 사람들도 있었다.[317] 경찰서장, 地檢長, 검찰총장, 시장, 읍장, 군수, 도지사, 행정장관, 駐日公使 등을 역임한 사람들도 있었다.[318]

도평 · 도의 중에는 해방 직후의 좌우대립에서 우익 쪽인 독립촉성국민회나 한민당에 가담한 사람이 다수이지만, 건국준비위원회와 그 뒤를 이은 인민위원회에서 간부를 맡은 사람도 17명이 있었다.[319] 건준 · 인민

315) 1945~1946년 경상남도 '顧問會'에는 金秉圭(경남도 내무부장 겸 고문), 吳明鎭, 鄭泰均, 裵錫觀(이상 도지사고문) 등 경남도평 · 도의 출신이 포함되었으며 사회주의계열의 인물들도 있었다. 차철욱, 「개항기~1916년 부산 일본인상업회의소의 구성원 변화와 활동」, 『지역과 역사』 14, 2004.

316) 2대 국회의원 3명, 3대 7명, 4대 5명, 5대 4명이며, 2대 국회의원 선거 낙선자는 10명이다.

317) 1949년부터 1961년까지 지방자치법에 따라 지방의회(시의회, 읍의회, 면의회, 도의회) 등이 설치되었고 지방의원을 주민이 직선했다. 5 · 16 이후 지방자치를 '유보'하다가 1991년 기초자치단체 선거 실시로 지방자치제가 부활했다. 조명래, 「20세기 한국 근대화 속의 서울 지방자치」, 『鄕土서울』 60, 2000.

318) 도평 · 도의의 해방 이후의 행적에 대해서는 다른 논고에서 논할 예정이다.

319) 이들 가운데 다수가 인민위원회에서 이탈한 뒤 한민당이나 독립촉성국민회에 참여했다.

위 쪽에 참여한 사람들은 대부분 전남도평 · 도의 경력자들로 일제시기에 꼭 사회주의 활동에 관여하지는 않았더라도 사회주의 운동가들과 친분이 두터웠던 경우가 많았다.

해방 후 정치계뿐 아니라 재계에서 크게 활약한 도평 · 도의 출신들도 있었다. 물론 분단과 농지개혁, 전쟁 등으로 운명이 갈리기도 했으나 도평 · 도의와 그 후손들 가운데 다수는 한국의 주류 사회에 진입했다고 생각된다. 좀 더 검증이 필요한 대목이지만 일제 통치하에서 근대화, 실력양성, 민족 차별 철폐, 조선인의 정치적 권리의 확대를 추구했던 경험은 그들이 해방 후 국가 주도의 근대화 전략에 무리 없이 적응하도록 이끌었을 것이다.

결론

지금까지 조선인 도평 · 도회의원의 출신배경, 경력, 활동 내용을 살펴보았다. 그들의 사회적 활동은 여러 범위에 걸쳐 있었고 활동의 의도도 복합적이었다. 그들은 지역민을 대표하여 민의를 창달하며, 동시에 일제의 지방통치를 보조한다는 이중적인 역할을 부여 받았다.

제 I 장에서는 통감부시기부터 일제 말에 이르기까지 지방제도의 변천을 개관하고 그 속에서 도평의회 · 도회제도가 어떤 의미를 가졌는지를 살펴보았다. 도평의회 성립 이전에도 일제가 만든 지방행정 자문기관이 존재했다. 통감부시기의 지방위원회와와 '병합' 이후의 참사 · 부협의회제도가 그것이다. 일제는 침략 초기부터 '근대 문명의 전파자', '계몽의 주체'로 스스로를 부각시켰으며 1907년 지방위원회를 구성하면서 '인민으로 하여금 정치에 참여시킨다'는 명분을 내걸었다. 지방위원회는 의병운동으로 인하여 지방통치가 여의치 않음에 따라 조선인 유력층을 끌어들여 각 지역에서 조세체계를 정비하고 나아가 지방 지배를 원활히 하고자 만들어졌다.

조선인 유력자들을 통해 지방제도를 안정시키고 통치의 안정을 기하려 한 일제의 의도는 '병합' 이후의 지방제도에도 일관되게 유지되었다. 1920년 이후 생긴 지방의회도 기본적으로는 그러한 연장선상에 있었다. 도·군·府참사 출신 160여 명이 1920년 이후 도평·도의가 된 사실은 그 이전시기의 지방자문기관이 도평의회·도회제도에 제도적으로 뿐만 아니라 인적으로도 계승되었음을 보여 준다.

1920년 이후의 지방제도에서 가장 획기적이라고 할 만한 것은 도평의회, 부협의회 등 자문기관이 설치되었다는 것 자체보다는 매우 제한된 선거이기는 했으나 유권자의 직접 선거를 통해 의원들을 선출하게 되었다는 점이다. 그러나 부협의회·부회와 달리 도평의회·도회의 경우 정원의 3분의 1에 달하는 관선제도가 일제 말까지 존속했을 뿐 아니라 유권자의 직접선거가 아닌 간접선거로 민선의원을 뽑는다는 한계로 인하여 자치기관으로서의 위상은 더욱 제한적이었다.

도평의회는 행정자문기관으로 의원들에게 의결권이 없었으나 1930년경의 제2차 지방제도 개정에 따라 부회, 읍회와 함께 의결기관(도회)으로 제도적 변화를 보게 되었다. 일제는 이 시기의 지방제도 개혁을 지방자치의 실현이라고 선전했지만, 여전히 의원들에게는 의안 발안권이 없었고 의장인 도지사(도회)와 부윤(부회)이 막강한 권한을 휘두르는 기형적인 제도였다.

조선인 세력이 강했던 개성부 등 일부 지역을 제외하면 대부분의 부협의회·부회에서는 유권자와 당선자 모두 일본인들이 강세였다. 이에 비해 도평의회·도회는 郡 지역에서 대부분 조선인이 당선되었기 때문에 부협의회·부회보다 조선인의 비중이 훨씬 높았다. 일제는 관선의원 임명에서 연령, 재산정도, 영향력이 높은 일본인 의원을 조선인 의원보다 더 많이 임명함으로써 조선인 의원들을 '지도 · 순치'하기를 기대했고 지방의회가 정치투쟁의 장으로 변모하는 것을 극력 경계했다.

지방의회와 지방선거에 대한 조선인들의 반응은 무관심, 거부감, 비판과 기대가 뒤섞여 있었다. 1년 납세액 5원 이상인 사람만이 선거에 참여하는 극단적 제한선거와 '지방의회'의 열악한 위상 때문에 조선인들은 대부분 이 제도에 비판적이거나 거부감을 갖고 있었다. 도평 · 도의 중에도 지방제도의 문제점을 지적하고 '완전한 지방자치'를 주장한 사람이 많았다. 그러나 조선인들이 주장한 '완전한 지방자치'는 사실 일제의 지방제도에 대한 전면적인 부정이라기보다 '내지의 지방자치제도'와 같은 수준의 지방자치 실시였다. 도평의회 · 도회제도(지방의회)에 대해 부정적인 사람들은 지방의회에 진출하는 조선인들을 비판의 눈길로 대했지만 지방의회와 지방선거에 대한 전면적 보이콧운동이 일어난 적은 없었다.

1920년대를 거치면서 지방의회제도가 점차 안정화되면서 조선인 유력자들 가운데에는 지방의원 진출에 관심을 가진 사람이 증가하게 되었다. 그들은 일제가 마련한 제도적 한계 속에서라도 조선인의 정치적, 사회적 권리 향상을 위해 이 제도를 활용하려는 의도로 지방선거에 참여했다. 1930년대 이후의 도회의원 선거에서는 지역에 따라 '과열 경쟁' 양상도 나타났다.

제Ⅱ장에서는 도평 · 도의의 출신배경 및 주요 경력을 살펴보았다. 일부 도평 · 도의는 한말의 고위관료나 조선귀족 출신이지만 그 숫자는 미미했다. 평균적으로 그들의 연령은 40대 초중반이었고 학력은 비교적 근대교육 및 고등교육 이수자의 비율이 높았다. 학력이 확인되는 도평 · 도의는 전체의 약 42%인데 이 확인되는 사람 중에 고등교육(대학졸업 · 중퇴 정도)을 받은 사람이 약 40%였다. 한문사숙이나 문 · 무과와 같은 전통 교육을 이수한 사람들은 도회시기에 오면 훨씬 그 수가 줄었고, 도회의원들 가운데에는 보통학교 이상 대학까지의 근대교육 이수자가 많았다. 조선인 학력 평균보다 훨씬 높은 교육 수준, 상당한 재력 및 사회적 위치로 인하여 대부분의 도평·도의는 조선 사회의 엘리트층을 형성했다.

직업은 '농업'이 많았으나 농외투자를 겸한 경우가 많았고, 전체적으로 회사·상점·은행에 중역이나 주주로 참여한 사람이 4할 이상이나 되어 활발하게 경제활동에 참여했음을 볼 수 있었다. 재산 규모는 정확한 통계가 어려우나 토지규모와 납세액 등으로 볼 때 전국 굴지, 도 굴지의 재산가들이 많이 포함된 것이 확실하며, 개인에 따라 재산 규모의 차이가 컸다.

한말에 군수를 한 도평·도의는 40명으로 그 가운데 24명은 '병합' 이후에도 군수직을 계속 유지했다. '병합' 이후에 처음 군수가 된 사람은 43명이었다. 이들 43명의 군수 이전의 관직은 경찰관계자, 하급행정관리, 판사, 면장 등이었다. 한말에 판·검사를 한 도평·도의는 모두 14명이고, 한말의 경찰 경력자는 12명이었다. '병합' 이후의 판사 경력자는 9명, 검사는 6명이었고, 경시 출신은 4명, 경부 13명, 경부보 4명 등 경찰 간부 출신도 확인되었다. 도평·도의의 관료 경력에서 가장 특징적인 것은 도평·도의 전체의 약 30% 정도가 면장 출신이라는 점이다. 면장의 지위가 1910년대 이후 점차 개선되고 권한이 높아짐에 따라 군수 퇴직자 등 유력자들이 면장에 임명되고, 면장 장기근속자들은 주임관 대우를 받기도 했다. 면장은 면협의회 의장을 겸했는데, 면장 중 일부가 지역에서의 발언권을 발판으로 도평·도의로서 道政에 참여했다.

이들이 근대교육과 산업활동에 관심을 많이 가진 것은 한말 이래 계몽·자강운동 참여자가 많은 것과 같은 맥락에서 이해할 수 있다. 이들은 한말 문명개화와 식산흥업에 공명하여 정치단체나 학회 활동을 벌였고, 지역에서 학교, 은행 등의 설립을 주도한 사람들이 다수 있었다. 특히 영남의 경남은행, 동래은행, 대구은행, 전남의 광주농공은행과 호남은행, 충남의 호서은행 등 '민족계 은행'을 설립 · 경영한 주역들은 대부분 도평 · 도의가 되었다.

도평 · 도의들의 사상적 배경을 보면, 한말에는 문명과 산업 · 교육을 통한 부국강병적 근대화론의 영향이 지배적이었고, '병합' 이후에는 실력양성론이었다. 일제 통치를 용인하면서 근대화를 추구할 경우 내선융화론 등을 수용하여 일제당국과 '협력'하는 방향으로 나아갈 수 있고, 근대적 민족국가 설립을 목표로 일제 통치에 저항하는 방향으로 나아갈 수도 있었다. 지주 · 자본가들이 다수 참여한 대정실업친목회나 각종 '내선융화단체'가 전자라면, 민족 · 사회운동 참여는 후자가 될 것이다. 문제는 저항과 협력의 방향이 꼭 무 자르듯이 갈라지지는 않는다는 점이다. 많은 도평 · 도의들은 일제에 대한 저항과 협력의 애매한 경계선상에 존재했다.

제Ⅲ장에서는 지역유력자의 개념과 유형, 도평 · 도의들의 지역 활동에 관해 살펴보았다. 지역유력자는 '대체로 郡 단위에서 높은 사회적 영향력을 행사하며 공공에 대한 헌신성과 근대적 계몽 역할을 담당한 사람'이었다. 이들은 신분 배경의 혜택보다는 경제적 기반과 실력을 배경으로 지역유력자가 되었고, 1920년대에서 1930년대 초에 걸쳐 각종 공직에 진출하면서 일제의 지방지배의 하위 파트너로 부상했다.

그들은 당국과의 관계를 원활히 하여 자신의 정치적 · 경제적 이익을 유지 · 상승시키고자 했고, 또한 지역민들로부터도 신망과 지지를 얻음으로써 그들에 대한 영향력을 발휘하고자 했다. 식민지 상황에서 특히

3·1운동 이후 조선인들의 민족의식과 사회의식이 점차 첨예화됨에 따라 面이나 町, 郡을 단위로 생활상의 요구와 민원, 민족 차별의 철폐 요구가 분출되었고, 지역유력자 역시 그러한 요구에 대응하지 않을 수 없었다.

도평·도의들을 지역유력자로 파악하고 지역민 및 일제당국과의 관계에서 양면성을 가진 존재였다는 것은 그들이 그 관계들을 항상 성공적으로 유지했음을 의미하지는 않는다. 지역민의 신망이나 일제의 신용은 늘 유동적이었고, 매우 성공적인 소수를 제외하면 지역유력자의 위치 역시 불안정했다.

지역유력자들은 일제당국이나 일본인 민간 유력자와 인적 연결망을 구축하고 일제의 요청에 응하여 공직활동과 기부활동 등을 했고, 일제는 이에 대해 중추원참의를 비롯한 공직과 경제적 이권 제공으로 보상했다. 일제하에서는 공식적 통치기구 이외에 각종 통치의 보조기구와 경제단체 등의 '공직'이 급증했는데, 나중 시기로 갈수록 이들 공직은 계통화, 서열화되었다. 공직의 상층부에 포진하거나 재력 수준이 매우 높은 일부 도평·도의들은 단순히 지역유력자를 넘어 전국적 유력자로 부상하기도 했다.

지역활동은 지역적 요구의 실현을 위한 활동이었다. 교육시설 확충, 사회기반시설의 균등화, 빈민구제 등 제반 요구에 적극 나섬으로써만 지역민의 신망과 지지가 가능했다. 일제하 대중들은 사회적·경제적·정치적 권리 획득을 위해 스스로 투쟁에 나섰고, 이를 통해 지역유력자들에 대해 유·무형의 압박을 가할 수 있었다. 조선인 대중들은 일제당국과 밀접히 유착한 사람을 배척하면서도, 정치·경제적으로 혜택을 받는 사람들이 '공공사업'을 위해 헌신하는 것을 당연시했다.

제Ⅳ장에서는 도평·도의들의 정치적 활동 내용을 민족운동·사회운동 참가, 협력활동, 의정활동, 자치·참정운동을 통해 살펴보았다. 많은 도평·도의들은 1920년대 전반기의 민립대학기성운동(160여 명)과 지역의 청년회(약 200명) 참가를 통해 지역사회에서 계몽적 민족운동을 벌여 나갔고, 지역유력자들끼리의 결속과 '지역 기반'을 다지면서 지방의회 및 공직에 진출에 진출하는 발판으로 삼았다. 청년회는 1920년대 중반, 사회주의세력의 도전에 따라 지역에 따라서는 운동의 주도권을 잃거나 조직의 해체를 겪기도 하고, 혹은 새로운 조직으로 재편되기도 했다.

청년회 참여자들은 1920년대 중반을 고비로 운동의 일선에서 탈락한 경우, 신간회운동 등 사회운동으로 운동의 영역을 확대한 경우, 기존의 인간관계를 바탕으로 지역운동세력 혹은 지역민과 함께 주로 지역 활동에 집중하는 경우로 나누어졌다. 신간회에는 상당한 재력을 갖춘 지역유력자층과 사회주의계를 포함한 운동가·활동가들이 공존했고, 도평·도의 가운데 신간회 참여 경력이 있는 사람은 신간회 국내지회에 30명, 동경지회에 2명이 확인되었다. 신간회 참여자 중 8명과 기타 민족·사회운동단체에 관여한 도평·도의 가운데에는 사회주의 활동에 참여하거나 사회주의 활동가들과 밀접한 관계를 가진 사람들도 있었다. 이들은 1930년대 이후 전향하거나 은밀하게 운동을 지속했다.

지역의 '부호'였던 도평·도의들은 독립운동자금 모집활동에서 협박 내지 요청을 받았고, 지주·자본가로서 농민운동·노동운동의 투쟁대상이 되기도 했다. 이들이 독립운동대열에서 이탈하거나 심지어 독립운동에 반대하는 활동에 참여한 이유는 민족·사회운동세력과 이해관계가 대립된 점, 독립 전망의 상실, 일제의 탄압과 압력, 내선융화론 수용 때문이었다.

그러나 '내선융화'(동화)의 내용과 활동을 구체적으로 살펴볼 때, 내선융화론 자체가 내부적으로 모순을 안고 있었고, 조선인 내선융화론자들의 활동이 일제당국의 의도와 꼭 일치한 것은 아니었다. 일제당국이나 일본인 유력자들이 조선인의 제국신민으로서의 의무를 강조했다면, '내선융화'의 목표에 동의한 조선인 내선융화론자들은 일제당국이나 일본인들이 조선인에 대한 차별을 시정해야 한다고 느꼈다. 이러한 갈등은 공직자대회와 같은 조선인·일본인 공직자들의 회합, 심지어 조선인과 일본인들이 포함된 내선융화단체 내부에서도 늘 재연되었다. '내선융화론'은 또한 '조선의 전면적인 일본화'로 해석될 수도 있고, '일본 제국 틀 내에서의 조선의 자치권 향상'으로도 해석될 수도 있었다.

도평·도의들은 조선인의 권리 향상과 민족차별의 시정을 목적으로 의정활동을 전개했으나 도평·도회제도의 근본적 한계, 일제당국의 무성의와 압박, 도평·도의 자신의 인식과 실천상의 한계로 인해 성과는 크지 않았다. 도평·도회 석상에서는 조선인 교육 문제, 赴役 철폐, 지방제도의 개선, 조선인의 처우 개선 등을 둘러싸고 매회 '질문전'이 펼쳐졌고 때로는 당국에 항의하는 집단행동 움직임이나 조선인·일본인 의원 간의 대립 양상을 보이기도 했다.

조선인 참정·자치문제는 조선인 정치적 권리 향상과 직접 관련된 문제였다. 1920년대에 도평·도의들은 공직자대회나 내선융화단체 참가를 통해 '완전한 지방자치', '참정권 시행 촉진'을 요구했고, 일부는 '조선의회'에 찬동하기도 했다. 1930년대에 들어서면 시중회에 참가하여 조선인의 정치세력화를 모색하거나 국민협회 주도의 참정청원운동에 참여하는 도회의원들이 늘어났다. 도평·도의들은 대체로 중의원 선거권이나 조선 독자적인 의회 개설이라는 두 가지 방안 가운데 어느 한쪽의 실현을 목표로 했다기보다는 조선인의 정치적 권리를 개량적으로 확대하는 방향이라면 어느 쪽이든 수용할 태세가 되어 있었다.

일제 말에 이르면 많은 도평·도의, 특히 현직 도회의원들은 대부분 관제조직에 참여하거나, 지원병·징병, 창씨개명, 공출 등을 독려하는 강연활동에 나섰다. 이 시기의 의정활동은 회기 단축과 '讀會 생략' 등의 편법으로 크게 위축되었다. 1930년대 중반 이후 강제적인 동화정책 하에서 도평·도의들은 '내선일체'라는 일제 통치의 논리를 역으로 이용하여 내선차별에 대한 문제제기를 계속했다. 징병제도과 전쟁 참여를 통해 국민의 의무를 다함으로써 국민의 권리, 특히 참정권이 실현될 것으로 보고 내선일체운동에 적극 참여한 도평·도의들도 있었다. 그들은 1945년 3월, 일제가 참정권 부여를 약속하자 크게 환영했다.

이 책의 내용은 이 정도로 개괄하고, 몇 가지 논점을 덧붙이고자 한다.

먼저 지방제도 개정의 의미를 짚어 보고, 이 문제가 중의원 선거권 및 조선자치의회 설립 등이 어떻게 관련되는지에 대해 정리해 보자. 1920년의 제1차 지방제도 개정은 '동의에 의한 지배'를 통해 조선인들을 회유하려는 문화정치의 산물이었다. 일제는 조선을 식민지화한 초기부터 조선인 유력자의 협조를 필요로 했고, 3·1운동 이후에는 조선인 유력자의 포섭을 제도적으로 보장할 필요가 있었다.

1930년대 초의 2차 지방제도 개정은 조선총독부가 그동안 제기된 참정권론과 자치론 문제를 검토한 뒤 두 가지 방안 모두를 보류 내지 폐기하고 그 대신 지방자치제 요구를 일부 충족시키는 선에서 만들어낸 타협이었다. 조선 거주 일본인들의 참정권요구, 일부 조선인들의 참정권 운동과 '자치운동'의 모색이 나타나는 상황에서 총독부는 1920년대 말 '조선의 독자적인 입법의회 설치안'을 갖고 본국정부와 타진했으나 본국 정부의 반대로 각하되었다. 이 과정에 대해서는 이미 선행 연구를 통해 밝혀졌다. 이 책에서는 그 '입법의회'의 내용이 사실상 '도평의회제도'의 연장선상에 있었다는 점을 새롭게 조명했다. 일제가 어떤 형식으로든 조선인의 정치적 권리 향상을 고려했을 때 참고의 기준이 된 것은 지방의회의 운영을 통해 나타나는 '자치적 능력'과 '민도'였다. 제2차 대전 말기, 일제가 '총독정치의 폐지'까지 염두에 두고 조선인과 대만인에게 제한적인 중의원 선거권을 부여하려는 방침을 굳혔을 때, 선거구 설정과 유권자수 산정에서 가장 많이 고려한 것은 현존 '도회제도'였다. 조선인의 '민도'는 일제 통치에 순응하는 정도이기도 했으므로 일제가 참정권 부여를 끝내 실현하지 못한 것은 일제가 조선인의 황민화 정도를 신뢰할 수 없었다는 것을 의미한다.

이미 한말부터 개화파들을 중심으로 '지방자치'를 구현하고자 하는 시도가 있었으나 일제의 조선 식민지화는 조선인들의 자발적인 지방자치나 민권적 의미의 지방자치를 배제했고 오로지 식민통치의 효율성을 목표로 지방 단위까지 식민지적 관료제의 관철로 귀결되었다. 이 과정은 동시에 전근대적, 신분제적 촌락 질서의 해체를 초래하기도 했다.

일제 초기에는 아직 지방의 재지사족(과 그 후예)의 신분적 권위가 영향력을 발휘했고, 1920년대까지도 지역에서 그들의 영향력을 무시할 수 없었다. 그러나 도평·도의들은 주로 신분적 권위보다는 근대교육과 상업·산업활동, 식민지적 관료제의 참여를 통해 성장한 계층이었다. 이들은 자연스럽게 문명개화론과 실력양성론을 바탕으로 조선인(최소한 자산계층을 중심으로 한 '일부' 조선인)의 정치적·경제적 이익을 실현하고자 했다. 이들은 남보다 빨리 식민지적 근대를 경험하고 학습했고 자신들의 영향력과 위신을 높이고자 하는 '근대적 욕망'에 충실했다.

도평·도의들은 관·공직에 참여하고, 경제·산업활동을 펴 나갔으며 일제의 식민지 지배에 저항하고 협력했다. 그들은 일제당국과 지역민 사이에서 이중의 압박을 받고, 동시에 지역유력자로서 성장·발전하기 위해 그 두 가지 관계를 적절하게 활용했다. 그들이 참여한 민족·사회운동이나 협력활동의 내용을 들여다볼 때, 저항과 협력은 복합적이고 중층적이었다. 일률적으로 말하기는 어려우나 도평·도의들은 대체로 독립을 먼 훗날의 과제이거나 현실성이 없는 이상으로 간주하고 현실적으로 가능한 범위에서 일제 통치 내에서나마 조선인의 생활 향상과 권리 획득을 실현하고자 했다. 특히 식민지 전기간에 걸쳐 교육과 산업면에서 이들이 이루고자 한 것은 '근대화' 문제와 뗄 수 없는 관계에 있다.

그들은 참정·자치문제를 제기했으나 '조선인의 일본국민으로서의 정치적 권리의 향상'을 추구할수록 '일본국민'임을 인정하고 결과적으로 일제통치를 긍정할 수밖에 없는 딜레마에 빠졌다. 일제 말에 이르러 전시체제 하의 억압적인 분위기가 그들의 '협력'활동의 객관적 조건을 이루었다면 일제의 내선일체론에 함몰된 것은 이들을 강도 높은 '협력'으로 이끈 주관적 요인이었다. 그들은 일제 말의 엄혹한 상황에서도 의정활동을 통해 부분적이나마 생활조건의 개선과 민족차별의 시정을 위해 노력했으나, 해방 이후 친일파 논란에서 벗어날 수 없었다.

그러면 이 연구에서 출발하여 앞으로 더 연구할 것은 무엇인가.

우선 1,400명에 가까운 도평·도의를 조사하고 분석했지만 구체적이고 깊이 있는 사례연구로서 인물 연구, 지역 연구가 더 진전되어야 할 필요성을 느낀다. 개별적인 인물들에 대한 데이터를 최대한 파악하려 노력했지만 개인의 역량으로는 생몰 년대, 학력, 경력 사항을 다 파악하기 어려웠고 자료에 따라 내용이 모순되는 경우도 많았다는 점을 밝혀둔다. 도평·도의 간에, 혹은 다른 인물과의 사회적 관계나 가족관계를 밝힌다면 전체 조선인사회와 각종 운동 속에서 도평·도의의 위상을 더 분명히 할 수 있으리라 짐작된다. 이 연구에서는 도평의회 의원과 도회의원의 공통점에 좀 더 치중했으나 그들의 차이점, 즉 시대적 변화에 따른 출신배경과 활동의 변화에 관해서도 주목해야 할 것이다.

도평·도의들의 신분적 배경에 대한 천착도 요망된다. 재지사족의 후손인지, 향리나 평민층인지를 신분 요소가 지역적 영향력에서 어떠한 역할을 했는지에 대해 이 연구에서는 충분히 규명하지 못했다. 이와 관련해서는 시기적 변화와 아울러 지역별, 도별로 큰 편차가 존재할 것으로 예상된다. 가령 '북선 개발'에 따라 신흥유력자들이 대두된 한반도 북부지역과 '양반' 전통이 상대적으로 강했던 삼남지방의 유력자들의 차이를 규명할 필요가 있다.

민족·사회운동에서도 지역적 편차가 컸다. 신간회 해체 이후 전반적으로 운동이 침체된 상황에서 오히려 어떤 지역에서는 사회운동의 급진화가 이루어지기도 했고, 지역유력자·자산가층의 사회활동이 상대적으로 활발한 지역도 있었다. 이러한 요소는 각 도의 지역유력자의 존재와 도평의회·도회 운영에 어떠한 영향을 주었는가? 지방의회의 구체적인 전개에 대한 사례 연구가 더욱 진전될 필요가 있다. 또한 일본인 의원들과 조선인 의원들의 관계 및 도평·도회 활동의 민족별 차이도 규명해야 할 것이다.

일부 도평·도의 출신자들은 대한민국 정부 수립 이후에도 정치활동을 계속했고 다수가 경제계에서 활약했다. 도평·도의들의 해방 후 행적을 구체적으로 밝힘으로써 해방 후 '식민지적 근대'의 규정성을 검토하는 것도 앞으로의 과제이다.

참 고 문 헌

1. 신문 및 잡지

[신문]

『東亞日報』, 『每日申報』, 『釜山日報』, 『朝鮮日報』, 『朝鮮中央日報』, 『時代日報』, 『中央日報』, 『中外日報』, 『大阪朝日新聞』, 『讀賣新聞』, 『皇城新聞』, 『京鄕新聞』.

[잡지]

『朝鮮』, 『湖南評論』, 『開闢』, 『時事評論』, 『三千里』, 『春秋』, 『新民』, 『內鮮一體』, 『東洋之光』, 『別乾坤』, 『綠旗』, 『東光』, 『朝光』, 『民衆時論』, 『朝鮮時報』, 『昭和之朝鮮』, 『西北學會月報』, 『同民』, 『同民會會報』, 『朝鮮及滿洲』, 『朝鮮行政』, 『朝鮮地方行政』, 『府邑面雜誌』.

2. 자료집 · 사전 · 연감

[해방 이전]

朝鮮總督府, 『朝鮮總督府官報』.

朝鮮總督府, 『朝鮮總督府統計年報』.

朝鮮總督府, 『朝鮮總督府調查月報』.

朝鮮總督府, 『朝鮮總督府及所屬官署職員錄』.

東亞經濟時報社, 『朝鮮銀行會社組合要錄』.

『朝鮮統治史料』, 慧星文化社, 1986, 影印本.
『朝鮮總督府外廓團體資料集』, 高麗書林, 1997, 影印本.
『日帝下雜紙拔萃植民地時代資料總書』, 국제아카데미, 2002, 影印本.
朝鮮總督府, 『高等警察用語辭典』, 1933.
『日帝下社會運動史資料集』, 한울아카데미, 1989, 影印本.
『朝鮮に關する海外刊行物記事摘要』, 朝鮮情報委員會, 1921.
朝鮮總督府 內務局, 「朝鮮参政權問題」(1938, 『日帝下戰時體制期政策史料叢書』 37에 수록).
朝鮮總督府 警務局, 『最近における朝鮮治安狀況』(1934. 朝鮮總督府 警務局, 『日帝植民統治秘史』, 청아출판사, 1989에 번역).
朝鮮總督府 警務局, 『最近における朝鮮治安狀況』, 1938.
慶尙北道警察部, 『高等警察要史』, 1934.
朝鮮總督府, 『朝鮮銀行會社組合』, 1921~1942.
『齋藤實文書』, 高麗書林, 影印本.
『齋藤實關係文書目錄』 書類の部 1~2, 國立國會圖書館, 1993, 影印本.
『齋藤實關係文書目錄』 書翰の部 1~2, 國立國會圖書館, 1998, 影印本.
水野直樹 編, 『戰時期植民地統治資料』 1~7, 柏書房株式會社, 1998, 影印本.
民族問題硏究所 編, 『日帝下戰時體制期政策史料總書』, 韓國學術情報株式會社, 影印本.
大藏省, 『日本人の海外活動に關する歷史的調査』, 1947.
金正明 編, 『朝鮮獨立運動』 I 分册－民族主義運動編, 原書房, 1967, 影印本.
警務局保安課, 『秘 高等警察報』 1~6號, 여강출판사, 1986, 影印本.
『中樞院官制改正に関する參考資料』.
「朝鮮参政權實施の請願の件」, 外務省資料.
金谷榮雄, 『黎明之朝鮮』, 발행자 불명, 1924.
上田務, 『朝鮮統治論』, 1920.
井本機次郎 編, 『朝鮮統治問題論文集』(1929, 韓國人文科學院, 1991, 影印本).
細井肇, 『漢城の風雲と名士』, 日韓書房, 1910.
細井肇, 『朝鮮と滿洲の經營』(1921, 國學資料院, 2001, 影印本).

細井肇,『朝鮮統治策論』, 1920.
細井肇,『朝鮮統治心理の根本的變更に關する意見書』(極秘), 발행자 불명, 1924.
石森久彌,『朝鮮統治の目標』, 朝鮮公論社, 1932.
鮮于筍,「內鮮一體論について」,『朝鮮及朝鮮民族』 第一輯, 朝鮮思想通信社, 1927.
綠旗日本文化研究所,『朝鮮思想界概觀』(1939, 民族問題研究所編,『日帝下戰時體制期政策史料叢書』 제54권에 수록).
文定昌,『朝鮮農村團體史』, 日本評論社, 1942.
韓相龍氏還曆記念會 編,『韓相龍君を語る』, 發行者不明, 1941.
穗積眞六郎 口述,『歷代總督統治通觀 · 歷代總督統治通觀を讀んで』, 友邦協會, 1986.
車田篤,『朝鮮地方自治制精義』, 朝鮮金融組合協會, 1933.
山岐丹照,『外地統治機構の研究』, 高山書院, 1943.
佐村信平,『京城府民讀本』, 活文社, 1932.
青柳綱太郎,『總督政治史論』, 京城新聞社, 1928(『韓國併合史研究資料』 10, 11, 龍溪書舍, 1996에 수록).
저자불명,『京城繁昌記』, 博文社, 1915.
大村友之丞,『京城回顧錄』, 朝鮮研究會, 1922.
齋藤實子爵記念委員會,『子爵齋藤實傳』, 公同印刷, 1941.
矢內原忠雄,『植民及植民政策』, 有斐閣, 1926.
釋尾東邦,『朝鮮併合史』, 朝鮮及滿洲社, 1926.
植松楚川,『朝鮮を凝視めて』, 출판사 불명, 1931(추정).
『朝鮮及朝鮮民族』 第一輯, 朝鮮思想通信社, 1927.
『朝鮮日報60年史』, 朝鮮日報社, 1980.
中村進吾,『朝鮮施政發展史』, 1936.
總督府內務局 編,『朝鮮地方制度輯覽』, 1939.
『朝鮮銃後奉公錄』, 日本同盟通信社, 1941.
『中樞院官制改正に関する參考資料』, 1932.
『未公開資料 朝鮮總督府關係者 錄音記錄』 (1)~(5), 2000~2004.
朝鮮總督府,『朝鮮事情』, 1933.

[해방 이후]

『日帝侵略下韓國36年史』, 國史編纂委員會, 1971.

한국독립운동사연구소, 『한국독립운동사사전』, 2004.

민족문제연구소, 『일제협력단체사전』, 2004.

홍순권, 『일제시기 재부산일본인사회 사회단체 조사보고』, 선인, 2005.

전주역사박물관, 『일제시대전주읍행정규칙자료집』, 2003.

전주역사박물관, 『일제시대전주부 신설관계 자료집』, 2003.

하종근 역, 『일제식민관료가 분석한 朝鮮人』(1927년 朝鮮總督府 대외비 조사자료 제20집), 세종출판사, 1995.

한국농촌경제연구원, 『농지개혁시 피분배지주 및 일제하 대지주명부』, 1985.

김경현, 『일제강점기 인명록 진주지역 관공리 · 유력자』, 민족문제연구소, 2005.

3. 인물 자료

[해방 이전]

『大韓帝國官員履歷書』(國史編纂委員會, 1972, 영인본, 원본은 1900~1910년)).

大垣丈夫, 『朝鮮紳士大同譜』, 朝鮮紳士大同譜發行事務所, 1923.

京城覆審法院檢事局(추정), 『倭政時代人物史料』(1927(추정)).

貴田忠衛 編, 『朝鮮人事興信錄』, 朝鮮新聞社, 1922.

『韓國併合記念章授與人名』(官報第205號附錄)(1913년 4월 19일).

朝鮮總督府始政二十五周年記念 表彰者名鑑刊行會, 『朝鮮總督府始政二十五周年記念表彰者名鑑』, 1935.

阿部薰, 『朝鮮都邑大觀』, 民衆時論社, 1937.

阿部薰, 『朝鮮人物選集』, 民衆時論社, 1934.

藤村德一, 『朝鮮公職者名感』, 朝鮮圖書刊行會, 1927.

加藤敬三郎, 『朝鮮紳士錄』, 朝鮮紳士錄刊行會, 1931.

阿部薰, 『朝鮮功勞者名鑑』, 民衆時論社, 1935.

鎌田正一, 『朝鮮の人物と事業』 湖南편 제1집, 實業之朝鮮社出版部, 1936.

『京城仁川職業名鑑』, 東亞經濟時報社, 1926.
『朝鮮年鑑附錄 朝鮮人名錄』, 京城日報社, 1940.
八木朝久, 『平壤商工人名錄』, 平壤商工會議所, 1940.
金子南陽, 『京城府會議員選擧錄』(1931, 『日帝下支配政策資料集』 13에 수록).
藤村德一, 『全鮮府邑會議員銘鑑』, 朝鮮經世新聞社, 1931.
朴榮喆, 『五十年の回顧』, 大阪房號書店, 1929.
『大京城公職者銘鑑』, 京城新聞社, 1936.
『紀元二千六百年祝典記念光榮錄』, 1940.
康晉和, 『大韓民國人事錄』, 內外弘報社, 1950.
『黃海道實業明鑑』, 1930.

[해방 이후]

清巖史蹟刊行委員會, 『清巖 金元根翁 生涯와 業績』, 民衆庶官, 1957.
『求禮柳氏家의 生活日記』 上 · 下, 농촌경제연구원, 1991.
李敬南, 『抱宇金鴻亮傳』, 圖書出版 알파, 2000.

4. 지방자료

[해방 이전]

『慶尙南道道勢概觀』, 1931.
梁村奇智城, 『黃海道大觀』, 朝鮮硏究社, 1940.
梁村奇智城, 『平安南道大觀』, 朝鮮硏究社, 1940.
梁村奇智城, 『平安北道大觀』, 朝鮮硏究社, 1940.
梁川覺太郎, 『全南事情誌』 上 · 下, 全羅南道事情誌刊行會, 1930.
梁村奇智城, 『新興之北鮮史』, 朝鮮硏究社, 1937.
達拾藏, 『慶北大鑑』 上 · 中 · 下, 東洋文化協會, 1936.
安藤霞堂, 『忠北の文化と人』, 湖南日報 忠北總支社, 1928.
宇津木初三郎, 『金堤發達史』, 1934.

田上征夫, 『咸南都市大觀』, 咸南都市大觀 編纂部, 1938.
畑本逸平, 『咸鏡南道事業と人物名鑑』, 咸南新報社, 1927.
天野行武, 『忠北産業誌』, 日東印刷, 1923.
加納安正, 『金泉全誌』, 大東印刷, 1932.
伊作友八, 『晉州案內』, 晉州開文社, 1914.
岡萬吉, 『鎭海要覽』, 松尾博信堂, 1926.
李奉根, 『忠州發展史』, 忠州發展史刊行所(漢城圖書株式會社, 1933.
安部薰, 『伸び行く長項』, 民衆時論社, 1937.
田中正之助, 『浦港誌』, 朝鮮民報社 浦港支局, 1935.
萩森茂, 『京城と仁川』, 1929.
藤澤清次郎, 『朝鮮金融組合と人物』, 大陸民友社, 1937.

[해방 이후]

慶尙北道史編纂委員會, 『慶尙北道史』 上 · 中 · 下, 1983.
羅州郡誌編纂委員會 編, 『羅州郡誌』, 1980.
大邱市, 『大邱市史』, 1973.
大田廣域市史編纂委員會, 『대전100년사』, 2002.
扶餘郡誌編纂委員會, 『扶餘郡誌』, 2003.
瑞山市史編纂委員會, 『瑞山市誌』 제2권, 서산의 역사, 1998.
安邊郡史編纂委員會, 『安邊郡誌』, 명진문화사, 1997.
春川百年史編纂委員會, 『春川百年史』, 江原道民日報社出版局, 1996.
平安南道誌編纂委員會, 『平安南道誌』, 1984.
平安北道誌編纂委員會, 『平安北道誌』, 1973.
屯德面史編纂推進委員會, 『屯德面史』, 2002.
仁川廣域市史編纂委員會, 『인천의 발자취』, 2002.
任實郡史編纂委員會, 『任實郡史』, 1977.
박선홍, 『광주1백년』, 금호문화, 1994.
群山市史編纂委員會, 『群山市史』, 1991.
余宰奎, 『河東郡史』, 新英社, 1973.

『우리고장 충남』, 충청남도교육위원회, 1988.
『성남의 역사와 문화유산』, 성남문화원, 2001.
영광향토문화연구회, 『東亞日報靈光記事』, 1994.
박찬승 編, 『木浦 近現代 新聞資料集成』, 목포문화원, 2003.

5. 도회 회의록 및 도회에 관한 보고서류

京畿道, 『第4回京畿道會會議錄』, 1936.
京畿道, 『第5回京畿道會會議錄』, 1937.
京畿道, 『第11回京畿道會會議錄拔萃』, 1941.
全羅南道, 『第7回全羅南道會會議錄』, 1937.
慶尙南道, 『第10回慶尙南道會會議錄』, 1938.
慶尙南道, 『第12回慶尙南道會會議錄』, 1939.
慶尙南道, 『第14回慶尙南道會會議錄』, 1940.
慶尙南道, 『第15回慶尙南道會會議錄』, 1941.
「第13回京畿道會會議錄拔萃」, 1942.
「昭和17年度及18年における通常道會狀況」, 1942.
「第37回 帝國議會 說明資料」, 1937.
「第七回全鮮公職者大會議事錄」, 1930.
「第14回忠淸南道會會議錄抄本」, 1941.
報告例第17號, 江原道, 「道會狀況報告」, 1942년 3월 19일.
平安北道, 報告例第17號, 「道會狀況報告」, 1942년 3월 5일.
京畿道, 「第14回京畿道會會議錄拔萃」, 1943.

6. 연구저서

[국문]

姜東鎭,『日帝의 韓國侵略政策史』, 한길사, 1980.
강만길 編,『밀양의 독립운동사』, 밀양문화사, 2003.
姜秉植,『日帝時代 서울의 土地硏究』, 民族文化社, 1994.
강신욱,『증평 · 괴산근현대사』, 푸른나라, 2001.
경인일보 특별취재팀,『격동한세기 인천이야기』 상 · 하, 다인아트, 2001
고석규,『근대도시 목포의 역사 · 공간 · 문화』, 서울대출판부, 2004.
宮田節子 저, 李熒娘 역,『조선민중과 '황민화'정책』, 일조각, 1997.
권희영,『한국사의 근대성 연구』, 백산서당, 2001.
김동명,「지배와 저항, 그리고 협력」, 경인문화사, 2006.
김상태 편역,『윤치호일기』, 역사비평사, 2001.
김영희,『일제시대 농촌통제정책 연구』, 景仁文化社, 2003.
金雲泰,『日本帝國主義의 韓國統治』, 博英社, 1986.
김도형 외,『근대 대구 · 경북 49인』, 혜안, 1999.
김운성,『水原50년』, 학우사, 1973.
김희곤,『안동의 독립운동사』, 안동시, 1999.
남성숙,『우리가 꼭 알아야 할 호남인물100』, 송원백화점, 1996.
동래기영회,『동래기영회140년사』, 1984.
미야타 세쓰코 감수,『식민통치의 허상과 실상』, 혜안, 2002.
박명규,『한국근대국가 형성과 농민』, 문학과지성사, 1997.
박섭 등,『식민지근대화론의 이해와 비판』, 백산서당, 2004.
박성진,『사회진화론과 식민지사회사상』, 선인, 2003.
朴元杓,『鄕土釜山』, 大和, 1967.
박은경,『일제하 조선인 관료 연구』, 학민사, 1999.
박찬승,『한국근대정치사상사연구』, 역사비평사, 1992.
변평섭,『實錄忠南半世紀』, 創學社, 1983.
부경역사연구소,『시민을 위한 부산인물사』, 선인, 2004.

서영희, 『대한제국정치사연구』, 서울대출판부, 2003.
鮮于基聖, 『韓國靑年運動史』, 錦文社, 1973.
孫禎睦, 『韓國開港期 都市變化過程硏究』, 1982.
______, 『日帝强占期 都市化過程硏究』, 一志社, 1996.
______, 『韓國地方制度 · 自治史硏究』(上), 一志社, 1992.
______, 『日帝强占期 都市社會相硏究』, 一志社, 1996.
스칼라피노 · 李庭植 등, 『新幹會硏究』, 동녘, 1983.
안용식, 『韓國官僚硏究』, 大永文化社, 2001.
______, 『韓國行政史硏究』 1 · 2, 大永文化社, 1993.
안종철, 『광주 · 전남지방현대사연구』, 한울아카데미, 1991.
역사문제연구소, 『한국근현대 지역운동사』 I 영남편, 여강, 1993.
______, 『한국근현대 지역운동사』 II 호남편, 여강, 1993.
연세대학교 국학연구원 編, 『일제의 식민지배와 일상생활』, 혜안, 2004.
오미일, 『한국근대자본가연구』, 한울, 2002.
원용찬, 『일제하 전북의 농업수탈사』, 신아출판사, 2004.
윤병석, 『증보3 · 1운동사』, 국학자료원, 2004.
이강수, 『반민특위연구』, 나남, 2003.
이경란, 『일제하 금융조합연구』, 혜안, 2002.
이균영, 『신간회연구』, 역사비평사, 1994.
이영훈 등 공저, 『한국의 은행 100년사』, 산하, 2004.
李榮薰 外, 『近代朝鮮水利組合硏究』, 一潮閣, 1992.
이학렬, 『간추린 마산역사』, 경남, 2003.
임종국, 『밤의 일제침략사』, 청년정신, 2004.
林鍾國, 『日帝侵略과 親日派』, 靑史, 1982.
______, 『親日文學論』, 평화출판사, 1966.
이용선, 『朝鮮의 큰부자』 ① · ②, 하늘출판사, 1997.
정진석, 『人物 韓國言論史』, 나남, 1995.
조병세, 『언론에 비춰진 영동의 발자취』, 호암출판사, 1995.
조성운, 『일제하 수원지역의 민족운동』, 국학자료원, 2003.

趙恒來, 『 1900年代의 愛國啓蒙運動硏究』, 亞細亞文化社, 1993.
崔錫榮, 『일제의 동화이데올기의 창출』, 書景文化社, 1997.
최원규, 『일제말기 파시즘과 한국사회』, 청아출판사, 1988.
崔由利, 『日帝末期 植民地 支配政策 硏究』, 國學資料院, 1997.
최철, 『강릉, 그 아득한 시간』, 연세대출판부, 2005.
허종, 『반민특위의 조직과 활동－친일파 청산 그 좌절의 역사』, 선인, 2003.
洪性讚, 『韓國近代農村社會의 變動과 地主層』, 知識産業社, 1992.
황정덕, 『진해지역의 항일독립운동사』, 금창출판사, 2004.

[일문]

姜東鎭, 『日帝の朝鮮侵略政策史硏究』, 東京大學出版會, 1979.
姜再鎬, 『植民地朝鮮の地方制度』, 東京大出版會, 2001.
文定昌, 『朝鮮農村團體史』, 日本評論社, 1942(民俗院에서 1985년 복간).
石田雄, 『記憶と忘却の政治學』, 明石書店, 2000.
趙聖九, 『朝鮮民族運動と副島道正』, 硏文出版, 1998.
松本武祝, 『植民地權力と朝鮮農民』, 『社會評論社』, 1998.
小熊英二, 『單一民族神話の起源』, 新曜社, 1995.
———, 『日本人の境界』, 新曜社, 1998.
駒込武, 『植民地帝國日本の文化統合』, 岩波書店, 1996.

[영문]

Eckert, Carter J., *Offspring of Empire: The Koch'ang Kims and the Colonial Origins of Korean Capitalis, 1876~1945*. Seattle and London: University of Washington Press, 1991.

Shin, Gi-Wook and Robinson, Michael(eds.), *Colonial Modernity in Korea*. Cambridge and London: Harvard University Press, 1999.

Myers, Ramon H. and Peattie, Mark R.(eds.), *The Japanese Colonial Empire, 1895~1945*. Princeton N. J.: Princeton University press, 1984.

7. 연구논문

[국문]

姜吉遠, 「日帝下 韓國農村의 失態－所謂 農村振興運動期의 全羅北道 地方을 中心으로」, 『全羅文化論叢』 第1輯, 1986.

姜秉植, 「日帝下 京城府 設置와 府協議會에 대한 小考」, 同刊行委員會, 『黃山李興鍾博士華甲紀念史學論叢』, 1997.

姜秉植, 「日帝下 全羅南 · 北道의 道勢 比較－1930년대 國勢調査를 중심으로－」, 『동서사학』 8, 2001.

姜秉植, 「植民地時代 慶尙南 · 北道의 실태 연구－1930년대 國勢調査를 중심으로－」, 『東西史學』, 2000.

구영희, 「1920 · 30년대 일제의 지방통치정책－'지방자치제' 시행을 중심으로－」, 연세대 사학과 석사, 1986.

권호준, 「1930년대 일제의 조선인 下級行政官僚에 대한 정책」, 고려대 석사학위논문, 1995.

김경남, 「한말 · 일제초기 조선본점기업 자본가네트워크의 형성」, 『지역과 역사』 12호, 2003.

김경미, 「보통학교제도의 확립과 학교 훈육의 형성」, 『일제의 식민지배와 일상생활』, 혜안, 2004.

김경수, 「현대 당진지방 기독교 엘리트의 민족운동과 사회운동」, 『지방사와 지방문화』 제7권2호, 2004년 12월.

김도형, 「일제침략초기 친일세력의 정치론 연구」, 『계명사학』 3, 1992.

김동명, 「일본제국주의 식민지 지배체제의 개편－3 · 1운동 직후 朝鮮에서의 동화주의 지배체제의 확정－」, 『韓日關係史硏究』 제9집, 한일관계사학회, 1998.

———, 「1920년대 식민지 조선에서의 정치운동 연구: 일본제국주의의 지배에 대한 저항과 '협력'의 변증법」, 『한국정치학회보』 32집 3호, 1998년 가을.

———, 「식민지 시대의 지방 '자치'－부(협의)회의 정치적 전개－」, 『韓日關係史硏究』, 2002년 10월.

———, 「일본제국주의와 식민지 조선의 근대적 참정제도」, 『國際政治論叢』 제42

집 3호, 2002년 10월.

______, 「1931년 경성부회 선거연구」, 『韓國政治外交史論叢』, 2005년 2월.

______, 「일본제국주의와 식민지 조선의 지방 '자치'－충청남도 도(평의)회의 정치적 분석」, 『韓國政治外交史論叢』, 2000.

김동철, 「동래은행의 설립과 경영」, 『지역과 역사』 9, 2001.

金東哲, 「부산의 유력자본가 香椎源太郎의 자본축적과정과 사회활동」, 『歷史學報』 186, 2005.

金旻榮, 「日帝下 羅州·榮山浦地域 日本人資本家의 動向－1920, 30年代를 中心으로－」, 『광주학생독립운동과 나주』, 景仁文化社, 2001.

김민철, 「식민지조선의 경찰과 주민」, 『일제 식민지지배의 구조와 성격』, 景仁文化社, 2005.

______, 「전시체제하(1937~1945) 식민지 행정기구의 변화」, 『韓國史學報』 2003년 3월.

______, 「조선총독부의 농촌 중견인물 정책 연구」, 『한국민족운동사연구』 41, 2004.

김상태, 「1920~1930년대 동우회/흥업구락부 연구」, 『韓國史論』 28.

金相泰, 「近現代 平安道 出身 社會指導層 硏究」, 서울대 국사과 박사, 2002.

金聖甫, 「日帝下 禮山 成氏家의 資本蓄積過程과 政治活動」, 延世大 사학과 석사, 1986.

김성보, 「1900~50년대 鎭川郡 梨月面의 토지소유와 사회변화」, 『韓國史研究』 130, 2005.

金勝, 「한말·일제하 동래지역 민족운동과 사회운동」, 『지역과 역사』 6, 2000.

______, 「일제하 양산지역 민족운동과 사회운동」, 『지역과 역사』 14, 2004.

______, 「한말·일제하 밀양지역 민족운동과 사회운동」, 『지역과 역사』 15, 2004.

金貞恩, 「일제하 경찰조직과 조선인통제정책」, 淑明女大 한국사학과 석사, 1998.

金正仁, 「日帝强占期 天道敎團의 民族運動 연구」, 서울대 박사, 2002.

김중섭, 「일제하 경남 도청 이전과 주민 저항운동」, 『경남문화연구』 18, 1996

김진호, 「연기지역의 3·1운동」, 『호서지방사연구』, 景仁文化社, 2003.

김태웅, 「1915년 경성부 물산공진회와 일제의 정치선전」, 『서울학연구』 18, 2002.

金亨國, 「1920년대 한국 지식인의 사상분화와 민족문제 인식 연구」, 韓國精神文化

研究院 박사학위논문, 2003.
동선희, 「日帝의 '神功神話' 解釋과 歷史教育」, 『韓日民族問題硏究』, 2002년 4월.
———, 「동광회의 조직과 성격에 관한 연구」, 『역사와현실』, 2003년 12월.
———, 「1947년 친일파 처리법에 대한 諸정치세력의 대응」, 2000, 미발표.
朴成鎭, 「일제말기 綠旗聯盟의 內鮮一體論」, 『한국근현대사연구』, 1999.
박이택, 「植民地期 赴役의 推移와 그 制度的 特質」, 『經濟史學』 33, 2002.
朴贊勝, 「1910년대 新知識層의 '實力養成論' 연구」, 『尹炳奭教授華甲紀念 韓國近代史論叢』, 知識産業社, 1990.
박찬승, 「일제하의 자치운동과 그 성격」, 『역사와현실』 2호, 1989.
———, 「일제하 '지방자치제도'의 실상」, 『역사비평』 13, 1991.
———, 「근현대 당진지방의 정치사회적 동향과 지역엘리트」, 『지방사와 지방문화』 제7권 2호, 학연문화사, 2004.
서현주, 「京城府의 町總代와 町會」, 『서울학연구』 16, 2001.
손정목, 「1930년대 개정지방제도하의 부와 읍에 관한 연구－부제개정, 읍제 신설을 중심으로－」, 서울 서울시립대학교 도시행정연구실, 『都市行政硏究』 제5집, 1990.
水野直樹, 「新幹會運動에 관한 약간의 問題」, 스칼라피노 · 李庭植 등, 『新幹會硏究』, 동녘, 1983.
———, 「新幹會 東京支會의 활동에 대하여」, 스칼라피노 · 李庭植 등, 『新幹會硏究』, 동녘, 1983.
愼庸希, 「新幹會 支會 活動에 關한 硏究」, 成均館大 사학과 석사학위논문, 1991.
신주백, 「총론: 3 · 1운동 직후 '자치'문제에 대한 연구」, 『역사와현실』 39.
———, 「일제의 새로운 식민지 경영전략과 재조일본인 및 '자치'세력의 대응 (1919~22)」, 『역사와현실』 39.
유준기, 「1910년대 전후 일제의 유림친일화정책과 유림계의 반응」, 『韓國史硏究』 114, 2001년 9월.
윤해동, 「식민지인식의 회색지대－일제하 공공성과 규율권력」, 『식민지의 회색지대』, 역사비평사, 2003.
尹海東, 「일제의 面制 실시와 村落再編政策」, 서울대 박사학위논문, 2004.

이귀원, 「1920년대 전반기 부산지역 민족해방운동의 전개와 노동자 계급의 항쟁」, 『한국근현대지역운동사』Ⅰ, 역사문제연구소, 1993.

李基勳, 「1910~1920년대 일제의 農政 수행과 地主會」, 『韓國史論』 33, 1995.

李相燦, 「1906~1910년의 地方行政制度 변화와 地方自治論議」, 『韓國學報』 42, 1986.

이승엽, 「내선일체운동과 녹기연맹」, 『역사비평』, 2000년 2월.

이종범, 「제7편 일제강점기의 함평」, http: · www.hampyeong.jeonnam.kr/hwp/B2.hwp.

이준식, 「일제 강점기 친일 지식인의 현실 인식-이광수의 경우-」, 『역사와현실』 37, 2000.

______, 「1920년대 전반기 일제의 '문화정치'와 부르조아 정치세력의 대응」, 『역사와현실』, 2003.3월.

______, 「1920년대 초 自治請願運動과 維民會의 자치구상」, 『역사와현실』 39.

______, 「한말 대한협회 주도층의 국가인식과 자본주의 근대화론」, 연세대사학연구회, 『학림』, 2000.

임대식, 「일제하 京城府 '有志' 집단의 존재형태」, 『서울학연구』 8, 1997.

林大植, 「1930년대 말 경기지역 조선인 大地主의 農外投資와 地方議會 參與」, 『韓國史論』 34, 1995.

장선화, 「1920~30년대 부산의 공업발전과 도시구조의 변화」, 『지역과 역사』 6, 2000.

張矢遠, 「日帝下 大地主의 存在形態에 관한 硏究」, 서울대 경제학과 박사학위논문, 1989.

전우용, 「근대이행기 서울의 객주와 객주업」, 『서울학연구』 24, 2005.

정연태, 「조선말 일제하 유지층의 성장 추구와 이해관계의 중층성-포구상업도시 강경지역의 사례-」, 『1910년대 식민통치정책과 한국사회』Ⅲ, 서울대학교 한국문화연구소, 2003.

鄭然泰, 「조선말 일제하 資産家型 地方有志의 成長 추구와 利害關係의 中層性-浦口商業都市 江景地域 事例-」, 『韓國文化』, 2003.

정태헌, 「1930년대 조선의 유산층의 친일논리와 배경」, 『친일파란 무엇인가』, 아세아문화사, 1997.

曹京準, 「日帝下 地方財政의 展開過程에 관한 硏究」, 全南大 경제학과 박사학위논

문, 1987.

조명래, 「20세기 한국 근대화 속의 서울 지방자치」, 『鄕土서울』 60, 2000.

조재곤, 「일제강점 초기 상업기구의 식민지적 재편 과정－상업회의소를 중심으로－」, 『1910년대 식민통치정책과 한국사회』Ⅲ, 서울대학교 한국문화연구소, 2003.

지수걸, 「일제하 공주지역 유지집단의 도청이전 반대운동(1930.11~1932.10), 『역사와현실』 20, 1996.

＿＿＿, 「제5절 근현대사와 서산지역」, 『서산시지』 2, 1998.

＿＿＿, 「일제하 충남 서산군의 '관료－유지 지배체제', 『역사문제연구』 3, 于松趙東杰先生停年紀念論叢刊行委員會, 1999.

＿＿＿, 「일제하 충남 조치원 유지, 맹의섭(1890~·)의 '유지기반'과 '유지정책'」, 『역사와 역사교육－愚齋安承周博士追慕 歷史學論叢』, 1999.

＿＿＿, 「日帝下 全南 順天地域의 小作人組合運動과 '官僚－有志 支配體制'」, 『韓國史研究』, 1997.

＿＿＿, 「일제강점 초기 상업기구의 식민지적 재편 과정－1910년대 상업회의소와 조선인 자본가－」, 『韓國文化』, 2003.

＿＿＿, 「일제의 국내 민족·민중운동 탄압 실태」, 『일제강점기 한국인의 삶과 민족운동』, 景仁文化社, 2005.

池秀傑, 「1930년대 전반기 朝鮮人 大地主層의 政治的 動向」, 『歷史學報』 1989.

＿＿＿, 公州地域 有志集團 研究－事例1 : 徐悳淳(1892~1969)의 '有志 基盤'과 '有志政治'」, 『역사와 역사교육』, 1996.

＿＿＿, 「日帝下 公州地域 有志集團 研究－事例2: 金甲淳(1872~1960)의 `有志基盤`과 '有志政治'－」, 『韓國民族運動史研究』, 1997.

＿＿＿, 「日帝下 公州地域 有志集團 研究－事例3: 池憲正(1890~1950)의 '有志基盤'과 '有志政治'－」, 『역사와 역사교육』 2, 1997.

차철욱, 「개항기~1916년 부산 일본인상업회의소의 구성원 변화와 활동」, 『지역과 역사』 14, 2004.

＿＿＿, 「구포[경남]은행의 설립과 경영」, 『지역과 역사』 9, 2001.

＿＿＿, 「'第二回 軍政慶尙南道顧問參與官會議錄'의 내용과 성격」, 『港都釜山』 20,

2004.
최원규, 「19세기 후반 · 20세기초 경남지역 일본인 지주의 형성과정과 투자사례」, 『한국민족문화』 14, 1999
韓善愛, 「日帝時期 忠南 洪城郡의 高等普通學校 設立運動」, 공주대 사학과 석사학위논문, 1999.
한상구, 「일제시기 '시민대회'의 전개양상과 성격」, 미발표 정고.
______, 「일제시기 지역사회의 '二重權威構造'에 대한 연구시론」, 미발표 정고.
許粹烈, 「日帝下 韓國에 있어서 植民地的 工業의 性格에 關한 一硏究」, 서울大學校 경제학과 박사학위논문, 1983.
허수열, 「湖西銀行과 日帝下 朝鮮人 金融業」, 『지방사와 지방문화』 제8권1호, 학연문화사, 2005.
______, 「일제하 조선의 각종 收益率」, 『經濟史學』 34, 2003.
洪性讚, 「19세기 · 20세기 초 鄕吏層의 사회경제 동향－谷城 丁氏家의 사례를 중심으로－」, 『經濟史學』 24, 1998.
______, 「日帝下 企業家的 農場型 地主制의 存在形態－同福 吳氏家의 東皐農場 經營構造 分析－」, 『經濟史學』 10, 1986.
홍성찬, 「韓末 · 日帝下 全南 지역 한국인의 銀行 설립과 경영－光州農工銀行 · 湖南銀行의 사례를 중심으로－」, 『省谷論叢』 30집 제2권, 1999.
洪淳權, 「일제시기의 지방통치와 조선인 관리에 관한 일고찰－일제시기의 군 행정과 조선인 군수를 중심으로」, 『國史館論叢』 64, 1995.
홍순권, 「일제시기 '부제'의 실시와 지방제도 개정의 추이－부산부 일본인사회의 자치제 실시 논의를 중심으로－」, 『지역과 역사』, 2004.
______, 「1910~20년대 '부산부협의회'의 구성과 지방정치－협의원의 임명과 선거 실태 분석을 중심으로－」, 『역사와 경계』 60, 2006
홍영기, 「1920年代初 '朝鮮小作人相助會'에 對한 硏究」, 중앙대 석사학위논문, 1993.
______, 「영국의 아일랜드 식민지 지배와 일본의 한국 지배 비교연구」, 『일제 식민지지배의 구조와 성격』, 景仁文化社, 2005.
홍일표, 「일본의 식민지 '동화정책'에 관한 연구－'창씨개명'정책을 중심으로－」, 서울대 사회학과 석사학위논문, 1998.

松田利彦,「일제하 参政權要求團體 '국민협회'에 대하여」,『일제시기 참정권 문제와 조선인』, 국학자료원, 2004.

[일문]

金東明,「支配と抵抗の狹間」, 東京大 博士學位論文, 1997.
金翼漢,「植民地期朝鮮における地方支配體制の構築過程と農村社會變動」, 東京大 博士學位論文, 1996.
李昇燁,「全鮮公職者大會: 1924~1930」,『二十世紀研究』, 2003.
大和和明,「植民地期朝鮮地方行政に關する一試論－面制の確立過程を中心に」,『歷史評論』458, 1988.
林宥一,「民族解放と差別撤廢の動き」, 金原左門 編,『大正デモクラシー』, 吉川弘文館, 1994.
并木眞人,「植民地期朝鮮人の政治参加について」,『朝鮮史研究會論文集』31, 1993.
岡本眞希子,「總督政治と政黨政治－二大政黨期の總督人事と總督府官制・豫算」,『朝鮮史研究會論文集』38, 2000.
＿＿＿,「戰時下の朝鮮人・臺灣人参政權問題」,『早稲田大學大學院文學研究課紀要』, 1997.
＿＿＿,「アジア・太平洋戰爭末期における朝鮮人・臺灣人参政權問題」,『日本史研究』, 1996.
淺野豊美,「日本帝國の統治原理'內地延長主義'と帝國法制の構造的展開」,『中京大學社會科學研究』, 第21巻제1・2號, 2001.
小熊英二,「朝鮮生まれの日本人」, 在日朝鮮人研究會,『コリアン・マイノリティ研究』, 1998.
若林正丈,「臺灣議會設置請願運動」,『近代日本と植民地』6, 岩波書店, 1993.
森山茂德,「日本の朝鮮支配と朝鮮民族主義－1920年代の'朝鮮自治論'を中心として」, 北岡伸一 編,『戰爭/復興/發展－昭和政治史のおける權力と構想－』, 東京大學出版會, 2000.

도평·도의 인명 색인

〈ㄴ〉

〈ㄷ〉

〈ㅁ〉

〈ㅇ〉

〈ㅈ〉

〈ㅊ〉

〈ㅌ〉

〈ㅎ〉

부록

〈도평의회 · 도회의원 명단〉

1. 1920년대 도평의원

(1) 경기도 도평의원

임기	관선 민선	의원명(지역)	비고[1]
1920	관선	韓相龍(경성) 張燾(경성) 丁致國(인천) 閔泳綺(경성) 朴宇鉉(개성)	5/12
	민선	元悳常(경성) 金漢奎(경성) 趙重完(시흥) 鄭雨興(진위) 張然哲(양주) 林宗相(고양) 李海朝(포천) 李哲載(이천) 李胤鍾(광주) 李範世(양평) 李邦鉉(여주) 李寬榮(가평) 韓相鳳(수원) 權泰亨(강화) 閔泳善(안성) 姜臣馨(부천) 金重驥(김포) 趙炳烈(용인) 洪顯庠(연천) 宋遠燮(장단) 尹永培(고양)	21/25
1924	관선	韓相龍(경성) 元悳常(경성) 張燾(경성) 嚴柱益(경성) 張錫佑(인천)	5/12
	민선	金漢奎(경성) 劉秉珌(경성) 尹秉禧(김포) 李寬榮(가평) 韓相鳳(수원) 朴宇鉉(개성) 趙重完(시흥) 洪顯庠(연천) 曺埈元(강화) 曺悳煥(이천) 李載萃(포천) 李容宰(장단) 柳昌根(진위) 吳性善(용인) 徐相準(안성) 朴容俊(여주) 朴容均(부천) 金之煥(고양) 李範基(양평) 鄭永軫(파주) 具駿書(광주) 張然哲(양주)	22/25
1927	관선	韓相龍(경성) 元悳常(경성) 嚴柱益(경성) 白寅基(경성) 朴宇鉉(개성)	5/12
	민선	趙炳烈(용인) 劉秉珌(경성) 李載萃(포천) 金之煥(고양) 李範基(양평) 申昇均(경성) 洪思勛(수원) 柳周烈(가평) 申錫永(김포) 金麟培(광주) 宋秉德(파주) 李啓賢(부천) 曺錫永(여주) 趙聖達(이천) 黃祐天(강화) 李種成(연천) 金泰潗(시흥) 金正浩(개성) 鄭雨范(진위) 韓鼎錫(양주) 尹海榮(장단) 朴弼秉(안성)	22/25
1930	관선	韓相龍(경성) 元悳常(경성) 閔大植(경성) 金允福(인천) 金季洙(경성)	5/12
	민선	韓萬熙(경성) 張弘植(경성) 林漢瑄(개성) 韓鼎錫(양주) 朴弼秉(안성) 韓光鎬(수원) 沈圭澤(이천) 朴魯宣(여주) 黃祐天(강화) 權爾玉(김포) 金泰潗(시흥) 徐丙軾(장단) 元用(진위) 金直洙	22/25

		(파주) 尹成熙(양평) 李鳳烈(고양) 李潤永(용인) 洪淳達(가평) 朴箕煥(광주) 李羲榮(포천) 姜錫祚(부천) 趙漢鳳(연천)	

* 1930 민선: 金永澤(김화)는 1931년 1월 도평이 되었다.

(2) 충청북도 도평의원

임기	관선 민선	의원명(지역)	비고
1920	관선	龐寅赫(청주) 閔泳殷(청주)	2/6
	민선	鄭贊謨(음성) 李載益(괴산) 宋復憲(영동) 趙大衍(충주) 吳炳肅(단양) 朴鍾遠(제천) 申泰完(보은) 洪夢華(충주) 南相翊(진천) 趙晩夏(옥천)	10/12
1924	관선	申昌休(충주) 龐寅赫(청주) 閔泳殷(청주)	3/6
	민선	李源國(충주) 金奎弼(청주) 朴鍾遠(제천) 申泰完(보은) 李泰浩(괴산) 李相稷(진천) 洪明憙(영동) 鄭錫溶(옥천) 趙東煥(음성)	9/12
1927	관선	龐寅赫(청주) 閔泳殷(청주) 吳允默(옥천)	3/6
	민선	元光漢(청주) 鄭雲益(충주) 趙東煥(음성) 李奎夏(단양) 鄭錫溶(옥천) 金奎弼(청주) 陸炳玉(영동) 崔鍾洙(보은) 韓麒洙(제천) 金相瑄(괴산)	9/12[2]
1930	관선	龐寅赫(청주) 申昌休(충주) 李世永(단양)	3/6
	민선	鄭錫溶(옥천) 趙東煥(음성) 沈載悳(괴산) 盧性春(보은) 李景魯(영동) 金禮煥(진천) 李春雄(충주) 李明求(청주) 申泰駿(제천)	9/12

* 1927 민선: 정운익(충주)은 1927년 5월 사망했다. 鄭逸(충주)은 1927년 11월, 윤정구(충주)는 1928년 7월, 심재덕(괴산)은 1929년 9월에 도평이 되었다.

1) 비고는 조선인 의원수/민선정원이며 각종 통계자료를 근거로 했다. 해당 년도의 당선자들은 표에 포함시켰고, 임기 중의 교체자로 확인되는 인물들은 표 아래에 기재했다. 임기 중 사망, 사직, 해임, 의원자격 상실 등으로 인해 여기에 파악된 것보다 교체 건수가 더 많았다고 생각된다. 자료의 미비나 복수의 자료들의 상호 불일치, 모든 창씨명의 본명을 파악할 수 없다는 점 등으로 인해 끝내 인원수만큼 밝히지 못한 이름들도 있다.

2) 정운익(충주)은 1927년 5월 사망했다.

(3) 충청남도 도평의원

시작 연도	관선 민선	의원명(지역)	비고
1920	관선	金甲淳(공주) 金鍾翕(청양) 李冑相(아산)	3/8
	민선	韓日東(연기) 成普永(공주) 崔欽玉(청양) 具然昶(천안) 李翊鎬(보령) 李基祥(서산) 尹相郁(논산) 成樂憲(예산) 兪鈺兼(부여) 金炳鷁(홍성) 韓昌東(서산) 張河榮(서천) 閔泳瑗(대전) 柳冀映(아산)	14/16
1924	관선	金甲淳(공주) 尹致晟(아산) 李在性(홍성)	3/8
	민선	林昌洙(공주) 權五泳(연기) 金昌洙(대전) 權丙夏(서산) 韓昌東(서산) 洪鍾寬(당진) 李豊求(보령) 李承休(서천) 沈宜韶(청양) 金濚圭(부여) 權仁采(아산) 成元慶(천안) 姜永植(논산) 成樂憲(예산) 金炳鷁(홍성)	15/16
1927	관선	金炳鷁(홍성) 朴春緖(공주) 尹致昞(아산)	3/8
	민선	權丙夏(서산) 沈宜韶(청양) 金昌洙(대전) 成元慶(예산) 沈相台(보령) 李奎軾(아산) 安鍾洵(당진) 洪在興(공주) 金裕鉉(논산) 李明世(홍성) 林世熙(연기) 具秉定(서천) 鄭鳳和(예산) 池喜烈(서산)	14/16
1930	관선	金炳鷁(홍성) 權益采(공주) 柳冀暎(아산)	3/8
	민선	權丙夏(서산) 成元慶(예산) 沈相台(보령) 朴之赫(연기) 李甲世(홍성) 李萬鐘(아산) 李伯春(청양) 李龍淳(당진) 尹吉重(논산) 池喜烈(부여) 李重和(천안) 曺秉直(서천) 金甲淳(공주) 吳弼泳(대전)	14/16

* 1927 민선: 이명세(홍성)는 1928년 9월 사직했다. 權益采(공주)는 1929년 2월 9일 도평이 되었다.

** 1930 민선: 李悳常(아산)은 1930년 12월 도평이 되었다.

(4) 전라북도 도평의원

임기	관선 민선	의원명(지역)	비고
1920	관선	殷成雨(정읍) 吳暢鉉(전주) 金憲植(금산)	3/8
	민선	鄭碩謨(전주) 張安澤(장수) 李元和(무주) 李教政(남원) 辛鍾純(부안) 宋永權(정읍) 朴勝玹(금산) 朴容萬(임실) 文鍾煒(진안) 文鍾龜(옥구) 金英武(순창) 金丙熙(익산) 姜東曦(김제) 姜大直(고창)	14/16
1924	관선	李海晚(전주) 朴興奎(정읍) 梁栽英(남원)	3/8
	민선	姜完善(전주) 金箕東(정읍) 韓圭亮(장수) 吉相穆(금산) 吳世烈(진안) 金珵柱(무주) 崔鍾烈(임실) 金演植(김제) 朴禧沃(남원) 辛聲錫(부안) 洪鍾轍(고창) 金英武(순창) 康中鉉(옥구)	13/16
1927	관선	李海晚(전주) 朴禧沃(남원) 洪鍾轍(고창)	3/8
	민선	梁栽英(남원) 蘇鎭文(익산) 柳彰根(전주) 李遇升(무주) 柳元赫(장수) 鄭炳璇(금산) 黃廷奎(옥구) 金仁斗(순창) 辛世源(부안) 姜甲秀(정읍) 郭鐸(김제) 全承洙(진안) 金相鎬(고창) 嚴仁涉(임실)	14/16
1930	관선	金相鎬(고창) 李康元(전주) 洪鍾轍(고창)	3/8
	민선	梁栽英(남원) 崔鍾烈(임실) 辛聲錫(부안) 黃仁杓(장수) 柳直養(전주) 全禎鐸(진안) 金熙一(남원) 康泳邰(옥구) 吉秉浩(군산) 朴碩奎(정읍) 朴智根(익산) 趙在敦(김제) 柳鎭爀(무주) 林鳳周(순창)	14/16

* 1920 민선: 鄭炳璇(금산)은 1921년 10월 도평이 되었다.

** 1924 민선: 김기동(정읍)은 殷成河(정읍)로 교체되었다.

(5) 전라남도 도평의원

임기 시작	관선 민선	의원명(지역)	비고
1920	관선	朴瑀陽(나주) 金學洵(순천) 金衡玉(광주) 玄基奉(목포) 禹夏吉(담양) 尹定鉉(해남)	6/11
	민선	朱基豊(화순) 蔡洙康(강진) 崔炫(영암) 曹喜景(영광) 李奭來(보성) 李光秀(담양) 高庸柱(구례) 韓明履(진도) 金根著(제주) 金肯鉉(장성) 徐相基(함평) 閔丙昇(해남) 白珂寅(장흥) 申澈休(고흥) 徐丙奎(순천) 丁洙泰(곡성) 崔相鉉(광주) 李根彰(목포) 朴仁善(완도) 金漢昇(여수)	21/23
1924	관선	金衡玉(광주) 李元鎔(해남) 丁洙泰(곡성) 李根彰(무안) 金商燮(목포) 盧載昇(순천)	6/11
	민선	文在喆(무안) 玄俊鎬(광주) 鄭湧寅(담양) 丁奎泰(곡성) 金根著(제주) 李根浩(구례) 徐丙奎(순천) 金漢昇(여수) 林榤瑠(보성) 吳亨南(화순) 黃懿周(완도) 朴琫旭(해남) 孫英(장흥) 金相亨(고흥) 李載爀(함평) 金昌準(강진) 金時中(장성) 許燦(진도) 朴準圭(광양) 金炳斗(나주) 曹喜景(영광)	21/23
1927	관선	丁洙泰(광주) 李根彰(무안) 盧載昇(순천) 朴準圭(장성) 金商燮(목포)	5/11
	민선	金漢昇(여수) 文在喆(무안) 金相亨(고흥) 李載爀(함평) 朴珥圭(담양) 李根浩(구례) 許燦(진도) 玄俊鎬(광주) 丁奎泰(곡성) 金相弼(장성) 鄭昌旭(광양) 李康烈(영광) 林炳元(나주) 尹燁(광주) 金俸寶(장흥) 吳憲昌(화순) 崔元淳(제주) 朴泰奎(보성) 朴種悳(해남) 金奉珏(순천) 黃權八(완도) 金玹載(영암)	22/23
1930	관선	尹定鉉(해남) 李載爀(함평) 金炳斗(나주) 金信錫(광주)	4/11
	민선	徐丙奎(순천) 文在喆(무안) 金商燮(목포) 金商瑾(완도) 林炳元(나주) 崔元淳(제주) 申鉉麒(함평) 金商翊(담양) 金仁洙(장성) 金宗鉉(해남) 明昌淳(여수) 申常休(고흥) 安圭善(곡성) 李秉威(보성) 曹秉謨(영광) 千斗湜(구례) 金忠植(강진) 金致培(광양) 허혁(진도) 吳憲昌(화순) 朴癸一(광주)	21/23

* 1927 민선: 1927년 말 현준호(광주)는 일본 천황의 취임 축하를 위한 기념사업비용을 조선인과 일본인이 반씩 부담하는 것을 반대하며 도평 등 모든 공직을 사퇴했고, 이에 따라 孫英(광주)이 1927년 12월 도평이 되었다.

(6) 경상북도 도평의원

임기	관선 민선	의원명(지역)	비고
1920	관선	李範淑(김천) 姜浚(봉화) 徐丙朝(대구) 柳時一(안동) 金承源(문경) 韓翼東(대구)	6/12
	민선	文明琦(영덕) 權相善(봉화) 李愚稷(선산) 李正勳(경산) 金普榮(영주) 權台淵(안동) 申鳳均(군위) 李鴻(의성) 尹聖河(청송) 崔浚(경주) 孫秉奎(경주) 李庭禧(청도) 金龜鉉(고령) 趙寅錫(영양) 鄭南燮(예천) 錢澤洙(문경) 裵相淵(성주) 金思一(칠곡) 徐相俊(영일) 鄭煥澈(영천) 趙南倬(상주) 徐世允(달성)	22/25
1924	관선	徐丙朝(대구) 柳時一(안동) 金龜鉉(고령) 禹象學(김천) 秦喜葵(달성) 鄭海鵬(대구)	6/12
	민선	文明琦(영덕) 申鳳均(군위) 尹聖河(청송) 金翰殷(경주) 鄭在奭(상주) 李宣鎬(안동) 柳廷洛(경산) 金振玉(달성) 李鉉敏(영양) 金明玉(청도) 李憲昌(고령) 朴贊東(성주) 金世東(선산) 姜國元(영주) 權奇夏(예천) 張稷相(칠곡) 李鍾(영천) 琴瑞淵(봉화)	18/25
1927	관선	徐丙朝(대구) 文明琦(영덕) 秦喜葵(달성) 金在煥(대구)	4/12
	민선	申鳳均(군위) 裵相淵(성주) 李宣鎬(안동) 權奇夏(예천) 崔錫煥(경주) 鄭佑柱(경산) 吳熙台(영양) 徐錫台(달성) 朴允余(영일) 朴淳炳(청도) 金秉圭(의성) 金武鉉(영천) 權泰泳(영주) 沈相光(청송) 李潤大(봉화) 金禎漢(영덕) 洪在淑(김천) 鄭雲奭(고령) 鄭東洙(상주) 崔潤(경주) 李愚震(선산)	21/25
1930	관선	徐丙朝(대구) 李宣鎬(안동) 金在煥(대구) 安炳吉(경산)	4/12
	민선	鄭雲奭(고령) 金焯(군위) 張斗奎(영주) 姜敬熙(봉화) 金鍾昊(경산) 李鉉覺(영양) 朴寅洙(상주) 權賢燮(안동) 朴芝永(달성) 文明琦(영덕) 孫炳楹(영천) 李基承(성주) 李炳稷(문경) 李庸鉉(예천) 李鍾玉(청도) 趙鳳來(김천) 沈相完(청송) 洪思翊(선산) 金斗河(영일) 吳國泳(의성) 崔潤(경주)	21/25

* 1920 민선: 장직상(칠곡)은 1922년 보궐선거에서 당선되었고, 장기생(예천)은 1923년 11월 도평이 되었다. 張基生(예천) 張稷相(칠곡)

** 1924 관선: 1924년도 『조선연감』에는 柳時一의 이름이 보이지 않는다. 정해붕은 1926년 5월 3일 도평을 사임하고, 李章雨(대구)가 관선 도평이 되었다.

*** 1924 민선: 정재석(상주)이 1925년 9월 해임되고, 趙南倬(상주)이 1925년 10월 30일 도평이 되었다. 權台淵(안동)은 1925년에 도평이 되었다.

**** 1927 관선: 安炳吉(경산)은 1925년 관선 도평이 되었다.

(7) 경상남도 도평의원

임기	관선 민선	의원명(지역)	비고
1920	관선	鄭淳賢(함양) 劉漢植(통영) 金秉先(창원) 鄭禧協(하동) 金琪邰(진주) 文尙宇(부산)	6/11
	민선	鄭旻鍾(합천) 趙東洛(함안) 盧俊泳(함양) 孫之鉉(밀양) 金弘祚(울산) 金東逵(김해) 金轍鉉(창원) 鄭鎬善(산청) 權正鉉(고성) 黃甲周(마산) 姜元魯(진주) 鄭泰均(거창) 李恩雨(하동) 尹道淸(남해) 李佑植(의령) 崔演國(사천) 金斗贊(창녕) 金淇正(통영)	20/22[3]
1924	관선	金琪邰(진주) 文尙宇(부산) 李恩雨(하동) 金致洙(마산) 鄭淳賢(함양)	5/11
	민선	卓正漢(진주) 安武商(의령) 趙鏞濮(함안) 金斗贊(창녕) 閔雨植(밀양) 李坤寧(양산) 李在洛(울산) 李允榮(동래) 金慶鎭(김해) 許宗吉(창원) 金淇正(통영) 崔正喆(고성) 張鷹相(사천) 余璟燁(하동) 孫炳國(산청) 盧俊泳(함양) 全采煥(거창) 鄭震基(합천) 尹炳浩(남해)	19/22
1927	관선	文尙宇(부산) 李恩雨(하동) 金淇正(통영) 金慶鎭(김해) 金斗贊(창녕)	5/11
	민선	崔于弘(산청) 盧俊泳(함양) 鄭震基(합천) 盧泳煥(창녕) 金聲振(울산) 李鉉覺(함안) 崔演武(사천) 嚴翼峻(김해) 林碩鐘(거창) 姜正熙(의령) 裵錫觀(창녕) 李鎔年(고성) 林鍾吉(남해) 李輔衡(하동) 金炫國(통영) 李章喜(진주) 朴忠穆(밀양) 金永坤(양산) 金秉圭(동래) 裵翊夏(창원)	20/22
1930	관선	鄭泰均(거창) 崔演國(사천) 金斗贊(창녕) 魚大成(부산)	4/11
	민선	金慶鎭(창원) 李鉉覺(함안) 李鎔年(고성) 李輔衡(하동) 李章喜(진주) 裵翊夏(창원) 盧俊泳(함양) 崔翊洙(남해) 愼鏞禧(거창) 金泰鎬 마산) 卞泰圭(합천) 孫興 밀양) 吳德相(울산) 金化壽(동래) 權穆(양산) 姜周秀(사천) 鄭鎬德(산청) 許撥(김해) 河駿錫(창녕) 金鍊(의령)	20/22

* 1927 관선: 김기정(통영)이 1927년 8월 사직하고 鄭泰均(거창)이 관선 도평이 되었다.

3) 2명 불명.

(8) 황해도 도평의원

임기	관선 민선	의원명(지역)	비고
1920	관선	劉壎燮(해주) 全錫泳(은율) 宋昌禧(황주) 李台健(봉산) 金泳澤(해주)	5/9
	민선	盧蒼顔(옹진) 吳國東(해주) 申宗均(연백) 柳宅熙(금천) 朴贊稷(신계) 吳宗錫(장연) 孫致洛(송화) 洪性肅(은율) 李麟培(안악) 朴濟潤(신천) 鄭健裕(재령) 李達元(봉산) 張大翼(서흥) 咸鳳弼(수안) 李容慶(곡산) 尹景赫(황주)	16/18
1924	관선	鄭健裕(재령) 金泳澤(해주) 尹景赫(황주) 吳敦根(해주) 盧蒼顔(옹진)	5/9
	민선	金光顯(금천) 趙鍾龍(평산) 全錫泳(은율) 朴贊稷(신계) 吳宗錫(장연) 孫致洛(송화) 李達元(봉산) 閔奎植(신천) 李東赫(해주) 姜周卿(안악) 金鳳郁(재령) 李珍馨(황주) 李泰厦(수안) 李承七(곡산) 張大翼(서흥)	16/18
1927	관선	鄭健裕(재령) 金泳澤(해주) 尹景赫(황주) 吳敦根(해주)	4/9
	민선	金基秀(재령) 孔炳憲(연백) 吳世皥(해주) 申元熙(평산) 尹應善(금천) 李根弼(수안) 洪淳翰(은율) 任憲豊(송화) 元孝燮(안악) 盧蒼顔(옹진) 張大翼(서흥) 金亨杰(장연) 金弘鳳(봉산) 李東淳(황주) 李基燮(곡산) 宋承燁(신계) 尹敎哲(신천)	17/18
1930	관선	盧蒼顔(옹진) 金泳澤(해주) 吳世皥(해주) 康益夏(재령)	4/9
	민선	閔奎植(신천) 李鍾駿(봉산) 宋承燁(신계) 金基秀(재령) 申元熙(평산) 洪淳翰(은율) 元孝燮(안악) 趙東淳(황주) 張春河(옹진) 呂運赫(송화) 金鍾濩(연백) 愼久範(금천) 吳昌煥(해주) 李光翼(서흥) 朴相卨(장연) 朱成鎭(곡산)	16/18

* 1924 민선: 金亨杰(장연) 金弘鳳(봉산)은 1925년에 도평이 되었다. 1926년 강주경이 사직하고 李相晉(안악)이 도평이 되었다.

(9) 평안남도 도평의원

임기	관선 민선	의원명(지역)	비고
1920	관선	林祐敦(진남포) 鄭觀朝(평양) 金仁梧(안주)	3/8
	민선	崔昌鎬(개천) 李寅彰(안주) 李陽瑞(양덕) 李敎植(대동) 申龍淵(덕천) 尹台鎭(중화) 白崙琥(영원) 朴昌河(맹산) 洪鎭杉(평원) 李冕均(성천) 金商俊(강동) 金元穆(대동) 金景彬(강서)	14/16[4]
1924	관선	林祐敦(진남포) 鄭觀朝(평양) 朴經錫(평양)	3/8
	민선	康秉鈺(평양) 李東悅(중화) 金寬善(순천) 朴用玩(맹산) 金商俊(강동) 宋畯燮(중화) 金瓚洙(평원) 金淵穆(평원) 金晋洙(강서) 金元穆(대동) 李晉奎(안주) 吳鍾泳(덕천) 崔昌鎬(개천) 白崙琥(영원) 李冕均(성천)	15/16
1927	관선	林祐敦(진남포) 鄭觀朝(평양) 朴經錫(평양)	3/8
	민선	金商俊(강동) 宋畯燮(중화) 姜炳駿(평양) 鄭世胤(평양) 金觀鍾(성천) 李善郁(안주) 韋基喆(평원) 孫道厚(양덕 徐丙勳(덕천) 魯一衡(용강) 金基珽(순천) 金駿鍵(강서) 李寅根(개천) 趙元祚(맹산) 李敎植(대동)	15/16
1930	관선	李敎植(대동) 鄭觀朝(평양) 金能元(평양)	3/8
	민선	金商俊(강동) 金瓚洙(평원) 金晋洙(강서) 崔東稷(순천) 吳崇殷(평양) 洪彝道(안주) 金德翁(진남포) 安仁錫(덕천) 尹永善(중화) 李炳浩(대동) 李鶴林(평원) 崔昌鎬(개천) 朴炳鉉(맹산) 金觀鍾(성천) 裵冕夏(용강) 白崙琥(영원)	16/16

* 1924 민선: 김관선(순천)이 1925년 사직하고 같은 해 11월 崔東稷(순천)이 도평이 되었다.

4) 1명 불명.

(10) 평안북도 도평의원

임기	관선 민선	의원명(지역)	비고
1920	관선	車國轅(영변) 朴元祚(선천) 崔錫夏(신의주) 姜尙渭(창성) 吉憲泰(지역불명)	6/10[5]
	민선	鄭禹範(철산) 金濟河(정주) 姜時協(창성) 申泰朝(영변) 李安濟(자성) 李秉建(후창) 李鏡麟(박천) 宋秉觀(강계) 朴應虎(태천) 宋弼興(위원) 朴來陽(박천) 金熙綽(선천) 金王性(운산) 金應漢(구성) 張熙鳳(용천) 李明煥(의주) 公禎柱(벽동) 吉憲泰(희천) 金夔淳(지역불명)	19/20
1924	관선	車國轅(영변) 崔錫夏(의주) 張龍官(구성) 梁鳳濟(박천) 金熙綽(선천) 公禎柱(벽동)	6/10
	민선	金濟河(정주) 李明煥(의주) 李益鉏(구성) 李暻浩(태천) 李仁燮(운산) 金昌彦(희천) 權聖麟(영변) 鄭潤玉(철산) 黃觀河(용천) 朴鍾勳(삭주) 李養羽(벽동) 姜觀英(초산) 金元用(위원) 金炳宣(강계) 劉昌漢(자성) 金秉濬(후창) 金俊榮(박천) 崔景植(선천) 姜國琫(창성)	19/20
1927	관선	宋弼興(위원) 崔錫夏(의주) 孫應範(강계) 李昌錫(선천) 柳世鐸(박천) 車國轅(영변)	6/10
	민선	李仁燮(운산) 鄭潤玉(철산) 朴鍾勳(삭주) 崔景植(선천) 張龍官(구성) 全聖根(영변) 鄭宗殷(정주) 宋啓源(희천) 白來湜(태천) 金聖烈(벽동) 金成圭(용천) 姜利璜(의주) 李珵錫(후창) 李憲國(초산) 金昌玹(자성) 金澤株(위원) 金澤俊(강계) 姜尙渭(창성) 金相有(박천)	19/20
1930	관선	車國轅(영변) 柳世鐸(박천) 李昌錫(선천) 孫應範(강계) 崔昌朝(의주)	5/10
	민선	鄭潤玉(철산) 劉昌漢(자성) 金聖烈(벽동) 姜利璜(의주) 康基源(영변) 韓殷燮(운산) 張驥植(용천) 崔鳳參(삭주) 崔鳳浚(선천) 洪箕疇(정주) 姜鳳瑞(창성) 金鍊植(구성) 金榮錫(후창 金昌洽(희천) 朴梧鳳(초산) 白鍾成(태천) 劉基貞(강계) 洪淳龍(박천) 朴觀圭(위원)	19/20

5) 1명 불명.

(11) 강원도 도평의원

임기	관선 민선	의원명(지역)	비고
1920	관선	崔在麟(강릉) 高運河(철원) 姜錫圭(춘천) 梁在韶(원주) 金鶴植(평강)	5/10
	민선	李鍾漢(양양) 李泰潤(평강) 張錫均(울진) 鄭鎬鳳(횡성) 洪在冀(화천) 朴普陽(철원) 金翼濟(통천) 金泰東(평창) 嚴達煥(영월) 金基玉(김화) 全東河(정선) 安植(양구) 李根宇(강릉) 李起鍾(춘천) 李斗容(홍천) 宋宅英(회양) 金東鎬(삼척) 閔冀植(원주) 咸有度(고성) 李時榮(인제) 金基斗(이천)	21/21
1924	관선	南相鶴(춘천) 張錫均(울진) 金基玉(김화) 朴勝默(철원) 金鶴植(평강)	5/10
	민선	高運河(철원) 李寅鎔(평강) 李斗容(홍천) 鄭鎬鳳(횡성) 金泰東(평창) 嚴達煥(영월) 崔燉尙(정선) 沈相憙(춘천) 申悳休(인제) 宋淳弼(회양) 黃炳星(고성) 朴起東(강릉) 宋達顯(양양) 石鍾夏(통천) 金源鴻(삼척) 張仁煥(울진) 沈宜春(원주) 金癸根(김화) 金永右(이천) 金東和(화천) 崔圭璿(양구)	21/21
1927	관선	金鶴植(평강) 高運河(철원) 李根宇(강릉) 金基玉(김화) 李東根(춘천)	5/10
	민선	朴普陽(철원) 嚴達煥(영월) 崔燉尙(정선) 南相鶴(춘천) 石鍾夏(통천) 張仁煥(울진) 沈宜春(원주) 李寅鎔(평강) 金東和(화천) 李鍾衡(인제) 張明俊(고성) 李昌燁(이천) 廉雲翼(양구) 朴祥喜(양양) 宋聲淳(회양) 吳之默(횡성) 金癸根(김화) 李喜永(김화) 金奎英(삼척) 金容哲(홍천) 曺琦煥(강릉) 鄭僩基(평창)	21/21
1930	관선	李寅鎔(평강) 高運河(철원) 李根宇(강릉) 李起鍾(춘천) 金基玉(김화)	5/10
	민선	李泰潤(평강) 南相鶴(춘천) 沈宜春(원주) 金永右(이천) 金東和(화천) 金容哲(홍천) 朴振聲(울진) 曺圭鳳(횡성) 沈龍洙(삼척) 方範疇(인제) 洪顯德(양구) 高炳學(평창) 金廣濟(통천) 金元燮(회양) 沈宜昇(김화) 嚴敬烈(영월) 尹星漢(고성) 李德一(철원) 崔燉興(강릉) 張世煥(양양) 高罡杓(정선)	21/21

* 1927 민선: 김계근(김화)는 당선자 명단(『매일신보』 1927년 4월 3일)에 들어있었으나 『官報』 1927년 4월 22일자에는 이희영(김화)이 임명된 것으로 되어 있다. 張錫均(울진)은 장인환(울진) 후임으로 1927년 9월 1일 도평이 되었고, 朴振聲(울진)은 1928년 1월 18일 장석균 후임으로 도평

이 되었다. 金東錫(삼척)은 면직된 김규영(삼척)의 후임으로 1928년 11월 도평에 임명되었다. 또한 이창엽(이천)이 1929년 형사사건으로 도평 자격을 상실함에 따라 金永右(이천)가 1930년 1월 18일 도평이 되었다. 金廣濟(통천)은 1928년 10월 보궐선거에서 당선했다.

** 1930 민선: 崔養浩(춘천)은 1931년 11월 도평이 되었다.

(12) 함경남도 도평의원

임기	관선 민선	의원명(지역)	비고
1920	관선	洪聖淵(영흥) 金夏涉(함흥) 李澤鉉(원산) 韓準錫(원산)	4/8
	민선	韓有錫(함흥) 李儉(북청) 金源極(영흥) 金斗煥(정평) 金容秀(고원) 趙三敎(문천) 尹正夏(덕원) 金炳洙(안변) 金基協(홍원) 姜錫弼(이원) 崔斗璉(장진) 魏楨咸(신흥) 金鼎屹(풍산) 姜箕俊(갑산) 李鍾珽(삼수)	16/17
1924	관선	李澤鉉(원산) 韓準錫(원산) 李栽燁(영흥) 劉炳義(함흥)	4/8
	민선	全恒植(북청) 許文煥(단천) 崔錫五(이원) 李瓚在(함흥) 李鍾璿(삼수) 李錫龍(영흥) 金孝澤(정평) 金喜駟(갑산) 金章煥(문천) 韓璣洙(덕원) 崔鍾律(신흥) 金亨根(홍원) 申彦淳(안변) 李鳳賢(장진) 金冕秀(고원) 朱寅赫(풍산)	16/17
1927	관선	金夏涉(함흥) 南百祐(원산) 姜哲模(북청) 劉炳義(함흥)	4/8
	민선	趙三敎(문천) 金喜駟(갑산) 全淳京(안변) 鄭南信(장진) 洪性龍(홍원) 李聖八(정평) 申錫定(신흥) 金益相(이원) 金裕經(북청) 元炳喜(단천) 李達鉉(영흥) 金萬熙(삼수) 趙琦昌(풍산) 姜周鵬(덕원) 金昇秀(고원) 蔡容黙(함흥)	16/17
1930	관선	洪聖淵(함흥) 金夏涉(함흥) 南百祐(원산) 姜哲模(북청)	4/8
	민선	李庚洙(삼수) 張河根(안변) 金基協(홍원) 崔相玉(함흥) 崔鍾律(신흥) 林昌虎(장진) 李善郁(정평) 姜彰秀(이원) 姜弼成(덕원) 金鳳夔(고원) 盧弘周(갑산) 沈亨燮(단천) 方義錫(북청) 崔漢楨(영흥) 朱觀植(풍산)	15/17

* 1930 민선: 강필성(덕원)이 1932년 함경남도 참의관이 되어 도평을 사임하고 1932년 9월 24일 金利鉉(덕원)이 도평이 되었다. 1930년 1개 郡에서 선거를 취소함에 따라 정원이 17명인데도 불구하고 1930년 4월 1일의 당선자는 조선인 15명, 일본인 1명이었다. 朴道善(문천)은 1930년 4월 28일 도평이 되었다.

(13) 함경북도 도평의원

임기	관선 민선	의원명(지역)	비고
1920	관선	車炳轍(경성) 金基德(청진)	2/6
	민선	洪鍾華(경성) 金奎五(경흥) 蔡圭彪(경원) 崔寅協(온성) 許巖(회령) 朴在玉(성진) 趙鶴似(길주) 金應夔(종성) 金致奎(부령) 南候鳳(무산) 太晉奎(지역불명)	11/12
1924	관선	金基德(청진)	1/6
	민선	南候鳳(무산) 鄭宗律(경원) 全應奎(온성) 玄龍燮(성진) 李東彬(경흥) 尹圭榮(회령) 金璿穆(종성) 金秉胤(명천) 金炳奎(경성) 梁在鴻(길주) 黃鍾國(부령)	11/12
1927	관선	方洛先(청진)	1/6
	민선	鄭宗律(경원) 全應奎(온성) 車鍾瓘(명천) 蔡奎煜(무산) 韓德洙(경성) 車德奎(종성) 許禎(성진) 李致重(길주) 金秉治(부령) 金光憲(경흥) 李興載(회령)	11/12
1930	관선	金基德(청진)	1/6
	민선	崔昌厚(경성) 太明輔(명천) 張世憲(부령) 方星源(종성) 金鳳鉉(온성) 金昇五(경흥) 金弘燮(성진) 南義壽(무산) 梁昌奎(길주) 崔秉岳(경원) 李興載(회령)	11/12

* 1924 민선: 1926년 12월 28일 보선에서 崔南隆(무산)이 당선되었다.

** 1930 민선: 柳宗學(경흥)은 1930년 11월, 黃鍾國(부령)은 1931년 12월, 高慶元(길주)과 朴文欽(경원)은 1933년 초에 도평이 되었다.

2. 1930년대 이후의 도회의원

(1) 경기도 도회의원

임기	관선 민선	의원명(지역)	비고
1933	관선	韓相龍(경성) 元悳常(경성) 金思演(경성) 金泰集(시흥) 韓萬熙(경성) 金正浩(개성)	6/14
	민선	曺秉相(경성) 李範基(양평) 鄭永軫(파주) 黃祐天(강화) 朴弼秉(안성) 朴箕煥(광주) 林漢瑄(개성) 金允福(인천) 田殷夏(여주) 劉泓鍾(고양) 金之煥(고양) 李斗用(시흥) 李懿鍾(김포) 金顯祚(장단) 宋星鎭(가평) 卞在洙(양주) 申鉉泰(이천) 尹炳鉉(포천) 崔在燁(수원) 申鉉益(수원) 趙晟濬(개풍) 朴昌烈(연천) 趙斌行(용인)	23/28
1937	관선	韓相龍(경성) 元悳常(경성) 金思演(경성) 金允福(인천) 金泰集(시흥) 朴鳳鎭(개성)	6/14
	민선	曺秉相(경성) 洪必求(경성) 鄭永軫(파주) 韓光鎬(수원) 林漢瑄(개성) 金顯祚(장단) 宋星鎭(가평) 崔在燁(수원) 趙晟濬(개풍) 宋在鵬(인천) 明珍錫(김포) 李寅求(양평) 宋錫疇(여주) 李應鎬(고양) 石鎬均(광주) 文承卓(양주) 尹元赫(연천) 金貞培(포천) 金炳哲(이천) 沈英燮(용인) 睦項相(안성) 李敏煊(진위) 金敏植(시흥) 金根鎬(강화)	24/28
1941	관선	韓相龍(경성) 元悳常(경성) 金允福(인천) 金思演(경성) 金泰集(시흥) 曺秉相(경성)	6/14
	민선	朴疇明(경성) 朴利淳(개성) 林憲章(개성) 車濬潭(수원) 趙仁行(수원) 徐丙軾(장단) 李懿鍾(김포) 宋星鎭(가평) 李應鎬(고양) 睦項相(안성) 李敏煊(진위) 金根鎬(강화) 李重久(양주) 金冑漢(포천) 姜大崑(연천) 尹敬燮(시흥) 元仁常(부천) 俞琬植(이천) 申忠湜(용인) 李鳳九(여주) 李弼商(양평) 俞仁穆(광주)	22/28

* 1941 민선: 안성에서 목욱상에서 朴弼秉(안성)으로 교체가 있었다.

(2) 충청북도 도회의원

임기	관선 민선	의원명(지역)	비고
1933	관선	龐寅赫(청주) 閔泳殷(청주)	2/7
	민선	鄭錫溶(옥천) 趙東煥(음성) 李明求(청주) 安商郁(진천) 朴麟緖(보은) 李相夏(영동) 孫在厦(영동) 金奎應(괴산) 柳曾秀(괴산) 鄭奭熙(충주) 申東休(제천)	11/14
1937	관선	閔泳殷(청주) 金元根(청주)	2/7
	민선	朴麟緖(보은) 孫在厦(영동) 柳曾秀(괴산) 鄭奭熙(충주) 南相翊(진천) 崔東善(청주) 鄭求平(옥천) 柳性淵(영동) 洪元植(괴산) 南相喆(음성) 朴廷植(제천)	11/14
1941	관선	閔泳殷(청주) 金元根(청주)	2/7
	민선	鄭奭熙(충주) 柳曾秀(괴산) 鄭求平(옥천) 柳性淵(영동) 李重甲(청주) 李長範(진천) 權重赫(영동) 崔翀根(보은) 韓定錫(청주) 趙星九(단양) 南相喆(음성)	11/14

* 1933 관선: 방인혁은 1935년 사망했고, 金元根(청주)은 1936년 2월 관선 도의에 임명되었다.

(3) 충청남도 도회의원

임기	관선 민선	의원명(지역)	비고
1933	관선	金炳鵷(홍성) 金昌洙(대전) 池喜烈(부여)	3/8
	민선	成元慶(예산) 姜永植(논산) 朴在新(논산) 趙秉哲(서산) 林昌洙(공주) 柳冀暎(아산) 李龍淳(당진) 沈載昱(공주) 金甲淳(공주) 金相培(부여) 金正煥(대전) 閔載祺(천안) 李丙雨(홍성) 田在禧(청양) 李經九(보령) 趙南天(서천)	16/17
1937	관선	池喜烈(부여) 田在禧(청양) 元勛常(아산)	3/8
	민선	林昌洙(공주) 柳冀暎(아산) 金正煥(대전) 閔載祺(천안) 趙東元(서산) 趙南天(서천) 梁載億(당진) 李斗寧(공주) 裵榮春(논산) 姜永植(논산) 李賢範(부여) 任熙準(보령) 李相珏(청양) 俞廷植(홍성) 李鍾悳(예산) 李鼎國(아산)	16/17

1941	관선	林昌洙(공주) 田在禧(청양) 閔載祺(천안)	3/8
	민선	沈載昱(공주) 趙南天(서천) 裵榮春(논산) 李鍾丸(홍성) 金道秀(보령) 姜善弼(당진) 李鍾大(예산) 李範秀(아산) 權炳仁(논산) 千大根(부여) 金惓永(대덕) 羅昌憲(서산) 金彰東(청양) 柳暎烈(연기)	14/17

* 1933 민선: 김상배(부여)가 閔泳胄(부여)로 교체되었다.

** 1937 민선: 이종덕(예산)은 1937년 사임했고, 李漢明(보령)은 임기 중 도의가 되었다.

(4) 전라북도 도회의원

임기	관선 민선	의원명(지역)	비고
1933	관선	金英武(순창) 姜完善(전주) 洪鍾轍(고창) 朴贊勉(금산)	4/10
	민선	姜東曦(김제) 朴智根(익산) 趙在敦(김제) 文袁泰(옥구) 全承洙(진안) 李大奎(전주) 柳鎭爀(무주) 鄭準謨(장수) 嚴仁涉(임실) 徐慶吉(남원) 林鳳周(순창) 金相訓(정읍) 朴明奎(정읍) 金相鎬(고창) 申基準(고창)	17/20[6)]
1937	관선	金英武(순창) 姜東曦(김제) 姜完善(전주) 洪鍾轍(고창)	4/10
	민선	殷成河(정읍) 金演植(김제) 金昌鎬(김제) 蘇鎭文(익산) 全承洙(진안) 柳鎭爀(무주) 嚴仁涉(임실) 朴明奎(정읍) 申文休(순창) 林承化(부안) 河瓘斌(장수) 朴政植(남원) 李庸器(남원) 趙海英(익산) 盧兢提(옥구) 陳萬秀(고창) 元炳喜(완주)	17/20
1941	관선	朴智根(익산) 金英武(순창) 崔昇烈(전주) 文袁泰(옥구)	4/10
	민선	金演植(김제) 蘇鎭文(익산) 柳東彦(장수) 李海東(순창) 朴明奎(정읍) 林承化(부안) 朴政植(남원) 盧兢提(옥구) 朴庚洙(임실) 張準錫(김제) 邊日燮(완산) 朴元儁(금산) 朴錦孝(정읍) 朴潤昌(익산) 吳在根(무주) 李東器(남원) 鄭世煥(고창) 李元求(완주)	18/20

* 1933 관선: 박찬면(금산)은 1936년 사직했다.

** 1933 민선: 정준모(장수)는 1935년 사직했다. 柳東彦(장수)는 1935년 12월, 金昌鎬(김제)는 1936년 3월 보궐선거에서 당선되었다.

*** 1937 민선: 張準錫(김제)은 임기 중 도의가 되었다.

(5) 전라남도 도회의원

임기	관선 민선	의원명(지역)	비고
1933	관선	尹定鉉(해)남) 李載爀(함평) 申常休(고흥) 金信錫(광주) 車南鎭(목포)	5/14
	민선	丁洙泰(곡성) 文在喆(무안) 金相亨(고흥) 權寧禮(목포) 金相弼(장성) 金俸寶(장흥) 吳憲昌(화순) 梁洪基(제주) 千斗湜(구례) 李允熙(제주) 安鍾泰(함평) 金玹載(영암) 金鍾弼(순천) 成禎洙(순천) 金致培(광양) 金仁箕(담양) 崔鑾澔(보성) 曹秉洙(진도) 金容安(완도) 朴良奎(무안) 金安植(강진) 任京植(해남) 鄭東允(영광) 金景澤(여수) 丁基哲(나주) 池正宣(광주)	26/29
1937	관선	金信錫(광주) 車南鎭(목포) 成禎洙(순천) 金容安(완도)	4/14
	민선	李允熙(제주) 金鍾弼(순천) 金相弼(장성) 金俸寶(장흥) 崔鑾澔(보성) 曹秉洙(진도) 丁基哲(나주) 高在涓(구례) 金命契(곡성) 池正宣(광주) 朴燦一(목포) 車鍾彩(강진) 閔泳旭(해남) 李又憲(여수) 鞠淇鉉(담양) 金善洪(고흥) 康性益(제주) 池炯來(완도) 金錫柱(광양) 趙千燮(여수) 吳建基(화순) 金哲鎭(무안) 千篤根(무안) 崔榮哲(나주) 李化汝(함평) 李忍(영광)	26/29
1941	관선	金忠植(강진) 金信錫(광주) 金聲振(목포) 成禎洙(순천)	4/14
	민선	金商瑾(완도) 申鉉麒(함평) 金致培(광양) 鄭東允(영광) 高在涓(구례) 徐廷錄(순천) 金善洪(고흥) 金哲鎭(무안) 千篤根(무안) 崔榮哲(나주) 黃舜河(제주) 金炳畯(담양) 李湜來(보성) 金相一(장성) 丁來熊(곡성) 梁會仁(화순) 金英俊(여수) 許秉洙(진도) 千珍玉(해남) 金在珪(광산) 崔駿基(광주) 柳寅哲(영암) 魯千峰(여수) 車鍾彩(강진)	25/29[7]

* 1933 민선: 정수태(곡성)이 1935년 사직하고 金命契(곡성)로 교체되었다.

** 1937 민선: 鄭尙好(담양)은 1941년 1월 보궐선거에서 당선했다.

---

6) 2명 불명.

7) 1명 불명.

(6) 경상북도 도회의원

임기	관선 민선	의원명(지역)	비고
1933	관선	徐丙朝(대구) 文明琦(영덕) 李宣鎬(안동) 金在煥(대구) 吳國泳(의성) 徐炳柱(대구)	6/15
	민선	金斗河(영일) 李鉉敏(영양) 朴寅洙(상주) 沈相完(청송) 李膺鉉(예천) 曹由煥(영천) 高德煥(김천) 沈相玟(김천) 徐炳和(달성) 秋秉和(군위) 柳時均(의성) 金完燮(안동) 權寧洞(안동) 權泰鎬(영덕) 李源璣(영일) 崔潤(경주) 朴在永(청도) 李正圭(고령) 呂相源(성주) 金秉翊(선산) 李鳳求(문경) 元孝燮(영주) 李鍾震(봉화) 崔洌(울릉도)	24/30
1937	관선	徐丙朝(대구) 文明琦(영덕) 張基生(예천) 金在煥(대구) 吳國泳(의성) 徐炳柱(대구)	6/15
	민선	鄭雲奭(고령) 朴寅洙(상주) 曹由煥(영천) 高德煥(김천) 金碩熙(예천) 秦喜泰(달성) 林尙助(대구) 李圭璇(문경) 金明煥(영천) 趙根泳(영양) 安炳圭(경산) 金東德(영일) 尹鎔植(청송) 尹世衡(안동) 李光來(군위) 裵善奎(김천) 李大一(예천) 朴勝佑(영주) 李完錫(성주) 李井基(청도) 金永模(봉화) 李晟漢(의성) 李埰雨(경주) 金龍周(영일) 愼重基(선산)	25/30
1941	관선	徐丙朝(대구) 張基生(예천) 申鉉求(대구) 金斗河(영일) 安炳圭(경산) 吳國泳(의성)	6/15
	민선	林尙助(대구) 裵善奎(김천) 李埰雨(경주) 金禎漢(영덕) 趙秉郁(예천) 崔晶鎬(영일) 朴魯庚(달성) 權寧薰(안동) 權五鍾(안동) 李城穆(군위) 金龍周(영일) 李相鎭(경산) 吳夏洙(의성) 都在琪(성주) 高德煥(김천) 李圭璇(문경) 金雨東(선산) 沈東國(봉화) 金泰斗(영주) 李秉祚(영양) 李永吉(청도) 尹周鶴(청송) 金漢鳳(상주)	23/30

* 1933 민선: 서병화(달성)가 1934년에 당선무효가 되고 秦喜泰(대구)가 계승했다. 원효섭(영주)는 1935년 면직되고 全河暻(영주)이 승계했다. 金性權(경주), 金碩熙(예천)는 1935년 9월 9일의 보궐선거에서 당선되었다.

** 1937 관선: 申鉉求(대구)는 1940년 관선 도의가 되었다.

*** 1941 민선: 許智(대구)는 임기 중 도의가 되었다.

(7) 경상남도 도회의원

임기	관선 민선	의원명(지역)	조선인 수/정원
1933	관선	鄭泰均(거창) 李恩雨(하동) 河駿錫(창녕) 金璋泰(부산) 金秉圭(동래)	5/14
	민선	金慶鎭(창원) 尹炳浩(남해) 崔演武(사천) 李章喜(진주) 愼鏞禧(거창) 張鎭遠(동래) 吳明鎭(산청) 文治模(김해) 朴吉浩(동래) 安泰遠(밀양) 金容吉(밀양) 金鎭壽(의령) 金性俠(함안) 柳達永(창녕) 金尙熙(울산) 李圭正(울산) 姜錫根(하동) 李甲用(고성) 朴泰洪(함양) 李景祥(합천)	20/29
1937	관선	盧俊泳(함양) 張鷹相(사천) 河駿錫(창녕) 金相洪(부산) 金秉圭(동래)	5/14
	민선	金慶鎭(김해) 鄭鎬德(산청) 張鎭遠(동래) 安孝式(울산) 李甲用(고성) 李景祥(합천) 高達升(의령) 吳仁德(밀양) 吳義相(울산) 金秉佑(거창) 薛灌銖(창원) 許基燁(통영) 裵仁煥(김해) 許萬采(진주) 李瀅九(함안) 金熙燦(창녕) 鄭寅斗(양산) 鄭寅湊(동래) 黃順杜(사천) 余璟燁(하동) 金斤料(남해) 盧永寅(함양) 卓同朝(통영)	23/29
1941	관선	盧俊泳(함양) 金慶鎭(창원) 盧泳煥(창녕) 金東準(부산) 李章喜(진주)	5/14
	민선	崔翊洙(남해) 安孝式(울산) 吳明鎭(산청) 朴吉浩(동래) 姜錫根(하동) 崔志煥(진주) 林基台(양산) 趙櫓濟(함안) 洪祐伸(창원) 薛灌銖(창원) 黃順杜(사천) 盧永寅(함양) 卓同朝(통영) 鄭泰驥(진양) 曺重煥(김해) 裵上甲(김해) 金在文(울산) 辛容文(창녕) 俞鎭厚(동래) 申文基(합천) 鄭鍾洛(거창) 金億根(의령) 金榮洙(통영) 朴相堯(고성) 河本浩龍(밀양)	25/29

* 1933 민선: 김상희(울산)는 1935년 10월 사망했고, 朴吉浩(동래)는 1936년 사임했다. 安孝式(울산)이 1936년 1월의 보궐선거에서 당선했다.

** 1937 민선: 설관수(창원)는 1937년 당선되자마자 곧 사임하고 그 뒤를 일본인 의원이 승계했다가 다시 洪祐伸(창원)으로 바뀌었다. 허기엽(통영) 역시 선거 부정으로 곧 사임했다. 高龜玉(함양), 趙櫓濟(함안), 林基台(양산), 成潤慶(창녕)은 1937년 6월~1941년 4월 사이에 도의가 되었다.

(8) 황해도 도회의원

임기	관선 민선	의원명(지역)	비고
1933	관선	張大翼(서흥) 崔馨稷(해주) 南基允(장연) 金鍾奭(신천)	4/10
	민선	閔奎植(신천) 李基燮(곡산) 宋承燁(신계) 朴相卨(장연) 閔丙坤(평산) 印廷洙(사리원) 李泰根(황주) 閔丙德(재령) 金鴻亮(안악) 李基昉(은율) 金光燁(해주) 金相赫(해주) 李承九(금천) 吳元錫(송화) 文台鎬(서흥) 梁熙哲(봉산) 盧蒼顏(옹진) 金鍾濩(연백)	18/20
1937	관선	張大翼(서흥) 李鍾駿(봉산) 元孝燮(안악) 金相赫(해주)	4/10
	민선	宋承燁(신계) 申元熙(평산) 張春河(옹진) 鄭然球(황주) 閔丙德(재령) 李承九(금천) 吳元錫(송화) 張世柱(장연) 李興燁(곡산) 申鉉聲(연백) 洪性欽(은율) 宋榮燦(안악) 柳昌萬(신천) 金亨喆(봉산) 韓泳瓚(해주) 朴俊遠(해주) 姜貞顯(황주)	17/20
1941	관선	**金鴻亮(안악) 李承九(금천) 李鍾駿(봉산)** 金相赫(해주)	4/10
	민선	吳元錫(송화) 李興燁(곡산) 申鉉聲(연백) 鄭德裕(재령) 孫鎭彦(벽성) 金富源(벽성) 全錫冽(은율) 鄭昌善(수안) 申鉉德(평산) 洪信權(신천) 金鎭聲(금천) 張春河(옹진) 宋承燁(신계) 金洛範(사리원) 朴鳳聖(47봉산) 安泰熙(서흥)	17/20

* 1933 민선: 김광엽(해주), 민병곤(평산)이 사임하고 閔勉植(평산), 李斗永(해주)이 계승했고, 문태호(서흥)가 1935년 의원을 사직하고 許洹(서흥)이 계승했다.

** 1941 관선: 朴聲行(해주) 1944년 2월 관선의원으로 임명되었다.

*** 1941 민선: 崔昌林(안악)은 임기 중 도의가 되었다.

(9) 평안남도 도회의원

임기	관선 민선	의원명(지역)	비고
1933	관선	李敎植(대동) 朴經錫(평양) 李基燦(평양) 金能秀(평양)	4/9
	민선	崔東稷(순천) 金觀鍾(성천) 韋基喆(평원) 趙元祚(맹산) 李炳浩(대동) 崔鼎默(평양) 李鍾燮(진남포) 康元健(개천) 李寬淳(안주) 鄭基琇(강서) 金元甲(강동) 尹同植(대동) 金達灃(양덕) 宋顯燮(중화) 徐俊錫(덕천) 金秉琓(용강) 白崙琥(영원)	17/18

1937	관선	朴經錫(평양) 金商俊(강동) 韋基喆(평원) 金能秀(평양)	4/9
	민선	崔昌鎬(개천) 李冕均(성천) 尹永善(중화) 李鍾燮(진남포) 金元甲(강동) 金秉琓(용강) 孫壽卿(평양) 黃贊永(대동) 朴亨基(순천) 安庸錫(맹산) 金斗洪(강동) 金炯俊(영원) 朴鳳實(양덕) 金秉준(강서) 崔正洙(평원) 金鎭泓(안주) 白永錫(덕천)	17/18
1941	관선	崔鼎默(평양) 崔正洙(평원) 崔昌鎬(개천) 田德龍(용강)	4/9
	민선	李寬淳(안주) 徐俊錫(덕천) 黃贊永(대동) 金商和(강동) 金炯俊(영원) 尹基元(진남포) 吳孝根(순천) 金秉律(용강) 金瓏(중화) 李炳佾(대동) 金寧起(평원) 金弼應(강서) 金貞浩(평양) 金龍海(맹산) 金采說(개천) 朴範洙(성천) 朴千一(양덕)	17/18

* 1933 관선: 이교식과 김능수는 도중에 사임하고 金仁梧(안주), 金商俊(강동)가 관선 도의가 되었다.

** 1937 민선: 崔東稷(순천), 崔鼎默(평양), 黃潤(진남포), 宋普燮(중화)이 임기 중 도의가 되었다.

(10) 평안북도회의원

임기	관선 민선	의원명(지역)	비고
1933	관선	張驥植(용천) 劉基貞(강계) 吳弼殷(선천) 高一淸(의주) 卓昌河(신의주)	6/12[8]
	민선	金宣鎬(초산) 洪箕疇(정주) 鄭潤玉(철산) 洪在璟(영변) 金恒源(삭주) 金炳濟(태천) 白基肇(용천) 洪致業(선천) 白亨道(운산) 金承壎(희천) 金昌洛(구성) 田時恒(강계) 金莘鉉(강계) 李炫豊(후창) 姜觀鉉(창성) 高秉哲(의주) 田尙駿(자성) 張相午(박천) 金偉濟(정주) 金秉薰(벽동) 朴觀弼(위원) 姜利璜(의주)	22/23
1937	관선	李泳贊(선천) 崔昌學(구성) 李炫豊(후창) 姜利璜(의주) 卓昌河(신의주)	5/11
	민선	李安濟(자성) 康基源(영변) 姜鳳瑞(창성) 金炳濟(태천) 洪致業(선천) 李燦煒(운산) 朴東壎(삭주) 張恒誠(구성) 李炯觀(용천) 崔璟俊(희천) 申昌均(영변) 車斗煥(벽동) 姜貞默(강계) 姜學龍(정주) 鄭基壕(박천) 宋致晥(위원) 尹秉杰(후창) 張應範(구성) 金承洙(강계) 張益河(의주) 金信稷(정주) 尹熙斗(李安濟(자성)	22/23

		康基源(영변) 姜鳳瑞(창성) 金炳濟(태천) 洪致業(선천) 李燦燁(운산) 朴東壎(삭주) 張恒誠(구성) 李炯觀(용천) 崔璟俊(희천) 車斗煥(벽동) 姜貞默(강계) 姜學龍(정주) 鄭基壕(박천) 宋致晥(위원) 尹秉杰(후창) 金承洙(강계) 張益河(의주) 金信稷(정주) 尹熙斗(초산) 吳鉉玉(철산) 趙尙鎬(의주)	
1941	관선	吳佐殷(철산) 李泳贊(선천) 白基肇(용천) 姜利璜(의주) 趙尙鈺(신의주)	5/11
	민선	黃觀河(용천) 姜鳳瑞(창성) 白陽燮(태천) 田種禾(강계) 尹河敬(자성) 張月燮(영변) 金安爀(정주) 金文杰(초산) 吳鉉琦(선천) 金洛瑜(철산) 朴之乙(위원) 李貞根(정주) 金鳳竹(의주) 申彦淸(의주) 李宗鎬(운산) 羅栢憲(희천) 韓圭晉(후창) 金壽長(박천) 朴東壎(삭주) 金基鉉(강계) 崔允涉(구성) 車斗煥(벽계)	22/23

* 1933 관선: 李熙迪(신의주)은 1934년 관선 도의가 되었다.

** 1933 민선: 1933년 당선자 중 김선호(초산)는 선거법 위반으로 곧 해임되고 金東屹(초산)이 승계했다. 김병훈(벽동)의 사직으로 金秉洌(벽동)이 도의가 되었다. 李根宅(정주)은 임기 중 도의가 되었다.

*** 1937 민선: 강기원(영변)이 선거법위반으로 사임하고 申昌均(영변)이 1937년 9월 7일 도의가 되었다. 俞鎭台(후창)는 1939년의 보선에서 당선되었다. 張應範(구성), 李貞根(정주) 역시 임기 도중 도의가 되었다.

**** 1941 민선: 李炯觀(용천), 孫應麟(강계)는 임기 중 도의가 되었다.

8) 1명 불명.

(11) 강원도 도회의원

임기	관선 민선	의원명(지역)	비고
1933	관선	李根宇(강릉) 朴普陽(철원) 金基玉(김화) 李寅鎔(평강) 崔養浩(춘천)	5/10
	민선	金東和(화천) 尹星漢(고성) 李德一(철원) 朴漢杓(홍천) 申台鉉(춘천) 金永濟(인제) 宋大奎(회양) 劉載坤(통천) 咸正吉(양양) 崔準集(강릉) 林敬弼(울진) 崔應柱(정선) 張俊英(영월) 申鉉晩(횡성) 朴京鎬(김화) 宋奎煥(이천) 崔駿鏞(양구) 李昌祿(삼척) 金炯參(평창) 李泰潤(평강) 沈宜春(원주)	21/21
1937	관선	朴普陽(철원) 金基玉(김화) 沈龍洙(삼척) 崔養浩(춘천) 崔準集(강릉)	5/10
	민선	張俊英(영월) 朴京鎬(김화) 宋奎煥(이천) 崔駿鏞(양구) 黃禮坤(울진) 朴忠模(원주) 丁殷燮(춘천) 劉載厚(회양) 田夏富(통천) 崔龍富(고성) 高德柱(양양) 劉明順(강릉) 朴準龍(삼척) 李潤植(정선) 睦舜均(평창) 申永淳(횡성) 李鍾奭(화천) 金溶玉(철원) 金永濟(인제) 朴河龍(평강)	20/21
1941	관선	田夏富(통천) 崔準集(강릉) 張俊英(영월) 黃雲天(고성) 李德一(철원)	5/10
	민선	張明俊(고성) 朴漢杓(홍천) 崔駿鏞(양구) 金萬鳳(김화) 朴忠模(원주) 丁殷燮(춘천) 朴顯洪(철원) 高裁東(양양) 朴基敦(강릉) 朴河龍(평강) 李鎭國(인제) 尹昶鎬(횡성) 朴準龍(삼척) 金元燮(회양) 睦舜均(평창) 洪榮善(화천) 金仁寬(이천) 張成鶴(울진) 金光德忠(정선) 宮本敏光(통천) 平松義邦(영월)	21/21

* 1933 관선: 이인용은 李載克으로부터 남작 작위를 물려받은 조선귀족으로 1924, 1930, 1933년 관선도평·도의를 역임했으나 1934년 사기대출사건으로 검속됨에 따라 도의에서 해임되고 1936년 1월 金鶴植(평강)이 관선도의로 임명되었다.

** 1933 민선: 최응주(정선)가 사임한 뒤 崔鳴集(정선)이 1934년 의원직을 계승했다.

*** 1937 민선: 金萬鳳(김화)은 1938년, 李鍾衡(인제)은 1940년 4월에 도의가 되었다.

(12) 함경남도 도회의원

임기	관선 민선	의원명(지역)	비고
1933	관선	方義錫(북청) 金明學(함흥) 劉泰卨(함흥) 孫祚鳳(원산) 申熙璉(안변)	5/10
	민선	李曦燮(함흥) 洪性龍(홍원) 吳錫祐(고원) 鄭熙昌(이원) 朴鼎鉉(함주) 崔溶憲(북청) 黃雲湜(안변) 安重鉉(문천) 韓冕璜(정평) 廉璟薰(단천) 姜英模(삼수) 姜顯八(덕원) 趙昌元(영흥) 金相瀅(갑산) 趙大河(장진) 趙基烈(풍산) 韓格晩(정평)	17/20
1937	관선	南百祐(원산) 方義錫(북청) 金明學(함흥) 李曦燮(함흥) 金相瀅(갑산)	5/10
	민선	李亨垣(북청) 趙成龍(영흥) 林在苑(장진) 任復淳(함주) 李鴻基(안변) 徐鵬鍾(홍원) 李昌炫(이원) 趙誠儁(북청) 李龍治(정평) 徐炳河(고원) 李秉協(문천) 尹範五(덕원) 金重根(단천) 尹日重(신흥) 鄭時南(풍산) 沈昌濟(갑산) 禹章錫(삼수)	17/20
1941	관선	金夏涉(함흥) 方義錫(북청) 金明學(함흥) 李種林(안변) 魏楨鶴(원산)	5/10
	민선	李鴻基(안변) 朱在璿(장진) 李範在(이원) 韓昌源(영흥) 徐康碩(고원) 康世鎭(덕원) 沈基淵(단천) 趙弘濟(삼수) 高徹浩(북청) 朴禎淵(영흥) 李鍾會(풍산) 韓格晩(정평) 南相協(문천) 陣孝善(신흥) 趙永熙(북청) 金在爀(갑산) 徐鵬鍾(홍원)	17/20

* 1933 민선: 강영모(북청)이 1935년 사임하고 金圭(북청)가 승계했다.

** 1937 민선: 蔡容黙(함흥), 宋鼎和(홍원)는 임기 중 도의가 되었다.

(13) 함경북도 도회의원

임기	관선 민선	의원명(지역)	비고
1933	관선	黃鍾國(청진) 李興載(회령)	2/7
	민선	金鳳鉉(온성) 金弘燮(성진) 李觀鎭(종성) 朴文欽(경원) 金定錫(경성) 元常中(부령) 尹錫弼(무산) 朴鳳儀(명천) 馬膺徽(길주) 李容碩(회령) 黃鎭汶(경성) 金琪宅(경흥) 朴容洙(웅기)	13/14
1937	관선	黃鍾國(청진) 金定錫(청진)	2/7
	민선	尹錫弼(무산) 洪鍾壹(경성) 金炳羲(경성) 金益(명천) 李鍾燮(길주) 張德相(부령) 尹承鉉(회령) 金治鎬(온성) 河潤一(경원) 金琪宅(경흥) 呂同春(성진) 吳琦龍(종성)	12/14
1941	관선	黃鍾國(청진) 金定錫(청진)	2/7
	민선	金益(명천) 柳鐘夏(성진) 呂同春(성진) 金大元(웅기) 崔冕載(회령) 文泳勳(종성) 朴時俊(무산) 全泰龍(경성) 李鍾奎(길주) 薛卿東(청진) 金治鎬(온성) 李秀昌(부령) 全應九(온성)	13/14

* 1933 민선: 김홍섭(성진)이 임기 중 사임하고 柳鐘夏(성진)가 도의가 되었다.

** 1941 민선: 이수창(부령)은 1941년 11월 경제 폭리사건으로 인해 재판을 받고 사임했고, 金信治(부령)는 임기 중 도의가 되었다.

저자 동선희(董宣熺)

서울대학교 사범대학 역사교육과 졸업

연희여자중학교 교사

한국관광공사 관광교육원 강사

민족문제연구소

한국학중앙연구원 한국학대학원 박사

논문: 「일제의 '신공신화' 해석과 역사교육」, 「동광회의 조직과 성격에 관한 연구」, 「일제하 경남지역 조선인 읍회의원에 관한 연구」

공저: 『일제협력단체사전』(2004)

편저: 『일제강점기재일조선인단체편람』(2011)